한국세무사회 국가공인자격시험

ANT 전산회계 2급

2025 개정판

이상엽 저

KcLep(케이 렙)
수험용프로그램 다운로드
license.kocpta.or.kr

머리말

　예나 지금이나 기업에서는 회계경리업무 사무직 직원을 채용할 때 이론과 실무능력이 검증된 유능한 인재를 필요로 하고 있다. 이에 본 교재는 회계이론과 실무능력을 객관적으로 검증받을 수 있는 한국세무사회 주관 국가공인 전산회계 2급 자격시험에 부합하도록 제작하였으며, 국가직무능력표준(NCS)에서 요구하는 회계사무원으로서 지녀야 할 기본적인 자질을 갖출 수 있도록 하였다. 현재 중소기업 및 세무회계 사무실에서 실무적으로 사용하고 있는 전산회계 프로그램을 채택하여 경쟁력을 갖추도록 하였고, 자격증 취득 후에는 한국세무사회 홈페이지의 구인·구직란 또는 한국세무사회에서 매년 주관하는 세무·회계·경리 분야의 취업박람회를 통하여 관련 업종 취업에 실질적인 도움을 주고 있다.

본서의 주요 특징을 요약하면 다음과 같다.

　첫째, 이론부분을 많이 보완하여 단순히 자격증 취득에만 국한하지 않고 해당 급수에 맞는 전반적인 회계이론을 습득하도록 하였다.

　둘째, 별도로 이론부분만을 대상으로 모의시험을 구성하여, 자격증 시험에서 전체 30%를 차지하고 있는 이론시험에 충분히 대비하도록 하였다.

　셋째, 전산회계 실기시험에서 매우 중요한 거래에 대한 회계처리 부분을 강화하여 별도로 종합거래분개 따라잡기 연습문제를 수록하였다.

　넷째, 기출시험문제 유형에 맞추어 별도로 실기화면상의 '오류수정 및 정정분개' 부분을 삽입하여, 실제 실기 자격시험에서 실수 없이 올바로 수정 처리할 수 있도록 충분한 예제를 구성하였다.

　다섯째, 실기모의시험은 출제 난이도에 적극 대처할 수 있도록 총 5회분의 모의 실기시험 따라잡기 문제를 수록하였다.

　여섯째, 최근 2년간의 한국세무사회 기출시험 문제를 변형 없이 원본 그대로 제공하여, 답안 저장 및 활용에 대한 실제 시험장의 적응력을 강화하였다.

　끝으로 본서를 활용하는 독자 모두 전산회계 2급 자격증을 꼭 취득할 수 있기를 기원하며, 미흡한 부분은 지속하여 보완 및 개선해 나갈 것을 약속드린다.

CONTENTS

PART 01 이론편

CHAPTER 01 | 회계의 기본원리 ... 3

01 회계의 뜻과 목적 ... 3
02 부기와 회계 ... 4
03 회계단위와 회계기간 ... 5
04 기업의 재무상태 ... 6
05 수익·비용과 손익계산서 ... 8
06 기업의 손익계산 ... 10
07 거래 ... 13
08 계정과 계정의 기입방법 ... 17
09 분개와 전기 ... 20
10 결산 ... 22

CHAPTER 02 | 거래의 기장 ... 25

01 자산의 분류 ... 25
02 자산 및 부채 계정과목 ... 26
03 투자자산에 관한 기장 ... 45
04 유형자산에 관한 기장 ... 46
05 무형자산에 관한 기장 ... 50
06 기타 비유동자산 계정 ... 52
07 개인기업의 자본 및 세무에 관한 기장 ... 52

CHAPTER 03 | 결산 및 재무제표 ... 55

01 결산의 뜻과 절차 ... 55
02 손익에 관한 결산 정리 ... 56
03 소모품의 결산정리 ... 59
04 재무제표 ... 60
05 수익과 비용계정의 분류 ... 68

CHAPTER 04 | 이론시험 따라잡기 ... 73

PART 02 실기편

CHAPTER 01 | 전산회계 프로그램 안내 — 111
01 KcLep(케이 렙) 프로그램 설치하기 ··· 111

CHAPTER 02 | 전산회계 프로그램 따라잡기 — 112
01 기초정보관리 ·· 112
02 일반전표 입력 ·· 141
03 결산정리분개 ·· 156
04 장부조회 ·· 162
05 데이터 저장 및 압축 ·· 165

CHAPTER 03 | 종합거래분개 따라잡기 — 167

CHAPTER 04 | 오류수정 및 정정 분개 — 178

CHAPTER 05 | 실기시험 따라잡기 — 185

CHAPTER 06 | 기출시험 따라잡기 — 212

PART 03 해답편

CHAPTER 01 | 이론편 해답 — 357
01 이론문제풀이해답 ·· 357
02 이론시험 따라잡기 해답 ·· 369

CHAPTER 02 | 실기편 해답 — 375
01 종합거래분개 따라잡기 해답 ·· 375
02 실기시험 따라잡기 해답 ·· 381
03 기출시험 따라잡기 해답 ·· 388

시험안내 및 출제유형

Ⅰ. 목 적

전산세무회계의 실무처리능력을 보유한 전문인력을 양성할 수 있도록 조세의 최고전문가인 세무사로 구성된 한국세무사회가 엄격하고 공정하게 자격시험을 실시하여 그 능력을 등급으로 부여함으로써, 학교의 세무회계 교육방향을 제시하여 인재를 양성시키도록 하고, 기업체에는 실무능력을 갖춘 인재를 공급하여 취업의 기회를 부여하며, 평생교육을 통한 우수한 전문인력의 양성으로 국가 발전에 기여하고자 함

Ⅱ. 자격구분

종목 및 등급		시험구성	비고
전산세무회계	전산세무1급	이론시험 30%(4지선다형)와 실무시험 70%(컴퓨터 프로그램이용)	국가공인
	전산세무2급	이론시험 30%(4지선다형)와 실무시험 70%(컴퓨터 프로그램이용)	
	전산회계1급	이론시험 30%(4지선다형)와 실무시험 70%(컴퓨터 프로그램이용)	
	전산회계2급	이론시험 30%(4지선다형)와 실무시험 70%(컴퓨터 프로그램이용)	

Ⅲ. 시행근거

- 법적근거: 자격기본법
- 등록번호: 제2008-0259호
- 공인번호: 고용노동부 제2021-1호
- 종목 및 등급 : 전산세무회계/전산세무1급·2급, 전산회계1급·2급
- 자격의 종류: 공인민간자격

Ⅳ. 검정요강

1. 검정기준

종목 및 등급	검정기준
전산세무 1급	대학 졸업 수준의 재무회계와 원가관리회계, 세무회계(법인세,소득세,부가가치세)에 관한 지식을 갖추고, 기업체의 세무회계 관리자로서 전산세무회계 프로그램을 활용한 세무회계 전분야의 실무업무를 완벽히 수행할 수 있는지에 대한 능력을 평가함.
전산세무 2급	전문대학 졸업 수준의 재무회계와 원가회계, 세무회계(소득세,부가가치세)에 관한 지식을 갖추고, 기업체의 세무회계 책임자로서 전산세무회계 프로그램을 활용한 세무회계 전반의 실무 처리 업무를 수행할 수 있는지에 대한 능력을 평가함.
전산회계 1급	전문대학 중급수준의 회계원리와 원가회계, 세무회계(부가가치세 중 매입매출전표와 관련된 부분)에 관한 기본적 지식을 갖추고, 기업체의 회계실무자로서 전산세무회계 프로그램을 활용한 세무회계 기본업무를 처리할 수 있는지에 대한 능력을 평가함.
전산회계 2급	대학 초급 또는 고등학교 상급 수준의 재무회계(회계원리)에 관한 기본지식을 갖추고 기업체의 세무회계 업무보조자로서, 전산회계 프로그램을 이용한 회계업무 처리능력을 평가함

2. 검정방법

종목 및 등급	시험 방법	시험과목(평가범위 요약)		평가 비율	제한 시간	출제방법
전산 세무 1급	이론 시험	재무회계	당좌, 재고, 유·무형자산, 유가증권과 투자유가증권, 외화환산, 부채, 자본금, 잉여금, 자본조정, 수익과 비용, 회계변경	30%	90분	• 이론시험 객관식 4지 선다형 • 실무시험 전산세무회계 프로그램을 이용한 실기시험
		원가회계	원가의 개념, 요소별·부문별 원가계산, 개별·종합(단일, 공정별, 조별, 등급별)원가계산, 표준 원가계산			
		세무회계	법인세법, 부가가치세법, 소득세법(종합소득세액의 계산 및 원천징수부분에 한함), 조세특례제한법(상기 관련세법에 한함)			
	실무 시험	재무회계 원가회계	거래자료입력, 결산자료입력	70%		
		부가가치세	매입·매출거래자료 입력, 부가가치세 신고서의 작성			
		원천제세	원천제세 전반			
		법인세무조정	법인세무조정 전반			

시험안내 및 출제유형

종목 및 등급	시험 방법	시험과목(평가범위 요약)		평가 비율	제한 시간	출제방법
전산세무 2급	이론 시험	재무회계	당좌, 재고, 유·무형자산, 유가증권과 투자 유가 증권 부채, 자본금, 잉여금, 수익과 비용	30%	90분	• 이론시험 객관식 4지선다형 • 실무시험 전산세무회계프로그램을 이용한 실기시험
		원가회계	원가의 개념, 요소별·부문별 원가계산, 개별·종합(단일, 공정별, 조별, 등급별)원가계산			
		세무회계	부가가치세법, 소득세법(종합소득세액의 계산 및 원천징수부분에 한함)			
	실무 시험	재무회계 원가회계	초기이월, 거래자료 입력, 결산자료 입력	70%		
		부가가치세	매입·매출거래자료 입력, 부가가치세신고서의 작성			
		원천제세	원천징수와 연말정산 기초			
전산회계 1급	이론 시험	회계원리	회계의 기본원리 당좌·재고자산, 유·무형자산, 유가증권, 부채, 자본금, 잉여금, 수익과 비용	30%	60분	
		원가회계	원가의 개념, 요소별·부문별 원가계산, 개별·종 합(단일, 공정별)원가계산			
		세무회계	부가가치세법(과세표준과 세액)			
	실무 시험	기초정보의 등록·수정	초기이월, 거래처 등록, 계정과목의 운용	70%		
		거래자료의 입력	일반전표 입력, 결산자료 입력(제조업포함)			
		부가가치세	매입·매출거래자료 입력, 부가가치세신고서의 조회			
		입력자료 및 제장부 조회				
전산회계 2급	이론 시험	회계원리	회계의 기본원리, 당좌·재고·유형자산, 부채, 자본금, 수익과 비용	30%	60분	
	실무 시험	기초정보의 등록·수정	회사등록, 거래처 등록, 계정과목 및 적요 등록	70%		
		거래자료의 입력	일반전표 입력, 입력 자료의 수정·삭제, 결산자료 입력(상기업에 한함)			
		입력자료 및 제장부 조회				

* 세무 및 회계의 이론과 실무지식을 갖춘 자가 30%의 비중으로 출제되는 이론시험문제(4지선다형, 객관식)와 70%의 비중으로 출제되는 실무시험문제(컴퓨터에 설치된 전산세무회계프로그램을 활용함)를 동시에 푸는 방식
* 답안매체로는 문제USB가 주어지며, 이 USB에는 전산세무회계 실무과정을 폭넓게 평가하기 위하여 회계처리대상회사의 기초등록사항 및 1년간의 거래자료가 전산수록되어 있음
* 답안수록은 문제USB의 기본 DATA를 이용하여 수험프로그램상에서 주어진 문제의 해답을 입력하고 USB에 일괄 수록(저장)하면 됨

V. 합격자 결정기준

종목 및 등급		합격기준	비고
전산세무회계	전산세무 1급	100점 만점에 70점 이상	국가공인
	전산세무 2급	〃	
	전산회계 1급	〃	
	전산회계 2급	〃	

VI. 응시자격기준

응시자격은 제한이 없다. 다만, 부정행위자는 해당 시험을 중지 또는 무효로 하며 이후 2년간 시험에 응시할 수 없다.

VII. 2025년 시험일정 ※ 원서접수 마지막 날, 마감 시간은 18:00시까지임.

회 차	원서접수	장소공고	시험일자	합격자 발표
제118회	01.02~01.08	02.03~02.09	**02.09(일)**	02.27(목)
제119회	03.06~03.12	03.31~04.05	04.05(토)	04.24(목)
제120회	05.02~05.08	06.02~06.07	06.07(토)	06.26(목)
제121회	07.03~07.09	07.28~08.02	08.02(토)	08.21(목)
제122회	08.28~09.03	09.22~09.28	**09.28(일)**	10.23(목)
제123회	10.30~11.05	12.01~12.06	12.06(토)	12.24(수)

※ 주의 : 코로나19 및 기타 사유로 시험 일정이 변경될 수 있으니 **반드시 원서접수 전**, '한국세무사회자격시험' **홈페이지 일정** 공고를 **꼭 다시 확인**하시기 바랍니다.

※ 원서접수비 30,000원.(자격증 발급비 5,000원 별도)

※ 시험시간: 12:30 – 13:30(60분)

VIII. 기 타

궁금한 사항은 홈페이지를 참고하거나 아래 전화로 문의바람
※ 문의 • TEL : (02) 521-8398~9
 • FAX : (02) 597-2940

PART 01

이론편

CHAPTER 01 회계의 기본원리
CHAPTER 02 거래의 기장
CHAPTER 03 결산 및 재무제표
CHAPTER 04 이론시험 따라잡기

회계의 기본 원리

01 회계의 뜻과 목적

1. 회계(Accounting)의 뜻

회계는 회계이용자가 합리적인 판단이나 의사결정을 할 수 있도록 **기업의 경제적 활동을 화폐로 측정하여 기록하고**, 이에 관한 **유용한 정보를 요약, 수집하여 회계정보 이용자에게 전달하는 과정**이다.

2. 회계(Accounting)의 목적

(1) 투자자와 채권자등 회계정보이용자의 합리적인 의사결정에 유용한 정보를 제공하는데 있다.
(2) 투자자와 채권자등이 기업실체로부터 받게 될 미래현금의 크기, 시기 및 불확실성을 평가하는데 유용한 정보를 제공하는데 있다.
(3) 기업의 재무상태와 경영성과 및 재무상태 변동에 관한 정보를 제공하는데 있다.

3. 회계(Accounting)의 분류

회계이용자는 기업내부에서 의사결정을 하는 경영자 등과 같은 **내부정보이용자**와, 투자자, 채권자등과 같이 기업 외부에서 의사결정을 하는 **외부정보이용자**로 구분이 되는데 이러한 회계정보 이용자를 기준으로 **재무회계**와 **관리회계**로 분류할 수 있다.

(1) 재무회계(財務會計, Financial Accounting)란?

기업의 외부정보이용자인 투자자나 채권자등에게 경제적 의사결정에 유용한 정보를 제공하는 것을 목적으로 하는 회계로서 **기업의 과거 경영활동** 결과를 재무보고서를 통해 정보를 제공하는데 있다.

(2) 관리회계(管理會計, Managerial Accounting)란?

기업의 내부정보이용자인 경영자에게 관리적 의사결정에 유용한 정보를 제공할 것을 목적으로 하는 회계로서 기업의 경영자가 기업을 합리적으로 경영할 수 있도록 과거나 현재의 정보보다는 **미래지향적인 정보를 제공**하는데 있다.

| 재무회계와 관리회계의 비교 |

구 분	재무회계	관리회계
목 적	외부보고목적	내부보고 목적
대 상	투자자, 채권자등 외부정보이용자	경영자등 내부정보이용자
보고양식	기업회계기준에 따른 재무제표	필요성에 따른 특수목적 재무보고서
보고서작성이유	법에 의하여 작성한다.	의사결정과 관련 필요성에 따라 작성
작성원칙	기업회계기준을 따라야 한다.	일반적인 기준이 없다.
성격 및 시간적관점	객관성이 강조되며, 과거지향적임	주관적이며, 미래지향적인 적합한 자료가 강조된다.

02 부기와 회계

1. 부기와 회계의 의미

　부기란, 장부기장의 줄인 말로서, 기업의 경영활동으로 발생하는 경제적 사건을 단순히 기록, 계산, 정리하는 과정을 중요시하며, **회계보고서의 작성을 목적**으로 하고 있다.
　반면에 회계는 부기의 기술적인 측면을 바탕으로 산출된 회계정보를 기업의 이해관계자가 합리적인 판단이나 의사결정을 할 수 있도록 **유용한 경제적 정보를 식별, 측정, 전달하는 과정**이라고 할 수 있다. 따라서, **부기**는 회계정보를 산출하는 기법으로서 **회계의 일부분에 속하는 것**이다.

2. 부기의 주목적

　(1) 재무상태표를 작성하여 **일정시점의 재무상태**를 파악하는데 있다.
　(2) 손익계산서를 작성하여 **일정기간의 경영성과**를 파악하는데 있다.

3. 부기의 종류

(1) 기록계산하는 방법에 따라 단식부기와 복식부기로 나눈다.

　① 단식부기 : 일정한 원리원칙이 없이 현금의 증감변동만을 기록하는 것으로 자기검증기능 및 일정한 재무보고서가 필요 없는 장부형식을 말한다.
　② 복식부기 : 일정한 원리원칙에 의하여 채권, 채무 등의 증감변화를 조직적으로 기록·계산

하는 방법으로 손익이 발생하며, 자기검증기능 및 일정한 재무제표가 필요한 장부형식을 말한다.

(2) 이용자의 영리성 유무에 따라 영리부기와 비영리부기로 나눈다.

① 영리부기 : 영리를 목적으로 하는 기업체에서 사용하는 부기로서 상업부기·은행부기·공업 부기 등이 있으며, 대체로 **복식부기를 사용**한다.

② 비영리부기 : 영리를 목적으로 하지 않는 단체에서 사용하는 부기로서, 가계부기·재단부기·관청부기·학교부기 등이 있으며, 대체로 **단식부기를 사용**한다.

> [참고]
> 최초 복식부기는 1494년 이탈리아 베니스의 수학자이자 승려인 루카 파치올리(Lucas Pasioli)가 저술한 "산술, 기하, 비 및 비율총람" 중의 제2부 '기록, 계산에 대하여'라는 부분에서 최초로 소개됨

03 회계단위와 회계기간

1. 회계단위(accounting unit)

장부에 기록 계산하기 위한 **장소적 범위**를 말한다.
(예) 본점과 지점, 본사와 공장

2. 회계연도(fiscal year, FY) 또는 회계기간(accounting period)

인위적으로 정한 **시간적 범위**를 말하는 것으로 경영성과를 명확히 계산하기 위한 일정한 기간을 말한다(현행 상법규정에서 회계연도는 1년을 초과하지 못하도록 하고 있다).

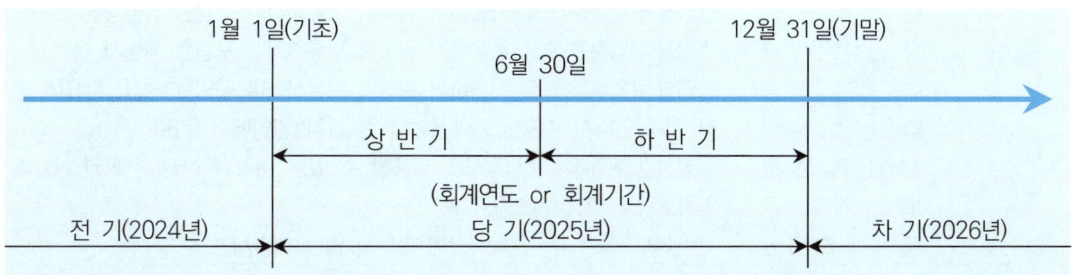

* 직전 년도를 (전기)라하고, 현재 년도를 (당기)라하며, 다음 년도를 (차기)라 한다. 그리고 당기 년도에서 처음 시작하는 날을 (기초)라 하며, 끝나는 날을 (기말)이라 한다.

04 기업의 재무상태

1. 자산·부채·자본의 의미

(1) 자산(資産 : assets, aktiva ; A) – 적극적 재산

자산이란, 기업이 소유하고 있는 각종의 재화와 채권을 말하며, 현금화 할 수 있는 기간을 1년으로 하여 '**유동자산**'과 '**비유동자산**'으로 나눌 수 있으며, 존재 형태의 유무에 따라 '**유형자산**'과 '**무형자산**'으로 나눌 수 있다.

① 재화 : 현금, 상품, 비품, 토지, 건물, 차량운반구 등
② 채권 : 예금, 외상매출금, 받을 어음, 대여금, 미수금 등

자산의 분류	계정과목		내 용
유동자산	현금 및 현금성자산	현 금	한국은행에서 발행한 지폐와 주화 및 통화대용증권
		보 통 예 금	회사에서 입출금이 자유로운 은행 예금
		당 좌 예 금	회사가 수표를 발행할 목적으로 은행에 예금하는 계좌
	단 기 금 융 상 품		1년 미만으로 금융기관이 취급하는 정기예금, 정기적금 등
	단 기 매 매 증 권		주식·채권 등과 같은 유가증권 중 1년 이내 매매차익을 목적으로 취득한 것
	단 기 대 여 금		차용증서나 어음을 받고 단기간(1년이내 상환) 타인에게 금전을 빌려준 금액
	매 출 채 권	외상매출금	**상품(재고자산)** 등을 매출하고, 발생한 외상대금 등
		받을 어음	**상품(재고자산)** 등을 매출하고, 받은 약속어음 등
	미 수 금		상품 **외의** 자산을 처분하고 발생한 못 받은 대금
	선 급 금		상품 등을 매입하기로 하고, 계약금으로 대금의 일부를 미리 지급한 금액
	상 품		**판매를 목적**으로 보유하거나, 외부로부터 매입한 물품
비유동자산	장 기 대 여 금		차용증서나 어음을 받고 금전을 장기간 타인에게 빌려주는 것(상환기간 1년 이상)
	토 지		**영업활동(업무용)으로 사용**하기 위하여 보유하거나 구입한 땅
	건 물		**영업활동(업무용)으로 사용**하기 위하여 보유하거나 구입한 빌딩 등
	차 량 운 반 구		**영업활동(업무용)으로 사용**하기 위하여 보유하거나 구입한 자동차 등
	비 품		**영업활동(업무용)으로 사용**하기 위하여 보유하거나 구입한 책상, 컴퓨터 등
	영 업 권		타 회사 인수시 순자산 가액을 초과한 금액.(기업매수 웃돈)
	산 업 재 산 권		일정기간 독점적·배타적으로 이용할 수 있는 권리.(특허권, 상표권 등)
	보 증 금		임차보증금 및 영업보증금 등
	장 기 매 출 채 권		1년 이후 회수되는 유동자산에 속하지 않는 매출채권

(2) 부채(負債 : liabilities, passiva ; P) – 소극적 재산, 채권자 지분.

기업 경영활동에 있어서 운영 자금이 부족할 경우에는 은행이나 타인으로부터 금전을 차입하거나, 상품을 외상으로 매입하기도 한다. 부채란 이와 같이 **기업이 장래에 타인에게 일정한 금액을 갚아야 할 채무**를 말하며, 갚을 기간을 1년 기준으로 하여 '**유동부채**'와 '**비유동부채**'로 나눈다.

자산의 분류	계정과목		내용
유동부채	단기차입금		타인으로부터 돈을 빌리고, 1년 이내에 상환조건
	매입채무	외상매입금	**상품(재고자산)**을 매입하고, 발생한 외상대금
		지급어음	**상품(재고자산)**을 매입하고, 발행한 약속어음
	미지급금		상품 **외의** 자산을 매입(구입)하고 발생한 미지급 대금
	선수금		상품 등을 매출하기로 하고, 계약금 일부를 미리 받은 금액
비유동부채	장기차입금		타인으로부터 돈을 빌린 금액.(상환기간 1년 이상)
	사채		기업이 불특정 다수에게 돈을 빌리고 발행한 채권
	퇴직급여충당부채		기업의 근로자가 퇴직할 것을 예상하고 미리 설정한 금액

(3) 자본 (資本 : capital, kapital ; K) – 소유주지분, 잔여지분, 주주지분을 의미함

자본이란, **자산총액에서 부채총액을 차감한 순자산액**을 말하며, 다음과 같은 자본등식이 성립된다.

> 자본등식 : 자 산 - 부 채 = 자 본

① 재무상태표(a statement of financial; F/P)

기업의 일정시점의 재무상태를 나타내는 재무제표로서 기업이 보유하고 있는 경제적 자원인 자산과 경제적 의무인 부채 및 소유주 지분(자본)에 대한 정보를 제공하는 일람표로 **표의명칭, 기업명칭, 작성시점, 화폐단위** 등을 표시한다.

| 재 무 상 태 표 |

나눔상사   20XX년 1월 1일   단위 : 원

차 변		금 액	대 변		금 액
자산	현금및현금성자산	1,500,000	부채	단기차입금	650,000
	단기금융상품	300,000		매입채무	400,000
	매출채권	1,000,000		미지급금	1,000,000
	선급금	250,000	자본	자본금	4,500,000
	상품	1,000,000			
	건물	2,500,000			
		6,550,000			6,550,000
자산총액 : 6,550,000			부채총액:2,050,000+자본총액:4,500,000		

따라서 다음과 같은 재무상태표 등식이 존재한다.

자 산 = 부 채 + 자 본

예제

20xx년 3월 20일 현재 (주)강원상점의 자산, 부채가 다음과 같다. 이 자료에 의하여 (주)강원상점의 자산, 부채, 자본 금액을 각각 구하여 보시오.

| 현 금 | ₩400,000 | 건 물 | ₩3,000,000 | 외상매출금 | ₩400,000 | 받을어음 | ₩400,000 |
| 외상매입금 | 500,000 | 지급어음 | 200,000 | 상 품 | 1,600,000 | 단기차입금 | 1,000,000 |

- 자산총액 :
- 부채총액 :
- 자   본 :

기본문제

다음 각 상점의 (   )속에 알맞은 금액을 기입하시오.

(단위 : 원)

상점명	현 금	외상매출금	상 품	외상매입금	단기차입금	자본금
영월상점	60,000	40,000	30,000	20,000	40,000	( )
동해상점	( )	40,000	90,000	80,000	30,000	60,000
속초상점	80,000	50,000	30,000	( )	40,000	80,000

05 수익·비용과 손익계산서

1. 수익(收益 : revenue)

경영활동에서 고객에게 상품을 팔거나 용역을 제공하고 받는 상품매출이익, 수수료수익 같이 자본의 증자를 하지 않고, **자본의 증가를 가져오는 요인을 수익**이라 한다.

2. 비용(費用 : expense)

기업의 수익을 얻기 위하여 소비하는 상품의 매출원가, 급여 등과 같이 자본의 인출 없이 **자본의 감소를 가져오는 요인을 비용**이라 한다.

| 손익계산서(약식) |

	차　　　변(비용)			대　　　변(수익)	
①	상품매출손실	상품을 원가 이하로 판매할 때 발생하는 손실	①	상품매출이익	상품을 원가 이상으로 판매할 때 발생하는 이익
②	이 자 비 용	금전 차입에 대한 이자로 지급한 돈	②	이 자 수 익	금전의 대여 또는 예금으로 받는 이자
③	임　차　료	건물,토지 등을 빌리고 지급한 대가	③	임　대　료	건물,토지 등을 빌려주고 받는 대가
④	수 수 료 비 용	용역을 제공받고, 지급한 대가	④	수 수 료 수 익	용역을 제공하고, 받는 대가
⑤	급　　　여	근로자에게 지급하는 월급	⑤	잡　이　익	영업활동 이외에서 발생하는 작은 금액의 이익(폐품 처분 등)
⑥	여 비 교 통 비	여비 및 교통비로 지급한 대가			
⑦	통　신　비	통신수단 이용으로 지급한 대가	※ 비용, 수익 항목에 대한 자세한 내용은 교재 이론편 뒷부분 '수익과 비용계정 분류'에서 실무 내용 중심으로 추가로 각 계정에 대하여 자세히 설명하여 놓았으니 참고하세요.		
⑧	수 도 광 열 비	수도, 전기, 가스 등을 사용한 대가			
⑨	소 모 품 비	사무용품, 복사용지 등을 구입한 대가			
⑩	세금과 공과	재산세, 자동차세, 상공회의소 회비등으로 지급하는 대가			
⑪	보　험　료	화재보험,자동자보험에 가입하고 지급하는 대가			
⑫	광 고 선 전 비	상품을 판매 홍보하기 위하여 각종 매체에 지급하는 대가			
⑬	운　반　비	상품을 운송하면서 지급하는 대가			
⑭	차 량 유 지 비	영업용 차량의 유류대금, 수리비 등으로 지급하는 대가			
⑮	잡　　　비	신문구독료, 명함인쇄비 등 잡다하게 지급하는 각종 대가			
⑯	잡　손　실	영업활동과 관계없이 발생한 이유 모르는 손실(도난 등)			

3. 손익계산서(損益計算書 : profit and loss statement P/L)

　　기업의 일정기간에 발생한 총수익과 총비용을 비교 기입하여, 경영활동에 의한 당기순이익 또는 당기순손실을 표시하기 위한 일람표로서 **표의명칭, 기업명칭, 회계기간, 화폐단위**를 표시하여야 하며, 당기순손익은 붉은 글씨로 기입한다. 다음과 같은 등식이 성립된다.

| 손익계산서(약식) |

나눔상사　　　　　　　20XX년 1월 1일부터 12월 31일까지　　　　　　단위 : 원

	차　　　변	금　　액		대　　　변	금　　액
총비용	급　　　여	1,000,000	총수익	상 품 매 출 이 익	1,500,000
	임　차　료	700,000		이 자 수 익	300,000
	이 자 비 용	500,000		임　대　료	700,000
이익	당 기 순 이 익	300,000			
		2,500,000			2,500,000
총비용 : 2,200,000 + 순이익 300,000			총 수 익 : 2,500,000		

　　　　　손익계산서등식(이익시)　　☞　　총비용 + 당기순이익 = 총수익

| 손익계산서(약식) |

나눔상사　　　　20XX년 1월 1일부터 12월 31일까지　　　　단위 : 원

차 변		금 액	대 변		금 액
총비용	급여	1,500,000	총수익	상품매출이익	1,500,000
	임차료	700,000		이자수익	300,000
	이자비용	500,000		임대료	700,000
			손실	당기순손실	200,000
		2,700,000			2,700,000
	총비용 : 2,700,000			총수익 : 2,500,000 + 순손실 200,000	

손익계산서등식(손실시)　☞　총비용 = 총수익 + 당기순손실

○ **기본문제** ○

다음 각 상점의 (　)속에 알맞은 금액을 기입하시오. 단, 순손실은 "-"로 표시

단위 : 원

계정과목 상점명	상품매출이익	수수료수익	잡이익	급여	임차료	잡비	당기순손익
세경상회	40,000	30,000	20,000	30,000	10,000	10,000	(　)
강원상회	20,000	20,000	30,000	50,000	40,000	10,000	(　)
경기상회	(　)	30,000	80,000	70,000	40,000	60,000	20,000
충청상회	80,000	90,000	50,000	60,000	(　)	20,000	30,000

---

06 기업의 손익계산

1. 손익(損益)

　기업은 영업활동을 통하여 이익을 얻기도 하고, 손실을 보기도 한다. 회계에서 말하는 **이익이란** 영업활동의 결과로서 나타난 **자본의 증가분**을 말하며, **손실이란** 영업활동의 결과로서 나타난 **자본의 감소분**을 말한다. 그러므로 **손익이란 말은 손실과 이익의 줄인말**로 사용되는 것이 일반적이며, 계산하는 방법에는 **재산법**과 **손익법** 두 가지가 있다.

2. 재산법에 의한 순손익 계산

기초자본과 기말자본을 비교하여 당기순손익을 계산하는 방법으로 다음과 같은 등식이 성립된다.

재 산 법 ☞ ① 기말자본 > 기초자본 = 순이익
② 기초자본 > 기말자본 = 순손실

(1) 기말자본 - 기초자본 = 당기순이익 발생

1/1 기초 재무상태표

| 기 초 자 산 3,000,000 | 기 초 부 채 1,000,000 |
| | 기초자본금 2,000,000 |

12/31 기말 재무상태표

기 말 자 산 3,800,000	기 말 부 채 1,300,000
	기초자본금 2,000,000
기말자본금 2,500,000	당기순이익 500,000

기말자본 - 기초자본 = 당기순이익
∴ 2,500,000 - 2,000,000 = 500,000(순이익)

(2) 기초자본 - 기말자본 = 당기순손실 발생

1/1 기초 재무상태표

| 기 초 자 산 3,000,000 | 기 초 부 채 1,000,000 |
| | 기초자본금 2,000,000 |

12/31 기말 재무상태표

기 말 자 산 3,500,000	기 말 부 채 1,700,000
	기초자본금 2,000,000
기말자본금 1,800,000	당기순손실 △ 200,000

기초자본 - 기말자본 = 당기순손실
∴ 2,000,000 - 1,800,000 = 200,000(순손실)

3. 손익법에 의한 순손익 계산

총수익과 총비용을 비교하여 순손익을 계산하는 방법으로 다음과 같은 등식이 성립된다.
(1) 총수익이 크면 이익 발생 : 총수익 - 총비용 = 당기순이익

(2) 총비용이 크면 손실 발생 : 총비용 – 총수익 = 당기순손실

> **참고**
> 재산법에 의하든 손익법에 의하든 당기순손익을 계산한 금액은 반드시 일치하여야 한다. 즉, 자기 검증 수단으로 이용 할 수 있다.

4. 손익계산서와 재무상태표의 당기순손익 표시관계

재무상태표는 회계기말의 재무상태를 표시하며, 손익계산서는 회계기간 중에 발생한 수익과 비용의 내용을 원인별로 표시한다. 또한 재무상태표의 자본은 기초자본에서 손익계산서에서 구한 당기순손익을 가감하여 기말자본을 표시한다.

(1) 기초재무상태표 등식(1/1 자료) : 기초자산 = 기초부채 + 기초자본
(2) 기말재무상태표 등식(12/31 자료) : 기말자산 = 기말부채 + 기말자본(기초자본 + 당기순이익)

○ **기본문제** ○

다음 표의 빈 칸에 알맞은 금액을 기입하시오. 단, "–" 표시는 순손실을 의미한다.

단위 : 원

구 분 상점명	기초자본	기말자본	총수익	총비용	순손익
영월상점	90,000	(　　)	60,000	40,000	(　　)
경상상점	120,000	(　　)	70,000	(　　)	−20,000
세경상점	(　　)	80,000	40,000	30,000	(　　)
춘천상점	(　　)	109,000	(　　)	32,000	18,000

○ **기본문제** ○

다음 표의 빈 칸에 알맞은 금액을 기입하시오. 단, "–" 표시는 순손실이다.

단위 : 원

구 분 상점명	기초재무상태			기말재무상태			경영성과		
	자산	부채	자본	자산	부채	자본	총수익	총비용	순손익
수원상점	90,000	30,000	(　)	100,000	30,000	(　)	50,000	(　)	(　)
천안상점	60,000	(　)	20,000	70,000	(　)	30,000	(　)	20,000	(　)
부산상점	(　)	60,000	30,000	(　)	40,000	60,000	40,000	(　)	(　)
대구상점	190,000	(　)	(　)	(　)	30,000	70,000	(　)	60,000	−30,000

07 거래(去來 : Transaction)

1. 거래의 의미

기업의 경영활동에 있어 **자산, 부채, 자본의 증감변화가 일어나는 모든 현상을 회계에서는 거래**라 한다. 주의할 것은 회계상의 거래는 일상생활에서 일어나는 거래와는 반드시 일치하지 않는다는 점이다. 즉, 자산과 부채, 자본의 증감변동이 없는 단순한 매매계약서 작성이나, 부동산의 임대차계약 등은 회계상 거래가 아니다. 반대로 건물의 화재, 현금의 도난, 자산가치의 감소를 일상생활에서는 거래로 보지 않지만 회계에서는 거래로 본다.

회계상의 거래		일반적인 거래
화재 발생, 도난, 분실, 건물, 차량의 가치 감소(감가) 채권의 회수 불능(대손)등	상품의 매입과 매출, 현금의 수입과 지출 금전의 대여 및 차입, 비용의 지급 수익의 수입 등	상품의 주문 또는 계약, 토지와 건물 등의 매매 및 임대차 계약 부동산의 담보 설정 등
	[회계상거래 + 일반적거래]	일반적인 거래

2. 거래요소의 결합관계

기업에서 일어나는 모든 거래는 자산의 증가와 감소, 부채의 증가와 감소, 자본의 증가와 감소, 비용의 발생, 수익의 발생 형태로 나타나는데 이것을 **거래의 8요소**라 하며, 거래의 8요소는 일정한 관계에 의하여 결합하게 되는데 이것을 거래요소의 결합관계라 한다. **거래 요소 결합관계는 분개의 법칙일 뿐만 아니라 복식부기의 원리인 동시에 계정기입의 기장기준이 되므로 반드시 알아두어야 한다.**

| 거래 8요소 결합관계 |

차 변	대 변
자산의 증가 (회사측 유리)	자산의 감소 (회사측 불리)
부채의 감소	부채의 증가
자본의 감소 (회사측 불리)	자본의 증가 (회사측 유리)
비용의 발생	수익의 발생

> **참고**
> 위 거래 8요소 관계는 반드시 차변과 대변의 관계로 이루어지며, **같은 변에 있는 항목은 서로 거래요소가 성립될 수 없다.**

3. 거래의 이중성(去來의 二重星)

회계상의 모든 거래는 그 발생이 반드시 차변요소와 대변요소가 대립되어 성립하며, **양쪽에 같은 금액으로 이중 기입이 되는데, 이것을 거래의 이중성**이라 한다.

> **예제**
> - 영업용 컴퓨터 ₩500,000을 현금으로 구입하다.　　[비품　500,000 / 현금　　　500,000]
> - 상품 ₩300,000을 외상으로 구입하다.　　　　　　[상품　300,000 / 외상매입금　300,000]
> - 현금 ₩1,000,000을 출자하여 영업을 개시하다.　　[현금 1,000,000 / 자본금　1,000,000]
> - 임대료 ₩200,000을 현금으로 받다.　　　　　　　[현금　200,000 / 임대료　　200,000]

4. 거래의 종류

(1) 거래가 손익발생에 영향을 미치는가에 따라 교환거래, 손익거래, 혼합거래로 구분한다.

① 교환거래

거래 발생시 손익(비용과 수익)항목과는 관계없이 **자산, 부채, 자본 항목만이 서로 증감 변동하는 거래**를 교환거래라 한다.

차변요소	대변요소
자산의 증가(+)	자산의 감소(-)
부채의 감소(-)	부채의 증가(+)
자본의 감소(-)	자본의 증가(+)

> **예제**
> - 상품을 매입하고 대금은 현금으로 지급한 거래　　[상　품 / 현　　　금]
> - 현금을 차입한 거래　　　　　　　　　　　　　　[현　금 / 단기차입금]
> - 현금을 출자하여 영업을 개시한 거래 등　　　　　[현　금 / 자　본　금]

② 손익거래

거래 발생시 **한쪽 변의 거래 전체 금액이 비용 또는 수익의 발생을 일으키는 거래**를 손익거래라 한다.

차변요소	대변요소		차변요소	대변요소
비용의 발생	자산의 감소(-) 부채의 증가(+) 자본의 증가(+)	또는	자산의 증가(+) 부채의 감소(-) 자본의 감소(-)	수익의 발생

> **예제**
> - 종업원 급여를 현금으로 지급하다. [급 여 / 현   금]
> - 임대료를 현금으로 받다. [현 금 / 임 대 료]
> - 전화요금을 현금으로 지급하다. [통신비 / 현   금]
> - 이자를 현금으로 받다. [현 금 / 이자수익]

③ 혼합거래

거래 발생시 하나의 거래에서 **교환거래와 손익거래가 동시에 발생**하는 거래

차변요소	대변요소		차변요소	대변요소
자산의 증가(+)	자산의 감소(-) 수익의 발생	또는	부채의 감소(-) 비용의 발생	자산의 감소(-)

> **예제**
> - 단기차입금 ₩400과 이자 ₩30을 현금으로 지급하다. [단기차입금 400 / 현금   430]
>   이자비용   30
> - 원가 ₩500의 상품을 ₩700에 매출하고 대금은 현금으로 받다. [현금   700 / 상품   500]
>   상품매출이익 200

(2) 거래에 현금이 수반되는지 여부에 따라 입금거래, 출금거래, 대체거래로 구분한다.

① 입금거래 : 현금의 유입이 수반되는 거래

　(예) 외상매출금을 현금으로 회수하다.

② 출금거래 : 현금의 지출이 수반되는 거래

　(예) 외상매입금을 현금으로 지급하다.

③ 대체거래 : 전혀 현금을 수반하지 않거나, 일부 현금을 수반하는 거래

　(예) 상품을 외상으로 매입하다.
　　　상품을 매입하고 반은 현금으로 지급하고, 반은 외상으로 하다.

○ 기본문제 ○

다음 사항 중 회계상 거래인 것에는 ○표, 거래가 아닌 것에는 ×표를 하시오.

(1) 현금 ₩200,000을 출자하여 영업을 개시하다. ( )
(2) 상품 ₩50,000을 도난당하다. ( )
(3) 점원에게 급여 ₩400,000을 주기로 하고 채용하다. ( )
(4) 건물을 임차하고, 매월 ₩300,000을 지급하기로 계약을 맺다. ( )
(5) 상품 ₩200,000을 외상으로 매입하다. ( )
(6) 상품 ₩1,000,000을 창고회사에 보관시키다. ( )
(7) 화재로 인하여 건물 ₩100,000이 소실되다. ( )
(8) 거래처로부터 상품 ₩300,000을 구입하겠다는 주문을 받다. ( )
(9) 경인상회에서 현금 ₩100,000을 빌리기로 약속하다. ( )
(10) 거래처가 파산하여 외상매출금 ₩50,000이 회수불능되다. ( )

○ 기본문제 ○

다음 거래요소의 차변, 대변 항목을 ( )속에 기입하시오.

(1) 자산의 증가는 ( )에 자산의 감소는 ( )에 기입한다.
(2) 부채의 감소는 ( )에 부채의 증가는 ( )에 기입한다.
(3) 자본의 감소는 ( )에 자본의 증가는 ( )에 기입한다.
(4) 비용의 발생은 ( )에 수익의 발생은 ( )에 기입한다.

○ 기본문제 ○

다음 거래의 결합관계와 거래의 종류를 보기와 같이 표시하시오.

| 보 기 |

외상매입금 ₩80,000을 현금으로 지급하다.
(차) 부채의 감소 / (대) 자산의 감소 - 교환거래

(1) 대여금에 대한 이자 ₩50,000을 현금으로 받다.
(2) 임대료 ₩20,000을 현금으로 받다.
(3) 광고선전비 ₩30,000을 현금으로 지급하다.
(4) 차입금에 대한 이자 ₩40,000을 현금으로 지급하다.
(5) 인제상점의 외상매입금 ₩40,000을 현금으로 지급하다.
(6) 현금 ₩90,000을 출자하여 영업을 개시하다.
(7) 고성가구점에서 영업용 책상과 의자를 ₩140,000에 구입하고, 대금은 현금으로 지급하다.

기본문제

다음 거래 중 교환거래에는 "교", 손익거래에는 "손", 혼합거래에는 "혼"이라고 (   )속에 기입하시오.

(1) (   ) 기업주가 현금 ₩100,000을 출자하여 영업을 개시하다.
(2) (   ) 차입금에 대한 이자 ₩10,000을 현금으로 지급하다.
(3) (   ) 상품 ₩20,000을 매입하고, 대금 중 반액은 현금으로 지급하고, 잔액은 외상으로 하다.
(4) (   ) 원가 ₩20,000의 상품을 ₩25,000에 매출하고, 대금 중 반액은 현금으로 받고, 잔액은 외상으로 하다.
(5) (   ) 외상매입금 ₩10,000을 현금으로 지급하다.
(6) (   ) 외상매출금 ₩12,500을 현금으로 받다.
(7) (   ) 통신비 ₩20,000을 현금으로 지급하다.
(8) (   ) 임대료 ₩50,000을 현금으로 받다.

08 계정과 계정의 기입방법

1. 계정(計定 : Account : a/c)

복식부기에 있어 거래가 발생하면 자산, 부채, 자본의 증감변화와 수익과 비용이 발생하게 되는데, 이러한 증감 변화를 구체적으로 **"기록, 계산, 정리하기 위하여 설정한 단위"**를 **계정**이라 하며, 그 계정을 표시하는 명칭을 **계정과목**이라 하고, 각 계정을 기록, 계산하기 위하여 기입하는 장소를 **계정계좌**라 한다.

2. 계정의 분류

(1) 재무상태표 계정

일정시점의 재무상태를 나타내는 재무상태표는 **자산, 부채, 자본 항목을** 기록하므로 이들을 재무상태표 계정이라 한다.

재무상태표 계정	자 산 계 정	⇒ 현금, 당좌예금, 외상매출금, 상품, 건물 등
	부 채 계 정	⇒ 외상매입금, 지급어음, 단기차입금, 미지급금 등
	자 본 계 정	⇒ 자 본 금

(2) 손익계산서 계정

일정기간의 영업실적을 나타내는 손익계산서는 **비용과 수익 항목을** 기록하므로 이들을 손익계산서 계정이라 한다.

손익계산서 계정	수 익 계 정	⇒ 상품매출이익, 이자수익, 임대료 등
	비 용 계 정	⇒ 급여, 보험료, 여비교통비, 광고선전비, 임차료, 등

3. 계정기입의 방법

| 재무상태표계정 기입방법 |

차변요소	대변요소
자산의 증가 부채의 감소 자본의 감소	자산의 감소 : 차변잔액 부채의 증가 : 대변잔액 자본의 증가 : 대변잔액

| 손익계산서계정 기입방법 |

차변요소	대변요소
비용의 발생 수익의 소멸	비용의 소멸 : 차변잔액 수익의 발생 : 대변잔액

자산과 비용은 계정잔액이 차변에 나타나며, 부채, 자본, 수익은 계정잔액이 대변에 나타난다.

4. 대차평균의 원리(貸借平均의 原理 : Principle of equilibrium)

모든 거래는 반드시 **거래의 이중성에 의하여** 어떤 계정의 차변과 다른 계정의 대변에 같은 금액이 기입되므로, 아무리 많은 거래가 기입되더라도 계정 전체를 보면 **차변 금액의 합계와 대변 금액의 합계는 반드시 일치**하게 되는데, 이것을 '대차평균의 원리'라 한다.(복식부기의 자기관리 또는 자기검증 기능)

기본문제

다음 계정과목 중 차변에 잔액이 남는 계정에는 "차변" 대변에 잔액이 남는 계정에는 "대변"이라고 (   )속에 기입하시오.

(1) (   ) 현   금   (2) (   ) 단기차입금   (3) (   ) 세금과공과
(4) (   ) 받 을 어 음   (5) (   ) 임 차 료   (6) (   ) 상   품
(7) (   ) 상품매출이익   (8) (   ) 보 험 료   (9) (   ) 외상매입금
(10) (   ) 자 본 금   (11) (   ) 비   품   (12) (   ) 수수료수익

기본문제

다음 내용에 해당하는 알맞은 계정과목을 (　　)안에 기입하시오.

(1) 통화 및 통화대용증권을 주고받은 경우　　　　　　　　　(　　　　　)
(2) 은행에 현금을 당좌예입하거나 회사가 수표를 발행한 경우　(　　　　　)
(3) 주식, 채권(국채, 공채, 사채) 등을 구입하였을 경우　　　　(　　　　　)
(4) 상품을 매출하고 대금은 외상으로 하였을 경우　　　　　　(　　　　　)
(5) 상품을 매출하고 대금은 약속어음으로 받은 경우　　　　　(　　　　　)
(6) 상품외의 것을 매각처분하고 대금은 월말에 받기로 한 경우　(　　　　　)
(7) 현금을 타인에게 빌려주고, 차용증서를 받은 경우　　　　　(　　　　　)
(8) 상품을 주문하고, 계약금을 지급한 경우　　　　　　　　　(　　　　　)
(9) 판매를 목적으로 외부로부터 물품을 매입한 경우　　　　　(　　　　　)
(10) 사무용품을 구입한 경우　　　　　　　　　　　　　　　(　　　　　)
(11) 영업용 책상, 의자, 컴퓨터, 복사기 등을 구입한 경우　　　(　　　　　)
(12) 영업에 사용할 목적으로 점포 또는 창고를 구입한 경우　　(　　　　　)
(13) 상품을 매입하고 대금은 외상으로 한 경우　　　　　　　 (　　　　　)
(14) 상품을 매입하고 대금은 약속어음을 발행하여 지급한 경우 (　　　　　)
(15) 상품이 아닌 물품을 구입하고, 대금은 월말에 지급하기로 한 경우 (　　　　　)
(16) 현금을 빌리고 차용증서를 써준 경우　　　　　　　　　　(　　　　　)
(17) 상품을 주문받고 계약금을 미리 받은 경우　　　　　　　　(　　　　　)
(18) 사업을 시작할 목적으로 출자한 현금, 상품, 건물 등　　　　(　　　　　)
(19) 상품을 원가이상으로 매출하고 생긴 이익　　　　　　　　(　　　　　)
(20) 단기대여금 또는 은행예금에서 얻어진 이자　　　　　　　(　　　　　)
(21) 건물을 빌려주고 집세를 받은 경우　　　　　　　　　　　(　　　　　)
(22) 상품을 원가 이하로 매출하고 생긴 손실　　　　　　　　　(　　　　　)
(23) 점원의 월급을 지불한 경우　　　　　　　　　　　　　　(　　　　　)
(24) 단기차입금에 대한 이자를 지급한 경우　　　　　　　　　(　　　　　)
(25) 집세를 지급한 경우　　　　　　　　　　　　　　　　　(　　　　　)
(26) 택시요금 또는 시내교통비를 지급한 경우　　　　　　　　(　　　　　)
(27) 전화요금, 우표 및 엽서대금을 지급한 경우　　　　　　　(　　　　　)

참고

- 분개(分介) : 거래를 계정의 기입방법에 따라 각 계정계좌에 기입하기 전에 차변요소와 대변요소로 분해하고, 그 계정과목과 금액을 결정하는 것을 말한다.
- 전기(傳記) : 분개한 것을 계정계좌에 옮겨 적는 절차를 전기라 한다.

09 분개와 전기

1. 분개의 의의

분개(journalizing)란 회계상의 거래를 계정에 기입하는 과정을 말하며, 인식(recognizing)한다거나 회계처리 한다고 표현되기도 한다. 분개를 하기 위해서는 다음의 3가지 절차가 필요하다.

① 어느 계정과목에 기입할 것인가?
② 차변에 기입할 것인가? 아니면 대변에 기입할 것인가?
③ 얼마의 금액을 기입할 것인가?

2. 전기

원래 회계상의 거래는 계정에 직접 기입하여야 한다. 그러나 계정에 직접 기입하는 경우에는 여러 가지 문제점이 발생할 수 있으므로 회계상의 거래들을 분개장에 일자별로 기록하는 것이다. 그러므로 **분개장에 기입한 거래들은 모두 해당 계정으로 옮겨 적어야 하는데 이러한 과정을 전기(posting)**라고 한다.

'전기' 과정은 수작업으로 장부 작성시 필요하지만, 전산회계에서는 자동처리되므로 전기과정이 생략된다.

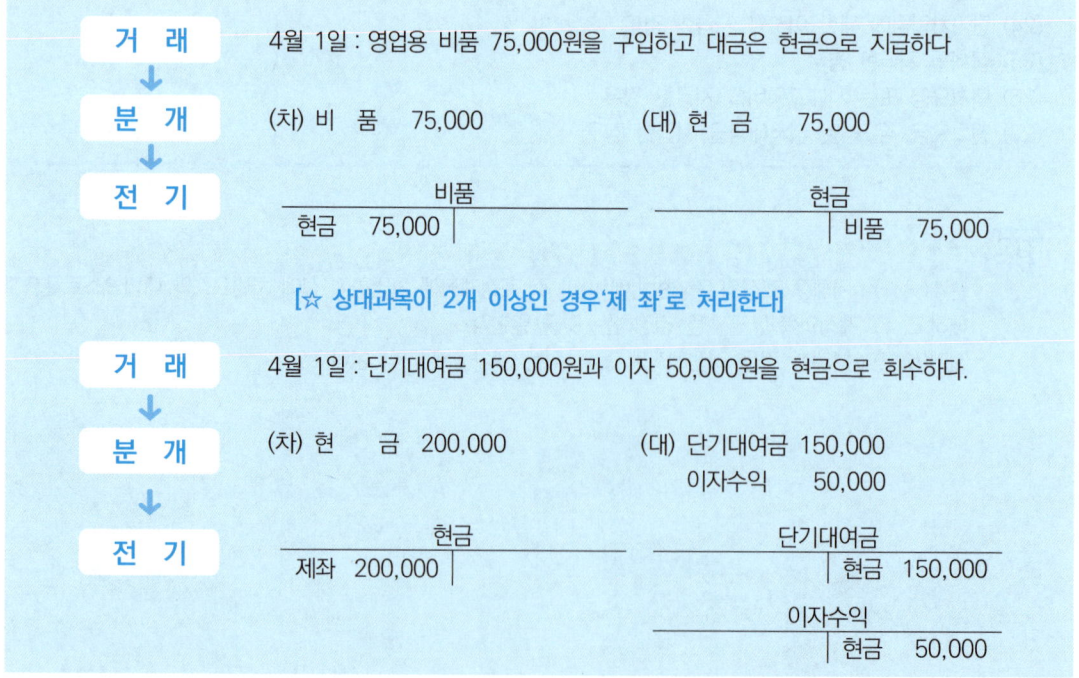

3. 장부(帳簿 : books)

　기업의 경영활동에 있어서 발생하는 모든 거래를 조직적, 계속적으로 기록, 계산, 정리하기 위하여 모아진 기록장을 장부라 하며, 장부는 크게 **주요부**와 **보조부**로 나눈다.

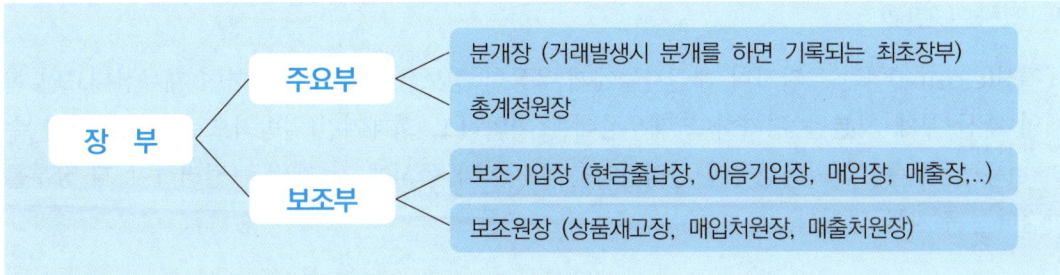

4. 장부의 분류

(1) 주요부(主要簿)

　기업경영을 총괄적으로 파악하고 재무제표를 작성하는데 기록 자료가 되는 것으로서, **모든 거래 내용이 기입되는 분개장과 총계정원장**이 있다.

① 분개장(分介帳 : Journal book)
　모든 거래를 발생하는 순서대로 분개한 것을 기입한 장부로서 **병립식과 분할식**이 있다.

② 총계정원장 또는 원장(general ledger or ledger)
　분개장에 기록된 거래를 각 계정별로 구분하여 기입하는 장부로서 **잔액식과 표준식**이 있다.

(2) 보조부(補助簿)

　주요부의 기록만으로는 거래 사실을 상세히 알 수 없으므로 주요부의 특정한 계정과목의 내용을 상세히 기록하여 기록상의 부족을 보조하는 관리목적의 장부로서 보조기입장과 보조원장이 있다.

① 보조기입장
　분개장의 보조역할을 하는 장부로 단순히 거래의 구체적 사실을 기입하는 장부이다.

　* 보조기입장 종류 : 현금출납장, 당좌예금출납장, 소액현금출납장, 매입장, 매출장, 받을어음기입장, 지급어음기입장 등

② 보조원장
　총계정원장의 보조역할을 하는 장부로서 특정계정의 명세를 세분하여 기록·계산하는 보조장부이다.

　* 보조원장 종류 : 상품재고장, 매입처원장, 매출처원장, 적송품원장, 수탁판매원장, 고정자산대장 등

10 결 산

1. 결산의 의의

결산(closing)이란 투자자나 채권자들에게 유용한 정보를 제공하기 위하여 재무상태표일 현재의 자산·부채·자본을 평가하여 재무상태를 파악하고 회계기간(일반적으로 1년)동안의 수익·비용·당기순이익을 확정하여 경영성과를 파악함과 동시에 각 계정을 정리하여 제 장부를 마감하는 절차를 말한다.

2. 결산 절차

결산 절차는 예비절차, 본절차(각종 장부의 마감), 후절차(보고서 작성)의 3단계로 이루어진다. 각 단계별로 실시하여야 할 세부내용은 다음과 같다.

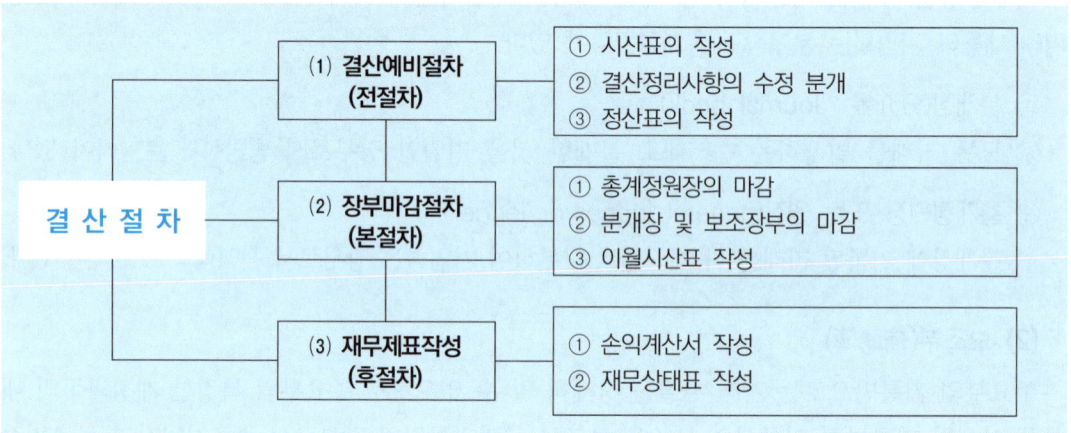

3. 시산표

시산표(trial balance : T/B)란 총계정원장에 설정되어 있는 각 계정과목을 일목요연하게 하나의 표에 집약시킨 것으로서, 대차평균의 원리를 이용하여 회계기중의 회계기록에 오류가 있는가의 여부를 확인하기 위하여 작성하는 표이다(**분개장의 자료가 원장에 올바로 전기 되었는지 시산표 작성을 통하여 확인**).

> 시산표는 거래가 많은 경우 매월(월계표), 매주(주계표), 또는 매일(일계표) 작성하기도 한다. 시산표의 계정과목은 자산·부채·자본·수익·비용계정의 순으로 배열하는 것이 바람직하다.

(1) 합계시산표

총계정원장의 각 계정과목의 차변과 대변의 합계를 집계하여 작성한 시산표이다. 복식부기 관점에서 분개상의 차변과 대변금액은 항상 일치하므로, 이를 집계한 시산표의 차변과 대변금액은 반드시 일치하여야 한다.

(2) 잔액시산표

총계정원장의 잔액만을 표시하는 시산표이다. 즉 각 계정과목의 차변과 대변의 합계를 서로 상계시킨 잔액만으로 작성하는 시산표이다. 따라서 자산·비용계정은 시산표의 차변에 잔액이 나타나고, 부채·자본·수익계정은 대변에 잔액이 나타난다. 잔액시산표는 각 계정과목의 거래규모(전체)를 알 수 없다는 단점이 있지만, 재무제표 작성에 필요한 잔액만을 간단히 표시한다.

> **시산표등식**   기말자산 + 총비용 = 기말부채 + 기초자본 + 총수익

(3) 합계잔액시산표

총계정원장의 각 계정과목의 합계뿐만 아니라 잔액까지 한꺼번에 표시하는 시산표이다. 차변과 대변의 합계금액이 일치하는 것과 마찬가지로, 잔액의 합계도 일치한다.

> 기업실무에서는 합계잔액시산표를 주로 사용한다.

합계잔액시산표

차 변		원면	계정과목	대 변	
잔 액	합 계			합 계	잔 액

4. 총계정 원장의 마감

총계정원장을 어떠한 결산법을 사용하는가에 따라 다소 차이가 있다. 복식부기의 결산 방법에는 크게 **대륙식 결산법**과 **영미식 결산법**의 두 가지가 있지만, 비교적 간편하면서 일반적으로 많이 사용하고 있는 결산법은 영미식 결산법이다.

(1) 수익계정과 비용계정의 마감

① 수익계정과 비용계정의 잔액을 전부 손익(집합손익)으로 마감 후 손익(집합손익)계정으로 대체

② 손익(집합손익)계정을 마감한다.

단, 손익(집합손익)계정 마감시 당기순손익을 대체하는 계정과목으로 개인회사는 자본금으로 주식회사(법인)는 미처분이익잉여금으로 대체한다.

| 수익·비용 계정의 기입법칙 |

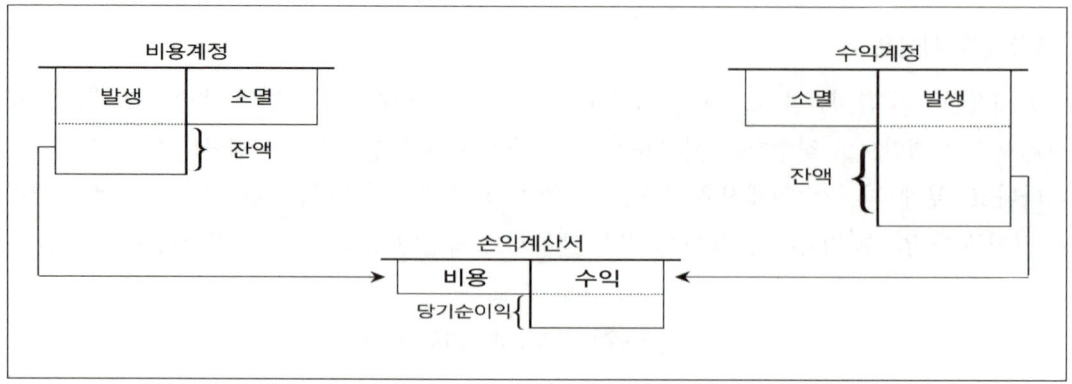

(2) 자산계정, 부채계정, 자본계정의 마감

결산일 각 계정 잔액의 반대쪽에 영미식은 '차기이월'로 마감하고 다시 차기첫날 '전기이월'로 새로운 회계연도를 시작한다.

| 자산·부채·자본 계정의 기입법칙 |

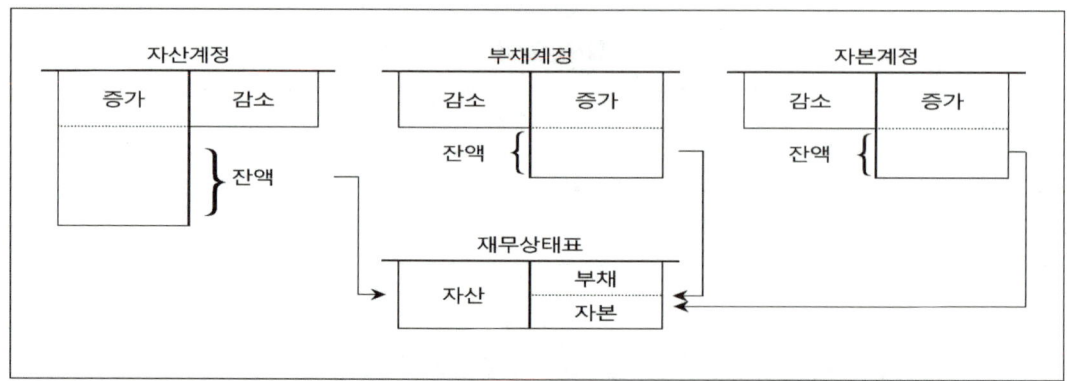

영 미 식 마 감 법	대 륙 식 마 감 법
각 계정의 잔액을 '차기이월'로 마감	각 계정의 잔액을 '잔액'으로 마감
이월시산표 작성	잔액계정 작성

> **Tip**
> **회계의 순환과정**(※ 이론시험에서 순서 자주 출제되므로 기억하세요)
> (회계상)거래의 발생 → 분개(분개장 기입 : 최초 기록장부) → 전기(총계정원장 기입) → (수정전)시산표 작성 → 결산분개 → (수정후)이월시산표작성 → 재무제표(손익계산서,재무상태표)작성

거래의 기장

01 자산의 분류

자산은 크게 1년을 기준으로 **유동자산**과 **비유동자산**으로 나눌 수 있다.

1. 유동자산

재무상태표 작성일로부터 **1년 이내**에 현금과 교환할 수 있는 정도의 보유 자산으로 당좌자산과 재고자산이 있다.

2. 비유동자산

기업이 영업활동을 영위하기 위해 장기간(**1년 이상**) 보유하는 자산으로 투자자산, 유형자산, 무형자산, 기타 비유동자산으로 분류된다.

| 자산의 분류 |

(자산번호는 유동성(현금화)이 빠른 순서임-유동성 배열법 자산분류)

구 분		의 미	종 류
유동자산 (1년기준)	① 당좌자산	판매과정을 거치지 않고 현금과의 교환이 아주 빠르게 이루어지는 자산	현금, 현금성자산, 단기투자자산(단기매매증권, 단기대여금, 단기금융상품), 매출채권(외상매출금, 받을어음), 선급금 등
	② 재고자산	기업이 판매를 목적으로 보유하고 있는 자산	상품, 제품, 원재료, 재공품, 저장품, 반제품 등
비유동자산	③ 투자자산	기업의 여유자금을 운용하여 장기간에 걸쳐 이익을 얻거나 다른 회사를 지배·통제할 목적으로 소유하고 있는 자산	장기금융상품, 장기투자증권(매도가능 증권, 만기보유증권), 장기대여금, 투자부동산, 지분법적용투자주식 등
	④ 유형자산	판매를 목적으로 하지 않고, 장기간에 걸쳐 영업활동에 사용되는 상당가액 이상의 가치를 지닌 구체적 형태를 가진 자산	토지, 설비자산(건물, 구축물, 기계장치), 기타 유형자산(차량운반구, 비품, 공구기구), 건설중인자산 등
	⑤ 무형자산	물리적인 형태가 없는 자산으로 사실상의 가치 및 법률상의 권리를 가지는 것과, 미래 기업의 수익창출에 기여할 것으로 예상되는 비화폐성 자산	영업권, 산업재산권, 라이선스, 프랜차이즈, 저작권, 소프트웨어, 광업권 어업권, 차지권, 개발비 등
	⑥ 기타비유동자산	임차보증금, 장기매출채권, 장기미수금, 이연법인세자산, 기타 투자·유형·무형에 속하지 않는 비유동자산 항목	

02 자산 및 부채 계정과목

1. 현금 및 현금성자산 계정

'현금 및 현금성자산' 계정은 현금(통화 및 통화대용증권), 요구불예금(당좌예금, 보통예금), 현금성자산으로 구성된다.

(1) 현금

현금은 기업이 보유하고 있는 자산 중에서 가장 유동성이 높은 자산으로 통화뿐만 아니라 통화와 언제나 교환이 가능한 통화대용증권까지 포함한다.

* 통화 : 한국은행(중앙은행)에서 발행한 지폐와 주화를 말한다.
* 통화대용증권 : 타인(동점)발행수표(당좌수표, 자기앞수표), 송금수표, 가계수표, 우편환증서, 배당금지급통지표(배당금영수증), 일람출급(만기도래) 어음 및 만기도래 공사채 이자표 등

(2) 요구불 예금

만기 없이 필요한 경우 언제나 현금이나 수표를 발행하여 인출 할 수 있는 보통예금, 당좌예금을 말한다.

> **참고**
> 우표나 수입인지 등은 교환의 매개로 자유롭게 사용할 수 없기 때문에 현금으로 분류되지 않고, 그 금액이 큰 경우에는 선급비용이나 소모품으로 처리하고 금액이 작은 경우에는 구입 즉시 비용처리한다

(3) 현금성 자산

현금성자산은 큰 거래비용 없이 현금으로의 전환이 쉽고, 이자율변동에 따른 가치변동의 위험이 크지 않은 금융상품으로 **취득시** 만기일(또는 상환일)이 **3개월 이내에 도래하는** 채권(공채, 사채), 환매채, 양도성예금증서 등을 말한다.(구입시 만기가 3개월(90일)이 넘는 경우 "단기금융상품" 계정으로 처리)

> **참고**
> 일반 거래 분개시에는 현금, 당좌예금, 보통예금, 현금성자산 등 개별계정을 사용 하지만, 결산시 외부용 재무상태표 작성시에는 "**현금 및 현금성자산**"으로 계정 과목을 통합하고 금액을 합산하여 표시한다.

> **기본문제**
>
> 다음 중 회계상 현금계정으로 처리하는 항목에 ○표 하시오.
>
> (1) 타인발행수표 (   )   (2) 약 속 어 음 (   )   (3) 송 금 수 표 (   )
> (4) 차 용 증 서 (   )   (5) 우편환증서 (   )   (6) 자기앞수표 (   )
> (7) 전 신 환 권 (   )   (8) 주   식 (   )   (9) 가 계 수 표 (   )
> (10) 수 입 인 지 (   )   (11) 우   표 (   )   (12) 지   폐 (   )

2. '현금과부족' 계정(cash over and short account)

현금의 실제 금액과 장부상의 잔액은 항상 일치하여야 한다. 그러나 여러 가지 이유로 현금의 장부 잔액과 실제 잔액간에 일치하지 않는 경우가 있는데, 이때 그 원인이 밝혀질 때까지 **일시적으로 사용하는 임시계정**이다. **현금과부족 계정의 잔액은 차변·대변 양쪽에 모두 생길 수 있다.**

> **참고**
>
> 결산일에 차액을 발견한 경우에는 '현금과부족'이란 계정을 사용하지 않고, 곧바로 부족액은 '잡손실'로 과잉액은 '잡이익' 처리하며, 상대편 계정과목은 '현금'으로 처리한다.

| 현금과부족 계정의 회계처리 방법 |

(가) 실제현금부족시 처리방법(장부잔액 50,000 > 실제잔액 42,000인 경우)

기중에 현금 실제액의 부족함을 발견시 :	(차) 현금과부족 8,000	(대) 현 금 8,000
부족액 중 일부금액 원인을 찾은 경우 :	(차) 통 신 비 5,000	(대) 현금과부족 5,000
결산시까지 부족액 원인을 못찾은 경우 :	(차) 잡 손 실 3,000	(대) 현금과부족 3,000
결산일 실제 현금이 부족함을 발견시 :	(차) 잡 손 실 8,000	(대) 현 금 8,000

(나) 실제현금과다시 처리방법(장부잔액 50,000 < 실제잔액 56,000인 경우)

기중에 현금 실제액의 과다함을 발견시 :	(차) 현 금 6,000	(대) 현금과부족 6,000
과다액 중 일부금액 원인을 찾은 경우 :	(차) 현금과부족 4,000	(대) 임 대 료 4,000
결산시까지 과다액 원인을 못찾은 경우 :	(차) 현금과부족 2,000	(대) 잡 이 익 2,000
결산일 실제 현금이 과다함을 발견시 :	(차) 현 금 6,000	(대) 잡 이 익 6,000

> **기본문제**
> 다음 거래를 분개하시오.
>
> 5/4   현금계정의 장부잔액은 ₩125,000인데, 실제 현금을 세어보니 ₩120,000인 것을 발견하고 그 원인을 조사중이다.
>
> 5/7   위의 현금 부족액의 원인을 조사한 결과 전화요금 ₩3,000을 현금 지급한 것이 기장 누락으로 판명되다.
>
> 5/31   결산일까지 위의 부족액 ₩2,000의 원인은 판명되지 않았다.
>
> 6/5   현금출납장의 장부잔액은 ₩480,000인데, 실제 금고속의 현금은 ₩500,000으로 발견되어 그 원인을 조사중이다.
>
> 6/12   위의 현금 초과액 중 ₩15,000은 집세 수입액의 기장누락으로 판명되다.
>
> 6/30   결산일까지 위의 초과액 ₩5,000은 원인이 판명되지 않았다.
>
> 7/31   결산 당일 현금의 실제액이 장부잔액보다 ₩25,000이 많음을 발견하다.
>
> 8/31   결산 당일 현금의 실제액이 장부잔액보다 ₩38,000이 부족함을 발견하다.

3. '당좌예금' 계정(當座預金 計定 : checking account)

은행과 당좌거래 계약을 맺고 현금 등을 미리 당좌예입한 후, 필요에 따라 수표를 발행하여 당좌예금을 사용할 수 있는 자산계정으로 예입액은 차변에, 수표발행에 의한 인출액은 대변에 기입한다.(거래은행별로 작성-결산시 은행별 자산, 부채 잔액을 은행간 서로 상계처리하지 않고 모두 공시한다)

 동점(타인)발행수표는 "현금" 계정으로, 당점(본인)발행 수표는 "당좌예금" 계정으로 처리한다.

| 회계처리 방법 |

상품을 매입하고 당점이 수표를 발행한 경우	상품을 매출하고 당좌예입하거나 당점발행 수표로 받은 경우
(차) 상 품 ××× (대) 당좌예금 ×××	(차) 당좌예금 ××× (대) 상품매출 ×××

4. 당좌차월(부채계정)

 당점이 수표를 발행할 수 있은 금액은 당좌예금 잔액 한도내에서 이다. 만약, 당좌예금잔액을 초과하여 수표를 발행하면 그 수표는 지급 거절이 되어 부도수표가 된다.

 그러나 거래 은행에 근저당을 설정하고, 당좌차월계약을 체결하면 일정한 한도내에서 당좌예금잔액을 초과하여 수표를 발행할 수 있다. 이때 당좌예금잔액을 초과하여 수표를 발행한 금액을 당좌차월이라고 하는데, 기업 장부에는 당좌예금계정 대변 잔액이 된다. 회계기간 중에는 당좌예금과 당좌차월 금액을 구분하지 않고 당좌예금으로만 처리하다가 **결산시점에서** 당좌예금이 차변 잔액이면 유동자산(당좌예금)으로 분류하고, 반대로 대변 잔액이면 이는 당좌예금 잔액을 초과하여 수표를 발행한 금액으로, 은행으로부터 차입한 것을 의미하므로 유동부채 항목인 '단기차입금'으로 처리한다.

5. '단기금융상품' 계정(短期金融商品 計定 : short-term financial merchandise account)

 금융기관이 취급하는 정기예금·정기적금·사용이 제한되어있는 예금 및 기타 정형화된 금융상품으로 결산일로부터 1년 이내에 만기가 도래하는 것을 처리하는 자산계정이다.

(1) 단기금융상품 계정의 종류

① 은행예금 중 저축성예금 : 결산일로부터 만기가 **1년 이내**에 도래하는 정기예금·정기적금 등
② 사용이 제한되어 있는 예금 : 감채기금, 퇴직충당 정기적금 등
③ 정형화(상품화)된 금융상품 : 양도성예금증서(CD), 어음관리구좌(CMA), MMF(money maket fund), 환매채(RP), 기업어음(CP) 등

> **참고**
> • 단기금융상품 중 취득시 만기가 3개월 이내에 도래하는 것은 '현금성자산' 계정으로 처리
> • 만기가 1년 이상인 투자목적의 금융상품은 '장기금융상품' 계정 (투자자산)으로 처리한다.

6. '단기매매증권' 계정(短期賣買證券 計定 : trading securities account)

 기업에서 여유자금이 있는 경우 시장성(수익성)있는 **주식·사채·국채·공채증서** 등을 취득하는 경우에는 취득당시의 보유 의도와 능력에 따라 아래와 같이 구분하여 회계처리 하여준다.

① 단기매매증권 : **주식·사채·국채·공채증서** 등을 구입 할 때, **단기매매차익을 목적으로 구입**하는 경우에는 당좌자산에 속하는 '단기매매증권'으로 회계처리 하며, 이때 **구입시 수수료 등 제비용은 별도로 '수수료비용'**(전산회계 입력시 900번대 '영업외비용' 코드 사용)으로 회계처리 한다.

② **만기보유증권 : 사채·국채·공채증서** 등을 구입 할 때, **만기까지 보유할 목적으로 구입**하는 경우에는 투자자산에 속하는 '만기보유증권'으로 회계처리 하며, 이때 **구입시 수수료 등 제비용은 만기보유증권 원가에 포함**시키도록 한다.

③ **매도가능증권 : 사채·국채·공채증서** 등을 구입 할 때, **위 1, 2 항목에 속하지 않는 경우**에는 투자자산에 속하는 '매도가능증권'으로 회계처리 하며, 이때 **구입시 수수료 등 제비용은 매도가능증권 원가에 포함**시키도록 한다.

(1) 단기매매증권 취득·처분시의 회계처리 방법.

① 단기매매증권 구입시 회계처리

단기매매증권 구입가격은 취득당시의 (수량×취득단가)로 계산하여 기록하고, 취득시 수수료등 제비용은 별도로 '수수료 비용'으로 회계처리 한다.

(차) 단기매매증권　　　　　10,000　　(대) 현　　　　금　　　　11,000
　　 수수료비용(제비용포함)　 1,000

② 단기매매증권 처분시 회계처리(장부가액 10,000 < 처분가액 12,000)
(차) 현　　　금　　　　12,000　　(대) 단기매매증권　　　　10,000
　　　　　　　　　　　　　　　　　　　 단기매매증권처분이익　2,000

③ 단기매매증권 처분시 회계처리(장부가액 10,000 > 처분가액 9,000)
(차) 현　　　금　　　　 9,000　　(대) 단기매매증권　　　　10,000
　　 단기매매증권처분손실　1,000

> **참고**
> 단기매매증권 처분시 수수료는 일반적인 상거래에서 발생한 것이 아니므로 처분 손익에서 가감시키도록 한다

(2) 결산시 단기매매증권 평가관련 회계처리 방법

결산시 공정가액과 장부가액이 서로 다른 경우에는 **공정가액으로 표시**하도록 한다.

① **결산시** 장부가액이 ₩10,000이고, 공정가액이 ₩9,000인 경우
(차) 단기매매증권평가손실　1,000　　(대) 단기매매증권　　　　1,000

② **결산시** 장부가액이 ₩10,000이고, 공정가액이 ₩10,500인 경우
(차) 단기매매증권　　　　　500　　(대) 단기매매증권평가이익　500

(3) 소유하고 있는 단기매매증권으로부터 수익이 발생한 경우의 회계처리 방법

① 소유중인 공채·사채에 대해 이자를 받은 경우
   (차) 현 금 ××× / (대) 이자수익 ×××

② 소유중인 주식에 대하여 배당금을 받은 경우
   (차) 현 금 ××× / (대) 배당금수익 ×××

> **참고**
> 일반 거래 분개시에는 단기매매증권, 단기금융상품, 단기대여금 등 개별계정을 사용하고, 결산시 외부용 재무상태표 작성시에는 "**단기투자자산**"으로 통합하고 금액을 합산하여 표시 하도록 한다.

7. '상품'(商品) 계정

상품이란 재고자산에 속하는 것으로 정상적인 영업활동에서 **판매를 목적으로 소유하고 있는 물품**을 말한다.

(1) 상품매매와 관련한 장부 기장 방법.

상품은 크게 **단일상품** 계정과 **분할상품** 계정으로 분류하여 회계처리 한다.

① 단일상품계정(총기법)

상품매입, 매출 시 "상품"이라는 하나의 단일 계정과목으로만 회계처리하는 방법.

구분	거 래 내 용	차 변		대 변	
(1)	상품 150,000원을 외상으로 매입하다.	상 품	150,000	외상매입금	150,000
(2)	위 상품 중 불량품 35,000원을 반품되다.	외상매입금	35,000	상 품	35,000
(3)	상품 400,000원(원가 300,000원)을 외상으로 매출하다.	외상매출금	400,000	상 품	400,000
(4)	위 상품 중 불량품 55,000원(원가 40,000원)이 반품되다.	상 품	55,000	외상매출금	55,000

② 분할상품계정

상품매입, 매출 시 "상품"이라는 하나의 계정과목을 사용하지 않고 거래 내용에 따라 여러 개의 계정과목으로 분할하여 회계처리 하는 방법을 말한다. 상품이라는 계정과목을 몇 개로 분할하느냐에 따라 2분법, 3분법, 5분법 등으로 나누어 사용한다.

- 2분법 : 상품 매입시는 "**상품**"(자산)계정으로, 상품 매출시는 "**상품매출**"(수익)계정으로 회계처리 하는 방법이다.**(실무에서 주로사용)**
- 3분법 : 상품을 "**이월상품**"(자산), "**매입**"(비용), "**매출**"(수익)계정으로 나누어 회계처리 하는 방법이다.**(이론에서 주로사용)**

이월상품(자산)		매 입(비용)		매 출(수익)	
전기이월 (기초상품재고액)	차기이월 (기말상품재고액)	총 매 입 액 (매입제비용포함)	환출 및 매입에누리, 매입할인	환입 및 매출에누리, 매출할인	총 매 출 액

✎ 상품매입·매출 시 단일 상품계정에서는 차대변 모두 '상품'(자산)으로 처리하던 분개를, 3분법에서는 상품 매입시에는 '매입'(비용)으로 상품 매출시에는 '매출'(수익)로 회계처리하도록 한다.

> **참고**
> 상품 3분법의 경우 **순매입액 및 매출원가**는 [매입]계정에서, **순매출액**은 [매출]계정에서 산출된다. 상품 매출이익의 경우 총액법 마감 시 [손익]계정에서, 순액법 마감 시 [매출]계정에서 산출된다.
> (※ 이론시험에서 종종 출제되므로 기억하세요)

(2) 재고자산 감모손실과 재고자산 평가손실

기말상품의 실제 재고액이 장부잔액보다 부족하여 발생하는 손실을 재고자산 감모 손실이라 하고, 기말 상품의 순실현 가능가액(시가)이 취득 원가보다 하락함으로써 발생하는 손실을 재고자산 평가손실이라 한다. 재고자산감모손실액 중 **원가성이 있는 것은 '매출원가'에 포함**시키고, **원가성이 없는 것은 영업외비용 항목인 '재고자산감모손실'로** 처리한다.

재고자산평가손실액은 전액 '매출원가'에 포함시킨다. (※ 이론시험에서 가끔 출제되므로 기억해 두세요)

> **참고**
> 상품 매입시 운임 등 제 비용은 상품원가에 포함시키고, 상품 매출시 운임은 '운반비'계정으로 처리한다. 따라서, 매출시 운임은 상품매출 금액과 상관이 없다.
> • **매출환입·매출에누리·매출할인액**은 "**매출**" 금액에서 **직접 차감**된다.
> • **매입환출·매입에누리·매입할인액**은 "**매입**" 금액에서 **직접 차감**된다.

| 상품 관련 용어 설명 |

환 출	매입한 상품 중 불량품, 파손 등의 이유로 반품하는 것
매입에누리	매입한 상품 중 불량품, 파손품, 등급 착오 등의 이유로 값을 깎는 것
매 입 할 인	외상매입금을 조기에 지급하는 경우 외상대금 일부를 할인 받는 것
환 입	매출한 상품 중 불량품, 파손 등의 이유로 반품되어 온 것
매출에누리	매출한 상품 중 불량품, 파손품, 등급 착오 등의 이유로 값을 깎아주는 것
매 출 할 인	외상매출금을 조기에 회수하는 경우 외상대금 일부를 할인하여 주는 것

| 상품계정 등식에 의한 상품매출이익 계산 |

순매출액	총매출액 – 매출환입·매출에누리·매출할인액
순매입액	총매입액 – 매입환출·매입에누리·매입할인액
매출원가	기초상품재고액 + 순매입액 – 기말상품재고액
매출총이익(상품매출이익)	순매출액 – 매출원가

기본문제

다음은 상품에 관한 자료이다. ( )안에 알맞은 금액을 써 넣으시오.

단위 : 원

No	기초상품	매입액	기말상품	매출원가	매출액	매출총이익	판매관리비	당기순손익
(1)	150,000	700,000	200,000	( )	950,000	( )	80,000	( )
(2)	60,000	( )	100,000	570,000	720,000	( )	( )	20,000
(3)	40,000	540,000	( )	520,000	( )	( )	50,000	30,000

(3) 상품매매시 운임의 회계처리 방법

① 상품 매입 시 운임의 회계처리 방법

상품매입 시 당점 부담의 운임은 상품원가에 포함시킨다.

- 상품 ₩2,000을 외상매입하고, 운임 ₩40은 현금 지급시

  (차) 상 품 2,040 (대) 외상매입금 2,000
  현 금 40

- 상품 ₩2,000을 외상매입하고, 당점부담 운임 ₩40을 동점이 대신 지급시

  (차) 상 품 2,040 (대) 외상매입금 2,040

- 상품 ₩2,000을 외상매입하고, 동점부담 운임 ₩40을 당점이 현금으로 대신 지급시

  (차) 상 품 2,000 (대) 외상매입금 1,960
  현 금 40

② 상품 매출 시 운임의 회계처리 방법

상품매출 시 당점 부담의 운임은 "운반비" 계정으로 처리한다.

- 상품 ₩3,000을 외상으로 매출하고, 발송운임 ₩80을 현금으로 지급시

  (차) 외상매출금 3,000 (대) 상품매출 3,000
  운 반 비 80 현 금 80

- 상품 ₩3,000을 외상으로 매출하고, 당점부담 발송운임 ₩80을 동점이 대신 지급시

| (차) 외상매출금 | 2,920 | (대) 상품매출 | 3,000 |
| 운 반 비 | 80 | | |

• 상품 ₩3,000을 외상으로 매출하고, 동점부담 운임 ₩80을 당점이 현금으로 대신 지급시

| (차) 외상매출금 | 3,080 | (대) 상품매출 | 3,000 |
| | | 현 금 | 80 |

기본문제

다음 거래를 분개하시오.

(1) 원주상점에서 상품 ₩350,000을 외상으로 매입하고, 인수운임 ₩3,000은 현금으로 지급하다.

(2) 덕포상점에서 상품 ₩250,000을 매입하고, 대금은 외상으로 하다. 당점부담 운임 ₩8,000은 동점에서 대신 지급하다.

(3) 하송상점에서 상품 ₩400,000을 매입하고, 대금은 외상으로 하다. 그리고 동점부담 운임 ₩5,000은 당점이 현금으로 대신 지급하였다.

(4) 영흥상점에 상품 ₩450,000을 외상매출하고, 발송운임 ₩20,000은 현금 지급하다.

(5) 강원상점에 상품 ₩450,000을 매출하고, 대금은 외상으로 하다. 그리고 당점 부담의 발송 운임 ₩20,000을 강원상점에서 현금으로 대신 지급하였다.

(6) 강릉상점에 상품 ₩520,000을 매출하고, 대금은 외상으로 하다. 그리고 동점부담의 운임 ₩15,000을 당점이 현금으로 대신 지급하였다.

(7) 태백상점에 외상매출한 상품 중 불량품 ₩100,000이 반품되어 오다. 그리고 당점 부담의 운임 ₩5,000을 태백상점에서 현금으로 대신 지급하다.

(8) 춘천상점에서 외상매입한 상품 ₩1,000,000 중 등급 착오품이 있어 ₩80,000을 반품하다. 단, 춘천상점 부담의 운반비 ₩5,000을 당점이 현금으로 대신 지급하다.

(9) 전에 동해상점으로부터 매입한 상품 중 불량품이 있어 이를 반품하고, 그 대금 ₩120,000을 동점 발행의 수표로 받다.

(10) 외상매출한 상품 중 파손품이 있다는 통지를 받고, 상품(20개 @₩5,000) ₩100,000을 발송하여 보충해 주고, 발송시 운반비 ₩5,000을 현금으로 지급하다.

(11) 정선상점으로부터 외상매입한 갑상품 중 파손품이 있어 이를 통지하고, 동 상품(10개 @₩8,000) ₩80,000을 보충하여 받다. 그리고 당점 부담의 반입비용 ₩5,000을 현금으로 지급하다.

(4) 상품의 매입장과 매출장

① 상품매입장(商品買入帳)

상품의 매입과 관련하여 매입한 날짜, 매입처, 대금의 지급조건, 상품명, 수량, 단가, 금액 등의 상세한 내용을 기입하는 매입계정에 대한 **보조기입장**이다.

② 상품매출장(商品賣出帳)

상품의 매출과 관련하여 매출한 날짜, 매출처, 대금의 수취방법, 상품명, 수량, 단가 등의 상세한 내용을 기입하는 매출계정에 대한 **보조기입장**이다.

> **참고**
> - 매입환출·에누리·할인 및 매출환입·에누리·할인에 관한 내역은 보조기입장에 붉은색으로 기장한다.
> - 기초상품재고액과 기말상품재고액은 매입 매출장에 기입하지 않는다.
> - 상품매출시 운임은 매출장에 기입하지 않는다. 즉, 매출액과 상관없다.
> - 매입장, 매출장을 작성함으로써 순매입액과 순매출액을 구할 수 있다.

(5) 상품재고장

상품의 매입과 매출을 종류별로 기록하여 현재 창고에 보관중인 **상품별 재고수량과 금액 및 매출원가를 장부상으로 확인할 수 있도록 그 증감을 상세히 기록하는 보조원장을 상품재고장**이라 한다. 단가와 금액은 **매입원가(취득원가)로 기입**되므로 잔액란의 금액은 각 상품의 장부상의 현재액을 의미한다. 같은 상품이라 하더라도 서로 다른 가격으로 매입한 경우에는, 인도하는 상품의 단가를 어떤 매입원가로 적용하느냐에 따라 매출원가와 기말상품재고액의 평가가 다르게 되며, 인도 **단가를 결정하는 방법**에는 선입선출법, 후입선출법, 평균법(이동평균법, 총평균법) 등이 있다.

① 선입선출법(first-in, first-out method : FIFO)

먼저 매입한 상품을 먼저 매출하는 것으로 가정하여 매출 단가를 결정하는 방법으로 매입순법이라고도 하며, 이 방법의 장점은 상품의 실제흐름과 일치하며, **기말재고 상품이 가장 최근의 시가로 표시**된다.

② 후입선출법(last-in, first-out method : LIFO)

이 방법은 선입선출법과 반대로 가장 나중(최근)에 매입한 상품부터 먼저 매출하는 것으로 가정하여 매출단가를 결정하는 방법으로 매입역법이라고도 하며, 이 방법의 장점은 **물가상승시에 이익이 과대표시되지 않아 가장 합리적이며, 상품의 매출시 가장 최근의 시가로 매출원가가 표시**된다.

③ 이동평균법(moving average method : MAM)

단가가 다른 상품을 매입할 때마다 직전 재고액과 금번 매입액의 합계액을 직전재고량과 금번 매입량의 합계로 나눈 평균 단가를, 이후의 상품 매출시의 단가로 적용하는 방법이다.

④ 총 평균법(total average method : TAM)

당월에 매출한 상품은 모두 동일한 단가라는 가정하에 상품매출시의 소비 단가를 결정하는 방법으로 매월 말에 상품의 전월이월금액과 당월순매입금액의 합계액을 전월이월 수량과 당월 순매입수량의 합계로 나누어 총평균 단가를 계산하고, 이 총평균 단가를 월말에 일괄적으로 상품 매출 단가로 적용하는 방법이다.

| 재고자산 단가결정방법의 장·단점 |

구 분	장 점	단 점
개별법	• 실제물량흐름과 일치한다. • 이론적으로 가장 이상적인 방법이다. • 수익·비용 대응의 원칙에 충실한 방법이다.	• 거래가 빈번한 경우 적용하기 곤란하다. • 이익 조작 가능성이 있다.
선입선출법	• 실제물량흐름과 일치한다. • 기말재고자산가액이 현행가치로 보고된다. → 재무상태표에 충실한 방법	• 물가상승시 기말재고자산의 과대평가로 이익이 과대계상된다. • 수익·비용 대응의 원칙에 충실하지 못하다 (현행판매가격에 과거원가가 대응된다.)
후입선출법	• 물가상승시에 기말재고자산의 과소평가로 이익이 과소계상되는 효과가 있다. • 수익·비용 대응의 원칙에 충실한 방법이다 (현행판매가격에 현행원가가 대응된다). → 손익계산서에 충실한 방법	• 실제물량흐름과 일치하지 않는다. • 기말재고액이 과거 원가로 보고되기 때문에 과소평가된다.
이동평균법	• 물가변동을 단가에 신속하게 반영한다.	• 거래가 빈번한 경우 계산이 복잡하다. • 계속기록법에서만 사용이 가능하다.
총평균법	• 계산이 간편하다. • 이익조작가능성이 없다.	• 총평균단가 계산은 기말에만 가능하다.

재고자산의 **수량을 결정하는 방법**에는 **계속기록법**과 **실지재고조사법**이 있다.
(※ 이론시험에서 종종 위 단가결정 방법과 함께 출제되므로 기억하세요)

각 방법의 비교

물가 상승시(인플레이션)에 기말상품재고액, 매출원가, 매출총이익(당기순이익)의 크기 비교

① 기말상품재고액의 크기

> 선입선출법 〉 이동평균법 〉 총평균법 〉 후입선출법

② 매출원가의 크기

> 후입선출법 〉 총평균법 〉 이동평균법 〉 선입선출법

③ 매출총이익(당기순이익)의 크기

> 선입선출법 〉 이동평균법 〉 총평균법 〉 후입선출법

∴ 물가상승시 기말상품재고액과 매출총이익(당기순이익)의 크기는 같다.

참고
- 매출에누리, 매출할인, 매출시 발송운임은 상품재고장에 기입되지 않는다.
- 상품재고장 인도란의 매출단가는 항상 "원가"를 적용한다.

8. 외상매출금과 외상매입금 계정

(1) 인명계정(人名計定)과 통제계정(統制計定)의 의미

인명계정이란, 거래처 수가 적은 경우 외상거래의 채권(외상매출금)과 채무(외상매입금)를 기장할 때, 직접 각 거래처의 상호명이나 인명을 총계정원장의 계정과목으로 사용하는 것을 말하며, **통제계정이란** 거래처 수가 많은 경우 인명계정을 일일이 사용하면 총계정원장이 복잡해지므로 총괄하여 외상매출금과 외상매입금 계정을 총계정원장의 계정과목으로 설정하여 사용하는 방법을 말한다. 따라서 인명계정의 합계금액은 통제계정 금액과 일치한다.

(2) 외상매출금·외상매입금 계정의 차변·대변 금액 의미

외상매출금(자산)			
*기초잔액	××	*환입및에누리액	××
*외상매출액	××	*외상매출회수액	××
		*외상매출대손액	××
		*기말잔액	××

외상매입금(부채)			
*환출및에누리액	××	*기초잔액	××
*외상매입지급액	××	*외상매입액	××
*기말잔액	××		

(3) 통제계정과 인명계정의 관계

☞ 인명계정 금액의 합계는 통제계정 금액과 일치

총 계 정 원 장

외 상 매 출 금 (통제계정)	
외 상 매 출 액 500,000원	회 수 액 350,000원
	미 회 수 액 150,000

외 상 매 입 금 [통제계정]	
지 급 액 450,000원	외 상 매 입 금 700,000원
미 지 급 액 250,000	

보조원장

매 출 처 원 장 (인명계정)
하 늘 상 점

외 상 매 출 액 300,000원	회 수 액 200,000원
	미 회 수 액 100,000

매 입 처 원 장 (인명계정)
부 산 상 점

지 급 액 300,000원	외 상 매 입 금 450,000원
미 지 급 액 150,000	

구 름 상 점

외 상 매 출 액 200,000원	회 수 액 150,000원
	미 회 수 액 50,000

부 천 상 점

지 급 액 150,000원	외 상 매 입 금 250,000원
미 지 급 액 100,000	

9. 어음관련 계정

(1) 어음의 뜻

어음이란 채무자(빚을 갚아야 하는 사람)가 상품을 매입하거나 돈을 빌린 후, 자기의 빚을 갚기 위하여 일정금액을 일정한 장소(금융기관)에서 일정한 날짜(만기일)에 무조건 기입된 금액을 지급하겠다는 것을 기재한 증서를 말한다.

(2) 약속어음에 대한 회계처리 방법

① 상업어음

정상적인 상거래에서 **상품**을 주고받은 어음으로 진성어음이라고도 하며 **받을어음**과 **지급어음**으로 처리

• **상품**을 매출하고 약속어음을 받은 경우

   (차) **받을어음**   ×××   (대) 상품매출   ×××

• **상품**을 매입하고 약속어음을 발행한 경우

   (차) 상   품   ×××   (대) **지급어음**   ×××

② 금융어음

자금을 조달하기 위하여 **금전(현금)**을 주고받은 어음으로 **단기대여금**과 **단기차입금**으로 처리

- **현금**을 대여하고 약속어음을 받은 경우
  (차) **단기대여금**　　　×××　　(대) 현　　　금　　　×××
- **현금**을 차입하고 약속어음을 발행한 경우
  (차) 현　　　금　　　×××　　(대) **단기차입금**　　　×××

③ 기타어음

상품 및 금전을 제외한 거래에서 주고받은 어음으로 **미수금**과 **미지급금**으로 처리

- 건물, 비품 등을 처분하고 약속어음을 받은 경우
  (차) **미수금**　　　××　　(대) 건물 등　　　××
- 건물, 비품 등을 구입하고 약속어음을 발행한 경우
  (차) 건물 등　　　××　　(대) **미지급금**　　　××

(3) 받을어음·지급어음 계정의 차변·대변금액 의미

받을어음(자산)				지급어음(부채)			
*기초잔액	××	*환입및에누리액	××	*환출및에누리액	××	*기초잔액	××
*어음매출액	××	*받을어음회수액	××	*발행어음지급액	××	*어음발행액	××
		*받을어음대손액	××	*발행어음회수액	××		
		*기말잔액	××	*기말잔액	××		

(4) 어음의 배서양도

어음 소지인이 어음 만기일 이전에 어음 뒷면에 있는 배서란에 기명날인하여 타인에게 양도할 수 있는 데, 이것을 어음의 배서양도라 하며 다음과 같은 내용이 있다.

① 어음 추심을 위한 배서양도

소지하고 있는 어음의 만기일에 거래은행에 의뢰하여 어음 대금을 추심(은행이 소지인의 의뢰를 받아 수표 또는 어음을 지급인에게 제시하여 지급하게 하는 일) 하기 위하여 배서하는 행위를 말한다.

- 추심위임 배서를 하고, 수수료(추심료)를 현금으로 지급한 경우의 회계처리 방법
  (차) 수수료비용　　　×××　　(대) 현　　　금　　　×××
- 어음대금이 추심결제 되어 당좌입금 되었다는 통지를 받은 경우의 회계처리 방법
  (차) 당좌예금　　　×××　　(대) 받을어음　　　×××

② 상품 대금결제를 위한 배서양도

상품의 매입대금이나 외상매입금을 지급하기 위하여 소유하고 있던 약속어음(받을어음)을 만기일 이전에 어음의 배서란에 배서하여 타인에게 양도하는 것을 말한다.

- 상품을 매입하고, 소유어음을 배서양도한 경우의 회계처리 방법

    (차) 상　　　품　　　×××　　(대) 받을어음　　　×××

③ 어음 할인을 위한 배서양도

자금을 융통할 목적으로 소유하고 있던 어음(받을어음)을 만기일 이전에 거래 은행에 배서양도하여 할인하고, 어음 할인일로부터 만기일까지의 이자(할인료)를 차감한 실수금을 융통하는 것을 말한다. 이때 **할인료 및 수수료는 '매출채권처분손실'** 계정으로 처리한다.

- **거래은행에 어음을 할인하고, 할인료를 차감한 실수금은 당좌예입한 경우(매각거래로 회계처리시)**

    (차) 당 좌 예 금　　×××　　(대) **받 을 어 음**　　×××
    　　매출채권처분손실　×××

> **참고**
> - 어음 할인시 매각거래가 아닌 차입거래로 회계처리하는 경우에는, 매출채권처분손실 대신에 이자비용으로, 받을어음 대신에 단기차입금으로 회계처리 한다.

(5) 어음의 개서

어음 지급인이 어음의 만기일에 지급할 자금이 없는 경우 어음 소지인(수취인)과 협의하여 지급기일을 연기하고, 만기일이 연장된 새로운 어음을 발행하여 구어음과 교환하는 것을 어음의 개서라 한다. 어음을 개서하면 구어음상의 채권, 채무는 소멸되고 신어음상의 새로운 채권, 채무가 발생한다. 그리고 지급기일 연기에 대한 이자는 현금으로 지급하거나, 신어음금액에 이자를 가산하여 발행할 수 있다.

① 어음지급인(지급어음)의 어음개서시 회계처리 방법

    (차) 지급어음(구)　　×××　　(대) 지급어음(신)　　×××
    　　이자비용　　　　×××　　　　현　　　금　　　×××

② 어음수취인(받을어음)의 어음개서시 회계처리 방법

    (차) 받을어음(신)　　×××　　(대) 받을어음(구)　　×××
    　　현　　　금　　　×××　　　　이자수익　　　　×××

(6) 어음의 부도

소지하고 있던 어음(받을어음)이 어음만기일에 어음 발행인 또는 지급인으로부터 지급 거절된 어음을 부도어음이라 한다.(전산회계 프로그램에서는 '부도어음과수표' 항목 사용)

① 당점소유 어음(받을어음)이 부도 되어 지급 거절증서를 작성하여 어음 금액을 청구한 경우
  (차) 부도어음   120   (대) 받을어음   100
                    현   금   20(청구비용)

② 추후에 부도어음 대금과 법정 이자를 현금으로 받은 경우
  (차) 현   금   130   (대) 부도어음   120
                    이자수익   10

③ 거래처 파산으로 부도어음 금액이 회수 불가능한 경우(대손충당금 잔액 확인 후 회계처리)
  (차) 대손상각비   120   (대) 부도어음   120

> **참고**
> - 부도어음은 재무상태표에 '장기성매출채권'으로 표시하여야 하며, '기타비유동자산' 항목에 속한다.
> - 우발채무(우발부채)란 현재 확정된 채무는 아니지만, 장래에 발행할지도 모르는 불확정 채무를 말하며, 발생 원인으로는 어음의 배서양도, 어음의 할인, 타인 채무의 보증 등이 있다.

10. 대손관련 계정

대손이란, 외상매출금, 받을어음, 단기대여금 등 받아야 할 채권이 거래처의 파산, 재정곤란 등의 이유로 회수하지 못하게 된 것을 말한다. 따라서 **대손의 대상은** 수취채권인 **자산 항목**에 해당하며, 대손과 관련된 회계처리 방법은 결산 대손예상시, 실제 대손발생시, 이미 대손처리한금액 회수시의 경우가 있으며 다음과 같다.

(1) 결산시 대손예상에 관한 회계처리

결산시점의 매출채권(받을어음과 외상매출금)에 대한 기말 잔액은 차기이후에 대손 되리라고 예상되는 금액을 포함하고 있다. 따라서 기말결산시에 회수가 불확실한 채권에 대하여는 합리적이고 객관적인 기준에 따라 대손의 예상금액을 산출하여 "대손상각비" 계정 차변에 기입하여 당기의 비용으로 처리하는 동시에 매출채권에 대한 차감적평가계정인 "대손충당금" 계정 대변에 기입한다. 이때, 대손충당금 잔액이 남아 있으면 부족분만을 보충하여 회계처리 한다.

> 기말 매출채권잔액 × 대손예상률 = 대손설정액 − 대손충당금 잔액 = 대손예상액
>   (차) 대손상각비   ×××   /   (대) 대손충당금   ×××

| 결산시 매출채권에 대한 대손예상 금액 회계처리 방법(보충법 처리) |

(*기말 매출채권잔액 ₩2,000,000 대손예상액 1%의 경우)

NO	구 분	차 변	대 변
①	대손충당금 잔액이 없는 경우	대손상각비 20,000	대손충당금 20,000
②	대손충당금 잔액이 ₩15,000인 경우	대손상각비 5,000	대손충당금 5,000
③	대손충당금 잔액이 ₩20,000인 경우	분개필요없음(대손예상액과 충당금 잔액이 같은 경우)	
④	대손충당금 잔액이 ₩30,000인 경우	대손충당금 10,000	대손충당금환입 10,000

> **참고**
> 매출채권(외상매출금과 받을어음)에 대한 대손상각비는 **"판매비와 관리비"**에 속하며, 기타채권(단기대여금, 미수금)에 대한 대손상각비는 **"영업외 비용"**에 속한다. 대손충당금은 매출채권에 대한 **차감적 평가계정**이다.

○ 기본문제 ○

다음 거래를 분개하시오.(보충법)

(1) 결산시 매출채권 잔액 ₩5,000,000에 대하여 1%의 대손을 예상하다.(단, 대손충당금 잔액은 없다.)
(2) 결산시 외상매출금 잔액 ₩3,000,000에 대하여 1%의 대손을 예상하다.(단, 대손충당금 잔액 ₩20,000있음)
(3) 결산시 외상매출금 잔액 ₩4,000,000에 대하여 1%의 대손을 예상하다.(단, 대손충당금 잔액 ₩40,000있음)
(4) 결산시 외상매출금 잔액 ₩6,000,000에 대하여 1%의 대손을 예상하다.(단, 대손충당금 잔액 ₩80,000있음)

(2) 실제로 대손이 발생한 경우의 회계처리

당기중에 거래처의 파산으로 대손이 실질적으로 발생한 경우는 대손 시점의 대손충당금 잔액확인 후 상계처리하고, 대손충당금 잔액이 없거나 부족한 경우에는 그 차액을 '대손상각비' 계정으로 처리한다.

| 실제 대손발생시 회계처리 방법 |

(*거래처 파산으로 외상매출금 ₩30,000을 회수할 수 없는 경우)

NO	구 분	차 변	대 변
①	대손충당금 잔액 ₩50,000이 있음	대손충당금 30,000	외상매출금 30,000
②	대손충당금 잔액 ₩20,000이 있음	대손충당금 20,000 대손상각비 10,000	외상매출금 30,000
③	대손충당금 잔액이 없는 경우	대손상각비 30,000	외상매출금 30,000

> **기본문제**
>
> 다음거래를 분개하시오.
>
> (1) 거래처 하송상점이 파산하여 외상매출금 ₩400,000이 회수불능되다.(단, 대손충당금 잔액은 없다.)
>
> (2) 거래처 강원상점이 파산하여 외상매출금 ₩800,000이 회수불능되다.(단, 대손충당금 잔액 ₩900,000있음)
>
> (3) 거래처 속초상점이 파산하여 외상매출금 ₩500,000이 회수불능되다.(단, 대손충당금 잔액 ₩500,000있음)
>
> (4) 거래처 동해상점이 파산하여 외상매출금 ₩700,000이 회수불능되다.(단, 대손충당금 잔액 ₩300,000있음)

(3) 대손처리하였던 채권금액을 회수한 경우의 회계처리

전기 또는 당기에 대손처리하였던 채권을 회수한 경우에는 모두 대변에 **'대손충당금'** 계정으로 회계처리 한다.

구 분	차 변	대 변
대손처리되었던 채권을 현금으로 회수시	현 금 ×××	대손충당금 ×××

11. 기타 채권(자산)·채무(부채)에 관한 계정

(1) 단기대여금(자산)과 단기차입금(부채) 계정

① **단기대여금이란**, 차용증서를 받고 거래처에 현금을 빌려준 경우 처리하는 자산계정이다. (상환기간이 결산일로부터 1년 이내임)

② **단기차입금이란**, 차용증서를 발행하여 주고 현금을 차입한 경우 또는 금융기관으로부터 당좌차월한 경우에 처리하는 부채계정이다. (상환기간이 결산일로부터 1년 이내임)

(2) 미수금(자산)과 미지급금(부채) 계정

① **미수금**이란, 상품이 아닌 물품(건물, 비품, 유가증권)을 매각하고, 대금은 나중에 받기로 한 경우에 처리하는 자산계정임

② **미지급금**이란, 상품이 아닌 물품(건물, 비품, 유가증권)을 구입하고, 대금은 나중에 지급하기로 한 경우에 처리하는 부채계정임

(3) 선급금(자산)과 선수금(부채) 계정

① **선급금**이란, 상품을 매입하기 전에 계약금을 미리 지급한 경우 처리하는 자산계정임

② **선수금**이란, 상품을 매출하기 전에 계약금을 미리 받은 경우 처리하는 부채계정임

(4) 가지급금(자산)과 가수금(부채) 계정

원인이 밝혀질 때까지 사용하는 임시계정으로, 결산시까지 잔액이 남아 있는 경우 적절한 계정과목으로 대체한다.

① **가지급금**이란, 현금의 지급은 있었으나 현금지급 당시에 이것을 처리할 계정과목이나 금액이 확정되지 않은 경우, 그 금액이 확정될 때까지 처리하여두는 일시적인 자산성 가계정이다. (예 : 확정되지 않은 종업원 출장시의 여비지급, 직원야유회비 지급 등)

② **가수금**이란, 현금의 수입은 있었으나 현금수입당시 이것을 처리할 계정과목이나 금액이 확정되지 않아 그 내용이 확정될 때까지 처리하여두는 일시적인 부채성 가계정이다. (예 : 종업원 출장 중에 회사로 내용을 밝히지 않고 금전을 송금한 경우 등)

○ 기본문제 ○

다음 기타 채권·채무 거래에 대한 분개를 하시오.

(1) 영월상점은 정선상점에 차용증서를 받고 현금 ₩500,000을 대여하다.(3개월 후 회수조건)

(2) 제천상점은 강원상점으로부터 현금 ₩400,000을 차입하고, 차용증서를 교부하다.(6개월 후 상환조건)

(3) 영업용 컴퓨터 1대를 ₩1,000,000에 구입하고, 대금은 월말에 지급하기로 하다.

(4) 사용중이던 불용비품을 ₩100,000에 매각 처분하고, 대금은 일주일 후에 받기로 하다.

(5) 서울상점은 제주상점으로부터 밀감 500박스 @₩14,000을 매입하기로 계약하고, 상품 대금의 10%를 착수금으로 현금 지급하다.

(6) 세경상점은 덕포상점에 상품 ₩1,000,000을 매출하기로 계약하고, 계약금 ₩100,000을 현금으로 받다.

(7) 5월분 급여 ₩2,500,000 중 소득세 ₩50,000 및 건강보험료 ₩40,000을 차감한 잔액을 현금으로 지급하다.

(8) 갑 사원에게 부산 출장을 명하고 출장여비 ₩300,000을 개산하여 현금으로 지급하다.

(9) 출장에서 돌아온 갑사원으로부터 사용 내역을 다음과 같이 보고 받고, 잔액은 현금으로 돌려받다.
  [사용내역 : 식사비 ₩60,000, 숙박비 ₩150,000, 교통비 ₩50,000]

(10) 출장중인 사원 홍길동으로부터 내용은 밝히지 않고, 회사 보통예금 통장에 ₩300,000을 입금하였다는 연락을 받다.

(11) 출장에서 돌아온 홍길동으로부터 입금한 금액은 외상대금 회수액임을 보고 받다.

03 투자자산에 관한 기장

1. 투자자산의 의미

투자자산이란, 기업 고유의 사업 목적을 위하여 투자된 것이 아니고, **타 회사를 지배하거나 통제할 목적 또는 여유자금의 장기적 이익 증식을 목적으로 투자된 자산**을 말한다.

2. 투자자산의 종류

(1) 장기 금융상품

결산일로부터 1년 이내에는 예금이 인출되지 않는 것을 원칙으로 하는 예금(만기가 1년 이상)과, 사용이 제한되어 있는 특정 현금과 예금(감채기금용 및 퇴직급여용 예금 – 내용 주석기재) 및 기타 정형화된 장기금융상품을 말한다.

(2) 장기 투자증권(매도가능증권과 만기보유증권)

매도가능증권이란 단기매매증권이나 만기 보유증권으로 분류되지 아니한 유가증권을 말하며, 만기보유증권이란 기업이 취득한 채권 중 만기까지 보유할 적극적인 의도가 있는 증권으로, 만기가 확정되어 있는 국채, 공채, 사채 등을 말한다.

(3) 장기대여금

유동자산에 속하지 않는 1년 이상의 임, 직원 및 관계회사 등에 대여한 장기 대여금을 말한다.

(4) 투자부동산

투자를 목적으로 소유하는 토지, 건물 등의 비업무용 부동산으로 투자나 임대를 목적으로 취득한 경우를 말하며 그 내용은 주석으로 기재한다.

(5) 지분법적용투자주식

피투자회사에 대하여 일정비율이상의 지분을 취득하거나 의사결정에 참여하여 중대한 영향력을 행사할 수 있는 경우에는 당해 지분증권을 투자자산에 속하는 "지분법적용투자주식"으로 분류한다.

> **기본문제**
>
> 다음 투자자산에 관한 거래를 분개하시오.
>
> (1) (주)강원상사는 여유자금인 현금 ₩5,000,000을 신한은행에 3년 만기 정기예금을 하다.
>
> (2) 충북상사는 장기보유목적으로 갑 회사 주식 10,000주를 @₩120에 매입하고, 수수료 ₩50,000과 함께 수표를 발행하여 지급하다.
>
> (3) (주)동강상사는 202×년 4월 1일 액면 ₩10,000,000의 사채를 ₩9,600,000에 취득하고, 대금은 수표를 발행하여 지급하다. 상환기한 5년, 연이율 12%, 이자지급 연2회(단, 만기까지 소유할 목적으로 취득한 것이다.)
>
> (4) (주)서강상사는 투자의 목적으로 비영업용 토지를 매입하고, 대금 ₩20,000,000과 중개인 수수료 ₩300,000을 수표를 발행하여 지급하다.

04 유형자산(property plant and equipment)에 관한 기장

1. 유형자산의 의미

유형자산이란 판매를 목적으로 하지 않고, **장기간에 걸쳐 영업활동에 사용되는 상당가액 이상의 가치를 지닌 자산으로서 토지, 설비자산(건물, 구축물, 기계장치), 기타유형자산(선박, 차량운반구), 건설중인자산등 구체적인 형태를 가진 자산**을 말한다.

주의사항

[구입목적에 따라 계정과목을 달리 처리한다]

토지·건물	판매목적으로 구입한 경우 재고자산(상품)으로 처리
	영업목적으로 구입한 경우 유형자산(토지, 건물)으로 처리
	투자목적으로 구입한 경우 투자자산(투자부동산)으로 처리

2. 유형자산 구입시 취득원가 결정방법

유형자산의 취득가격에 제비용을 가산하여 해당 유형자산계정 차변에 기입한다.

> **취득원가 = 매입가액 + 매입부대비용(중개인수수료 + 취득세, 등록세 등)**

※ 참고 : 상품원가 = 수량 × 단가

(1) 토지 취득원가

> 토지구입대금 + 소유권이전비용 + 구획정리비용(구건물철거비용 포함)

(소유권이전비용 : 등기 및 명의이전 비용, 취득세와 등록세, 중개수수료, 법률수수료, 개발부담금 등을 말한다.)

(2) 건물의 취득원가

① 기존건물 구입시 : 건물구입대금 + 소유권 이전비용
② 신규건물 신축시 : 설계비, 건축허가비, 공사관련비(재료비 + 노무비 + 경비) 소유권이전비용

(3) 기계장치·비품의 취득원가

> 구입대금 + 구입제비용(운임, 설치비, 시운전비, 사용전수리비)

3. 유형자산의 처분시 회계처리 방법

처분시는 해당 유형자산 대변에 취득가격(장부금액)으로 기입하고, 처분가액과 장부금액의 차액은 영업외손익 항목인 유형자산 처분손익 계정으로 처리한다.

(1) 유형자산 취득시(구입제비용 포함)

(차) 건　　　물　　100　　(대) 현　　　금　　100

(2) 처분시(취득원가 < 처분가액)

(차) 현　　　금　　120　　(대) 건　　　물　　100(취득원가)
　　　　　　　　　　　　　　　　유형자산처분이익　20

(3) 처분시(취득원가 > 처분가액)

(차) 현　　　금　　 90　　(대) 건　　　물　　100(취득원가)
　　유형자산처분손실　10

4. 자본적지출과 수익적지출

(1) 자본적지출

용도변경, 증축, 개량 등 유형자산의 내용연수를 연장하거나, 효용가치를 증대 시키는데 지

출된 것으로 **해당 유형자산(건물, 토지 등) 원가에 포함시킨다.**(예 : 엘리베이터 및 냉난방설치, 토지형질변경 등)

(2) 수익적지출

유형자산을 원상회복 시키거나, 능률유지를 위한 지출을 수익적지출 이라 하며, 당기의 비용 항목인 "**수선비**" **계정으로 처리**한다.(예 : 깨진 유리교체, 부서진 문짝교체, 외장 페인트칠 등)

자 본 적 지 출	수 익 적 지 출
① 본래의 용도를 변경하기 위한 개조 ② 엘리베이터 또는 냉·난방 장치의 개조 ③ 빌딩에 있어서 피난시설 등의 설치 ④ 기타 개량·확장·증설 등 위와 유사한 성질의 것 ⇨ **자본적 지출은 유형자산의 원가에 가산**한다.	① 건물 또는 벽의 페인트 ② 파손된 유리나 기와의 대체 ③ 기계의 소모된 부속품과 벨트의 대체 ④ 기타 조업가능한 상태의 유지 ⇨ **수익적 지출은 당기의 비용(수선비계정)으로 처리**

5. 유형자산의 감가상각(depreciateon)

(1) 감가상각의 의미

토지 및 건설중인자산을 제외한 건물, 비품, 차량운반구, 기계장치 등의 유형자산은 사용하거나 시일의 경과에 따라 그 가치가 점차적으로 감소하게 되는데, 이와 같은 **가치의 감소액을 감가**라 하고, 이를 **해당 유형자산에서 감소시키는 절차를 감가상각**이라 하며, 기말 결산시 해당 유형자산의 감소액 만큼 당기에 비용으로 계상한 것을 **감가상각비**라 한다.

(2) 감가상각의 목적

① 첫째, 유형자산의 경제적 효익이 발생하는 기간(추정내용연수)에 체계적이고, **합리적으로 원가를 배분**하는 것
② 둘째, 유형자산에 투하된 자금을 감가상각을 통하여 **유보자금을 확보**하여 새로운 자산을 취득하는 것

(3) 감가상각의 3요소

① **취득원가** : 유형자산의 실제 취득가격＋제비용(중개인 수수료 등) (실제값)
② **내용연수** : 유형자산의 수명이 다할 때까지 추정되는 사용연수(추정값)
③ **잔존가액** : 유형자산에 대한 내용연수가 경과한 후의 추정되는 장부가격(추정값)

(4) 감가상각의 계산방법

① **정액법**

직선법이라고도 하며, **매 결산시 감가상각비를 균등한 금액으로 계산**하는 방법

- **정액법에 의한 감가상각비 공식 : (취득원가 – 잔존가액) ÷ 내용연수**

② **정률법**

체감잔액법이라고도 하며, 매 결산기말의 미상각잔액에 일정한 상각률(정률)을 곱하여 감가상각비를 계산 하는 방법으로, **초기에는 감가상각비가 많이 부과되고 첨차 감가상각비가 매기 감소되는 방법**이다.

- **정률법에 의한 감가상각비 공식 : (취득원가 – 감가상각누계액) × 정률**

(5) 결산시 감가상각비 기장 방법

① **직접법**

계산된 감가상각비 금액만큼 대변에 해당 **"유형자산항목"**으로 직접 차감 시키는 방법

- 직접법 기장 : (차) 감가상각비 ×××   (대) 건물, 비품 등 ×××

② **간접법**

계산된 감가상각비 금액만큼 대변에 **감가상각누계액** 계정으로 금액을 기입하는 방법

- 간접법 기장 : (차) 감가상각비 ×××   (대) (건물)감가상각누계액 ×××

> **참고**
> 감가상각비는 '판매비와 관리비' 항목이며, 감가상각누계액은 유형자산에 대한 '차감적 평가계정' 항목이다.

05 무형자산(intangible assets)에 관한 기장

1. 무형자산의 의미

일정한 형태는 구체적으로 없으나 사실상의 가치를 나타내는 영업권과 법률상의 권리를 나타내는 산업재산권(특허권, 실용신안권, 의장권, 상표권) 및 광업권, 어업권(입어권 포함), 차지권(지상권 포함)과 장래에 기업의 수익창출에 기여할 개발비 등이 있다.

2. 무형자산의 인식기준

(1) 물리적 형태는 없지만 식별가능하여야 한다.
(2) 기업이 통제하고 있어야 한다.
(3) 미래 경제적 효익이 있는 비화폐성 자산이다.

3. 무형자산의 종류

(1) 영업권(good-will)

사업상의 유리한 조건(입지조건, 신용, 상호, 상표, 신기술 등)으로 다른 기업에 대하여 높은 수익을 얻고 있는 기업을 인수·합병할 때 인수한 순자산액(총자산-총부채)을 초과하여 지급한 경우 그 초과액을 말한다.(기업매수 웃돈)

(2) 산업재산권

법률에 의하여 일정기간 동안 독점적, 배타적으로 이용할 수 있는 권리로서 **특허권**은 새로운 발명을 한 사람이 일정기간 그 발명품을 독점적으로 이용할 수 있는 권리이고, **실용신안권**은 물건의 구조와 용도를 경제적이고 편리하게 개선한 경우에 신규의 공업적 고안을 하여 얻은 권리이고, **의장권(디자인권)**은 물품의 형상 도안 등을 아름답게 개량한 경우에 부여되는 전용권이고, **상표권**은 특정상표를 등록하여 일정기간 배타적으로 이용할 수 있는 권리이다.

(3) 광업권·어업권·차지권

광업권은 일정한 광구에서 등록을 한 광물과 동 광산 중에 부존하는 다른 광물을 채굴하여 취득할 수 있는 권리이고, **어업권(입어권포함)**은 일정한 수면에서 독점적·배타적으로 어업을 경영할 수 있는 권리이고, **차지권**은 임차료 또는 지대를 지급하고 타인 소유의 토지를 사용, 수익을 얻을 수 있는 권리를 말한다.

(4) 개발비(제품개발원가)

특정 신제품 또는 신기술 등의 개발과 관련하여 비경상적으로 발생한 비용(소프트웨어 개발과 관련된 비용을 포함한다)으로서 개별적으로 식별가능하고 미래의 경제적 효익을 확실하게 기대할 수 있는 것으로 한다.

(5) 기타의 무형자산항목

① 라이센스(license) : 다른 기업의 상표, 특허 제품 등을 사용할 수 있는 권리
② 프랜차이즈(franchise) : 특정 체인사업에 가맹점을 얻어 일정한 지역에서 특정 상표나 제품을 제조, 판매 할 수 있는 권리
③ 저작권 : 저작자가 자기 저작물을 복제, 번역, 방송, 상연 등을 독점적으로 이용할 수 있는 권리
④ 소프트웨어 : 소프트웨어란 컴퓨터와 관련된 운용프로그램을 말하는 것으로 상용 소프트웨어의 구입을 위하여 지출한 금액을 말한다.

4. 무형자산의 상각

(1) 무형자산은 정액법 또는 생산량비례법 중 합리적인 방법을 사용하여 결산시 상각하도록 한다.
(2) 결산시 무형자산을 상각하는 경우 기장방법은 직접법에 의한다.

- 생산량비례법에 의한 감가상각 계산법
  광산업이나 산림업에서 일정기간 동안의 채광량, 채벌량 등에 비례하여 상각액을 계산하는 방법이다.

> 감가상각비 = (취득원가 − 잔존가액) × 실제생산량 / 예정총생산량

참고
매월 일정액으로 책정 지급되는 경상개발비 및 기초연구 또는 응용연구를 위한 연구비는 "판매비와 관리비" 항목에 속한다.

06 기타 비유동자산(intangible assets) 계정

1. 기타비유동자산의 의미

　기타비유동자산이란 투자자산, 유형자산, 무형자산에 속하지 않는 비유동자산을 의미하며 보증금(임차보증금 등), 장기매출채권, 장기미수금, 비유동자산으로 분류되는 이연법인세 자산 등이 있다.

2. 기타비유동자산의 종류

(1) 장기매출채권
일반적 상거래에서 발생한 장기성 외상매출금 및 받을어음(장기할부 및 부도어음의 경우)

(2) 이연법인세자산
법인세의 법령에 따라 납부할 세액이 법인세비용을 초과하는 경우

(3) 보증금
전세권, 전신전화가입권, **임차보증금(자산)**, 영업보증금 등. (※ 참고 : 임대보증금은 부채)

07 개인기업의 자본 및 세무에 관한 기장

1. 개인기업의 자본금계정

　개인기업에서의 자본금계정이란 기업주의 설립시 최초출자액, 설립 후 추가출자액 및 인출액, 결산시 당기순이익 또는 당기순손실을 처리하는 계정으로 잔액은 항상 대변에 존재하며 자본금의 현재액을 표시한다.

회계처리방법	
최초 출자시	(차) 현　금 ××× ／ (대) 자본금 ×××
추가 출자시	(차) 현　금 ××× ／ (대) 자본금 ×××
당기순이익	(차) 손　익 ××× ／ (대) 자본금 ×××
당기순손실	(차) 자본금 ××× ／ (대) 손　익 ×××

자본금	
인　출　액　×××	기초자본금 ×××
당기순손실　×××	추가출자액 ×××
기말자본금　×××	당기순이익 ×××

2. 개인기업의 인출금 계정

개인기업의 기업주가 회사 매장내의 상품이나 현금 등을 개인용도로 사용하는 경우 그 사용금액 만큼 자본금이 감소하게 된다. 이러한 개인적 사용이 빈번할 경우 매번 자본금을 감소시켜 차변에 기입하면 그만큼 자본금계정이 복잡하고 기초자본금을 알 수 없게 되는 단점이 있다. 그러므로 **자본금에 대한 평가계정인 "인출금" 계정**을 설정하여 기입하였다가 **결산시 일괄하여 자본금 계정에서 차감 대체**하도록 한다.

(1) 회계처리 방법
① 기업주가 상품 및 현금을 개인용도로 사용한 경우
   (차) 인 출 금   ×××   (대) 현   금(상품)   ×××
② 결산시 인출금 계정을 정리하는 경우
   (차) 자 본 금   ×××   (대) 인 출 금   ×××

3. 개인기업의 세금

(1) 사업소득세

개인기업의 사업소득은 곧 기업주의 개인소득이므로, 사업소득에 대한 소득세를 회사자금으로 납부하면 이것은 기업의 비용지출로 보지 않고, 기업주 개인의 인출로 보아 **"인출금" 계정 차변**에 처리하도록 한다.
• 사업소득세 납부시 : **(차) 인 출 금** ×××   (대) 현   금 ×××

(2) 근로소득세

종업원의 급여 지급시에 **원천징수한 근로소득세는 "예수금" 계정 대변**에 처리하였다가, 후에 **납부시 차변에 기입**하여 없앤다.
• 급여지급시 근로소득세를 원천징수한 경우
   (차) 급   여   ×××   **(대) 예수금**   ×××
• 예수금을 관할기관에 현금 납부한 경우
   (차) 예수금   ×××   (대) 현   금   ×××

(3) 지방세 및 공과금 납부

지방세(재산세, 종합토지세, 자동차세, 사업소세, 면허세) 및 각종 공과금(상공회의소 회비, 적십자 회비, 협회비, 조합비 등)을 납부한 경우는 **"세금과공과" 계정으로 처리**한다.
• 당기분 점포용 건물 재산세와 상공회의소회비를 현금으로 납부한 경우
   (차) 세금과공과   ×××   (대) 현   금   ×××

(4) 취득세 및 등록세 납부

건물, 토지, 차량운반구 등 유형자산 구입시 납부한 **취득세 및 등록세는 해당 유형자산의 취득원가에 포함**시킨다. 즉, 해당유형자산으로 처리한다.

- 건물을 ₩100에 구입하고 취득세 ₩20과 함께 현금으로 납부한 경우

  (차) 건　　물　　　　120　　　(대) 현　　금　　　　120

기본문제

다음 거래를 분개하시오.

(1) 석정상점은 사업소득세 확정신고를 하고, 사업소득세 확정금액 ₩350,000을 현금으로 납부하다.

(2) 당기분 영업용 점포에 대한 재산세 ₩200,000과 점주 주택에 대한 재산세 ₩100,000을 수표를 발행하여 은행에 납부하다.

(3) 상공회의소회비 ₩30,000과 적십자회비 ₩10,000을 현금으로 납부하다.

(4) 제1기분 자동차세 ₩350,000을 현금으로 납부하다.(단, ₩100,000은 점주 개인 자가용분이다.)

(5) 종업원 급여 ₩800,000을 지급함에 있어 소득세 ₩40,000을 원천징수하고, 잔액은 현금으로 지급하다.

(6) 위의 원천징수한 소득세를 관할세무서에 현금으로 납부하다.

(7) 앞서 구입한 건물에 대한 취득세 및 등록세 ₩220,000을 현금으로 영월군청에 납부하다.

Chapter 03 결산 및 재무제표

01 결산의 뜻과 절차

1. 결산의 뜻

회계연도말에 모든 장부를 마감하여, 재무상태와 경영성과를 명백히 파악하는 회계상의 절차를 결산이라 하며, 결산절차에는 ① **예비절차** ② **본절차** ③ **결산보고서 작성**이 있다.

2. 결산 절차

(1) 예비절차

시산표작성, 재고조사표작성과 결산정리 분개 및 원장 수정기입, 정산표작성

(2) 본 절 차

총계정원장의 마감, 기타장부(분개장, 보조부 등) 마감

(3) 결산보고서(재무제표) 작성

손익계산서 작성, 재무상태표 작성

3. 시산표

(1) 시산표 (trial balance, T/B)의 뜻

대차평균의 원리에 의하여 분개장에서 총계정원장의 전기가 정확하게 되었는가를 검사하기 위하여 작성하는 계정집계표를 시산표라 한다. 시산표는 결산시에만 작성되는 것은 아니고, 매월(월계표), 매주(주계표), 매일(일계표)작성하기도 한다.

(2) 시산표의 종류

합계시산표, 잔액시산표, 합계잔액시산표가 있다.

(3) 시산표의 오류

시산표의 차변과 대변 합계액은 대차평균의 원리에 의하여 반드시 일치하여야 한다. 그러나 그 합계가 일치하지 않는다면, 이는 분개나 전기 과정에서 오류나 누락이 있다는 것을 말한다. 따라서 반드시 확인·수정을 해야 한다.

① 시산표상에서 발견할 수 있는 오류(차·대변 합계가 서로 불일치되는 경우)
- 분개의 대·차변 중 어느 한쪽변 만을 전기한 경우
- 분개의 대·차변 모두를 한쪽 변에만 전기한 경우
- 분개의 대·차변 금액을 다르게 기장하거나, 전기할 때 원래 금액을 다르게 전기한 경우

② 시산표상에서 발견할 수 없는 오류(차·대변 합계가 서로 일치되는 경우)
- 한 거래를 이중으로 기장한 경우
- 차·대변의 계정과목을 반대로 전기한 경우
- 거래 전체의 분개 누락 또는 전기가 누락된 경우
- 분개나 전기 시 두 개의 잘못된 금액이 우연히 서로 상계되어 합계가 일치하는 경우
- 다른 계정과목으로 전기한 경우

02 손익에 관한 결산 정리

1. 손익의 이연

(1) 비용의 이연

비용의 이연이란 당기 중에 이미 지급한 비용 금액 중 차기에 속하는 금액은 해당 비용계정 대변에 차감 기입하고, 차기에 속하는 금액만큼 일시적인 **자산 항목인 선급비용**계정 차변에 대체하여 차기로 이월한 후, 차기 개시일에 재대체 분개를 하여준다.

- 비용의 이연(선급비용) : 선급보험료, 선급이자, 선급임차료 등 - **자산계정**

① 회계처리 방법 - 비용 지급시 **비용처리법**

    8/ 1 보험료 1년분 지급시 : (차) 보 험 료 ××× (대) 현　　금 ×××
    12/31 보험료 선급액 대체 : **(차) 선급비용** ××× (대) 보 험 료 ×××**(차기금액)**

> **예제**
> 8월 1일 건물 화재보험료 1년분 ₩120,000을 현금으로 지급하다.
> 12월 31일 결산시 보험료 계정을 정리하다.

② 회계처리 방법 – 비용 지급시 **자산처리법**

    8/ 1 보험료 1년치 지급시 : (차) 선급비용 ××× (대) 현   금 ×××

    12/31 보험료 선급액 대체 : **(차) 보 험 료** ××× (대) 선급비용 ×××**(당기금액)**

> **예제**
>
> 8월 1일 건물 화재보험료 1년분 ₩120,000을 현금으로 지급하다.
> 12월31일 결산시 보험료 계정을 정리하다.

(2) 수익의 이연

수익의 이연이란 당기 중에 이미 받은 수익 금액 중 차기에 속하는 금액은 해당 수익계정에서 차감하고, 그 금액만큼 일시적인 **부채 항목인 선수수익** 계정 대변에 대체하여 차기로 이월한 후 차기 개시일에 재대체 분개를 하여준다.

- 수익의 이연(선수수익) : 선수이자, 선수임대료, 선수수수료 등 – **부채계정**

① 회계처리 방법 – 수익 수취시 **수익처리법**

    8/ 1 임대료 1년치 받은 경우 : (차) 현   금 ××× (대) 임 대 료 ×××

    12/31 임대료 선수액 대체   : (차) 임 대 료 ××× (대) **선수수익** ×××**(차기금액)**

> **예제**
>
> 8월 1일 건물 임대료 1년분 ₩240,000을 현금으로 받다.
> 12월 31일 결산시 임대료계정을 정리하다.

② 회계처리 방법 – 수익 수취시 **부채처리법**

    8/ 1 임대료 1년치 받은 경우 : (차) 현   금 ××× (대) 선수수익 ×××

    12/31 임대료 선수액 대체   : (차) 선수수익 ××× (대) **임 대 료** ×××**(당기금액)**

> **예제**
>
> 8월 1일 건물 임대료 1년분 ₩240,000을 현금으로 받다.
> 12월 31일 결산시 임대료계정을 정리하다.

2. 손익의 예상

(1) 비용의 예상

비용의 예상이란 당기에 속하는 비용이지만 결산일 현재 아직 지급되지 않은 금액으로, 그 금액만큼 해당 비용계정 차변에 가산하여 기입하고, 일시적인 부채를 표시하는 **미지급비용**계정 대변으로 대체하여 차기로 이월한 후 차기 개시일에 재대체 분개를 하여준다.

• 비용의 예상(미지급비용) : 미지급보험료, 미지급이자, 미지급임차료 등 - **부채계정**

① 회계처리 방법

    3/ 1 보험료 5개월치 지급시   :(차) 보 험 료 ×× (대) 현   금 ××

    12/31 보험료 당기분 미지급액 대체 : (차) 보 험 료 ×× (대) **미지급비용** ××**(당기미지급액)**

> **예제**
>
> 3월 1일 사무실 임차료 5개월분 ₩100,000을 현금으로 지급하다.
> 12월 31일 결산시 임차료 미지급분을 계상하다.

(2) 수익의 예상

수익의 예상이란 당기에 속하는 수익이지만 결산일 현재 아직 받지 못한 금액으로, 그 금액만큼 해당 수익계정 대변에 가산하여 기입하고, 일시적인 자산을 표시하는 **미수수익**계정 **차변**으로 대체하여 차기로 이월한 후 차기 개시일에 재대체 분개를 하여준다.

• 수익의 예상(미수수익) : 미수임대료, 미수이자, 미수수수료 등 - **자산계정**

① 회계처리 방법

    3/ 1 임대료 5개월분 받은 경우 : (차) 현   금 ××× (대) 임 대 료 ×××

    12/31 임대료 당기분 미수액 대체 : (차) **미수수익** ××× (대) 임 대 료 ×××**(당기미수액)**

> **예제**
>
> 3월 1일 사무실 임대료 5개월분 ₩150,000을 현금으로 받다.
> 12월 31일 결산시 임대료 미수분을 계상하다.

03 소모품의 결산정리

소모품(Supplies)이란, 문방구류, 청소용품 등을 구입하는 경우에 처리하는 계정으로, 구입할 당시에 **자산계정인 "소모품"** 계정으로 처리하는 방법과, **비용계정인 "소모품비"** 계정으로 처리하는 방법이 있다. 기중에 소모품을 구입한 후에, 결산시에는 사용하고 남은 금액에 대하여 정리분개를 하여야 한다.

(1) 소모품 구입시(비용처리법)

① 회계처리 방법

    3/ 1 기중에 소모품 구입시 : (차) **소모품비** ××× (대) 현 금 ×××
    12/31 결산시 정리 분개   : (차) **소 모 품** ××× (대) 소모품비 ×××**(미사용액)**

(2) 소모품 구입시(자산처리법)

① 회계처리 방법

    3/ 1 기중에 소모품 구입시 : (차) **소 모 품** ××× (대) 현 금 ×××
    12/31 결산시 정리 분개   : (차) **소모품비** ××× (대) 소 모 품 ×××**(당기사용액)**

> **예제**
>
> 다음 소모품에 대한 연속 거래를 비용처리법과 자산처리법으로 각각 분개하시오.
>
> 3월 1일 사무용 소모품 ₩300,000을 구입하고, 대금은 현금으로 지급하다.
> 12월 31일 결산시 소모품 미사용액 ₩100,000을 계상하다.

② 비용처리법

    3월 1일 :
    12월31일 :

③ 자산처리법

    3월 1일 :
    12월31일 :

04 재무제표

1. 재무제표 뜻과 종류

한 회계기간이 끝나면, 그 회계기간 동안의 경영성과와 기말의 재무 상태를 명백히 하기 위하여 결산을 하고, 그 결과를 기업의 이해 관계자에게 일정한 양식에 의하여 전달하기 위한 회계정보를 재무제표(financial statements)라고 한다. 우리나라 **회계실무(기업회계기준)에서 정하고 있는 재무제표** 종류는 다음과 같다. (※ 이론시험에서 자주 출제되므로 종류 꼭 기억하세요)

(1) 재무상태표
(2) 손익계산서
(3) 현금흐름표
(4) 자본변동표
(5) 주석

> **참고**
> - 주석 : **주석(註釋)** 은 재무제표상의 해당부분에 기호를 붙이고, 난외 또는 별지에 회계정보 이용자들이 이해할 수 있도록 그 내용을 기재하는 방법을 말한다.(기업 환경이 복잡해짐에 따라 재무제표에서 그 비중이 점점 중요시되고 있음)
> - 부속명세서 : **부속명세서** 는 재무제표에 주석으로 충분히 나타낼 수 없는 경우에 별지에 일정한 양식으로 표시하는 것을 의미하며, 이에는 제조원가명세서, 매출원가명세서, 사채명세서 또는 매출액명세서 등이 있다.

2. 재무제표 작성의 일반원칙

재무제표작성의 일반원칙이란 각종 재무제표의 작성시에 공통적으로 지켜야 할 회계 행위의 기준이다.

(1) 신뢰성

회계처리 및 보고는 신뢰할 수 있도록 객관적인 자료와 증거에 의하여 공정하게 처리하여야 한다는 원칙

(2) 명료성

재무제표의 양식 및 과목과 회계용어는 이해하기 쉽도록 간단, 명료하게 표시하여야 한다는 원칙

(3) 충분성

중요한 회계방침과 회계처리기준 과목 및 금액에 관하여는 그 내용을 재무제표상에 충분히 표시하여야 한다는 원칙으로 주석, **부속명세서 작성 등**이 이에 속한다.

(4) 계속성

회계처리에 관한 기준 및 추정은 기간별 비교가 가능하도록 매기 계속하여 적용하고 정당한 사유 없이 이를 변경해서는 아니 된다는 원칙이다.

(5) 중요성

회계처리와 재무제표 작성에 있어서 과목과 금액은 그 중요성에 따라 실용적인 방법에 의하여 결정하여야 한다는 원칙이다.

(6) 안전성(보수주의)

회계처리 과정에서 2가지 이상의 선택 가능한 방법이 있을 경우에는 재무적 기초를 견고히 하는 방법에 따라 처리하여야 한다는 원칙이다.

(7) 실질우선

거래의 실질과 경제적 사실을 반영할 수 있어야 한다는 원칙

3. 재무상태표(Balance sheet, B/S) 의미 및 작성기준

(1) 재무상태표 의미

일정시점에 있어서 기업의 재무상태를 명확히 파악하기 위하여 작성한 보고서로서, 재무상태표 작성일 현재 기업에 귀속되어 있는 모든 자산, 부채 및 자본의 현재액을 한 표에 모은 일람표를 말하며, 작성하는 시기에 따라 개시 재무상태표, 중간 재무상태표, 결산 재무상태표, 청산 재무상태표 등으로 구분할 수 있다. 재무상태표의 표준 양식은 계정식과 보고식이 있으며 이 중 하나를 선택하여 작성한다. 또한 작성한 재무상태표를 외부에 보고하는 경우에 **요약식**이 있다.

(2) 재무상태표 작성기준

① 구분표시

재무상태표는 자산, 부채, 자본으로 구분하고, 자산은 유동자산과 비유동자산으로, 부채는 유동부채와 비유동부채로, 자본은 자본금, 자본잉여금, 자본조정, 기타포괄손익

누계액, 이익잉여금으로 각각 구분하여 표시한다.

② 총액표시

자산, 부채 및 자본은 총액에 의하여 기재함을 원칙으로 하고, 자산의 항목과 부채 또는 자본의 항목과를 상계함으로써 그 전부 또는 일부를 제외하여서는 아니 된다는 원칙이다.

③ 1년 기준

자산과 부채는 1년을 기준으로 하여 유동자산, 비유동자산으로, 유동부채와 비유동부채로 구분하는 것을 원칙으로 한다.

④ 유동성배열

재무상태표에 기재하는 자산과 부채의 항목 배열은 유동성 배열법에 의함을 원칙으로 한다. 즉 자산, 부채의 과목을 유동성(환금성)이 높은 것부터 먼저 표시하고, 유동성이 낮은 것은 나중에 표시하는 원칙이다.(반대개념 - 고정성 배열)

⑤ 잉여금구분

자본거래에서 발생한 자본잉여금과 손익거래에서 발생된 이익잉여금은 혼동하여 표시하여서는 아니 된다. 즉, 잉여금은 자본거래에서 발생한 자본잉여금과 손익거래의 결과 계상된 이익잉여금으로 구분 표시하여 자본을 견실히 유지하기 위함이다.

⑥ 적절한 계정과목의 표시

가수금, 가지급금 등의 미결산 항목은 그 내용을 나타내는 적절한 과목으로 표시하고, 비망계정은 자산, 부채 항목으로 표시하지 않는다.

4. 재무상태표 양식

재무상태표의 표준양식은 계정식과 보고식이 있으며, 기업회계기준에서는 이를 모두 인정하여, 이 중 하나를 선택하여 작성하도록 하고 있다.

재무상태표에는 **표의명칭, 회사명, 일정시점(작성시점), 화폐단위**를 표시하여야 한다.

| 재 무 상 태 표 |

회사명　　　　　　　제×기 20××년×월×일 현재　　　　　　　(단위 : 원)

과　　　　목	당 기		전 기	
자　　산				
유동자산		×××		×××
당좌자산		×××		×××
현금및현금성자산	×××		×××	
단기투자자산	×××		×××	
매출채권	×××		×××	
선급비용	×××		×××	
이연법인세자산	×××		×××	
……	×××		×××	
재고자산		×××		×××
제품	×××		×××	
재공품	×××		×××	
원재료	×××		×××	
……	×××		×××	
비유동자산		×××		×××
투자자산		×××		×××
투자부동산	×××		×××	
장기투자증권	×××		×××	
지분법적용투자주식	×××		×××	
……	×××		×××	
유형자산		×××		×××
토지	×××		×××	
설비자산	×××		×××	
(−) 감가상각누계액	(×××)		(×××)	
건설중인자산	×××		×××	
……	×××		×××	
무형자산		×××		×××
영업권	×××		×××	
산업재산권	×××		×××	
개발비	×××		×××	
……	×××		×××	
기타비유동자산		×××		×××
이연법인세자산	×××		×××	
……	×××		×××	
자 산 총 계		×××		×××

부　　채				
유동부채		×× ×		×× ×
단기차입금	×× ×		×× ×	
매입채무	×× ×		×× ×	
미지급법인세	×× ×		×× ×	
미지급비용	×× ×		×× ×	
이연법인세부채	×× ×		×× ×	
……	×× ×		×× ×	
비유동부채		×× ×		×× ×
사채	×× ×		×× ×	
신주인수권부사채	×× ×		×× ×	
전환사채	×× ×		×× ×	
장기차입금	×× ×		×× ×	
퇴직급여충당부채	×× ×		×× ×	
장기제품보증충당부채	×× ×		×× ×	
이연법인세부채	×× ×		×× ×	
……	×× ×		×× ×	
부 채 총 계		×× ×		×× ×
자　　본				
자본금				
보통주자본금		×× ×		×× ×
우선주자본금	×× ×		×× ×	
	×× ×		×× ×	
자본잉여금				
주식발행초과금		×× ×		×× ×
……	×× ×		×× ×	
	×× ×		×× ×	
자본조정				
자기주식		×× ×		×× ×
……	×× ×		×× ×	
	×× ×		×× ×	
기타포괄손익누계액				
매도가능증권평가손익		×× ×		×× ×
해외사업환산손익	×× ×		×× ×	
현금흐름위험회피파생상품	×× ×		×× ×	
평가손익	×× ×		×× ×	
……	×× ×		×× ×	
이익잉여금(또는 결손금)		×× ×		×× ×
법정적립금	×× ×		×× ×	
임의적립금	×× ×		×× ×	
미처분이익잉여금	×× ×		×× ×	
(또는 미처리결손금)				
자 본 총 계		×× ×		×× ×
부채 및 자본 총계		×× ×		×× ×

5. 손익계산서(Income statement I/S) 의미 및 작성기준

(1) 손익계산서 의미

기업의 경영성과를 파악하기 위하여 일정기간 동안에 얻어진 수익 총액에서 수익을 얻기 위하여 소비된 비용 총액을 차감하여 순손익을 계산하는 회계보고서를 말한다. 손익계산서의 작성 양식은 계정식과 보고식의 두 가지가 있으나, 기업회계기준에서는 **보고식으로 작성**하는 것을 원칙으로 한다. 외부에 보고할 손익계산서를 요약 보고식으로 작성하는 경우에는 판매비와 관리비를 일괄 기재할 수 있고, 중요하지 않은 것은 합하여 작성할 수 있다.

(2) 손익계산서 작성기준

① 기간배분의 원칙(발생, 실현주의)

모든 수익과 비용은 그것이 발생한 기간에 정당하게 배분되도록 처리하여야 한다. 다만, 수익은 실현 시기를 기준으로 계상하고 미실현 수익은 당기의 손익계산에 산입하지 아니함을 원칙으로 한다. 즉 수익과 비용은 거래가 발생하는 시기에 인식하여 기록한 후, 기말에 인식한 수익 중 미실현된 부분은 당기 손익계산에서 제외하여야 한다.

② 수익과 비용의 대응원칙

수익과 비용은 그 발생 원천에 따라 명확하게 분류하고, 각 수익 항목과 이에 관련되는 비용항목을 대응 표시하여야 한다는 원칙이다. 즉 실현된 수익과 이에 관련된 발생 비용을 대응시켜 손익계산을 하여야 한다. 예를 들면 매출액에 대응되는 비용은 매출원가와 판매비와 관리비로서, 이는 영업활동으로부터 직접 발생한 것이다.

③ 총액주의 원칙

수익과 비용은 총액에 의하여 기재함을 원칙으로 하고, 수익항목과 비용 항목을 직접 상계함으로써 그 전부 또는 일부를 손익계산서에서 제외하여서는 아니 된다는 원칙이다.

④ 구분 표시의 원칙

이용목적에 적합하도록 손익계산서에는 매출총손익, 영업손익, 법인세비용차감전 순손익, 당기순손익으로 구분 계산하여 표시한다. 그러나 제조업, 판매업, 건설업 이외의 업종은 매출총손익의 구분표시를 생략할 수 있다.

- 손익계산서의 이익계산(중단사업손익이 없는 경우)
    - 1구분이익 : **매출 총이익** = (순)매출액 - 매출원가
    - 2구분이익 : **영업이익** = 매출총이익 - 판매비와관리비
    - **3구분이익** : **소득세(법인세)비용차감전이익** = 영업이익 + 영업외수익 - 영업외비용
    - 4구분이익 : **당기순이익** = 소득세(법인세)비용차감전이익 - 소득세(법인세)비용
    - 주당이익

> **참고**
>
> 주당순이익(earning per share, EPS) : 기업의 당기순이익을 사외에 유통되고 있는 보통주식수로 나누어 얻은 1주당 순이익으로서 한 회계기간 동안의 회사의 1주당 기업의 수익력을 나타내는 것으로 당기순이익보다 더 유용한 정보라고 할 수 있다.
>
> $$주당순이익 = \frac{당기순이익 - 우선주배당금}{발행한 보통주 총수}$$

6. 손익계산서 양식

손익계산서의 표준양식에는 계정식과 보고식이 있으며, 기업회계기준에서 인정하는 손익계산서는 **보고식**이다. 손익계산서에는 **표의명칭, 회사명, 일정기간, 화폐단위**를 표시하여야 한다.

| 손익계산서(중단사업손익이 없을 경우) |

회사명   제X기 20XX년 1월 1일부터 20XX년 12월 31일까지   (단위 : 원)

과 목	당 기		전 기	
매출액		×××		×××
매출원가		×××		×××
기초제품(또는 상품)재고액	×××		×××	
당기제품제조원가	×××		×××	
(또는 당기상품매입액)				
기말제품(또는 상품)재고액	(×××)		(×××)	
매출총이익(또는 매출총손실)		×××		×××
판매비와관리비		×××		×××
급여	×××		×××	
퇴직급여	×××		×××	
복리후생비	×××		×××	
임차료	×××		×××	
기업업무추진비	×××		×××	
감가상각비	×××		×××	
무형자산상각비	×××		×××	
세금과공과	×××		×××	
광고선전비	×××		×××	
연구비	×××		×××	
경상개발비	×××		×××	
대손상각비	×××		×××	
……	×××		×××	
영업이익(또는 영업손실)		×××		×××
영업외수익		×××		×××
이자수익	×××		×××	

배당금수익	×××		×××	
임대료	×××		×××	
단기투자자산처분이익	×××		×××	
단기투자자산평가이익	×××		×××	
외환차익	×××		×××	
외화환산이익	×××		×××	
지분법이익	×××		×××	
장기투자증권손상차손환입	×××		×××	
유형자산처분이익	×××		×××	
사채상환이익	×××		×××	
전기오류수정이익	×××		×××	
……				
영업외비용		×××		×××
이자비용	×××		×××	
기타의대손상각비	×××		×××	
단기투자자산처분손실	×××		×××	
단기투자자산평가손실	×××		×××	
재고자산감모손실	×××		×××	
외환차손	×××		×××	
외화환산손실	×××		×××	
기부금	×××		×××	
지분법손실	×××		×××	
장기투자증권손상차손	×××		×××	
유형자산처분손실	×××		×××	
사채상환손실	×××		×××	
전기오류수정손실	×××		×××	
……	×××		×××	
법인세비용차감전순손익		×××		×××
법인세비용		×××		×××
당기순이익(또는 당기순손실)		×××		×××
주당손익				
기본주당순손익		×××원		×××원
희석주당순손익		×××원		×××원

05 수익과 비용계정의 분류

구 분		종 류
수익	영업수익	**매출액**(총매출액−매출환입, 매출에누리액, 매출할인액)
	영업외 수익	이자수익, 배당금수익(주식배당제외), 임대료, 단기투자자산처분이익, 단기투자자산평가이익, 외환차익, 투자자산처분이익, 유형자산처분이익, 사채상환이익, 법인세환급액, 잡이익, 외화환산이익, 자산수증이익, 채무면제이익, 보험수익 등
비용	영업비용	① **매출원가**(기초상품재고액 + 당기매입액 − 기말상품재고액) ② **판매비와 관리비** 급여, 퇴직급여, 복리후생비, 임차료, 기업업무추진비, 감가상각비, 세금과공과, 광고선전비, 연구비, 사무용품비, 교육훈련비, 여비교통비, 통신비, 수도광열비, 경상개발비, 대손상각비, 보관료, 판매수수료, 운반비, 창업비, 무형자산상각비, 잡비, 수선비, 견본비 등.
	영업외 비용	이자비용, 기타의 대손상각비, 단기매매증권처분손실, 단기매매증권평가손실, 재고자산평가손실, 기부금, 투자자산처분손실, 유형자산처분손실, 사채상환손실, 잡손실, 재해손실 등
	법인세 비용	회사가 일정기간동안 벌어들인 소득에 대해 부과되는 세금으로 법인세와 주민세를 포함하여 결산시에 계상한다.

1. 비용 발생시(경비 지출시) 회계처리 방법

(1) 직원의 식비, 야유회비, 경조사비, 근무작업복, 회사부담분 건강보험료, 원두커피등 구입비, 업무중부상치료비 등을 위하여 현금을 지출한 경우
　　(차) **복리후생비**　　　×××　　(대) 현　　금　　×××

(2) 직원의 시내교통비, 지하철 정액권 및 버스카드 구입비, 택시비 및 **임시주차료** 등을 현금으로 지급한 경우
　　(차) **여비교통비**　　　×××　　(대) 현　　금　　×××

(3) 신문대, 잡지 및 서적구입, 사진현상비, 인쇄복사비, 명함제작비 등을 현금 지급한 경우
　　(차) **도서인쇄비**　　　×××　　(대) 현　　금　　×××

(4) 문구류, 장부, 복사용지 등을 구입하고 현금으로 지급한 경우**(비용처리시)**
　　(차) **소모품비**　　　×××　　(대) 현　　금　　×××

(5) 전화료, 인터넷료, 직원휴대폰료, 등기소포, 우편엽서발송비 등을 현금으로 지급한 경우
　　(차) **통 신 비**　　　×××　　(대) 현　　금　　×××

(6) 영업용차량의 자동차세, 상공회의소 회비, 적십자회비, 협회비, 영업용건물 재산세, **수입인지대**, 교통범칙금 등을 현금으로 지급한 경우
   (차) **세금과공과금**　　　　×××　　(대) 현　　　금　　　×××

(7) 영업용차량의 유류대, 수리비, **1달 정기주차료**, 차량검사료 등을 현금으로 지급한 경우 또는 차량수리를 하고 수익적 지출로 처리하는 경우
   (차) **차량유지비**　　　　×××　　(대) 현　　　금　　　×××

(8) 전기세, 냉난방비, 가스비, 수돗물사용료 등을 현금으로 지급한 경우
   (차) **수도광열비**　　　　×××　　(대) 현　　　금　　　×××

(9) 거래처직원에 대한 경조사비, 식사접대, 선물구입비 등을 현금지급한 경우
   (차) **기업업무추진비**　　×××　　(대) 현　　　금　　　×××

(10) 신문, 잡지, TV광고료, 간판제작, 달력제작비 등을 현금으로 지급한 경우
   (차) **광고선전비**　　　　×××　　(대) 현　　　금　　　×××

(11) 직원의 학원등록비 및 교육, 훈련 등을 위하여 현금을 지출한 경우
   (차) **교육훈련비**　　　　×××　　(대) 현　　　금　　　×××

(12) 건물, 차량운반구, 비품, 기계장치 등을 수리하고 수리비를 현금으로 지급한 경우
   (수익적지출인 경우) (차) **수　선　비**　　×××　(대) 현　　금　　×××
   (자본적지출인 경우) (차) 해당유형자산　　×××　(대) 현　　금　　×××

(13) 이달분 급여(상여금, 수당포함) ₩100,000중 소득세 및 건강보험료 ₩10,000을 제외한 잔액은 보통예금에서 이체시킨 경우
   (차) **급　　여**　　　100,000　　(대) 예 수 금 10,000 (급여공제 합계액)
   　　　　　　　　　　　　　　　　　　보통예금 90,000

(14) 위의 종업원 급여에서 차감한 소득세 및 의료보험료를 현금으로 납부한 경우
   (차) 예 수 금　　　　　10,000　　(대) 현　　　금　　　10,000

(15) 종업원 퇴직시 퇴직금을 현금지급 하는 경우(퇴직급여충당부채 잔액 확인후 처리)
   (차) **퇴직급여**　　　　×××　　(대) 현　　　금　　　×××

(16) 자동차보험료, 건물화재보험료 등을 현금으로 지급한 경우
   (차) **보 험 료**　　　　×××　　(대) 현　　　금　　　×××

(17) 수재의연금, 불우이웃돕기성금 등에 현금을 기탁한 경우
 (차) **기 부 금** ××× (대) 현   금 ×××

(18) 영업용 토지 및 건물에 대한 임차료, 특허권사용료, 기술도입사용료(Royalty) 등을 현금으로 지급한 경우
 (차) **지급임차료** ××× (대) 현   금 ×××

(19) 온-라인 쇼핑몰 회사의 택배비 또는 상품 매출시 운임을 현금 지급한 경우
 (차) **운 반 비** ××× (대) 현   금 ×××

(20) 도난방지관리 유지비, 세무회계 사무실 수수료, **수입증지대** 등을 현금 지급한 경우
 (차) **지급수수료** ××× (대) 현   금 ×××

(21) 발생빈도나 금액적 중요성이 적은 회의비, 자료수집비, TV시청료, 신용조사비, 폐기물 수거비 등을 현금으로 지급한 경우
 (차) **잡   비** ××× (대) 현   금 ×××

(22) 거래처 및 은행으로부터 차입한 금전에 대한이자, 사채이자 등을 현금으로 지급한 경우
 (차) **이자비용** ××× (대) 현   금 ×××

(23) 건물, 토지, 차량운반구 등 유형자산을 장부가액보다 낮은 금액으로 현금 매각한 경우
 (차) **유형자산처분손실** ××× (대) 건 물 등 ×××
   현   금 ×××

(24) 화재, 지진, 홍수로 인한 침수, 풍수해 등 천재지변으로 건물이 파손하거나 또는 도난 등으로 거액의 손실을 입은 경우
 (차) **재해손실** ××× (대) 건 물 등 ×××

2. 수익 실현시 회계처리 방법

(1) 소유하고 있는 주식에 대한 배당금 또는 출자금에 대한 배당금이 보통예금계좌에 입금된 경우
 (차) 보통예금 ××× (대) **배당금수익** ×××

(2) 소유하고 있던 사채에 대한 이자, 은행에 예치한 이자, 일시적 유휴자금을 대여하고 받은 이자를 보통 예금계좌에 입금한 경우
 (차) 보통예금 ××× (대) **이자수익** ×××

(3) 건물, 토지 등을 임대하고 현금으로 받은 경우
   (차) 현　　　금　　　×××　　(대) **수입임대료**　　　×××

(4) 소유하고 있는 국·공채 및 사채, 주식 등의 단기매매증권을 취득가액보다 높은 금액으로 처분하고 현금으로 받은 경우
   (차) 현　　　금　　　×××　　(대) 단기매매증권　　　×××
   　　　　　　　　　　　　　　　　　 단기매매증권처분이익　×××

(5) 건물, 토지, 차량운반구 등 유형자산을 장부가액보다 높은 금액으로 현금 매각한 경우
   (차) 현　　　금　　　×××　　(대) 건 물 등　　　×××
   　　　　　　　　　　　　　　　　　 유형자산처분이익　×××

(6) 회사가 제3자로부터 건물, 토지 등의 자산을 무상으로 증여받은 경우
   (차) 건 물 등　　　×××　　(대) **자산수증이익**　　×××

(7) 회사가 제3자로부터 채무의 일부 또는 전부를 면제받은 경우
   (차) 단기차입금 등　×××　　(대) **채무면제이익**　　×××

(8) 금액적으로 중요하지 않은 작업폐물, 고철, 재활용품 등을 현금 매각한 경우
   (차) 현　　　금　　　×××　　(대) **잡 이 익**　　　×××

※ 참고 : 정확한 당기순이익의 계산 방법(이론시험 계산문제로 자주 출제되므로 꼭 숙지하시기 바랍니다)

| 기 존
당 기
순이익 | + | *자산항목(선급비용,미수수익포함)
*수익항목
*기말상품 과소액 | − | *부채항목(미지급비용,선수수익 포함)
*비용항목
*기말상품 과대액 | = | 정확한
당 기
순이익 |

○ 예제 ○

결산결과 당기순이익 53,000원이 계상되었으나, 다음과 같은 사항이 누락되었다. 정확한 당기순이익을 계산하면 얼마인가?

| 보험료 선급액 5,000원, | 감가상각비 3,000원, | 임차료 미지급액 6,000원 |
| 기말상품 과대계상액 2,000원, | 이자 선수액 4,000원, | 임대료 미수액 5,000원 |

[풀이]

$$53,000 + \begin{matrix} 5,000 \\ 5,000 \end{matrix} - \begin{matrix} 3,000 \\ 6,000 \\ 2,000 \\ 4,000 \end{matrix} = 48,000$$

Chapter 04 이론시험 따라잡기

제 1 회

01 다음 거래에서 거래요소의 결합관계로 옳은 것은?

> 건물 50,000,000원을 구입하고 취득세 500,000원과 함께 당좌수표를 발행하여 지급하다.

① 자산의 증가 : 자산의 감소
② 자산의 증가 : 부채의 증가
③ 자산의 증가·비용의 발생 : 자산의 감소
④ 자산의 증가·비용의 발생 : 부채의 증가

02 다음의 계정에 대한 설명으로 가장 올바른 것은? (단, 반드시 아래에 표시된 계정만으로 판단할 것)

외상매입금 (단위 : 원)	지급어음 (단위 : 원)
90,000	90,000

① 상품 180,000원을 매입하고 90,000원은 어음으로 지급하고, 90,000원은 외상으로 구입하다.
② 외상매입금 90,000원을 어음으로 지급하다.
③ 상품 90,000원을 외상으로 매입하다.
④ 상품 90,000원을 매입하고, 어음으로 지급하다.

03 다음 자료에 의하여 매입채무를 계산하면 얼마인가?

> • 외상매출금 : 500,000원   • 받을어음 : 200,000원   • 미 수 금 : 100,000원
> • 외상매입금 : 500,000원   • 지급어음 : 300,000원   • 미지급금 : 100,000원

① 700,000원   ② 800,000원   ③ 900,000원   ④ 1,000,000원

04 다음 빈 칸에 가장 알맞은 것은?

> 재고자산을 매입하는 경우 매입대금의 일부를 미리 지급하는 것을 (㉠)하고 하며, 이는 (㉡)으로 차변에 기입한다

① ㉠ 미수금 ㉡ 부채
② ㉠ 선급금 ㉡ 자산
③ ㉠ 선급금 ㉡ 부채
④ ㉠ 선수금 ㉡ 자산

05 당월 외상매입 자료에서 외상매입금 당월 지급액은?

> • 월초잔액 : 20,000원
> • 외상매입액 : 250,000원
> • 월말잔액 : 160,000원
> • 외상매입액 중 환출액 : 10,000원

① 100,000원
② 110,000원
③ 120,000원
④ 130,000원

06 직원의 급여지급시 국민연금,건강보험,근로소득세,지방소득세 등에 대해 일시적으로 차감하여 보관하는 경우로 가장 알맞은 계정과목은?

① 미수금 ② 가수금 ③ 선수금 ④ 예수금

07 외상매입금 계정의 대변에 기입되는 거래는?

① 외상매입대금을 현금으로 지급했을 때
② 외상으로 매입한 상품을 반품했을 때
③ 상품을 외상으로 매입했을 때
④ 외상대금을 당좌수표 발행하여 지급했을 때

08 다음 자료의 내용이 모두 충족되는 계정과목으로 옳은 것은?

> • 자본의 감소 원인이 된다.
> • 영업활동 이외의 활동에서 발생한다.
> • 총계정원장의 잔액은 항상 차변에 남는다.

① 외상매출금 ② 기부금 ③ 미지급금 ④ 기계장치

09 매장 건물에 엘리베이터를 설치하고 아래와 같이 회계 처리한 경우 발생하는 효과로 옳은 것은?

> (차) 수선비　80,000,000원　　(대) 보통예금　80,000,000원

① 비용의 과소계상　　② 부채의 과대계상
③ 자산의 과소계상　　④ 순이익의 과대계상

10 2025년 1월 1일에 건물 5,000,000원을 구입하고, 취득세 500,000원을 현금으로 지급하였다. 2025년 12월 31일 결산시 정액법에 의한 감가상각비는 얼마인가? (단, 내용연수 10년, 잔존가액 0원, 결산 연 1회)

① 50,000원　　② 450,000원
③ 500,000원　　④ 550,000원

11 다음 중 대손처리 할 수 없는 계정과목은 어느 것인가?

① 받을어음　② 미수금　③ 선수금　④ 외상매출금

12 다음 계정 기입에 대한 설명으로 옳은 것은?

선　수　금	(단위 : 원)
	7/15 현　금 100,000

① 원인 불명의 송금수표 100,000원이 송금되어 오다.
② 상품을 매입하기로 하고 계약금 100,000을 현금 지급하다.
③ 상품을 매출하기로 하고 현금 100,000원을 계약금으로 받다.
④ 업무용 비품을 매각하고 그 대금 100,000을 현금으로 받다.

13 결산 결과 당기순이익 90,000원이 산출되었으나, 다음과 같은 사항이 누락되었음을 발견하다. 수정후의 당기순이익은?

> • 보험료 선급액 : 10,000원　　• 이자 미수액 : 20,000원

① 60,000원　② 80,000원　③ 100,000원　④ 120,000원

14 다음 자료에 의하여 기말자본을 구할 경우 그 금액은 얼마인가?

| • 기초자산 : 900,000원 | • 기초부채 : 300,000원 |
| • 총 수 익 : 1,300,000원 | • 총 비 용 : 1,800,000원 |

① 100,000원　　② 200,000원　　③ 400,000원　　④ 600,000원

15 다음 설명의 (가), (나)의 내용으로 옳은 것은?

전자제품 판매점에서 세탁기 판매액은 (가)이며, 세탁기를 운반하는 데 사용하는 화물차를 처분하면서 얻은 이익은 (나)이다.

① (가)영업수익, (나)영업외수익　　② (가)영업외수익, (나)영업수익
③ (가)영업비용, (나)영업외수익　　④ (가)영업외수익, (나)영업비용

제 2 회

01 기말 결산 시 손익계정으로 대체되는 계정은?
① 인출금　② 당좌예금　③ 감가상각비　④ 대손충당금

02 다음 중 손익계산서 구성항목이 아닌것은?
① 매출액　② 영업외비용　③ 판매관리비　④ 자본금

03 다음과 같은 결합 관계로 이루어진 거래로 옳은 것은?

(차변) 비용의 발생　　(대변) 부채의 증가

① 차량유류비 200,000원을 대한카드로 결제하다.
② 전기요금 100,000원을 보통예금 통장에서 자동이체하다.
③ 단기차입금 1,000,000원과 이자 30,000원을 현금으로 지급하다.
④ 상품 운반용 트럭 15,000,000원을 외상으로 구입하다.

04 비용에 관한 올바른 내용을 〈보기〉에서 모두 고른 것은?

보 기
ㄱ. 자본 감소의 원인이 된다.
ㄴ. 기업이 경영활동으로 지출하는 경제적 가치
ㄷ. 기업이 일정시점에 소유하고 있는 재화나 권리
ㄹ. 재화나 용역을 고객에게 제공하고 그 대가로 얻는 금액

① ㄱ, ㄴ　② ㄱ, ㄹ　③ ㄴ, ㄷ　④ ㄷ, ㄹ

05 기말 결산 시 선수수익을 기장 누락한 경우 미치는 영향은?
① 부채의 과대계상　② 자산의 과소계상
③ 수익의 과소계상　④ 수익의 과대계상

06 2023년 1월 1일 구입한 차량을 2025년 1월 1일에 5,000,000원에 처분한 경우 유형자산처분손익은 얼마인가? (단, 상각방법은 정액법이다)

- 취득원가 : 10,000,000원
- 내용연수 : 5년
- 잔존가액 : 1,000,000원

① 유형자산처분이익 1,000,000원   ② 유형자산처분손실 1,000,000원
③ 유형자산처분이익 1,400,000원   ④ 유형자산처분손실 1,400,000원

07 다음 중 복리후생비에 속하지 않는 것은?
① 직원 경조사비 지급
② 직원 자녀 학자금 지급
③ 거래처 식사대 지급
④ 직원 작업복 지급

08 다음 자료에 의하면 순매출액은 얼마인가?

- 총매출액 : 800,000원
- 매출에누리 : 50,000원
- 매출운임 : 30,000원
- 매출환입 : 30,000원

① 690,000원   ② 720,000원   ③ 800,000원   ④ 830,000원

09 다음 중 유형자산에 대한 설명으로 옳은 것은?
① 토지, 건물, 차량운반구, 구축물 등은 회계상 유형자산에 속한다.
② 유형자산은 판매 목적으로 구입한 자산이다.
③ 1년 이상 장기에 걸쳐 사용되는 자산으로 물리적인 형태가 없는 자산이다.
④ 유형 자산을 취득할 때 소요된 취득부대비용은 당기의 비용으로 처리한다.

10 제과점의 5월 중 자료이다. 영업이익을 계산한 금액으로 옳은 것은?

- 빵 판매 대금 : 500,000원
- 케익 판매 대금 : 300,000원
- 빵/케익 구입 대금 : 250,000원
- 종업원 급여 : 100,000원
- 은행 차입금의 이자 : 10,000원
- 매장 임차료 : 20,000원

① 120,000원   ② 420,000원   ③ 430,000원   ④ 450,000원

11 아래 거래에 대한 분개로 올바른 것은?

> 9/30 : 거래처의 파산으로 외상매출금 90,000원이 회수불능이 되다.(단, 전기에 설정된 대손충당금 잔액은 30,000원이 있다)

① (차) 대손상각비　　　　90,000　　(대) 외상매출금　　90,000
② (차) 대손충당금　　　　30,000　　(대) 외상매출금　　90,000
　　　　대손상각비　　　　60,000
③ (차) 대손충당금　　　　60,000　　(대) 외상매출금　　90,000
　　　　대손상각비　　　　30,000
④ (차) 대손충당금환입　　90,000　　(대) 외상매출금　　90,000

12 회계기간에 대한 설명 중 틀린 것은?

① 회계연도라고도 한다.
② 원칙적으로 1년을 초과할 수 없다.
③ 유동자산과 비유동자산의 구분기준이다.
④ 전기, 당기, 차기로 구분할 수 있다.

13 다음에서 (가), (나)에 해당하는 계정과목은?

> (가) 사무실에서 사용할 컴퓨터 구입에 따른 외상대금은?
> (나) 컴퓨터 판매회사의 판매용 컴퓨터 구입에 따른 외상대금은?

　　　　(가)　　　　(나)　　　　　　　　(가)　　　　(나)
① 외상매입금　미지급금　　　② 미지급금　외상매입금
③ 미지급금　　미수금　　　　④ 외상매출금　외상매입금

14 2025년 8월 1일 보험료 6개월분 1,200,000원을 현금으로 지급하고 보험료 계정으로 회계처리 한 경우 결산시에 선급비용 계정에 계산되는 금액은 얼마인가?(단, 결산일은 12월 31일임)

① 0원　　　　　　　　　　② 200,000원
③ 300,000원　　　　　　　④ 400,000원

15 기계장치 일부를 수리하고 수리비 500,000원을 보유 중이던 자기앞수표로 지급하였다. 이중 300,000원은 자본적 지출이고 나머지는 수익적 지출인 경우의 옳은 분개는?

① (차) 기계장치 200,000   (대) 당좌예금 500,000
       수 선 비 300,000
② (차) 기계장치 300,000   (대) 당좌예금 500,000
       수 선 비 200,000
③ (차) 기계장치 200,000   (대) 현　　금 500,000
       수 선 비 300,000
④ (차) 기계장치 300,000   (대) 현　　금 500,000
       수 선 비 200,000

제 3 회

01 다음 중 현금및현금성자산에 해당하지 않는 것은?
① 우편환증서 ② 당좌예금
③ 상품 ④ 배당금지급통지표

02 다음 중 당좌자산에 속하는 것은?
① 받을어음 ② 상품
③ 선수금 ④ 예수금

03 다음 중 빈칸에 가장 알맞은 것은?

(가)＋비용＝기말부채＋(나)＋수익

	(가)	(나)		(가)	(나)
①	기초자본	당기순이익	②	기말자산	당기순이익
③	기말부채	기말자본	④	기말자산	기초자본

04 다음 중 판매비와관리비에 해당되는 계정은 모두 몇 개인가?

ⓐ 선급비용	ⓑ 미지급비용	ⓒ 개발비	ⓓ 기부금
ⓔ 이자비용	ⓕ 기업업무추진비	ⓖ 보험료	ⓗ 세금과공과

① 3개 ② 4개 ③ 5개 ④ 6개

05 다음 중 회계상 거래로 볼 수 없는 것은?
① 수해로 건물의 일부가 파손되다 ② 현금을 분실하다
③ 상품이 운송도중 파손되다 ④ 상품의 인도계약을 체결하다

06 다음 중 재고자산 항목이 아닌 것은?

① 반제품　　② 저장품　　③ 재공품　　④ 비품

07 다음 중 잔액시산표에서 잔액이 차변에 나타나는 계정은?

① 미지급금　　② 외상매입금　　③ 토지　　④ 자본금

08 기말 결산 시 현금 계정 차변잔액 200,000원, 현금과부족계정 차변잔액 2,000원이며 현금 실제액이 199,000원이다. 결산 정리 분개 시 차변 계정과목과 금액으로 옳은 것은?

① 현금 1,000원　　　　　② 현금 3,000원
③ 잡손실 1,000원　　　　④ 잡손실 3,000원

09 주어진 자료에서 기말(2025.12.31)에 계상할 감가상각비(1년분)를 정액법으로 계산하면?

1) 2025년 1월 1일 차량운반구 취득
　• 내용연수 : 10년　　• 잔 존 가 액 : 0원　　• 취득가액 : 5,000,000원
　• 취 득 세 : 200,000원　• 자동차보험료 : 300,000원
2) 2025년 6월 30일 차량운반구 자동차세 지급 : 300,000원

① 500,000원　　② 520,000원　　③ 550,000원　　④ 580,000원

10 다음 중 외상매입금 계정이 차변에 기입되는 거래는?

ㄱ. 상품을 외상으로 매입했을 때　　ㄴ. 외상매입한 상품을 반품했을때
ㄷ. 외상매입대금을 현금으로 지급 했을때　　ㄹ. 외상매입금을 에누리 받았을때

① ㄱ,ㄴ　　② ㄴ,ㄷ　　③ ㄴ,ㄷ,ㄹ　　④ ㄹ

11 다음 중 유형자산의 정의로 틀린 것은?

① 물리적 형체가 있는 자산
② 모든 유형자산은 감가상각의 대상이 됨
③ 1년을 초과하여 사용할 것이 예상되는 자산
④ 재화의 생산, 용역의 제공, 타인에 대한 임대 또는 자체적으로 사용할 목적으로 보유

12 다음의 손익계정의 기입 내용을 가장 적절하게 설명한 것은?

```
              손      익
      :                    :
12/31 자 본 금 10,000원      :
                            :
```

① 당기순이익 10,000원을 자본금계정에 대체
② 당기순손실 10,000원을 자본금계정에 대체
③ 추가출자액 10,000원을 손익계정에 대체
④ 인출금 10,000원을 손익계정에 대체

13 다음은 유동자산의 분류이다. (가)에 해당하는 계정과목으로 옳은 것은?

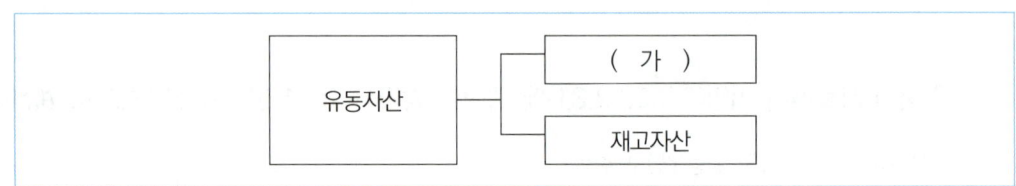

① 토지   ② 상품
③ 미수금   ④ 차량운반구

14 다음 자료에서 기초부채를 계산하면 얼마인가?

- 기초자산 : 60,000원
- 추가출자 : 15,000원
- 기말자산 : 70,000원
- 기말부채 : 30,000원
- 당기순이익 : 5,000원

① 40,000원   ② 35,000원
③ 30,000원   ④ 25,000원

15 다음 자료에 의하여 총매입액을 계산하면 얼마인가?

- 매입에누리 : 60,000원
- 순매출액 : 250,000원
- 기초재고액 : 100,000원
- 매출총이익 : 100,000원
- 기말재고액 : 250,000원

① 350,000원   ② 360,000원
③ 370,000원   ④ 380,000원

제 4 회

01 기말 결산분개 중 감가상각비의 계상에 적용되는 전표는?
① 입금전표　　　　　② 출금전표
③ 입출금전표　　　　④ 대체전표

02 상품 매매거래를 3분법으로 기장하는 경우 매출원가를 산출할 수 있는 계정은?
① 매입　　　　　　　② 이월상품
③ 매출　　　　　　　④ 손익

03 다음 중 빈 칸에 들어갈 (가)와 (나)의 내용으로 옳은 것은?

> 특정 계정의 금액을 다른 계정으로 옮기는 것을 (가)(이)라고 하고, 분개장에 기장된 분개기입을 해당 계정 원장에 옮겨 적는 것을 (나)(이)라고 한다.

① (가):전기, (나):대체　　　② (가):대체, (나):전기
③ (가):이월, (나):전기　　　④ (가):기장, (나):전기

04 다음 자료로 당기 외상매출금 발생액을 구하면 얼마인가?

> • 기초 외상매출금 : 2,300,000원　　• 당기 외상매출금 회수액 : 2,900,000원
> • 기초 대손충당금 : 0원　　• 기말 대손충당금 : 11,000원　　• 대손율 : 1%

① 1,500,000원　　　　② 1,600,000원
③ 1,700,000원　　　　④ 1,800,000원

05 다음 중 회계처리 하는 경우 분개상 차변에 비용이 발생하는 경우가 아닌 것은?

> ㄱ. 특허권을 2,000,000원 현금 매입하고 등록비용 100,000원을 현금 지급하다
> ㄴ. 종업원 구애정에게 급여 1,000,000원을 급여날 지급하지 못하다
> ㄷ. 영업사원 독고진의 결혼축하금 50,000원을 현금으로 지급하다
> ㄹ. 상품운반용 차량을 구입하면서 취득세 100,000원을 현금 납부하다

① ㄱ, ㄴ   ② ㄱ, ㄷ   ③ ㄴ, ㄹ   ④ ㄱ, ㄹ

06 다음의 거래에서 발생하지 않은 계정과목은 무엇인가?

> 본사신축용 토지 1,000㎡를 300,000,000원에 구입하고, 대금 중 100,000,000원은 자기앞수표로 지급하고, 잔액은 한 달 후에 지급하기로 하였다.

① 미수금   ② 토지   ③ 미지급금   ④ 현금

07 다음 중 재고자산의 취득원가를 구성하는 항목은?

① 매입운임   ② 매입할인   ③ 매입환출   ④ 매입에누리

08 다음은 손익계산서의 일부이다. 빈 칸에 들어갈 (가), (나), (다)의 내용으로 옳은 것은?

구분	2024년	2025년
매출액	110,000원	120,000원
기초상품재고액	12,000원	(나)
당기총매입액	94,000원	(다)
기말상품재고액	15,000원	16,000원
매출총이익	(가)	20,000원

	(가)	(나)	(다)		(가)	(나)	(다)
①	91,000	14,000	110,000	②	19,000	15,000	101,000
③	91,000	15,000	101,000	④	19,000	15,000	130,000

09 다음 자료에 의하여 매출총이익을 계산하면 얼마인가?

• 당기매출액 :	5,000,000원	• 기초상품재고액 :	700,000원
• 당기상품매입액 :	800,000원	• 기말상품재고액 :	1,000,000원
• 매입운임 :	50,000원	• 이자비용 :	300,000원

① 3,850,000원 ② 4,150,000원
③ 4,450,000원 ④ 4,500,000원

10 다음 계정 기입에서 당기 소모품 미사용분의 금액은?

```
                    소 모 품 비
10/25 현    금    50,000 | 12/31 소 모 품    20,000
                         | 12/31 손    익    30,000
                  50,000 |                  50,000
```

① 10,000원 ② 20,000원
③ 30,000원 ④ 50,000원

11 다음은 유형자산의 감가상각방법을 나타낸다. A, B 에 해당하는 것은?

• 정액법 = (취득원가 − A) ÷ 내용연수	• 정률법 = (취득원가 − B) × 감가상각률

	A	B		A	B
①	잔존가액	감가상각누계액	②	잔존가액	내용연수
③	감가상각누계액	잔존가액	④	내용연수	잔존가액

12 다음 빈칸에 들어갈 금액을 바르게 나열한 것은?

회 사 명	자 산	부 채	자 본
일산물산	(A)	450,000원	550,000원
바로상사	900,000원	360,000원	(B)

	(A)	(B)		(A)	(B)
①	1,000,000원	1,260,000원	②	1,000,000원	540,000원
③	100,000원	1,260,000원	④	100,000원	540,000원

13 결산후 당기순이익이 5,000,000원으로 산출되었으나 다음 사항이 누락되었다. 수정후 당기순이익은 얼마인가?

- 보험료 선급분 : 800,000원
- 선수임대료 : 500,000원
- 이자 미지급분 : 500,000원

① 3,200,000원 ② 3,700,000원
③ 4,200,000원 ④ 4,800,000원

14 다음 괄호 안에 들어갈 손익계산서 구성항목은?

( )는(은) 제품, 상품, 용역 등의 판매활동과 기업의 관리활동에서 발생하는 비용으로서 매출원가에 속하지 아니하는 모든 영업비용을 포함한다.

① 매출액 ② 영업외비용
③ 판매비와관리비 ④ 영업외수익

15 충청상사의 갑상품 거래내역이다. 갑상품의 월말재고액으로 옳은 것은?(단, 선입선출법)

- 월초재고 : 5개 @5,000원
- 당월 매입 : 8개 @6,000원
- 당월 매출 : 10개 @10,000원

① 10,000원 ② 12,000원
③ 15,000원 ④ 18,000원

제 5 회

01 다음 중 밑줄 친 **(가)**의 결산 절차에 해당하는 내용으로 옳은 것은?

결산절차 : (가) ➡ 본 절차 ➡ 보고서 작성

① 시산표 작성 ② 재무상태표 작성
③ 분개장 마감 ④ 원장의 마감

02 다음 중 기업이 납부하는 각종 세금에 대한 회계처리 시 계정과목으로 잘못 연결된 것은?

① 토지 취득 시 납부한 취득세 : 토지 계정
② 회사 보유 차량에 대한 자동차세 : 세금과공과금 계정
③ 종업원 급여 지급 시 원천징수한 소득세 : 예수금 계정
④ 회사 소유 건물에 대한 재산세 : 건물 계정

03 기말 재고자산을 과대평가 하였을 때 나타나는 현상으로 옳은 것은?

① 매출원가 : 과대, 당기순이익 : 과대
② 매출원가 : 과대, 당기순이익 : 과소
③ 매출원가 : 과소, 당기순이익 : 과대
④ 매출원가 : 과소, 당기순이익 : 과소

04 잔액시산표 작성 시 당좌예금 계정 잔액 20,000원을 외상매출금 계정 차변에 기입하는 오류가 발생한 경우 차/대변 합계에 미치는 영향으로 옳은 것은?

① 차변합계만 20,000원 과대계상 된다.
② 대변합계만 20,000원 과소계상 된다.
③ 차/대변 합계에 영향이 없다.
④ 차/대변 모두 20,000원 과소계상 된다.

05 다음은 재무상태표의 기본구조에 대한 설명이다. 틀린 것은?

① 자산과 부채는 유동성이 낮은 항목부터 배열하는 것을 원칙으로 한다.
② 비유동자산은 투자자산, 유형자산, 무형자산, 기타비유동자산으로 구분한다.
③ 유동자산은 당좌자산과 재고자산으로 구분한다.
④ 자본은 자본금, 자본잉여금, 자본조정, 기타포괄손익누계액 및 이익잉여금으로 구분한다.

06 자본적 지출 1,500,000원을 수익적 지출로 회계처리를 잘못하였다. 이로 인해 발생하는 영향은 무엇인가?

① 자산은 증가하고 비용은 감소하게 된다.
② 자산은 감소하고 이익도 감소하게 된다.
③ 자산은 감소하고 이익은 증가하게 된다.
④ 자산은 변화가 없으나 비용은 증가하게 된다.

07 다음 자료에 의하여 결산 재무상태표에 표시되는 현금및현금성자산을 구하면 얼마인가?

• 당 좌 예 금 : 150,000원	• 배당금지급통지표 : 500,000원
• 만기도래한 사채이자표 : 120,000원	• 양도성예금증서(100일 만기) : 500,000원
• 우 표 : 5,000원	

① 770,000원 ② 655,000원
③ 620,000원 ④ 275,000원

08 다음 ( ) 안에 들어갈 내용으로 옳은 것은?

( )은(는) 순자산으로서 기업실체의 자산에 대한 소유주의 잔여청구권이다.

① 자산 ② 부채
③ 자본 ④ 당기순이익

09 부일상사가 2023년 1월 1일 토지와 건물을 각각 아래와 같이 취득하였을 경우 2025년 12월 31일의 감가상각비와 감가상각누계액은 각각 얼마인가?

- 토지취득가액 : 100,000,000원
- 건물취득가액 : 50,000,000원
- 감가상각방법은 정액법, 내용연수는 20년, 잔존가액은 0원

	감가상각비	감가상각누계액		감가상각비	감가상각누계액
①	2,500,000원	5,000,000원	②	2,500,000원	7,500,000원
③	5,000,000원	15,000,000원	④	7,500,000원	22,500,000원

10 다음 자료는 대명가구의 거래내역이다. 기말 현재 재무상태표에 계상될 매출채권은 얼마인가?

- 기초 매출채권 500,000원
- 미래상사에게 침대를 200,000원에 판매하고 어음을 받다.
- 부천유통에게 책상을 300,000원에 판매하고 100,000원은 현금으로, 200,000원은 어음을 받다.
- 기말 현재 어음의 만기일은 도래하지 않다.

① 500,000원
② 700,000원
③ 900,000원
④ 1,000,000원

11 다음 ( ) 안에 순차적으로 들어갈 내용으로 옳은 것은?

수익이란 기업실체의 경영활동과 관련된 재화의 판매 또는 용역의 제공 등에 대한 대가로 발생하는 자산의 ( ) 또는 부채의 ( )이다.

① 유입, 증가 ② 유출, 감소
③ 유출, 증가 ④ 유입, 감소

12 매출할인은 손익계산서에서 어떻게 처리하는가?

① 매출액에 가산한다. ② 매출액에서 차감한다.
③ 판매비와관리비로 처리한다. ④ 영업외비용으로 처리한다.

13 다음 중 상품재고액의 단가를 결정하는 방법은?

① 계속기록법
② 실지재고조사법
③ 계속기록법과 실지재고조사법 동시 사용
④ 선입선출법 또는 후입선출법

14 다음 자료에서 기말자산을 계산하면 얼마인가?

- 기초자산 : 90,000원
- 기초부채 : 40,000원
- 기말부채 : 30,000원
- 당기순손실 : 10,000원

① 50,000원
② 70,000원
③ 80,000원
④ 90,000원

15 다음 중 상품의 매입 부대비용으로 볼 수 없는 것은?

① 매입수수료
② 매입하역비
③ 매입관세
④ 매입할인

제 6 회

01 다음 중 유동부채 항목이 아닌 것은?
① 선수금　　　　　　　　② 매입채무
③ 미지급비용　　　　　　④ 퇴직급여충당부채

02 다음 자료에 의한 으뜸상사의 총자산은 얼마인가?

| ・상　품 : 60,000원 | ・미 수 금 : 30,000원 | ・지급어음 : 10,000원 | ・비품 : 15,000원 |
| ・선수금 : 40,000원 | ・받을어음 : 20,000원 | ・외상매출금 : 35,000원 | |

① 140,000원　　　　　　② 150,000원
③ 160,000원　　　　　　④ 170,000원

03 다음 (　) 안에 들어갈 내용의 연결이 옳은 것은?

유동자산은 당좌자산과 (A)으로 구분하고, 비유동자산은 (B), (C), 무형자산, (D)으로 구분한다.

① A : 자　　본,　B : 투자자산
② A : 투자자산,　D : 재고자산
③ B : 재고자산,　C : 투자자산
④ B : 투자자산,　D : 기타비유동자산

04 다음 중 재무제표에 함께 기재하지 않아도 되는 것은?
① 기업명　　　　　　　　② 보고기간종료일 또는 회계기간
③ 대표자명　　　　　　　④ 보고통화 및 금액단위

05 다음의 회계처리를 보고 해당 거래를 추정한 것으로 옳은 것은?

(차) 예수금 10,000원　　(대) 보통예금 10,000원

① 종업원 급여에서 차감하기로 하고 10,000원을 보통예금 계좌에서 이체하다.
② 상품 판매계약을 체결하고 계약금 10,000원이 보통예금 계좌에 입금되다.
③ 거래처에 상품을 주문하고 계약금 10,000원을 보통예금 계좌에서 이체하다.
④ 종업원 급여 지급 시 차감한 소득세 등 10,000원을 보통예금 계좌에서 이체하다.

06 다음의 작성 방법은 어느 것을 나타내는 것인가?

해당 개별항목에 기호를 붙이고 별지에 동일한 기호를 표시하여 그 내용을 설명한다.

① 주기　　② 주석　　③ 인식　　④ 측정

07 다음 계정 기입에서 당기 어음 발행 금액은 얼마인가?

지급어음	
3/ 5 제　좌　30,000원	1/ 1 전기이월　200,000원
6/10 보통예금　100,000원	2/22 상　품　150,000원
12/31 차기이월　220,000원	

① 100,000원　　② 130,000원　　③ 150,000원　　④ 220,000원

08 주어진 자료로 당기 기초상품재고액을 계산하면 얼마인가?(단, 3분법임)

• 매입액 : 40,000원　• 매입환출액 : 1,000원　　• 기말상품재고액 : 2,000원

손　익	
매　　입　　50,000원	매　　출　　70,000원

① 13,000원　　② 14,000원　　③ 15,000원　　④ 16,000원

09 상품 300,000원을 매입하고 대금은 현금 100,000원과 약속어음 200,000원을 발행하여 지급한 경우 영향으로 옳은 것은?
① 총자산과 총자본이 증가한다.
② 총자산과 총부채가 증가한다.
③ 총부채가 증가하고, 총자본은 감소한다.
④ 총자산이 감소하고, 총부채가 증가한다.

10 기말 자산계정의 잔액이다. 재무상태표에 당좌자산으로 표시될 금액은?

| • 현　　　금 : 2,000원 | • 보통예금 : 5,000원 | • 상　품 : 3,000원 |
| • 외상매출금 : 3,000원 | • 받을어음 : 2,000원 | • 비　품 : 1,000원 |

① 12,000원　　　　　　　　　② 13,000원
③ 14,000원　　　　　　　　　④ 15,000원

11 기말 결산 시 임차료 미지급분을 계상하다. 이와 관련 있는 내용은?
① 수익의 예상　　　　　　② 비용의 예상
③ 비용의 이연　　　　　　④ 수익의 이연

12 다음 중 재무상태표에 표시될 수 없는 계정과목은?
① 예수금　　　　　　　　② 가수금
③ 선수금　　　　　　　　④ 미수금

13 손익계산서에 표시되는 다음의 항목 중 성격이 다른 것은?
① 기부금　　　　　　　　② 이자비용
③ 재해손실　　　　　　　④ 대손충당금환입

14 다음 자료에서 2025년말 대손충당금 추가설정액은 얼마인가? 단, 대손충당금은 매출채권 잔액의 1%를 설정하며, 전기회수불능채권은 대손충당금으로 상계처리한 것으로 가정한다.

- 2025. 1. 1 : 대손충당금 이월액 : 1,200,000원
- 2025. 7. 1 : 전기회수불능채권 현금회수액 : 200,000원
- 2025.12.31 : 매출채권잔액 : 200,000,000원

① 600,000원 ② 800,000원 ③ 1,000,000원 ④ 1,200,000원

15 다음 자료에서 매출원가를 구하면 얼마인가?

- 기초상품재고액 : 1,500,000원
- 당기매입액 : 3,000,000원
- 매입운임 : 200,000원
- 매입에누리 : 90,000원
- 기말상품재고액 : 2,000,000원
- 매입환출 : 50,000원

① 2,560,000원
③ 2,610,000원
② 2,580,000원
④ 2,700,000원

제 7 회

01 다음 자료를 이용하여 당월 발생한 급여를 구하면 얼마인가? 단, 전월미지급액은 당월에 지급하는 것으로 가정한다.

- 당월현금지급액 : 500,000원
- 당 월 선 급 액 : 100,000원
- 전월미지급액 : 200,000원
- 당월미지급액 : 300,000원

① 500,000원　　　　　　② 400,000원
③ 300,000원　　　　　　④ 200,000원

02 다음 중 재고자산의 원가계산방법에 해당되지 않는 것은?
① 선입선출법　　　　　　② 개별법
③ 연수합계법　　　　　　④ 이동평균법

03 다음 중 판매비와관리비에 속하지 않는 계정과목은?
① 임차료　　　　　　　　② 복리후생비
③ 수선비　　　　　　　　④ 이자비용

04 다음 괄호 안에 들어갈 내용으로 옳은 것은?

( )는 일정기간 동안 기업실체의 경영성과에 대한 정보를 제공하는 재무보고서이다.

① 현금흐름표　　　　　　② 손익계산서
③ 재무상태표　　　　　　④ 합계잔액시산표

05 다음 괄호 안에 순차적으로 들어갈 내용으로 옳은 것은?

비용이란 기업실체의 경영활동과 관련된 재화의 판매 또는 용역의 제공 등에 따라 발생하는 자산의 ( )이나 사용 또는 ( )의 증가이다.

① 유입, 자산　　② 유출, 부채　　③ 유출, 자산　　④ 유입, 부채

06 다음의 거래 결합관계에서 성립할 수 없는 것은?

① (차)자산감소 (대) 자산증가   ② (차)부채감소 (대) 부채증가
③ (차)부채감소 (대) 수익발생   ④ (차)자산증가 (대) 수익발생

07 다음 항목 중 재고자산에 포함되는 것은 몇 개인가?

| • 저장품 | • 비품 | • 상품 | • 미착품 |

① 1개   ② 2개   ③ 3개   ④ 4개

08 다음 설명의 (가), (나), (다)의 내용으로 옳은 것은?

토지를 판매목적으로 취득하면 (가)으로, 토지를 투기목적으로 취득하면 (나)으로, 토지를 영업에 사용할 목적으로 취득하면 (다)으로 처리한다.

① (가)투자자산, (나)재고자산, (다)유형자산
② (가)재고자산, (나)투자자산, (다)유형자산
③ (가)재고자산, (나)유형자산, (다)투자자산
④ (가)투자자산, (나)유형자산, (다)재고자산

09 다음 내역 중 건물계정 차변에 기입 될 수 있는 내용으로 옳은 것으로 나열한 것은?

가. 건물 취득 후 자본적 지출   나. 건물 취득 시 취득세 지급
다. 건물 취득 후 화재보험료 지급 라. 건물 취득 후 재산세 지급

① 가, 나   ② 가, 라   ③ 나, 다   ④ 다, 라

10 다음 거래에 대한 거래요소의 결합관계로 옳은 것은?

임대료를 현금으로 받아 기업주가 개인적인 용도로 사용하다.

① 부채의 감소·수익의 발생   ② 자본의 감소·수익의 발생
③ 비용의 발생·자산의 감소   ④ 자본의 감소·자산의 감소

11 다음 중 계정 잔액의 표시가 잘못된 것은?

①	자 본 금	②	상 품
	5,000,000원	100,000원	

③	미지급금	④	임차보증금
	100,000원		300,000원

12 기중에 소모품 120,000원을 현금으로 구입하면서 다음과 같이 회계처리를 하였다. 결산 시점에 창고를 조사하였더니 소모품이 30,000원 남은 것으로 조사되었을 경우 옳은 회계처리는?

> (차) 소모품비 120,000원   (대) 현   금 120,000원

① (차)소모품비 90,000원   (대) 현   금 90,000원
② (차)소모품비 30,000원   (대) 현   금 30,000원
③ (차)소 모 품 90,000원   (대) 소모품비 90,000원
④ (차)소 모 품 30,000원   (대) 소모품비 30,000원

13 유형자산에 대한 차감적 평가계정의 계정과목으로 옳은 것은?
① 인출금
② 대손충당금
③ 감가상각누계액
④ 단기매매증권평가손실

14 다음의 거래에서 발생하지 않은 계정과목은 무엇인가?

> 판매용 자전거 100대를 10,000,000원에 구입하고, 대금 중 5,000,000은 자기앞수표로 지급하고, 잔액은 두 달 후에 지급하기로 하다.

① 선급금   ② 상 품   ③ 외상매입금   ④ 현   금

15 다음 자료에서 기초자산을 계산하면 얼마인가?

- 기초부채 : 70,000원
- 기말자산 : 90,000원
- 기말부채 : 50,000원
- 당기순이익 : 20,000원

① 70,000원   ② 80,000원   ③ 90,000원   ④ 100,000원

제 8 회

01 손익계산서에서 이익을 구분하여 표시하는 경우 두 번째로 표시되는 이익은?
① 매출총이익 ② 당기순이익
③ 영업이익 ④ 법인세비용차감전순이익

02 다음 설명에 해당하는 계정과목으로 바르게 짝지어 진 것은?

> 기업의 영업활동에서 상품 판매에 소요되는 비용과 기업 전체의 관리 및 일반사무와 관련하여 발생하는 비용이다.

① 급여, 이자비용 ② 기부금, 통신비
③ 임대료, 광고선전비 ④ 기업업무추진비, 감가상각비

03 분개장에 분개된 거래가 총계정원장에 바르게 전기 되었는지의 정확성 여부를 대차평균의 원리에 따라 검증하기 위해 작성하는 것은?
① 정산표 ② 시산표
③ 손익계산서 ④ 재무상태표

04 다음 중 유형자산 항목이 아닌 것은?
① 구축물 ② 영업권
③ 차량운반구 ④ 건설중인 자산

05 다음 중 현금및현금성자산의 금액은 얼마인가?

> • 수입인지 : 3,000원   • 배당금지급통지표 : 5,000원   • 사채이자지급통지표 : 5,000원
> • 보통예금 : 3,000원   • 만기6개월정기예금 : 5,000원   • 타인발행당좌수표 : 5,000원

① 18,000원 ② 20,000원
③ 23,000원 ④ 28,000원

06 다음의 계정과목 중 영업이익에 영향을 주는 항목은?
① 유형자산처분이익 ② 외환차익
③ 매출할인 ④ 기부금

07 다음 괄호 안에 들어갈 내용으로 옳은 것은?

> (　　)은(는) 영업과정에서 판매를 위하여 보유하거나 생산과정에 있는 자산 및 생산 또는 서비스 제공과정에 투입될 원재료나 소모품의 형태로 존재하는 자산이다.

① 무형자산　　② 당좌자산　　③ 유형자산　　④ 재고자산

08 다음 계정 중 다음 연도로 이월시키는 영구계정에 해당하지 않는 것은?
① 외상매입금　　② 이자수익　　③ 단기차입금　　④ 비품

09 재무상태표를 작성할 때 부채 부분에서 단기차입금을 장기차입금보다 먼저(위에) 표시하는 것은 어느 원칙을 따르는 것인가?
① 유동성배열법 ② 총액표시원칙
③ 구분표시원칙 ④ 계속주의원칙

10 다음 거래 중 자산으로 기록할 수 없는 것은?
① 사무실을 임차하기 위하여 지급한 보증금
② 상품을 판매하고 아직 회수하지 못한 판매대금
③ 특허권을 취득하기 위하여 지출한 금액
④ 상품을 매입하고 아직 지급하지 못한 구매대금

11 기초자산 720,000원, 기초부채 350,000원, 기말부채 250,000원 이다. 회계 기간 중의 수익 총액은 520,000원, 비용총액은 400,000원인 경우 기말자산은 얼마인가?
① 740,000원 ② 750,000원
③ 760,000원 ④ 770,000원

12 2025년 7월 1일에 차량운반구 5,000,000원을 현금 구입하고, 취득세 500,000원을 현금으로 납부하였다. 2025년 12월 31일 결산시 정액법에 의해 감가상각을 할 경우 감가상각비는 얼마인가?(단, 내용연수 5년, 잔존가액 0원, 결산 연 1회)

① 400,000원 ② 450,000원
③ 500,000원 ④ 550,000원

13 다음은 팔도상사의 재무자료이다. 아래의 자료를 이용하여 회계기간 중 발생한 비용총액을 계산하면 얼마인가?

- 전기말 자산총계 : 5,000,000원
- 당기말 자산총계 : 6,300,000원
- 당기중 수익총액 : 2,800,000원
- 전기말 부채총계 : 2,000,000원
- 당기말 부채총계 : 3,000,000원

① 2,400,000원 ② 2,500,000원
③ 2,600,000원 ④ 2,700,000원

14 가수금으로 회계 처리한 100,000원 중 80,000원은 상품 주문에 대한 계약금으로 판명된 경우 회계 처리로 옳은 것은?

① (차) 가수금 80,000 (대) 선수금 80,000
② (차) 가수금 80,000 (대) 미수금 80,000
③ (차) 선수금 80,000 (대) 가수금 80,000
④ (차) 미수금 80,000 (대) 가수금 80,000

15 다음의 자료에 기초하여 상품의 취득원가를 계산하면 얼마인가?

- 매입상품 수량 : 120개
- 매입수수료 : 2,000원
- 매입단가 : 3,000원
- 매입후 판매시까지 발생한 창고보관료 : 5,000원
- 매입운반비 : 8,000원

① 360,000원 ② 368,000원
③ 370,000원 ④ 375,000원

제 9 회

01 다음 중 회계의 목적에 대한 설명으로 바르지 않은 것은?
① 일정시점의 재무상태를 파악한다.
② 일정기간 동안의 경영성과를 측정한다.
③ 종업원의 근무 성적을 산출하여 승진에 반영한다.
④ 이해관계자들에게 의사결정에 필요한 정보를 제공한다.

02 다음 설명 중 밑줄 친 (가)와 관련 있는 계정과목으로만 나열된 것은?

> 자산은 기업이 경영활동을 하기 위하여 소유하고 있는 각종 재화와 채권(가)을 말한다.

① 단기대여금, 외상매출금 ② 선급금, 비품
③ 미수금, 상품   ④ 상품, 제품

03 기말 결산 시 손익계정으로 대체되는 계정과목이 아닌 것은?
① 보험료   ② 소모품   ③ 기업업무추진비   ④ 기부금

04 다음 항목과 관련된 계정과목으로 바르게 연결된 것은?
① 비용 : 급여, 광고선전비, 임대료
② 자산 : 보통예금, 선수금, 외상매출금
③ 부채 : 단기차입금, 지급어음, 미지급비용
④ 수익 : 이자수익, 선수수익, 수수료수익

05 소유기간이 1년 이상인 자산 중 영업활동에 활용할 목적으로 보유하는 형태가 있는 자산에 해당 되는 것으로만 묶인 것은?

> ㉮ 상품운반용 트럭   ㉯ 판매용 컴퓨터   ㉰ 투자목적용 건물   ㉱ 사무실용 책상

① ㉮, ㉯   ② ㉮, ㉱   ③ ㉯, ㉰   ④ ㉰, ㉱

06 다음 거래에서 거래요소의 결합관계로 옳은 것은?

> 토지를 70,000,000원에 취득하고, 지방세인 취득세 2,000,000원과 함께 당좌수표를 발행하여 지급하다.

① (차) 자산의 증가   (대) 자산의 감소
　　　 비용의 증가
② (차) 비용의 증가   (대) 자산의 감소
③ (차) 자산의 증가   (대) 자산의 감소
④ (차) 자산의 증가   (대) 부채의 증가

07 다음 자료에 의하여 당기 중에 외상으로 매출한 상품 대금을 계산하면 얼마인가?

> • 외상매출금 기초 잔액　 : 60,000원　　• 외상매출금 기말잔액　　 : 80,000원
> • 외상매출액 중 에누리액 : 15,000원　　• 외상매출액 중 대손액　　 : 10,000원
> • 외상매출액 중 환입액　 : 15,000원　　• 당기외상매출액 중 회수액 : 500,000원

① 440,000원　　　　　　　　　② 450,000원
③ 550,000원　　　　　　　　　④ 560,000원

08 다음 괄호 안에 들어갈 손익계산서의 구성항목은?

> (　　)는(은) 제품, 상품 등의 매출액에 대응되는 원가로서 판매된 제품이나 상품 등에 대한 제조원가 또는 매입원가이다.

① 매출원가　　　　　　　　　② 판매비와관리비
③ 영업외비용　　　　　　　　④ 영업외수익

09 다음 중 재고자산의 매입원가를 산출하는 산식으로 틀린 것은?

① 매입원가 = 매입금액 + 매입운임 - 매입환출 및 매입에누리
② 매입원가 = 매입금액 + 매입운임 - 매입할인 및 매입에누리
③ 매입원가 = 매입금액 + 매입운임 - 매입환출 및 매입할인
④ 매입원가 = 매입금액 + 매입운임 - 매출환입 및 매출에누리

10 개인기업에서 납부하는 각종 세금에 대한 회계 처리 시 계정과목이 잘못 연결된 것은?

① 건물 취득시 납부한 취득세 : 건물 계정
② 회사 소유 차량에 대한 자동차세 : 차량운반구 계정
③ 사업주 개인 소유 건물의 재산세 : 인출금 계정
④ 종업원 급여 지급시 원천 징수한 소득세 : 예수금 계정

11 다음 자료를 이용하여 예지상사의 단기차입금을 계산하면 얼마인가?

| 12월 31일 현재 예지상사의 재무상태 | · 현금 : 2,500,000원
· 미수금 : 3,500,000원
· 단기차입금 : (   ) | · 받을어음 : 3,000,000원
· 미지급금 : 1,800,000원
· 자 본 금 : 5,000,000원 |

① 2,200,000원
② 3,500,000원
③ 4,000,000원
④ 5,800,000원

12 영준상사의 다음 자료를 이용하여 자본금의 추가 출자액을 계산하면 얼마인가?
(단, 제시된 자료를 제외한 자본금과 관련된 거래는 일체 없는 것으로 간주한다)

- 기초자본금 : 3,000,000원
- 총수익 : 2,500,000원
- 기말자본금 : 4,800,000원
- 총비용 : 2,000,000원

① 800,000원
② 1,000,000원
③ 1,300,000원
④ 1,600,000원

13 다음의 거래에서 발생하지 않는 계정과목은 무엇인가?

판매용 자동차 1대와 영업용 자동차 1대를 구입하고, 대금은 두 달 후에 지급하기로 하다.

① 차량운반구
② 상품
③ 외상매입금
④ 미수금

14 다음 분개에 대한 설명으로 옳은 것은?

> (차) 현 금 10,000　　　　(대) 현금과부족 10,000

① 현금과잉액의 원인이 밝혀진 경우
② 현금의 실제 잔액이 장부 잔액보다 많음을 발견한 경우
③ 현금부족분의 원인이 밝혀진 경우
④ 현금의 실제 잔액이 장부 잔액보다 부족함을 발견한 경우

15 다음 2개의 거래에 따른 회계처리 결과로 옳지 않은 것은?

거래	• 비품(취득원가 900,000원, 감가상각누계액 300,000원)을 500,000원에 현금을 받고 매각 • 투자 목적으로 토지(10,000,000원)를 외상으로 취득

① 유동부채 증가　　　　② 유형자산 감소
③ 투자자산 증가　　　　④ 수익 발생

제 10 회

01 다음 중 회계상 거래에 속하지 않는 것은?
① 상품 1,000,000원을 매입하기로 계약하고 계약금 200,000원을 현금으로 지급하다.
② 겨울 폭설로 인하여 자재창고의 지붕이 붕괴되어 1,000,000원의 손실이 발생하다.
③ 영업사원 부족으로 급여 1,000,000원을 지급하기로 하고 직원을 채용하다.
④ 결산시 장부잔액과 실제잔액이 1,000,000원의 차이가 있음을 밝혀내다.

02 다음 중 판매비와 관리비에 해당되는 계정과목이 아닌 것은?
① 보험료 ② 광고선전비
③ 운반비 ④ 이자비용

03 다음의 자료를 이용하여 영업이익을 계산하면 얼마인가?

- 매 출 액 : 6,000,000원
- 당기상품매입액 : 3,000,000원
- 판매비와관리비 : 1,000,000원
- 기초상품재고액 : 1,000,000원
- 기말상품재고액 : 1,500,000원
- 영 업 외 수 익 : 1,200,000원

① 1,300,000원 ② 2,500,000원
③ 3,500,000원 ④ 3,700,000원

04 2025년 9월 1일 사무실 임차료 6개월분(2025.9.1.~2026.2.28.) 300,000원을 현금으로 지급하고 비용처리 한 경우, 12월 31일 결산 시 선급비용에 해당하는 금액은?
① 100,000원 ② 150,000원
③ 200,000원 ④ 250,000원

05 결산 결과 당기순이익 10,000원이 산출되었으나 다음과 같은 사항이 누락되었다. 수정 후 당기순이익은?

- 보험료 미지급분 : 2,000원
- 임대료 선수분 : 1,000원

① 7,000원 ② 11,000원
③ 12,000원 ④ 13,000원

06 유형자산을 감가상각 할 경우 다음 중 감가상각의 3요소가 아닌 것은?
① 취득원가 ② 감가상각누계액
③ 잔존가치 ④ 내용연수

07 다음 중 대손처리 할 수 있는 계정과목은?
① 지급어음 ② 미지급금
③ 선수금 ④ 외상매출금

08 다음 자료에 의하여 기말자본을 계산하면 얼마인가?

- 기초자산 : 1,000,000원
- 기초부채 : 400,000원
- 총수익 : 5,100,000원
- 총비용 : 3,600,000원

① 2,000,000원 ② 2,100,000원
③ 2,200,000원 ④ 2,300,000원

09 다음 중 유형자산에 대한 설명으로 틀린 것은?
① 토지, 건물, 구축물, 기계장치 등은 유형자산에 속한다
② 유형자산은 1년을 초과하여 사용할 것이 예상되는 자산이다
③ 유형자산은 자체적으로 사용할 목적으로 보유하는 물리적 형체가 없는 자산이다
④ 유형자산의 감가상각방법에는 정액법, 정률법, 연수합계법, 생산량비례법 등이 있다

10 다음 괄호 안에 순차적으로 들어갈 내용으로 옳은 것은?

> 이달분 급여 900,000원을 현금으로 지급한 거래는 (　　)의 발생과 (　　)의 감소이다.

① 수익, 부채　　　　　② 수익, 자본
③ 비용, 부채　　　　　④ 비용, 자산

11 다음 자료는 둘리전자의 거래내역이다. 기말 재무상태표에 계상된 매출채권은 얼마인가?

> • 기초 매출채권 350,000원
> • 아라전자에 판매용 스마트TV를 400,000원에 외상판매하다.
> • 우리유통에 판매용 냉장고를 500,000원에 판매하고 200,000원은 현금으로 나머지는 어음을 받다.
> • 기말 현재 어음의 만기일은 도래하지 않았고, 아라전자의 외상대금은 회수되다.

① 350,000원　　　　　② 650,000원
③ 750,000원　　　　　④ 1,050,000원

12 다음의 거래에서 발생하지 않는 것은?

> 과거상사는 미래상사에서 비품 3,000,000원을 취득하고 대금 중 2,000,000원은 현금으로 지급하고 잔액은 외상으로 하다.

① 자산의 증가　　　　　② 자산의 감소
③ 부채의 증가　　　　　④ 부채의 감소

13 다음 계정과목 중 영업외비용이 아닌 것은?
① 기부금　　　　　② 이자비용
③ 매출할인　　　　④ 기타의대손상각비

14 기말결산정리사항 중 수익과 비용의 이연에 대해 옳은 것은?
① 임대료 선수분 계상 및 임차료 선급분 계상
② 임대료 선수분 계상 및 임차료 미지급분 계상
③ 임대료 미수분 계상 및 임차료 선급분 계상
④ 임대료 미수분 계상 및 임차료 미지급분 계상

15 다음 중 손익계산서에 영향을 미치는 거래로만 짝지어진 것은?

> 가. 상품을 매출하고 당점에서 매출운임 50,000원을 현금으로 지급하다.
> 나. 토지를 취득하고 취득세 100,000원을 현금으로 지급하다.
> 다. 본사 건물에 대한 재산세 500,000원을 현금으로 지급하다.
> 라. 상품을 매입하고 당점에서 매입운임 50,000원을 현금으로 지급하다.

① 가, 나   ② 나, 다   ③ 가, 다   ④ 나, 라

PART 02

실기편

CHAPTER 01 전산회계 프로그램 안내
CHAPTER 02 전산회계 프로그램 따라잡기
CHAPTER 03 종합거래분개 따라잡기
CHAPTER 04 오류수정 및 정정분개
CHAPTER 05 실기시험 따라잡기
CHAPTER 06 기출시험 따라잡기

Chapter 01 전산회계 프로그램 안내

01 KcLep(케이 렙) 프로그램 설치하기

KcLep(케이 렙) 수험용 프로그램은 한국세무사회 자격시험(http://license.kacpta.or.kr)에서 무료 다운로드하여 설치합니다.

설치가 완료되면 바탕화면에 "KcLep교육용"이라는 아이콘이 생성됩니다.

 아이콘을 더블클릭하여 프로그램을 사용합니다.

Chapter 02 전산회계 프로그램 따라잡기

01 기초정보관리

1. 회사등록

실습예제
한국상사는 문구를 도·소매하는 개인기업이다. 사업자등록증을 참고로 하여 회사등록 메뉴에 등록하시오.(회사등록코드는 "3000"번으로 하고, 회계기간은 제12기 2025.1.1부터 2025.12.31 이다.)

사 업 자 등 록 증
(개인사업자용)
등록번호 : 211-02-38643

① 회 사 명 : 한국상사
② 대표자명 : 이 상 엽
③ 개업연월일 : 2014. 3. 1
④ 주민등록번호 : 생략
⑤ 사업장소재지 : 서울특별시 강남구 논현로 10
⑥ 사업자의주소 : 서울특별시 강남구 삼성로 151
⑦ 사업의 종류 : [업태] 도·소매   [종목] 문구
⑧ 교 부 사 유 : 신 규

2014년 3월 10일

강남 세무서장   (인)

따라하기

바탕화면에 있는 "KcLep교육용"아이콘을 클릭하여 프로그램 화면을 띄웁니다.
종목선택에서 [4.전산회계2급]을 선택합니다.
을 클릭한 후 **사업자등록증을 보고** 신규로 회사를 등록하도록 합니다.

회사등록

(회사등록 입력화면 - 자료입력시 Enter키는 '저장' 기능이 있습니다. 참고로 전산회계 2급 시험은 개인회사이므로 구분란에서 '2.개인'을 선택 합니다.)

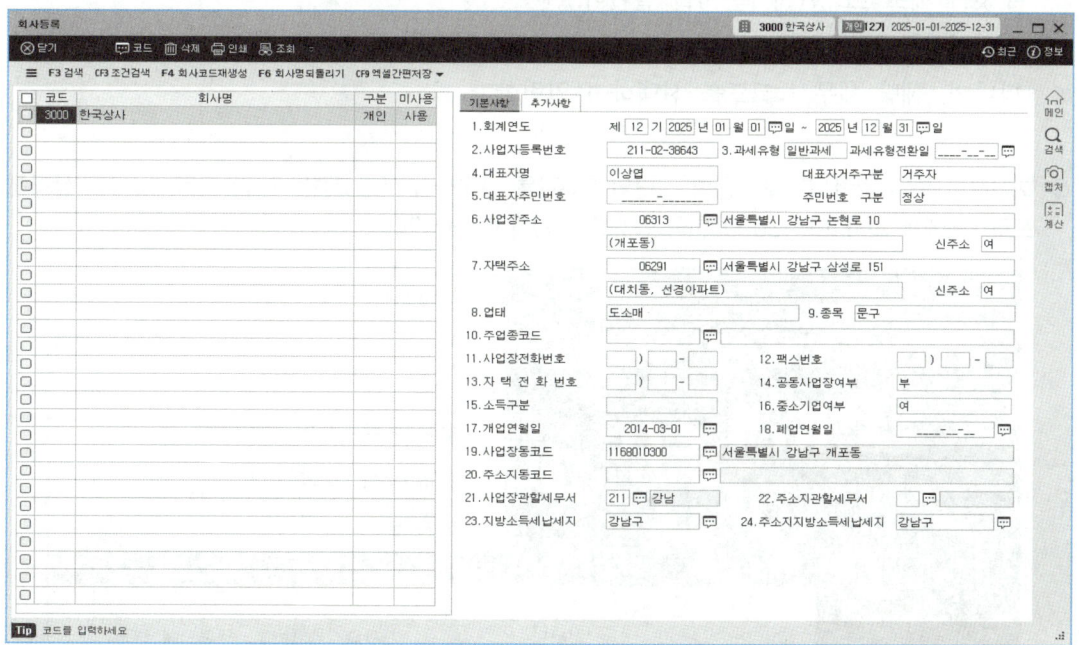

화면 좌측 설명

- 코   드 : 101-9999까지 사용 가능
- 회 사 명 : 한글 30자, 영문 30자 이내

- 구   분 : 법인기업은 "1", 개인기업 "2" 선택
- 사   용 : 사용은 "0", 미사용은 "1" 선택

기본등록 사항 설명

- 회계연도 : 당기 기준연도에 맞추어 입력
- 사업자등록번호 : 자동체크기능이 있어 오류 입력시 빨간색창으로 나타남

  [□□□ - □□ - □□□□□]

  (앞의 3자리는 **사업장관할 세무서코드**를 나타내며, 중간 2자리는 법인·개인·기타회사 구분코드, 뒤의 5자리 중 앞4자리는 일련번호, 끝 1자리는 검증번호를 나타냄)
- 대표자 성명 : 대표자가 2인 이상일 경우(홍길동외 1)로 표시
- 대표자주민번호 : 자동체크기능이 있어 오류 입력시 빨간색창으로 나타남
- 사업장 주소 : 보조화면에 입력(시·군·구등 행정구역 명칭은 생략한다)
- 업태 : 사업자등록증에 기재된 업태입력(업태란 사업형태를 말하며 제조업, 도소매업, 음식업, 숙박업, 서비스업, 임대업 등으로 분류된다.)
- 종목 : 사업자등록증에 기재된 종목입력(종목이란 업태에 따라 취급하는 주된 품목으로 무엇을 제조하고 판매하는지를 말한다.)
- 사업장관할세무 : F2코드 또는 툴바의 "코드" 아이콘을 클릭하면 세무서코드 보조창이 나타나며, 해당 세무서 코드를 선택하여 입력한다.

○ 회사자료 모두 입력 후, 회사등록 상단의 [종료]를 클릭하여 프로그램을 나간 다음, 다시 전산회계 프로그램에서 회사코드 [3000 한국상사]를 선택하여 들어간다.

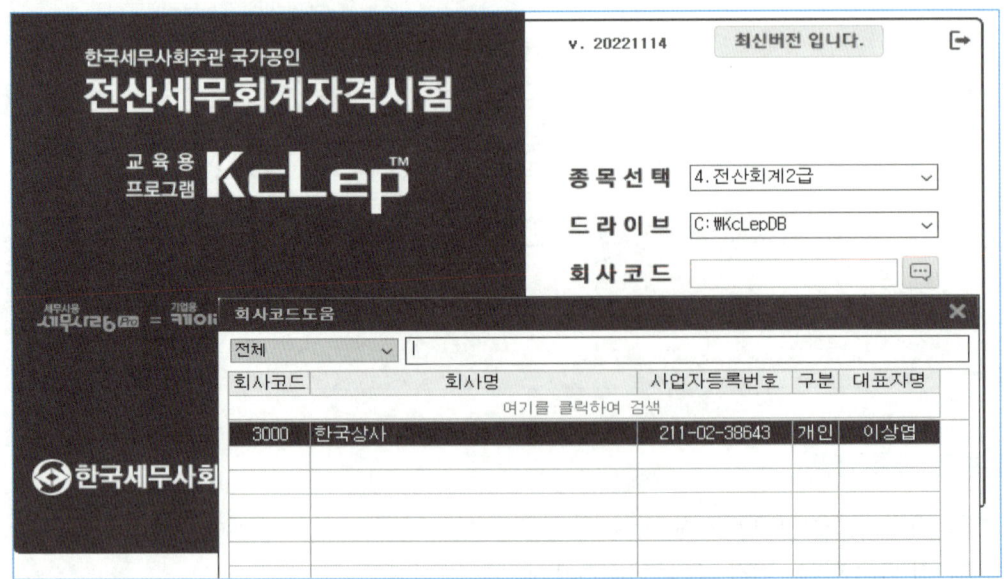

● [3000] 한국상사로 들어간 후 관련된 각종 자료를 입력하도록 한다.

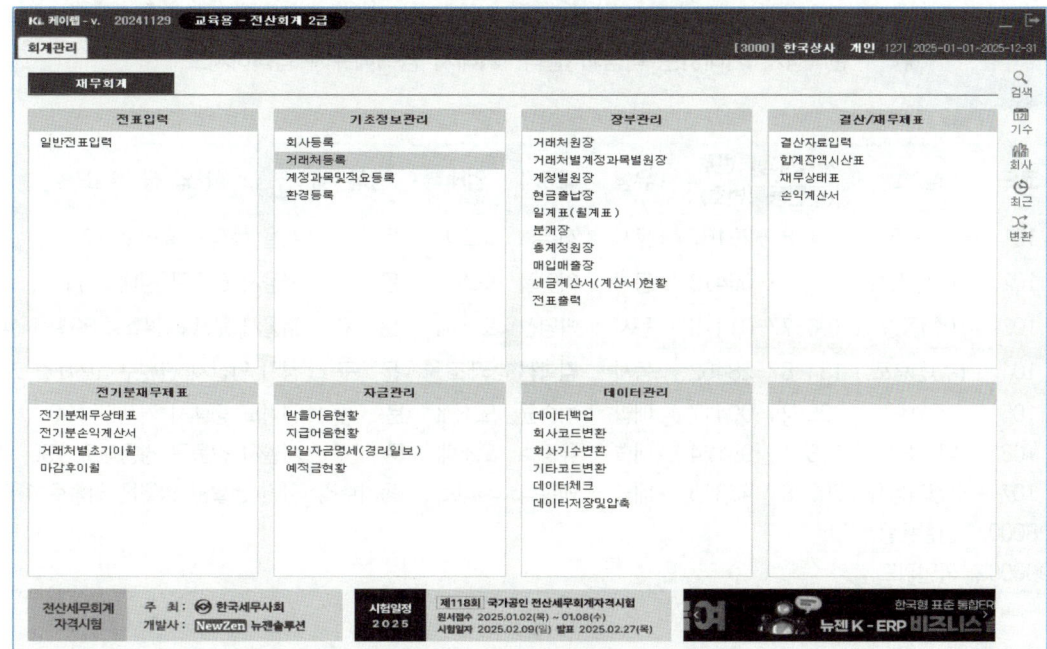

전산회계 2급 자격시험과 관련된 자료 메뉴는 다음과 같습니다.

[기초정보등록]
기본적으로 프로그램을 적용하기 위한 자료를 입력하는 메뉴로 회사등록, 거래처 등록, 계정과목 및 적요등록 부분이 시험과 관련되어 있습니다.

[전기분 재무제표 등]
전기분재무상태표, 전기분손익계산서, 거래처별 초기이월 자료를 입력합니다.

[전표입력]
당기의 거래 자료를 전표에 직접 입력하는 메뉴로, 전산회계 2급 자격시험과 관련하여 가장 중요하며 입력과 동시에 자료가 각종 장부에 자동 반영됩니다.

2. 거래처등록

실습예제 ▶ 한국상사 거래처는 다음과 같다. 거래처 등록메뉴에 입력하시오.

코드	상호	사업자등록번호 (주민등록번호)	유형	대표자	업태	종목	사 업 장 주 소
101	(주)장릉	214-81-29167	동시	정주홍	도소매	문구	서울 동작구 흑석로 17
102	고씨굴상사	212-47-06413	동시	이만희	도소매	문구	서울시 강동구 성내로 11
103	(주)동강	106-77-01478	동시	박명선	도소매	문구	서울시 용산구 원효로 80길 5-4
104	(주)청령포	134-87-28452	동시	김학선	제조	문구	경기 안산시 단원구 고잔1길 7
105	(주)서강	125-24-00417	매입	최승균	도소매	문구	경기도 평택시 가재길 100
106	덕포상사	113-15-98124	매출	유종수	도소매	문구	서울시 강동구 강동대로 155
107	영월자동차	502-81-43315	매출	백홍석	서비스	자동차수리	강원 영월군 영월읍 하송로 1
98000	신한은행						
99600	국민카드						

 따라하기

🔍 일반거래처 등록화면(일반거래처, 금융기관, 신용카드 탭을 각각 사용하여 입력)

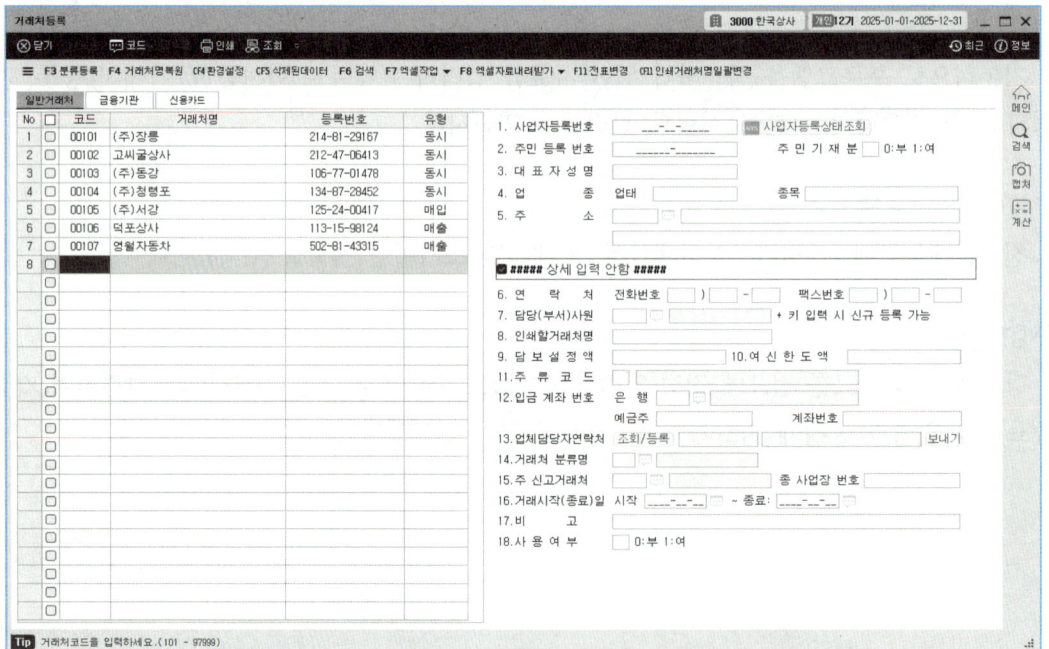

거래처 등록 설명

거래처등록은 크게 일반거래처, 금융기관거래처, 신용카드거래처로 탭이 나누어져 있으므로 각각의 거래처 코드범위에 맞게 입력하여야 합니다.

일반거래처 등록설명

- 코드 : 101-97999 범위내에서 일반거래처 코드 사용가능
- 거래처명 : 한글 및 영문 30자 이내로 입력사용가능
- 사업자등록번호/ 주민등록번호/ 대표자성명/ 업태/ 종목/ 사업장주소/ 전화번호 등은 회사등록사항과 동일함(단, 거래처가 사업자가 아닌 개인인 경우 세금계산서 합계표상 주민등록기재분으로 표시하여야 하므로 본 프로그램에서는 주민등록번호를 입력한 후 뒤의 □칸 주민기재분 여·부 입력란에 숫자 "1.주민기재분"을 꼭 표시 입력 하도록 한다.)
- 거래처등록 관련 자료를 우측의 기본사항 및 추가사항에 적절하게 입력하도록 한다

금융기관거래처 등록설명

- 코드 : 98000-99599 범위내에서 금융거래처 코드 사용가능
- 거래처명 : 한글 및 영문 30자 이내로 입력사용가능
- 기타 입력사항은 일반거래처와 동일함.

신용카드거래처 등록설명

- 코드 : 99600-99999 범위내에서 카드거래처 코드 사용가능
- 거래처명 : 한글 및 영문 30자 이내로 입력사용가능
- 기타 입력사항은 일반거래처와 동일함.

3. 계정과목 및 적요등록

계정과목은 기본적으로 좌측에 계정체계 코드가 표시되어 있어 해당 항목을 클릭하면 중앙 화면에 해당코드 계정과목이 나타납니다. 계정과목과 적요를 추가로 등록하거나 수정하여 사용할 수 있으며, 계정을 검색하려면 F2기능키, Ctrl+F 또는 마우스 오른쪽을 클릭하여 찾기를 선택합니다. 찾기에서 계정명 2글자를 입력하고 엔터키를 누르면 원가별로 계정이 검색됩니다. 예를 들어 복리후생비를 검색하면 각 원가별로 제조, 도급, 분양, 보관, 운송, 판매관리비의 6개의 복리후생비가 검색되므로 제조부분인지 판매관리비 부분인지 잘 구분하여 선택합니다. **(전산회계2급 시험은 모두 800번대 판매관리비를 사용합니다)**

[계정과목 등록 화면]

> **참고**
> 프로그램상에서 주어진 코드체계 범위를 벗어나서 계정과목 코드를 임의로 등록하여 사용하는 경우에는 재무제표가 자동으로 작성될 때 그룹간 수치가 잘못 계산되므로 유의하여야 하며, 계정과목 코드체계는 매우 중요하므로 꼭 기억하도록 한다.

따라하기

 계정과목의 신규 등록 및 수정

계정코드 127번 사용자설정계정과목에 새로운 계정을 추가하고 싶으면 화면 오른쪽 상단의 계정코드명에 추가할 계정명칭과 성격을 입력합니다. 현금적요와 대체적요도 순서대로 등록합니다.

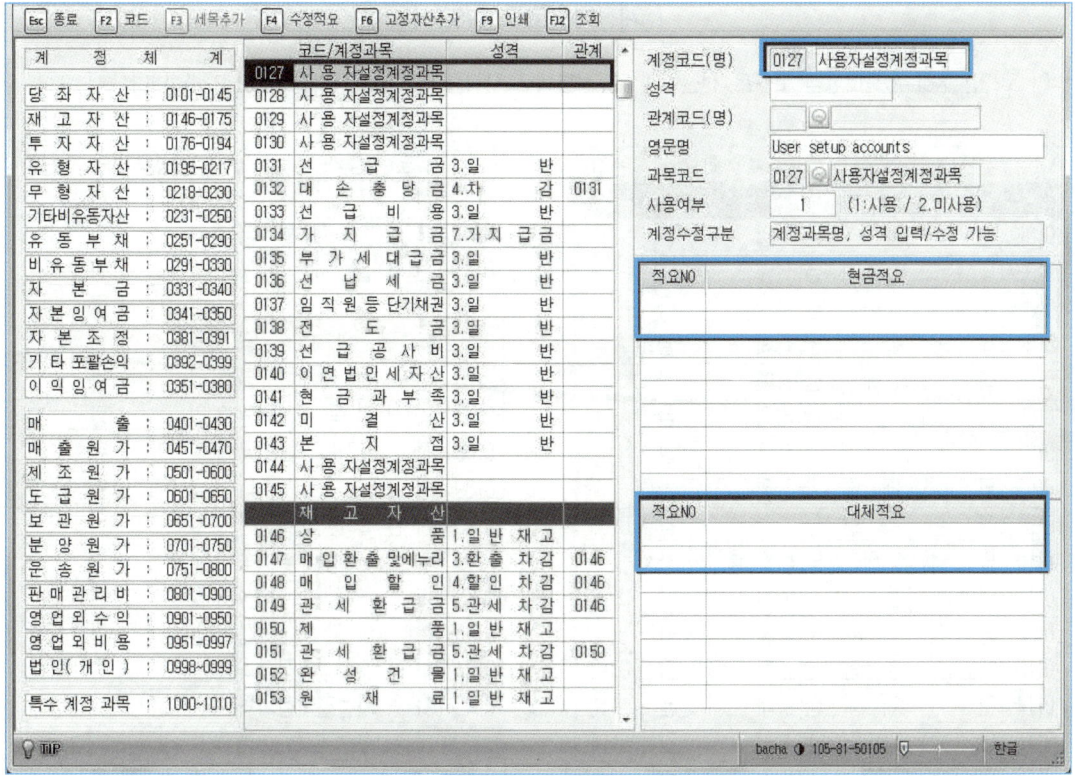

적색 계정과목은 Ctrl+F2 키를 누르면 화면 오른쪽의 계정코드명란이 활성화되면서 계정 코드명을 수정할 수 있습니다.

계정과목의 구분

전산회계프로그램에서 재무제표의 자동작성을 위해 계정과목의 특성을 나타내는 것으로 결산시와 재무제표의 표시에 중요한 역할을 하므로 계정과목을 수정하거나 신규로 등록시에는 특성에 따라 정확히 선택을 하여야 합니다.

| 계정과목코드 LIST |

* 이 코드는 KcLep프로그램 코드로 전산회계 및 전산세무 자격증관련 코드범위를 나타낸 것입니다.

코드/계정과목		성격	관계
당 좌 자 산			
0101	현 금	3.일 반	
0102	당 좌 예 금	1.예 금	
0103	보 통 예 금	1.예 금	
0104	제 예 금	1.예 금	
0105	정 기 예 금	1.예 금	
0106	정 기 적 금	2.적 금	
0107	단 기 매 매 증 권	5.유 가 증 권	
0108	외 상 매 출 금	3.일 반	
0109	대 손 충 당 금	4.차 감	0108
0110	받 을 어 음	8.받을어음	
0111	대 손 충 당 금	4.차 감	0110
0112	공 사 미 수 금	3.일 반	
0113	대 손 충 당 금	4.차 감	0112
0114	단 기 대 여 금	9.대 여 금	
0115	대 손 충 당 금	4.차 감	0114
0116	미 수 수 익	3.일 반	
0117	대 손 충 당 금	4.차 감	0116
0118	분 양 미 수 금	3.일 반	
0119	대 손 충 당 금	4.차 감	0118
0120	미 수 금	3.일 반	
0121	대 손 충 당 금	4.차 감	0120
0122	소 모 품	3.일 반	
0123	매 도 가 능 증 권	5.유 가 증 권	
0124	만 기 보 유 증 권	5.유 가 증 권	
0125	용 역 미 수 금	3.일 반	
0126	대 손 충 당 금	4.차 감	0125
0127	사용자설정계정과목		
0128	사용자설정계정과목		
0129	사용자설정계정과목		
0130	사용자설정계정과목		

코드/계정과목		성격	관계
0131	선 급 금	3.일 반	
0132	대 손 충 당 금	4.차 감	0131
0133	선 급 비 용	3.일 반	
0134	가 지 급 금	7.가지급금	
0135	부 가 세 대 급 금	3.일 반	
0136	선 납 세 금	3.일 반	
0137	임직원등단기채권	3.일 반	
0138	전 도 금	3.일 반	
0139	선 급 공 사 비	3.일 반	
0140	이연법인세자산	3.일 반	
0141	현 금 과 부 족	3.일 반	
0142	미 결 산	3.일 반	
0143	본 지 점	3.일 반	
0144	사용자설정계정과목		
0145	사용자설정계정과목		
재 고 자 산			
0146	상 품	1.일반재고	
0147	매입환출및에누리	3.환 출 차 감	0146
0148	매 입 할 인	4.할인차감	0146
0149	관 세 환 급 금	5.관세차감	0146
0150	제 품	1.일반재고	
0151	관 세 환 급 금	5.관세차감	0150
0152	완 성 건 물	1.일반재고	
0153	원 재 료	1.일반재고	
0154	매입환출및에누리	3.환 출 차 감	0153
0155	매 입 할 인	4.할인차감	0153
0156	원 재 료 (도 급)	1.일반재고	
0157	매입환출및에누리	3.환 출 차 감	0156
0158	매 입 할 인	4.할인차감	0156
0159	원 재 료 (분 양)	1.일반재고	
0160	매입환출및에누리	3.환 출 차 감	0159

코드/계정과목		성격	관계
0161	매 입 할 인	4.할 인 차 감	0159
0162	부 재 료	1.일 반 재 고	
0163	매 입 환 출 및 에 누 리	3.환 출 차 감	0162
0164	매 입 할 인	4.할 인 차 감	0162
0165	건 설 용 지	1.일 반 재 고	
0166	가 설 재	1.일 반 재 고	
0167	저 장 품	1.일 반 재 고	
0168	미 착 품	1.일 반 재 고	
0169	재 공 품	2.공 정 재 고	
0170	미 완 성 공 사(도급)	2.공 정 재 고	
0171	미 완 성 공 사(분양)	2.공 정 재 고	
0172	유 류	1.일 반 재 고	
0173	사 용 자설정계정과목		
0174	사 용 자설정계정과목		
0175	사 용 자설정계정과목		
투 자 자 산			
0176	장 기 성 예 금	1.예 금	
0177	특 정 현 금 과 예 금	1.예 금	
0178	매 도 가 능 증 권	5.유 가 증 권	
0179	장 기 대 여 금	9.대 여 금	
0180	대 손 충 당 금	4.차 감	0179
0181	만 기 보 유 증 권	5.유 가 증 권	
0182	지 분 법적용투자주식	3.일 반	
0183	투 자 부 동 산	3.일 반	
0184	단 체 퇴직보험예치금	3.일 반	
0185	투 자 일 임 계 약 자 산	3.일 반	
0186	퇴 직 연 금 운 용 자 산	3.일 반	0329
0187	퇴 직 보 험 예 치 금	3.일 반	0295
0188	국 민 연 금 전 환 금	3.일 반	0295
0189	사 용 자설정계정과목		

코드/계정과목		성격	관계
0190	사 용 자설정계정과목		
0191	사 용 자설정계정과목		
0192	사 용 자설정계정과목		
0193	사 용 자설정계정과목		
0194	사 용 자설정계정과목		
유 형 자 산			
0195	설 비 장 치	1.상 각	
0196	감 가 상 각 누 계 액	4.차 감	0195
0197	사 용 자설정계정과목	1.상 각	
0198	감 가 상 각 누 계 액	4.차 감	0197
0199	건 설 용 장 비	1.상 각	
0200	감 가 상 각 누 계 액	4.차 감	0199
0201	토 지	2.비 상 각	
0202	건 물	1.상 각	
0203	감 가 상 각 누 계 액	4.차 감	0202
0204	구 축 물	1.상 각	
0205	감 가 상 각 누 계 액	4.차 감	0204
0206	기 계 장 치	1.상 각	
0207	감 가 상 각 누 계 액	4.차 감	0206
0208	차 량 운 반 구	1.상 각	
0209	감 가 상 각 누 계 액	4.차 감	0208
0210	공 구 와 기 구	1.상 각	
0211	감 가 상 각 누 계 액	4.차 감	0210
0212	비 품	1.상 각	
0213	감 가 상 각 누 계 액	4.차 감	0212
0214	건 설 중 인 자 산	3.임 시	
0215	미 착 기 계	1.상 각	
0216	감 가 상 각 누 계 액	4.차 감	0215
0217	사 용 자설정계정과목		

코드/계정과목		성격	관계
	무 형 자 산		
0218	영 업 권	1.일 반	
0219	특 허 권	1.일 반	
0220	상 표 권	1.일 반	
0221	실 용 신 안 권	1.일 반	
0222	의 장 권	1.일 반	
0223	면 허 권	1.일 반	
0224	광 업 권	1.일 반	
0225	사용자설정계정과목	1.일 반	
0226	개 발 비	1.일 반	
0227	소 프 트 웨 어	1.일 반	
0228	웹 사 이 트 원 가	1.일 반	
0229	사용자설정계정과목		
0230	사용자설정계정과목		
	기 타 비 유 동 자 산		
0231	이 연 법 인 세 자 산	3.일 반	
0232	임 차 보 증 금	3.일 반	
0233	전 세 권	3.일 반	
0234	기 타 보 증 금	3.일 반	
0235	장 기 외 상 매 출 금	3.일 반	
0236	현 재 가 치 할 인 차 금	4.차 감	0235
0237	대 손 충 당 금	4.차 감	0235
0238	장 기 받 을 어 음	8.받을어음	
0239	현 재 가 치 할 인 차 금	4.차 감	0238
0240	대 손 충 당 금	4.차 감	0238
0241	장 기 미 수 금	3.일 반	
0242	현 재 가 치 할 인 차 금	4.차 감	0241
0243	대 손 충 당 금	4.차 감	0241
0244	장 기 선 급 비 용	3.일 반	
0245	장 기 선 급 금	3.일 반	

코드/계정과목		성격	관계
0246	부 도 어 음 과 수 표	3.일 반	
0247	대 손 충 당 금	4.차 감	0246
0248	전 신 전 화 가 입 권	3.일 반	
0249	사용자설정계정과목		
0250	사용자설정계정과목		
	유 동 부 채		
0251	외 상 매 입 금	2.일 반	
0252	지 급 어 음	6.지급어음	
0253	미 지 급 금	2.일 반	
0254	예 수 금	2.일 반	
0255	부 가 세 예 수 금	2.일 반	
0256	당 좌 차 월	1.차 입 금	
0257	가 수 금	5.가 수 금	
0258	예 수 보 증 금	2.일 반	
0259	선 수 금	2.일 반	
0260	단 기 차 입 금	1.차 입 금	
0261	미 지 급 세 금	2.일 반	
0262	미 지 급 비 용	2.일 반	
0263	선 수 수 익	2.일 반	
0264	유 동 성 장 기 부 채	1.차 입 금	
0265	미 지 급 배 당 금	2.일 반	
0266	지 급 보 증 채 무	2.일 반	
0267	수 출 금 융	2.일 반	
0268	수 입 금 융	2.일 반	
0269	공 사 손 실 충 당 부 채	2.일 반	
0270	하 자 보 수 충 당 부 채	2.일 반	
0271	공 사 선 수 금	2.일 반	
0272	분 양 선 수 금	2.일 반	
0273	이 연 법 인 세 부 채	2.일 반	
0274	사용자설정계정과목		

코드/계정과목		성격	관계
	비 유 동 부 채		
0291	사 채	6.사채차입금	
0292	사채할인발행차금	4.차 감	0291
0293	장 기 차 입 금	2.차 입 금	
0294	임 대 보 증 금	3.일 반	
0295	퇴 직 급 여 충 당 부 채	5.충 당 금	
0296	퇴 직 보 험 충 당 부 채	5.충 당 금	
0297	장 기 미 지 급 금	3.일 반	
0298	중소기업투자준비금	1.준 비 금	
0299	연구인력개발준비금	1.준 비 금	
0300	해외시장개척준비금	1.준 비 금	
0301	지방이전준비금	1.준 비 금	
0302	수출손실준비금	1.준 비 금	
0303	임직원등장기차입금	2.차 입 금	
0304	관계회사장기차입금	2.차 입 금	
0305	외화장기차입금	2.차 입 금	
0306	장 기 공 사 선 수 금	3.일 반	
0307	장 기 임 대 보 증 금	3.일 반	
0308	장 기 성 지 급 어 음	8.지 급 어 음	
0309	환 율 조 정 대	3.일 반	
0310	이 연 법 인 세 부 채	3.일 반	
0311	신주인수권부사채	6.사채차입금	
0312	전 환 사 채	6.사채차입금	
0313	사채할증발행차금	7.증 가	0291
0314	장기제품보증부채	5.충 당 금	
0315	사 용 자설정계정과목		
0316	사 용 자설정계정과목		
0317	사 용 자설정계정과목		
0318	사 용 자설정계정과목		
0319	사 용 자설정계정과목		

코드/계정과목		성격	관계
0320	사 용 자설정계정과목		
0321	사 용 자설정계정과목		
0322	사 용 자설정계정과목		
0323	사 용 자설정계정과목		
0324	사 용 자설정계정과목		
0325	사 용 자설정계정과목		
0326	사 용 자설정계정과목		
0327	사 용 자설정계정과목		
0328	사 용 자설정계정과목		
0329	퇴직연금충당부채	5.충 당 금	
0330	퇴직연금미지급금	5.충 당 금	
	자 본 금		
0331	자 본 금	1.자 본 금	
0332	우 선 주 자 본 금	1.자 본 금	
0333	사 용 자설정계정과목		
0334	사 용 자설정계정과목		
0335	사 용 자설정계정과목		
0336	사 용 자설정계정과목		
0337	출 자 금	1.자 본 금	
0338	인 출 금	1.자 본 금	
0339	사 용 자설정계정과목		
0340	사 용 자설정계정과목		
	자 본 잉 여 금		
0341	주 식 발 행 초 과 금	1.자본잉여금	
0342	감 자 차 익	1.자본잉여금	
0343	자 기 주 식 처 분 이 익	1.자본잉여금	
0344	전 환 권 대 가	1.자본잉여금	
0345	신 주 인 수 권 대 가	1.자본잉여금	
0346	사 용 자설정계정과목		
0347	사 용 자설정계정과목		

코드/계정과목		성격	관계
0348	사용자설정계정과목		
0349	기타자본잉여금	1.자본잉여금	
0350	재평가적립금	1.자본잉여금	
	자 본 조 정		
0381	주식할인발행차금	4.차감	
0382	배당건설이자	4.차감	
0383	자 기 주 식	4.차감	
0384	사용자설정계정과목		
0385	사용자설정계정과목		
0386	신 주 발 행 비	4.차감	
0387	미교부주식배당금	3.증가	
0388	신주청약증거금	3.증가	
0389	감 자 차 손	4.차감	
0390	자기주식처분손실	4.차감	
0391	주식매입선택권	3.증가	
	기타포괄손익누계액		
0392	재 평 가 차 익	3.평가이익	
0393	사용자설정계정과목		
0394	매도가능증권평가익	3.평가이익	
0395	매도가능증권평가손실	4.평가손실	
0396	해외사업환산이익	3.평가이익	
0397	해외사업환산손실	4.평가손실	
0398	파생상품평가이익	3.평가이익	
0399	파생상품평가손실	4.평가손실	
	이 익 잉 여 금		
0351	이 익 준 비 금	1.법정적립금	
0352	기업합리화적립금	1.법정적립금	
0353	법정적립금임의설정	1.법정적립금	
0354	재무구조개선적립금	1.법정적립금	
0355	임 의 적 립 금	2.임의적립금	

코드/계정과목		성격	관계
0356	사업확장적립금	2.임의적립금	
0357	감 채 적 립 금	2.임의적립금	
0358	배당평균적립금	2.임의적립금	
0359	주식할인발행상각	3.미처분이익	
0360	배당건설이자상각	3.미처분이익	
0361	상환주식의상환액	3.미처분이익	
0362	자기주식처분손잔액	3.미처분이익	
0363	중소기업투자준비금	2.임의적립금	
0364	연구인력개발준비금	2.임의적립금	
0365	해외시장개척준비금	2.임의적립금	
0366	지방이전준비금	2.임의적립금	
0367	수출손실준비금	2.임의적립금	
0368	기타임의적립금	2.임의적립금	
0369	회계변경의누적효과	3.미처분이익	
0370	전기오류수정이익	3.미처분이익	
0371	전기오류수정손실	3.미처분이익	
0372	중 간 배 당 금	3.미처분이익	
0373	사용자설정계정과목		
0374	기타이익잉여금	3.미처분이익	
0375	이월이익잉여금	4.차기이월	
0376	이 월 결 손 금	4.차기이월	
0377	미처분이익잉여금	4.차기이월	
0378	미처리결손금	4.차기이월	
0379	당 기 순 이 익	4.차기이월	
0380	당 기 순 손 실	4.차기이월	

코드/계정과목		성격	관계
	손　　　　　익		
0400	손　　　　　익		
	매　　　　　출		
0401	상　품　매　출	1.매　　　출	
0402	매출환입 및에누리	2.환 입 차 감	0401
0403	매　　출　　할　　인	3.할 인 차 감	0401
0404	제　품　매　출	1.매　　　출	
0405	매출환입 및에누리	2.환 입 차 감	0404
0406	매　　출　　할　　인	3.할 인 차 감	0404
0407	공　사　수　입　금	1.매　　　출	
0408	매　　출　　할　　인	3.할 인 차 감	0407
0409	완성건물매출	1.매　　　출	
0410	매　　출　　할　　인	3.할 인 차 감	0409
0411	임　대　료　수　입	1.매　　　출	
0412	매출환입 및에누리	2.환 입 차 감	0411
0413	매　　출　　할　　인	3.할 인 차 감	0411
0414	보　관　료　수　입	1.매　　　출	
0415	매출환입 및에누리	2.환 입 차 감	0414
0416	매　　출　　할　　인	3.할 인 차 감	0414
0417	운　송　료　수　입	1.매　　　출	
0418	매출환입 및에누리	2.환 입 차 감	0417
0419	매　　출　　할　　인	3.할 인 차 감	0417
0420	사용자설정계정과목		
0421	사용자설정계정과목		
0422	사용자설정계정과목		
0423	사용자설정계정과목		
0424	사용자설정계정과목		
0425	사용자설정계정과목		
0426	사용자설정계정과목		
0427	사용자설정계정과목		

코드/계정과목		성격	관계
	매　출　원　가		
0451	상품매출원가	3.매 입 판 매	0146
0452	도급공사매출원가	1.용　　　역	
0453	분양공사매출원가	4.분 양 판 매	0152
0454	사용자설정계정과목		
0455	제품매출원가	2.제 조 판 매	0150
0456	사용자설정계정과목		
0457	보관매출원가	1.용　　　역	
0458	운송매출원가	1.용　　　역	
0459	사용자설정계정과목		
0460	사용자설정계정과목		
0461	사용자설정계정과목		
0462	사용자설정계정과목		
0463	사용자설정계정과목		
0464	사용자설정계정과목		
0465	사용자설정계정과목		
0466	사용자설정계정과목		
0467	사용자설정계정과목		
0468	사용자설정계정과목		
0469	사용자설정계정과목		
0470	사용자설정계정과목		
	제　조　원　가		
0501	원　　재　　료　　비	1.원 재 료 비	0153
0502	부　　재　　료　　비	2.부 재 료 비	0162
0503	급　　　　　　　　여	3.노무비(근로)	
0504	임　　　　　　　　금	3.노무비(근로)	
0505	상　　　여　　　금	3.노무비(근로)	
0506	제　　　수　　　당	3.노무비(근로)	
0507	잡　　　　　　　　급	3.노무비(근로)	
0508	퇴　　직　　급　　여	4.노무비(퇴직)	

코드/계정과목		성격	관계
0509	퇴직보험충당금전입	4.노무비(퇴직)	
0510	사용자설정계정과목		
0511	복 리 후 생 비	5.제 조 경 비	
0512	여 비 교 통 비	5.제 조 경 비	
0513	기 업 업 무 추 진 비	5.제 조 경 비	
0514	통 신 비	5.제 조 경 비	
0515	가 스 수 도 료	5.제 조 경 비	
0516	전 력 비	5.제 조 경 비	
0517	세 금 과 공 과	5.제 조 경 비	
0518	감 가 상 각 비	5.제 조 경 비	
0519	임 차 료	5.제 조 경 비	
0520	수 선 비	5.제 조 경 비	
0521	보 험 료	5.제 조 경 비	
0522	차 량 유 지 비	5.제 조 경 비	
0523	경 상 연 구 개 발 비	5.제 조 경 비	
0524	운 반 비	5.제 조 경 비	
0525	교 육 훈 련 비	5.제 조 경 비	
0526	도 서 인 쇄 비	5.제 조 경 비	
0527	회 의 비	5.제 조 경 비	
0528	포 장 비	5.제 조 경 비	
0529	사 용 자 설 정 계 정 과 목		
0530	소 모 품 비	5.제 조 경 비	
0531	수 수 료 비 용	5.제 조 경 비	
0532	보 관 료	5.제 조 경 비	
0533	외 주 가 공 비	5.제 조 경 비	
0534	시 험 비	5.제 조 경 비	
0535	기 밀 비	5.제 조 경 비	
0536	잡 비	5.제 조 경 비	
0537	사 용 자 설 정 계 정 과 목		
0538	사 용 자 설 정 계 정 과 목		

코드/계정과목		성격	관계
판 매 비 및 일 반 관 리 비			
0801	급 여	1.인건비(근로)	
0802	사 용 자 설 정 계 정 과 목		
0803	상 여 금	1.인건비(근로)	
0804	제 수 당	1.인건비(근로)	
0805	잡 급	1.인건비(근로)	
0806	퇴 직 급 여	2.인건비(퇴직)	
0807	퇴직보험충당금전입	2.인건비(퇴직)	
0808	사 용 자 설 정 계 정 과 목		
0809	사 용 자 설 정 계 정 과 목		
0810	사 용 자 설 정 계 정 과 목		
0811	복 리 후 생 비	3.경 비	
0812	여 비 교 통 비	3.경 비	
0813	기 업 업 무 추 진 비	3.경 비	
0814	통 신 비	3.경 비	
0815	수 도 광 열 비	3.경 비	
0816	사 용 자 설 정 계 정 과 목		
0817	세 금 과 공 과	3.경 비	
0818	감 가 상 각 비	3.경 비	
0819	임 차 료	3.경 비	
0820	수 선 비	3.경 비	
0821	보 험 료	3.경 비	
0822	차 량 유 지 비	3.경 비	
0823	경 상 연 구 개 발 비	3.경 비	
0824	운 반 비	3.경 비	
0825	교 육 훈 련 비	3.경 비	
0826	도 서 인 쇄 비	3.경 비	
0827	회 의 비	3.경 비	
0828	포 장 비	3.경 비	
0829	사 용 자 설 정 계 정 과 목		

코드/계정과목		성격	관계
0830	소 모 품 비	3.경 비	
0831	수 수 료 비 용	3.경 비	
0832	보 관 료	3.경 비	
0833	광 고 선 전 비	3.경 비	
0834	판 매 촉 진 비	3.경 비	
0835	대 손 상 각 비	3.경 비	
0836	기 밀 비	3.경 비	
0837	건 물 관 리 비	3.경 비	
0838	수 출 제 비 용	3.경 비	
0839	판 매 수 수 료	3.경 비	
0840	무 형 자 산 상 각 비	3.경 비	
0841	환 가 료	3.경 비	
0842	견 본 비	3.경 비	
0843	해 외 기 업 업 무 추 진 비	3.경 비	
0844	해 외 시 장 개 척 비	3.경 비	
0845	미 분 양 주 택 관 리 비	3.경 비	
0846	수 주 비	3.경 비	
0847	하 자 보 수 충 당 금 전 입	3.경 비	
0848	잡 비	3.경 비	
0849	명 예 퇴 직 금	2.인건비(퇴직)	
0850	퇴 직 연 금 충 당 금 전 입	2.인건비(퇴직)	
0851	사 용 자 설 정 계 정 과 목		
0852	사 용 자 설 정 계 정 과 목		
0853	사 용 자 설 정 계 정 과 목		
0854	사 용 자 설 정 계 정 과 목		
0855	사 용 자 설 정 계 정 과 목		
0856	사 용 자 설 정 계 정 과 목		
0857	사 용 자 설 정 계 정 과 목		
0858	사 용 자 설 정 계 정 과 목		
0859	사 용 자 설 정 계 정 과 목		

코드/계정과목		성격	관계
	영 업 외 수 익		
0901	이 자 수 익	1.수 입 이 자	
0902	만 기 보 유 증 권 이 자	1.수 입 이 자	
0903	배 당 금 수 익	2.일 반	
0904	임 대 료	2.일 반	
0905	단 기 투 자 자 산 평 가 이 익	2.일 반	
0906	단 기 투 자 자 산 처 분 이 익	2.일 반	
0907	외 환 차 익	2.일 반	
0908	대 손 충 당 금 환 입	2.일 반	
0909	수 수 료 수 익	2.일 반	
0910	외 화 환 산 이 익	2.일 반	
0911	사 채 상 환 이 익	2.일 반	
0912	전 기 오 류 수 정 이 익	2.일 반	
0913	하 자 보 수 충 당 금 환 입	2.일 반	
0914	유 형 자 산 처 분 이 익	2.일 반	
0915	매 도 가 능 증 권 처 분 이 익	2.일 반	
0916	상 각 채 권 추 심 이 익	2.일 반	
0917	자 산 수 증 이 익	2.일 반	
0918	채 무 면 제 이 익	2.일 반	
0919	보 험 금 수 익	2.일 반	
0920	투 자 증 권 손 상 차 환 입	2.일 반	
0921	지 분 법 이 익	2.일 반	
0922	만 기 보 유 증 권 처 분 이 익	2.일 반	
0923	사 용 자 설 정 계 정 과 목		
0924	중 소 투 자 준 비 금 환 입	4.준 비 금 환 입	0298
0925	연 구 개 발 준 비 금 환 입	4.준 비 금 환 입	0299
0926	해 외 개 척 준 비 금 환 입	4.준 비 금 환 입	0300
0927	지 방 이 전 준 비 금 환 입	4.준 비 금 환 입	0301
0928	수 출 손 실 준 비 금 환 입	4.준 비 금 환 입	0302
0929	재 평 가 이 익	2.일 반	

코드/계정과목	성격	관계
0929 재 평 가 이 익	2.일 반	
0930 잡 이 익	2.일 반	
0931 사 용 자설정계정과목		
0932 사 용 자설정계정과목		
0933 사 용 자설정계정과목		
0934 사 용 자설정계정과목		
0935 사 용 자설정계정과목		
0936 사 용 자설정계정과목		
0937 사 용 자설정계정과목		
0938 사 용 자설정계정과목		
0939 사 용 자설정계정과목		
0940 사 용 자설정계정과목		
0941 사 용 자설정계정과목		
0942 사 용 자설정계정과목		
0943 사 용 자설정계정과목		
0944 사 용 자설정계정과목		
0945 사 용 자설정계정과목		
0946 사 용 자설정계정과목		
0947 사 용 자설정계정과목		
0948 사 용 자설정계정과목		
0949 사 용 자설정계정과목		
0950 사 용 자설정계정과목		
영 업 외 비 용		
0951 이 자 비 용	1.지 급 이 자	
0952 외 환 차 손	2.일 반	
0953 기 부 금	2.일 반	
0954 기 타 의 대 손상각비	2.일 반	
0955 외 화 환 산 손 실	2.일 반	
0956 매 출 채 권 처분손실	2.일 반	
0957 단기투자자산평가손실	2.일 반	

코드/계정과목	성격	관계
0958 단기투자자산처분손실	2.일 반	
0959 재 고 자 산 감모손실	2.일 반	
0960 재 고 자 산 평가손실	4.평 가 손 실	
0961 재 해 손 실	2.일 반	
0962 전 기 오 류 수정손실	2.일 반	
0963 투 자 증 권 손상차손	2.일 반	
0964 지 분 법 손 실	2.일 반	
0965 무 형 자 산 손상차손	2.일 반	
0966 사 용 자설정계정과목	2.일 반	
0967 회 사 채 이 자	1.지 급 이 자	
0968 사 채 상 환 손 실	2.일 반	
0969 보 상 비	2.일 반	
0970 유 형 자 산 처분손실	2.일 반	
0971 매도가능증권처분손실	2.일 반	
0972 중 소 투자준비금전입	5.준비금 전 입	0298
0973 연 구 개발준비금전입	5.준비금 전 입	0299
0974 해 외 개척준비금전입	5.준비금 전 입	0300
0975 지 방 이전준비금전입	5.준비금 전 입	0301
0976 수 출 손실준비금전입	5.준비금 전 입	0302
0977 특 별 상 각	6.특 별 상 각	
0978 만기보유증권처분손실	2.일 반	
0979 사 용 자설정계정과목		
0980 잡 손 실	2.일 반	
0981 사 용 자설정계정과목		
0982 사 용 자설정계정과목		
0983 재 평 가 손 실	2.일 반	
0984 수 수 료 비 용	2.일 반	
0985 사 용 자설정계정과목		
0986 사 용 자설정계정과목		
0987 사 용 자설정계정과목		

코드/계정과목		성격	관계
0983	재 평 가 손 실	2.일 반	
0984	수 수 료 비 용	2.일 반	
0985	사 용 자설정계정과목		
0986	사 용 자설정계정과목		
0987	사 용 자설정계정과목		
0988	사 용 자설정계정과목		
0989	사 용 자설정계정과목		
0990	사 용 자설정계정과목		
0991	사 용 자설정계정과목		
0992	사 용 자설정계정과목		
0993	사 용 자설정계정과목		
0994	사 용 자설정계정과목		
0995	사 용 자설정계정과목		
0996	사 용 자설정계정과목		
0997	사 용 자설정계정과목		
	법 인 (개 인) 세 등		
0998	법 인 세 비 용		
0999	소 득 세 비 용		
	특 수 계 정 과 목		
1000	특 수 설 정 계 정 과 목		
1001	특 수 설 정 계 정 과 목		
1002	특 수 설 정 계 정 과 목		
1003	특 수 설 정 계 정 과 목		
1004	특 수 설 정 계 정 과 목		
1005	특 수 설 정 계 정 과 목		
1006	특 수 설 정 계 정 과 목		
1007	특 수 설 정 계 정 과 목		
1008	특 수 설 정 계 정 과 목		
1009	특 수 설 정 계 정 과 목		
1010	특 수 설 정 계 정 과 목		

[KcLep프로그램의 전체계정 코드체계]

계 정 체 계	
당 좌 자 산	0101-0145
재 고 자 산	0146-0175
투 자 자 산	0176-0194
유 형 자 산	0195-0217
무 형 자 산	0218-0230
기타비유동자산	0231-0250
유 동 부 채	0251-0290
비 유 동 부 채	0291-0330
자 본 금	0331-0340
자 본 잉 여 금	0341-0350
자 본 조 정	0381-0391
기 타 포 괄 손 익	0392-0399
이 익 잉 여 금	0351-0380
매 출	0401-0430
매 출 원 가	0451-0470
제 조 원 가	0501-0600
도 급 원 가	0601-0650
보 관 원 가	0651-0700
분 양 원 가	0701-0750
운 송 원 가	0751-0800
판 매 관 리 비	0801-0900
영 업 외 수 익	0901-0950
영 업 외 비 용	0951-0997
법 인 (개 인)	0998~0999
특 수 계 정 과 목	1000~1010

적 요

적요는 거래내역을 간략하게 요약한 것으로 같은 내용의 거래가 반복되는 경우 미리 반복되는 내용을 적요 번호로 등록을 하여 두면 입력 시 시간이 많이 절약 될 수 있다. 적요등록은 해당 계정과목을 선택한 후 우측의 **"현금적요"** 또는 **"대체적요" 란을 선택한 후 해당 번호에 적요내용을 입력**하도록 한다.

실습예제 단기대여금 계정과목에 대한 현금적요 3번에 '단기어음 매각시 현금회수'를 등록하는 경우

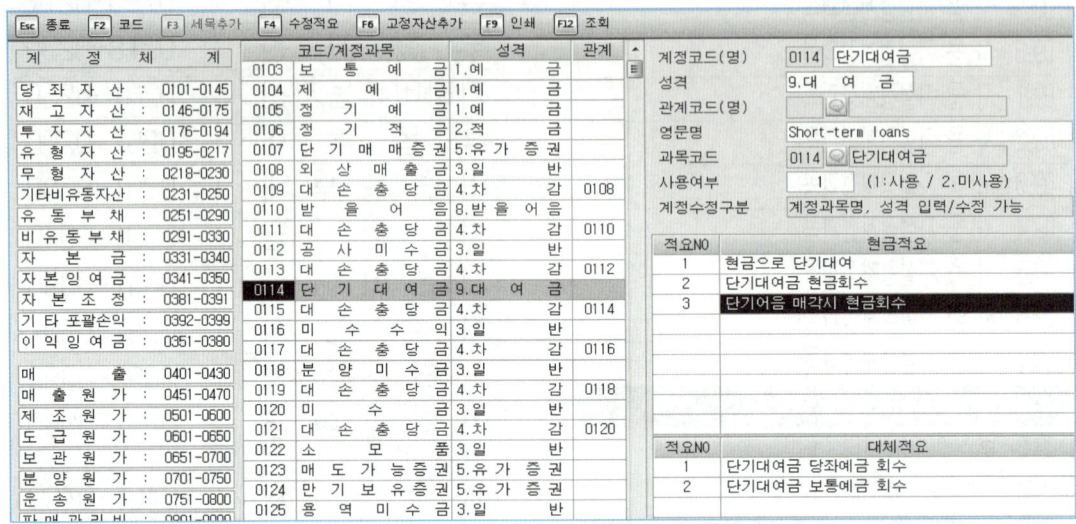

계정과목 및 적요등록 메뉴에 다음 사항을 수정 또는 추가등록 하시오.(계정과목 및 적요 등록하기)

지시사항

(1) 한국상사는 창고임차에 대한 임차보증금을 [보증금]계정으로 설정하여 사용하고자 한다. 기타비유동자산 항목의 [232. 임차보증금]계정과목을 [232. 보증금]계정과목으로 수정하시오.

따라하기

계정과목등록

[232.임차보증금]을 선택한 후 우측화면 상단의 [계정코드]란에서 '보증금' 글씨를 수정 입력한 후 Enter↵키를 치면 좌측 화면의 [232.임차보증금]글씨가 [232.보증금] 으로 바뀌며, 계정과목이 등록됨을 알 수 있다.

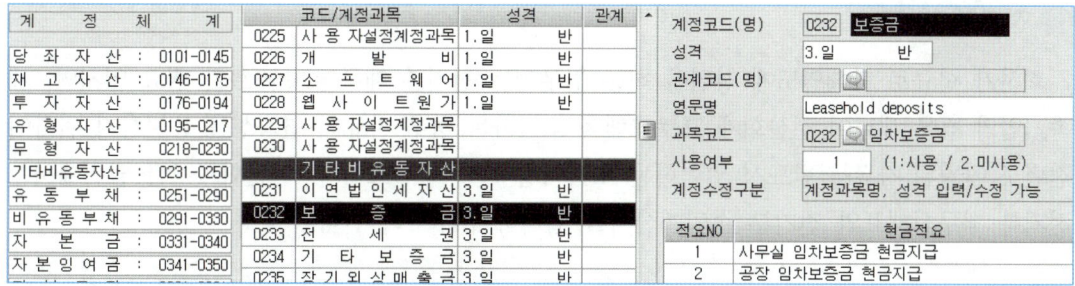

※ 적색 계정과목은 Ctrl+F2 키를 누르면 화면오른쪽의 계정코드명란이 활성화되면서 계정코드명을 수정할 수 있게 됩니다.

 지시사항

(2) 한국상사는 직원의 외국출장이 빈번하여 [812. 여비교통비] 계정과목의 현금적요 6번에 "업무차 국외 출장비 현금지급"과 대체적요 3번에 "국내출장비 수표발행"을 등록하시오.

 따라하기

적요등록

좌측 판매관리비 항목의 [812. 여비교통비]를 선택한 후 우측 현금적요 6번과 대체 적요 3번에 해당 적요내용을 각각 입력 후 Enter 키를 치면 적요내용이 저장된다.

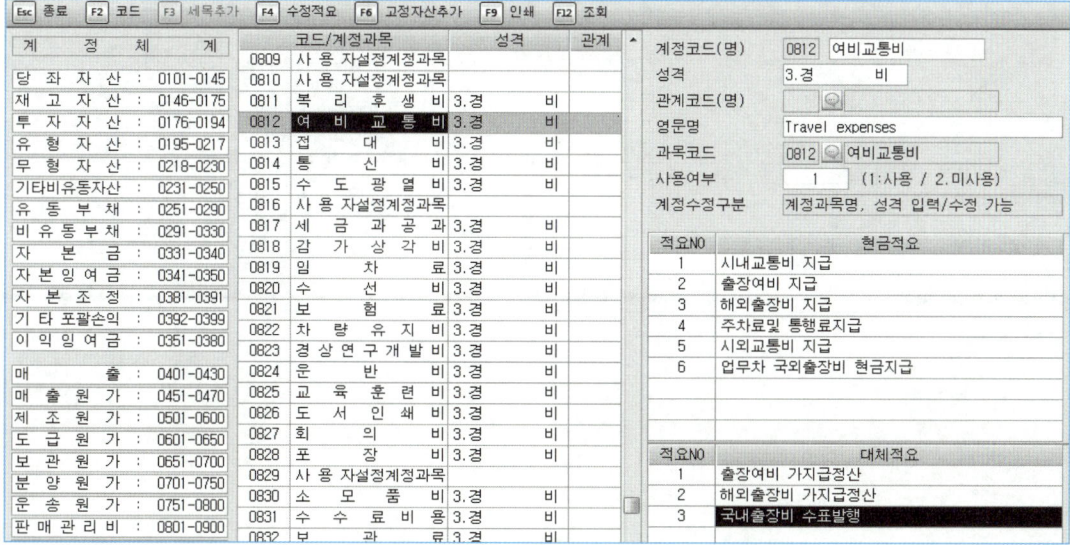

전기분 재무제표

회사가 신규로 당해연도에 창업을 하는 경우에는 전기분 재무제표 자료가 필요 없지만, 계속기업의 경우 새로이 전산회계 프로그램을 도입하는 경우 자료의 연속성을 유지하기 위하여 전년도 이월된 자료를 반드시 입력하는 초기이월 작업이 필요하다. 전산회계 2급 범위에서는 전기분 재무상태표와 전기분 손익계산서를 입력하여 주도록 한다.

4. 전기분 재무상태표 입력

전기분재무상태표는 자산과 부채 및 자본을 구분하여 입력하도록 화면 구성이 되어있습니다. 차변에는 자산 항목을 대변에는 부채 및 자본 항목을 입력하도록 합니다. 각 계정과목에 금액을 입력하면 화면 오른쪽 [계정별 합계]란에 관련 금액이 자동 집계됩니다.

(1) 계정과목코드 조회방법

① F2 도움키를 이용방법

F2 도움키를 눌러 계정코드도움창에서 검색란에 계정과목명을 입력하여 찾을 수 있습니다.

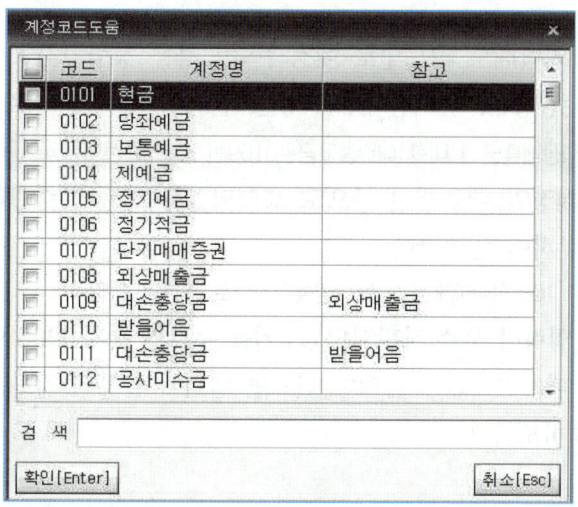

② 계정과목명칭 이용방법

F2 도움키를 이용하지 않고 계정코드난에서 바로 계정과목명 2자리 이상을 입력해도 검색이 가능합니다.

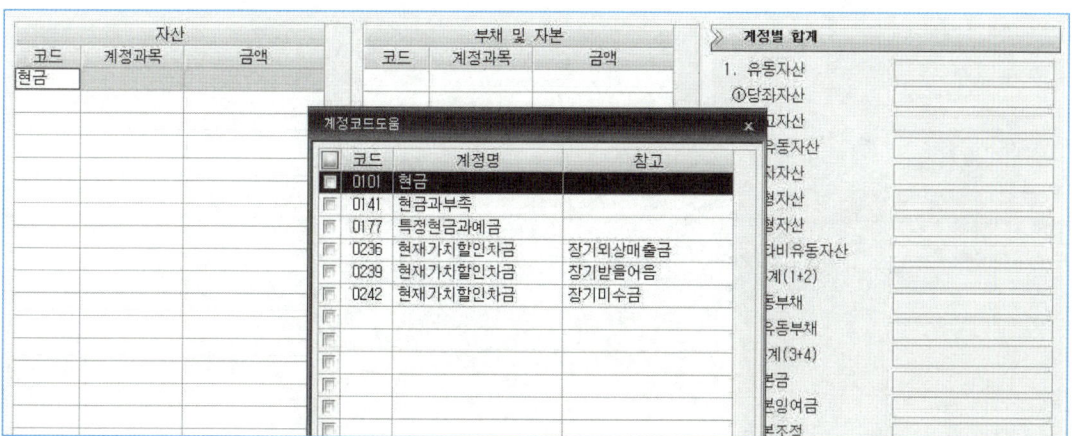

- 가지급금과 가수금은 화면 오른쪽의 직책, 성명 줄 금액란에 숫자를 입력하면 왼쪽 가지급금 계정과목의 금액란에 자동으로 반영됩니다.

자산			부채 및 자본			직책				
코드	계정과목	금액	코드	계정과목	금액	직책	성명	지급적요	회수적요	금액
0101	현금	1,000,000				대표이사	이상엽	1	4	500,000
0134	가지급금	500,000								

- 순서에 관계없이 입력해도 코드별로 계정과목이 자동 정렬된다.
- 차감계정과목(대손충당금, 감가상각누계액)은, 본계정 과목의 바로 다음 번호 코드로 나타난다. (예) 108.외상매출금에 대한 대손충당금은 109번 코드를 선택한다.
- 계정과목이 통합계정인 매출채권 등으로 표시되었을 경우에는 관리목적에 적합한 해당 계정과목으로 세분하여 입력한다.
  (예) 매출채권의 경우 108.외상매출금과 110.받을어음으로 세분하여 입력.
- **금액란에서 숫자 입력시 우측 자판키의 ⊞ 키를 누르면 숫자 '000'이 자동으로 입력된다.**
- 화면 우측하단의 대차차액란에 금액이 있으면 입력이 잘못된 것으로, 자료를 확인 후 정확하게 다시 입력하도록 한다.

> **참고**
> 전기분 재무상태표에 입력된 재고자산 항목인 "상품" 계정 금액은, 전기분손익계산서의 상품매출원가 부분 "기말상품재고액" 금액란에 자동 반영되어 나타나며, 채권·채무 등 거래처 관리가 필요한 계정과목 금액은 자동으로 "거래처별초기이월" 메뉴의 기초금액으로 제공되어 진다.

 한국상사의 전기분 재무상태표는 다음과 같다. 기초정보관리 메뉴에 입력하시오.

재 무 상 태 표

한국상사　　　　　　　　　　　2024년 12월 31일　　　　　　　　　　　　（단위 : 원）

과　　　목	금　　　액		과　　　목	금　　　액	
자　　　　　산			부　　　　　채		
유 　동 　자 　산		96,300,000	유 　동 　부 　채		47,700,000
당 　좌 　자 　산		89,800,000	외 　상 　매 　입 　금		21,000,000
현　　　　　금		11,000,000	지 　급 　어 　음		12,000,000
당 　좌 　예 　금		15,800,000	미 　지 　급 　금		8,500,000
보 　통 　예 　금		20,500,000	선 　　수 　　금		700,000
외 　상 　매 　출 　금	15,000,000		단 　기 　차 　입 　금		5,500,000
대 　손 　충 　당 　금	1,000,000	14,000,000	비 　유 　동 　부 　채		0
받 　을 　어 　음		10,000,000	부 　채 　총 　계		47,700,000
가 　지 　급 　금		500,000			
단 　기 　대 　여 　금		18,000,000	자　　　　　본		81,500,000
재 　고 　자 　산		6,500,000	자 　　본 　　금		81,500,000
상　　　　　품		6,500,000	(당기순이익 9,300,000)		
비 　유 　동 　자 　산		32,900,000			
투 　자 　자 　산		0			
유 　형 　자 　산		32,900,000			
건　　　　　물	23,000,000				
감 가 상 각 누 계 액	6,900,000	16,100,000			
차 　량 　운 　반 　구	15,000,000				
감 가 상 각 누 계 액	4,500,000	10,500,000			
비　　　　　품	9,000,000				
감 가 상 각 누 계 액	2,700,000	6,300,000			
무 　형 　자 　산		0			
기 타 비 유 동 자 산		0	자 　본 　총 　계		81,500,000
자 　산 　총 　계		129,200,000	부 채 와 자 본 총 계		129,200,000

따라하기

| 전기분 재무상태표가 입력된 화면 |

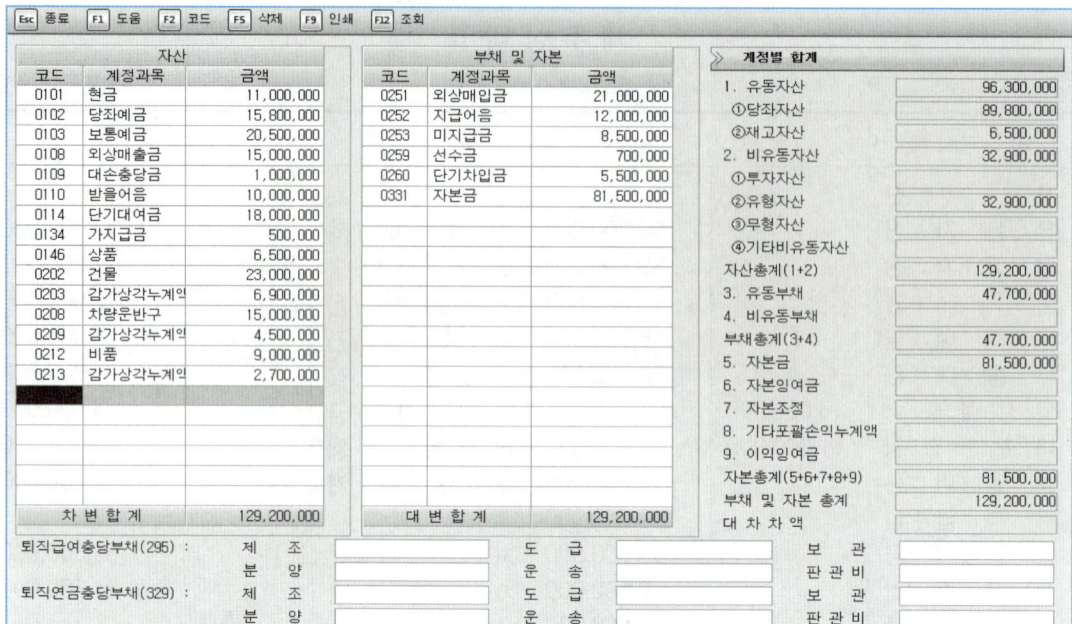

보충설명

- 좌측화면의 계정과목과 금액란을 입력하면 우측의 항목별 합계액란에 자동으로 집계된다.
- 대손충당금과 감가상각누계액은 해당계정과목 코드의 바로 다음 코드를 선택하여야 한다.
  (예) 108. 외상매출금 계정에 대한 대손충당금은 109코드를 선택한다.
  (예) 202. 건물 계정에 대한 감가상각누계액은 203코드를 선택한다.

5. 전기분 손익계산서 입력

(1) 계정과목코드 조회방법

위 전기분 재무상태표 [계정과목코드 조회 방법]처럼 활용하시면 됩니다.

(2) 매출원가코드

상품매출원가코드 451을 선택하도록 한다. 선택하면 아래 보조화면이 나타나며, 여기에 주어진 기초상품재고액과 당기상품매입액을 화면 해당란에 직접 입력하여 준다. 기말상품재고액은 전기분 재무상태표에 입력된 [상품] 금액이 자동반영되어 나타난다. 따라서 **자격시험에서 기말상품재고액을 입력 또는 수정하는 문제가 나오면, 전기분 손익계산서가 아닌 전기분재무상태표의 [상품] 금액을 입력 또는 수정하여 주면 자동 반영됨을 알 수 있습니다.** 금액 입력 후 계속 Enter↵ 키를 클릭하면 자동으로 상품매출원가 금액이 계산되어 나타난다.

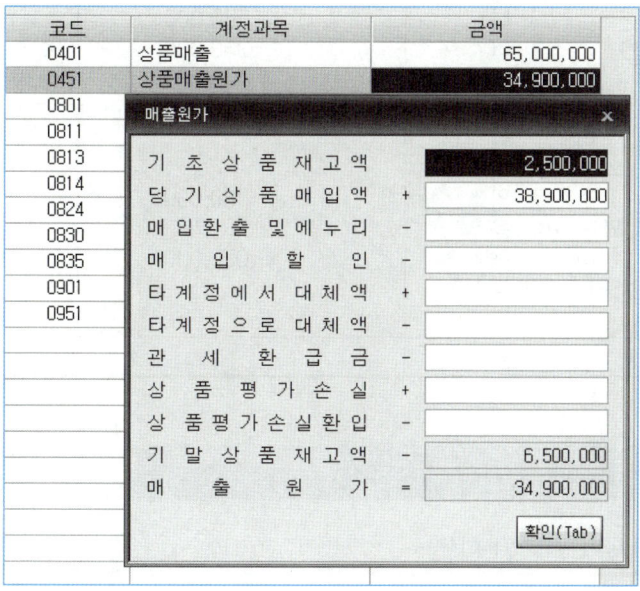

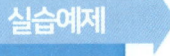 한국상사의 전기분 손익계산서는 다음과 같다. 기초정보관리 메뉴에 입력하시오.

손 익 계 산 서

한국상사   제11기 2024.1.1-2024.12.31   (단위 : 원)

과 목	금	액
매 출 액		65,000,000
상 품 매 출		65,000,000
매 출 원 가		34,900,000
(상 품 매 출 원 가)		
기 초 상 품 재 고 액	2,500,000	
당 기 상 품 매 입 액	38,900,000	
기 말 상 품 재 고 액	6,500,000	
매 출 총 이 익		30,100,000
판 매 비 와 일 반 관 리 비		19,850,000
급 여	12,000,000	
복 리 후 생 비	1,850,000	
기 업 업 무 추 진 비	3,500,000	
통 신 비	550,000	
운 반 비	350,000	
소 모 품 비	1,400,000	
대 손 상 각 비	200,000	
영 업 이 익		10,250,000
영 업 외 수 익		80,000
이 자 수 익	80,000	
영 업 외 비 용		1,030,000
이 자 비 용	1,030,000	
소 득 세 차 감 전 이 익		9,300,000
소 득 세 등		0
당 기 순 이 익		9,300,000

 따라하기

전기분손익계산서가 입력된 화면

코드	계정과목	금액
0401	상품매출	65,000,000
0451	상품매출원가	34,900,000
0801	급여	12,000,000
0811	복리후생비	1,850,000
0813	기업업무추진비	3,500,000
0814	통신비	550,000
0824	운반비	350,000
0830	소모품비	1,400,000
0835	대손상각비	200,000
0901	이자수익	80,000
0951	이자비용	1,030,000

계정별합계	
1.매출	65,000,000
2.매출원가	34,900,000
3.매출총이익(1-2)	30,100,000
4.판매비와관리비	19,850,000
5.영업이익(3-4)	10,250,000
6.영업외수익	80,000
7.영업외비용	1,030,000
8.소득세비용차감전순이익(5+6-7)	9,300,000
9.소득세비용	
10.당기순이익(8-9)	9,300,000
11.주당이익(10/주식수)	

보충설명

- 좌측화면의 계정과목과 금액란을 입력하면 우측 항목별 금액란에 자동 집계된다.
- 451. 상품매출원가를 입력하면 상품매출원가 입력 보조창이 나타나며, 해당란 빈칸에 기초상품재고액과 당기상품매입액을 직접 입력한다. 단, 기말상품재고액은 전기분재무상태표의 [상품] 금액이 자동 반영되어 나타난다.

  ※ 주의 : 자격증 시험시 기말상품재고액 금액이 누락 또는 틀린 금액이 입력된 경우에는 전기분 재무상태표 화면에서 "146.상품"을 선택하여 기말상품재고액 금액을 입력 또는 수정하도록 한다.

- 계정과목을 입력하다 실수로 중간에 누락한 경우에는 맨 하단부 빈칸에 입력한 후, 조회 단추를 클릭하면 계정과목 코드순으로 자동 정렬이 된다.

6. 거래처별 초기이월 입력

재무상태표상의 채권, 채무 계정과목에 대한 거래처별 장부를 만들고자 할 때 사용합니다. 관리하고자 하는 계정과목을 선택적으로 불러오거나 전체를 불러온 후 세부 내역을 작성합니다. 따라서 거래처별 초기이월 작업을 수행하기 위해서는 사전에 전기분재무상태표 자료가 입력되어 있어야 합니다.

① 자료 불러오기

  [거래처별초기이월] 메뉴를 열어 화면 상단의 [F4 불러오기] 버튼을 클릭하면 전기분 재무상태표에 입력된 자료가 자동으로 나타납니다.

② 재무상태표에서 불러온 채권, 채무 합계 금액과 오른쪽 거래처별 입력금액 합계액은 서로 일치하여야 하며, 차액이 발생하지 않도록 금액을 바르게 입력해 줍니다. 거래처코드 조회는 F2 기능키를 사용합니다.

참고

거래처별로 금액을 입력한 후 반드시 Enter↵ 키를 사용하여야만 저장되어 차액란에 금액이 0이 되며, 자격증 시험에서도 반드시 차액이 0임을 꼭 확인하시기 바랍니다.

실습예제 한국상사의 거래처별 초기이월 자료를 해당 메뉴에 입력하시오.

거 래 처 초 기 이 월

한국상사 　　　　　　　　　　2024년 12월 31일 　　　　　　　　　　(단위 : 원)

계 정 과 목	거 래 처 명	금　　　액	비 고
외 상 매 출 금	(주)서　강	9,000,000	
	덕 포 상 사	6,000,000	
받 을 어 음	(주)청령포	5,500,000	
	(주)서　강	4,500,000	
외 상 매 입 금	(주)장　릉	11,000,000	
	고씨굴상사	7,000,000	
	(주)동　강	3,000,000	
지 급 어 음	영월자동차	7,000,000	
	고씨굴상사	5,000,000	

따라하기

좌측의 해당 계정과목 선택 후 우측의 거래처 코드를 조회하여 주어진 금액을 입력하도록 한다.

코드	계정과목	재무상태표금액		코드	거래처	금액
0101	현금	11,000,000		00101	(주)장릉	11,000,000
0102	당좌예금	15,800,000		00102	고씨굴상사	7,000,000
0103	보통예금	20,500,000		00103	(주)동강	3,000,000
0108	외상매출금	15,000,000				
0109	대손충당금	1,000,000				
0110	받을어음	10,000,000				
0114	단기대여금	18,000,000				
0134	가지급금	500,000				
0146	상품	6,500,000				
0202	건물	23,000,000				
0203	감가상각누계액	6,900,000				
0208	차량운반구	15,000,000				
0209	감가상각누계액	4,500,000				
0212	비품	9,000,000				
0213	감가상각누계액	2,700,000				
0251	외상매입금	21,000,000				
0252	지급어음	12,000,000				

- [지급어음]계정과목도 같은 방법으로 거래처별로 금액을 입력하도록 합니다.

마감후 이월

- 마감이란 자료의 추가입력이 불가능하고 입력한 자료가 안전하게 보존되도록 LOCK이 설치되어 다음 회계연도로 회계정보의 이월이 가능한 상태를 말한다.
- 마감이 되면 전표입력화면 하단에 적색으로 [마감] 이라는 글씨가 표시된다.
- 마감을 완료한 후에는 전표의 추가입력, 수정, 삭제가 불가능하다. 이는 재무제표작성 후에 기장 내용의 변경을 방지하기 위한 것으로 반드시 마감키는 결산이 모두 완료된 것을 확인한 후에 하도록 한다.
- 마감 후 이월은 실무상에서 사용하는 것으로 교육용에서는 생략하도록 한다.

02 일반전표 입력

기업에서 일어나는 매일 매일의 거래는 "일반전표입력" 메뉴에 모두 입력을 하며 입력된 거래 자료는 제 장부 및 재무제표에 자동으로 반영된다. 실무에서는 모든 거래가 각종 증빙자료를 통하여 발생하므로, 각종 증빙자료를 보고 전표를 입력하는 연습이 많이 필요하다.

| 각종 증빙자료 모음 |

전자세금계산서

| 승인번호 | 20250930 - 15454645 - 58811886 |

공급자
- 등록번호: 307-81-12347
- 상호(법인명): ㈜천안테크
- 성명: 김도담
- 사업장주소: 충청남도 천안시 동남구 가마골1길 5
- 업태: 제조도매
- 종목: 자동차부품

공급받는자
- 등록번호: 126-87-10121
- 상호(법인명): ㈜청주자동차
- 성명: 하민우
- 사업장주소: 충청북도 청주시 충대로1번길 21-26
- 업태: 제조
- 종목: 자동차

작성일자	공급가액	세액	수정사유	비고
2025-09-30	25,000,000원	2,500,000원	해당 없음	

월	일	품목	규격	수량	단가	공급가액	세액	비고
09	30	자동차부품		10	2,500,000원	25,000,000원	2,500,000원	

합계금액	현금	수표	어음	외상미수금	
27,500,000원			25,000,000	2,500,000	위 금액을 (**청구**) 함

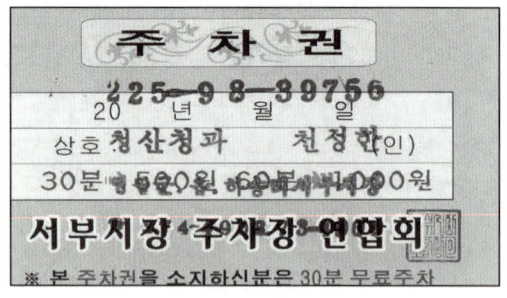

2025-2기 년분 자동차세 세액 신고납부서

납세자 보관용 영수증

- 납세자: 무한상사
- 주소: 경기도 구리시 경춘로 10

납세번호	기관번호	제목	납세년월기	과세번호

| 과세대상 | 45조4079 (비영업용, 1998cc) |
| 과세기간 | 2025.07.01. ~2025.12.31. |

구 분	자동차세	지방교육세
당초산출세액	199,800	59,940 (자동차세액× 30%)
선납공제액(10%)		
요일제감면액(5%)		
납부할세액	199,800	59,940

납부할 세액 합계
259,740 원

〈납부장소〉

위의 금액을 영수합니다.
2025 년 12 월 20 일

*수납인이 없으면 이 영수증은 무효입니다 *공무원은 현금을 수납하지 않습니다.

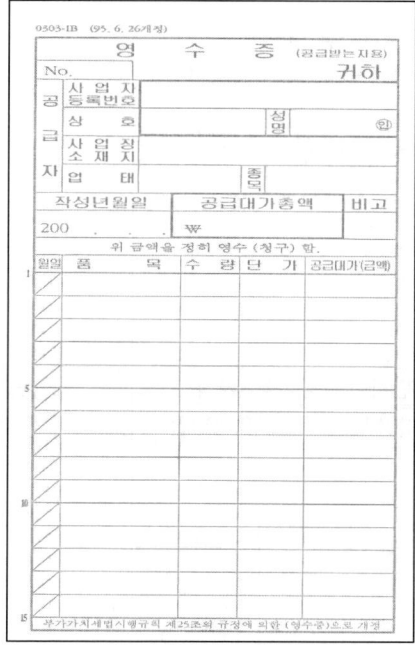
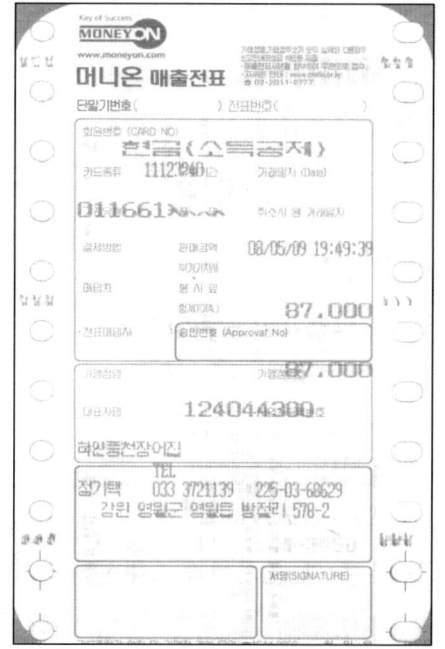

NO.	영수증(공급받는자용)			
			무한상사	귀하
공급자	사업자등록번호	126-01-18454		
	상 호	SK주유소	성 명	김중수
	사업장소재지	경기도 구리시 동구릉로 100		
	업 태	도소매업	종 목	주유소
작성일자		금액합계		비고
2025.11.18.		60,000원		
공급내역				
월/일	품명	수량	단가	금액
11/18	일반휘발유	30L	2,000원	60,000원
합계			60,000원	
위 금액을 **영수**함				

1. 거래형태에 따른 전표유형

(1) 출금전표

출금전표란 현금의 지출이 있다는 뜻으로 전표 유형에서 **1.출금**을 선택하며, 코드 및 계정과목은 상대 계정과목을 입력한다. 일반전표화면 대변에 자동으로 현금이 표시된다.

(2) 입금전표

입금전표란 현금의 수입이 있다는 뜻으로 전표 유형에서 **2.입금**을 선택하며, 코드 및 계정과목은 상대 계정과목을 입력한다. 일반전표화면 차변에 자동으로 현금이 표시된다.

(3) 대체전표

대체전표란 현금의 수입과 지출이 없거나 일부만 현금으로 주고받은 경우에 사용하는 것으로 전표 유형에서 **3.차변**과 **4.대변**을 각각 선택하여 한 줄씩 차례로 입력하도록 한다. **5.결산차변**과 **6.결산대변**은 일반전표와 구분하여 결산 분개시에 사용하는 전표유형이다.

[일반전표입력하기]

① 입력할 월과 일 설정

해당 월만 선택하고 일자는 아래 전표의 일자란에서 직접 입력하면 지정한 월의 거래 내용을 편하게 입력할 수 있습니다.

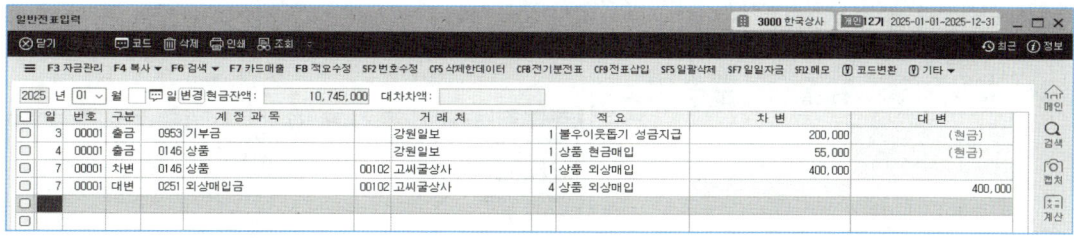

② 번호 및 구분란 입력
- 번호는 전표 번호를 표시하는 것으로 이는 00001부터 일자별 거래 순서대로 번호가 자동부여 됩니다. 대체거래(차변,대변)는 1개의 전표로 인식하여 동일한 번호가 부여되며, 차대변의 합계가 일치되면 다음 거래로 인식하여 다시 새로운 번호가 자동 부여됩니다.
- 프로그램 [구분]란에서 거래 내용에 맞게 숫자를 선택하여 사용합니다. [구분]에 대한 정보는 화면 하단의 설명을 참고하시면 됩니다.

현금거래시 사용	1.출금,	2.입금
대체거래시 사용	3.차변,	4.대변
결산분개시 사용	5.결산차변	6.결산대변

③ 계정과목 선택 및 거래처 입력
- 계정과목 선택은 코드란에서 입력하고자 하는 계정과목 2글자를 입력하거나 F2 도움키를 이용하여 원하는 계정과목을 검색합니다.

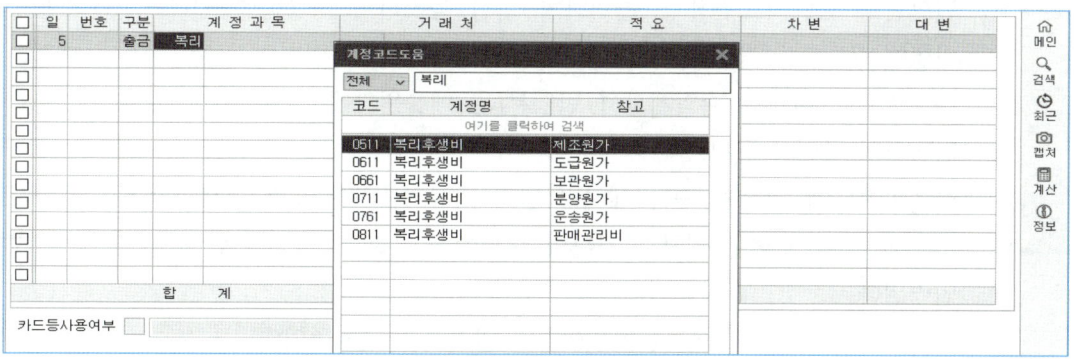

원가 구분에 따라 명칭이 같은 계정과목이 여러 개 나타나므로, 자격 시험시 조심하여 계정코드를 선택하여야 합니다. **전산회계 2급 자격시험에서는 판매관리비(800번 코드)만 선택 사용하면 됩니다.**
- 거래처 등록도 마찬가지로 거래처 코드란에서 2글자를 입력하거나 화면 상단의 [코드]를 이용하여 선택합니다.

일	번호	구분	계정과목		거래처
3	00001	출금	0953 기부금		강원일보
4	00001	출금	0146 상품		
7	00001	차변	0146 상품	00102	고씨굴상사
7	00001	대변	0251 외상매입금	00102	고씨굴상사

거래처도움 — 전체

코드	거래처명	등록번호	대표자명
00101	(주)장릉	214-81-29167	정주홍
00102	고씨굴상사	212-47-06413	
00103	(주)동강	106-77-01478	
00104	(주)청령포	134-87-28452	
00105	(주)서강	125-24-00417	
00106	덕포상사	113-15-98124	
00107	영월자동차	502-81-43315	

- 채권, 채무계정의 거래처별 잔액 또는 거래 내역을 관리하기 위하여 거래처명을 입력하도록 한다.

  - 자격시험에서 꼭 거래처를 입력하여야 하는 채권·채무 항목(시험에서 중요)
    - 자산항목 : 외상매출금, 받을어음, 단기대여금, 선급금, 미수금, 임차보증금 등
    - 부채항목 : 외상매입금, 지급어음, 단기차입금, 선수금, 미지급금, 임대보증금 등

> **참고**
> 일반전표에서 **신규 거래처를 등록**하는 경우 거래처 코드란에 "+" 또는 "00000"을 입력하고, 거래처명을 입력하면 거래처등록 보조화면이 나타난다. 거래처코드는 자동부여되지만 시험에서 요구하는 코드번호로 수정 후 [수정]탭을 클릭한 후, 화면 하단에 추가로 거래처 자료를 등록하면 됩니다.

④ 적요 및 금액란 숫자 000 자동입력

- 적요는 거래 내역을 간단히 요약하여 전표에 표시해 주는 부분으로, 관련 적요내용이 화면하단에 등록되어있으면 해당 번호를 사용하고, 등록되어있지 않은 경우 화면상단의 'F8 적요수정'을 클릭하여 직접 등록하여 사용하면 된다. 전산회계 2급 시험에서는 적요 입력은 채점을 하지 않는다. 다만, 대변의 [상품]계정에 대한 [8. 타계정으로 대체액 손익계산서 반영분]은 매출원가에 영향을 끼치므로 적요를 꼭 입력하여 주어야 한다.

- 금액이 큰 경우, 000 숫자 세자리 입력 기능키를 전산회계 프로그램에서 제공하고 있는데, 활용 방법은 키보드 자판의 오른쪽 숫자판의 "+"키를 치면 "000"이 자동 입력된다.

  (예 : 1,000,000원 입력시 ⇒ 1++입력)

⑤ 확 인

- 거래 입력 후 붉은색 숫자 '차액'이 나타나면, 입력에 오류가 있는 것으로 반드시 확인하여 차액이 없도록 수정하여야 합니다.

일	번호	구분	계정과목	거래처	적요	차변	대변
3	00001	출금	0953 기부금	강원일보	1 불우이웃돕기 성금지급	200,000	(현금)
4	00001	출금	0146 상품		1 상품 현금매입	55,000	(현금)
7	00001	차변	0146 상품	00102 고씨굴상사	1 상품 외상매입	400,000	
7	00001	대변	0251 외상매입금	00102 고씨굴상사	4 상품 외상매입		400,000
9	00001	차변	0146 상품	00104 (주)청령포	1 상품 외상매입	800,000	
9	00001	대변	0251 외상매입금	00104 (주)청령포	4 상품 외상매입		700,000
		합 계			[차액:100,000]	1,455,000	1,355,000

2. 유형별 따라하기

일반전표입력시 상품거래는 실무에서 사용하는 2분법을 적용하여 **상품 매입시는 차변에** "상품"계정으로, 상품 매출시는 대변에 "상품매출"계정으로 입력 사용합니다.

실습예제 ▶ 한국상사의 다음 거래 내역을 일반전표입력 메뉴에 입력하시오.

1월 중 거래

1월 3일 강원일보에 불우이웃돕기 성금 ₩200,000을 현금으로 지급하다.
1월 4일 (주)장릉으로부터 상품 ₩55,000을 매입하고 현금 지급하다.
1월 7일 고씨굴상사로부터 다음 상품을 구입하다.

품목	수량	단가	공급가액	대금결제방법
복 사 용 지	1,000	300	300,000	전액 외상
볼 펜	500	200	100,000	
계			400,000	

1월 10일 상품견본을 서울상회에 발송하고 택배비 ₩20,000을 강동택배에 현금 지급하다.
1월 25일 이번 달 전기세 ₩40,000을 현금으로 지급하다.
1월 30일 종업원 야근식대 ₩18,000을 호반식당에 현금으로 지급하였다.

| 1월 일반전표입력 화면 |

일	번호	구분	계정과목	거래처	적요	차변	대변
3	00001	출금	0953 기부금	강원일보	1 불우이웃돕기 성금지급	200,000	(현금)
4	00001	출금	0146 상품	00101 (주)장릉	1 상품 현금매입	55,000	(현금)
7	00001	차변	0146 상품	00102 고씨굴상사	1 상품 외상매입	400,000	
7	00001	대변	0251 외상매입금	00102 고씨굴상사	4 상품 외상매입		400,000
10	00001	출금	0824 운반비	강동택배	1 운반비 지급	20,000	(현금)
25	00001	출금	0815 수도광열비		전기세 납부	40,000	(현금)
30	00001	출금	0811 복리후생비	호반식당	2 직원식대및차대 지급	18,000	(현금)

2월 중 거래

2월 5일 (주)서강의 외상매출금 ₩4,000,000을 신한은행 발행 당좌수표로 받았다.
2월 8일 사무실용 책상 ₩1,000,000을 대원가구에서 구입하고, 대금 중 ₩400,000은 현금으로 지급하고, 잔액은 국민카드로 결제하다.
2월 10일 신한은행에서 현금 ₩4,000,000을 차입하였다.(상환기간 : 2025. 8. 10)
2월 19일 (주)장릉의 외상매입금 ₩3,500,000을 수표를 발행하여 지급하다.
2월 25일 영업부 직원 2월분 급여는 다음과 같다. 차감 잔액은 회사 보통예금 계좌에서 직원통장으로 이체하였다.

성 명	급 여	원천징수액			차감지급액
		건강보험료	소득세	주민세	
박홍철	2,500,000원	80,000원	90,000원	9,000원	2,321,000원
김민석	3,000,000원	100,000원	120,000원	12,000원	2,768,000원
계	5,500,000원	180,000원	210,000원	21,000원	5,089,000원

| 2월 일반전표입력 화면 |

일	번호	구분	계 정 과 목		거 래 처		적 요	차 변	대 변
5	00001	입금	0108	외상매출금	00105	(주)서강	1 외상매출대금 현금회수	(현금)	4,000,000
8	00001	차변	0212	비품		대원가구	비품구입시 현금 및 카드결재	1,000,000	
8	00001	대변	0101	현금			6 물품매입 관련 현금지급		400,000
8	00001	대변	0253	미지급금	99600	국민카드			600,000
10	00001	입금	0260	단기차입금	98000	신한은행	2 차입금 발생시 현금수령	(현금)	4,000,000
19	00001	차변	0251	외상매입금	00101	(주)장릉	1 외상매입금 수표발행 지급	3,500,000	
19	00001	대변	0102	당좌예금	98000	신한은행			3,500,000
25	00001	차변	0801	급여				5,500,000	
25	00001	대변	0254	예수금					411,000
25	00001	대변	0103	보통예금					5,089,000

2월 8일 거래 입력 시 비품 금액을 입력하면 아래와 같은 고정자산 등록 보조창이 나타나지만 전산회계 2급 시험에서는 취소[ESC] 를 눌러 무시하도록 한다. [이 창은 상위 급수 시험에서 활용]

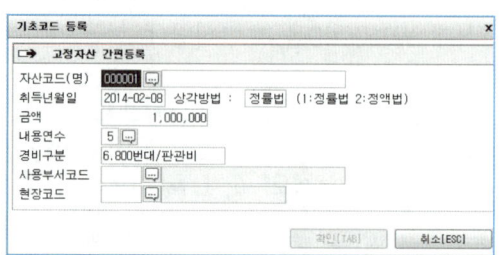

3월 중 거래

3월 2일 업무용 차량 1대를 현대자동차에서 ₩12,000,000에 구입하고, 취득세 ₩150,000원과 함께 수표를 발행하여 지급하다.
3월 5일 대리점 모집을 위한 광고용품을 제작하고 제작비용 ₩400,000은 현금 지급하다.
3월 6일 종로우체국에서 등기우편물 발송료 ₩2,400을 현금 지급하다.
3월 15일 제일은행의 차입금 (원금 ₩10,000,000)에 대한 이자 ₩146,000을 현금으로 지급하였다.
3월 18일 거래처 대표이사 모친이 별세하여 조의금으로 현금 ₩100,000을 전달하다.
3월 20일 회사 영업용 차량에 대한 자동차세 ₩220,000을 현금으로 납부하다.
3월 21일 영업부직원 이철수에게 출장을 명하고 출장비 개산액 ₩300,000을 현금 지급하다.
3월 24일 출장에서 돌아온 이철수로부터 출장과 관련하여 다음과 같이 정산받고 잔액은 현금으로 회수하다.

교통비 90,000원,   숙박비 150,000원,   식사대 40,000원

| 3월 일반전표입력 화면 |

일	번호	구분	계정과목		거래처	적요		차변	대변
2	00001	차변	0208	차량운반구	현대자동차			12,150,000	
2	00001	대변	0102	당좌예금					12,150,000
5	00001	출금	0833	광고선전비				400,000	(현금)
6	00001	출금	0814	통신비	종로우체국	2	우편료 지급	2,400	(현금)
15	00001	출금	0951	이자비용		1	차입금이자 지급	146,000	(현금)
18	00001	출금	0813	접대비		2	일반 국내접대비	100,000	(현금)
20	00001	출금	0817	세금과공과		1	자동차세 납부	220,000	(현금)
21	00001	출금	0134	가지급금	이철수			300,000	(현금)
24	00001	차변	0812	여비교통비		1	출장여비 가지급정산	280,000	
24	00001	차변	0101	현금			출장여비 가지급정산	20,000	
24	00001	대변	0134	가지급금	이철수		출장여비 가지급정산		300,000

* [813 접대비]는 [기업업무추진비]로 계정과목명 변경됨.

4월 중 거래

4월 2일 (주)동강으로부터 상품 ₩10,000,000을 매입하기로 하고, 상품 대금의 10%를 계약금으로 현금 지급하다.
4월 5일 위 상품이 도착하여 인수하고, 계약금을 제외한 잔액과 인수운임 ₩100,000은 현금으로 지급하다.
4월 8일 (주)서강에 상품 ₩20,000,000을 매출하기로 하고, 계약금 ₩2,000,000을 현금으로 받다.
4월 10일 위 상품을 발송하고 계약금을 차감한 잔액은 외상으로 하다. 당점 부담의 운반비 ₩150,000은 현금으로 지급하다.
4월 15일 이자수익 ₩3,500,000을 현금으로 받아 당좌예입하다.

| 4월 일반전표입력 화면 |

일	번호	구분	계정과목		거래처		적요		차변	대변
2	00001	출금	0131	선급금	00103	(주)동강	1	상품대금 선지급	1,000,000	(현금)
5	00001	차변	0146	상품					10,100,000	
5	00001	대변	0131	선급금	00103	(주)동강				1,000,000
5	00001	대변	0101	현금		(주)동강				9,100,000
8	00001	입금	0259	선수금	00105	(주)서강	2	매출 관련 선수금 현금수령	(현금)	2,000,000
10	00001	차변	0259	선수금	00105	(주)서강	4	매출 관련 선수금반제	2,000,000	
10	00001	차변	0108	외상매출금	00105	(주)서강	1	상품 외상매출	18,000,000	
10	00001	차변	0824	운반비		(주)서강		상품 외상매출	150,000	
10	00001	대변	0401	상품매출	00105	(주)서강	3	국내 일반매출		20,000,000
10	00001	대변	0101	현금			5	제비용 지출 관련 현금지급		150,000
15	00001	차변	0102	당좌예금					3,500,000	
15	00001	대변	0901	이자수익						3,500,000

5월 중 거래

5월 1일 (주)동강으로부터 매입한 상품 중 불량품이 있어 ₩20,000을 반품하고, 외상매입금과 상계처리하다.

5월 3일 (주)서강에 매출한 상품 중 등급 착오품이 있어 ₩30,000을 에누리하고, 외상매출금과 상계처리하다.

5월 6일 현금의 시재액을 확인한 결과 장부잔액보다 ₩30,000이 부족함을 발견하다.

5월 8일 영업용 차량에 대하여 영월주유소에서 주유하고 대금 ₩40,000은 국민카드로 결제하다.

5월 13일 건물을 수리하고 수리비 ₩80,000을 현금 지급하다.(수익적지출 처리)

5월 16일 비닐봉투 및 전선줄 ₩25,000을 은성철물점에서 현금 구입하다.(비용처리)

5월 29일 점주의 종합소득세 ₩128,000을 강남세무서에 현금으로 납부하다.

| 5월 일반전표입력 화면 |

일	번호	구분	계정과목		거래처		적요		차변	대변
1	00001	차변	0251	외상매입금	00103	(주)동강			20,000	
1	00001	대변	0147	매입환출및에누리	00103	(주)동강				20,000
3	00001	차변	0402	매출환입및에누리	00105	(주)서강			30,000	
3	00001	대변	0108	외상매출금	00105	(주)서강	7	매출환입및 에누리		30,000
6	00001	출금	0141	현금과부족					30,000	(현금)
8	00001	차변	0822	차량유지비		영월주유소			40,000	
8	00001	대변	0253	미지급금	99600	국민카드				40,000
13	00001	출금	0820	수선비			1	건물수선비 지급	80,000	(현금)
16	00001	출금	0830	소모품비		은성철물점	1	소모자재대 지급	25,000	(현금)
29	00001	출금	0338	인출금					128,000	(현금)

6월 중 거래

6월 4일 출장중인 종업원 김홍식으로부터 내용은 밝히지 않고 현금 ₩1,500,000을 보통예금 계좌에 입금시켰다는 통지를 받다.

6월 8일 출장에서 돌아온 김홍식으로부터 입금시킨 ₩1,500,000중 ₩1,000,000은 덕포상사로부터 회수한 외상대금이고, 잔액은 (주)청령포에서 상품계약금으로 받은 것임을 통지받다.

6월 15일 (주)하송에 상품 ₩4,000,000을 외상으로 매출하다. (신규거래처등록)

코드	상 호	사업자등록번호	대표자	업태	종목	사 업 장 주 소
250	(주)하송	211-28-74542	이주성	도소매	문구	서울시 강남구 남부순환로 2909(여천빌딩)

6월 20일 경리사원 정인영의 결혼축의금 ₩50,000을 현금 지급하다.
6월 23일 매출처 덕포상사에 차용증서를 받고 현금 ₩2,000,000을 대여하다.
          (상환일 : 2025년 10월23일)
6월 26일 업무용차량에 대한 1달 정기주차료 ₩150,000을 연당주차장에 현금 지급하다.

| 6월 일반전표입력 화면 |

일	번호	구분	계정과목		거래처		적요	차변	대변
4	00001	차변	0103	보통예금				1,500,000	
4	00001	대변	0257	가수금		김홍식			1,500,000
8	00001	차변	0257	가수금		김홍식		1,500,000	
8	00001	대변	0108	외상매출금	00106	덕포상사			1,000,000
8	00001	대변	0259	선수금	00104	(주)청령포			500,000
15	00001	차변	0108	외상매출금	00250	(주)하송		4,000,000	
15	00001	대변	0401	상품매출		(주)하송			4,000,000
20	00001	출금	0811	복리후생비			7 임직원경조사비 지급	50,000	(현금)
23	00001	출금	0114	단기대여금	00106	덕포상사	1 현금으로 단기대여	2,000,000	(현금)
26	00001	출금	0822	차량유지비		연당주차장	3 정기주차료 지급	150,000	(현금)

> **참고**
> 6월 15일 신규 거래처를 등록하는 경우 거래처 코드란에 "+" 또는 "00000"을 입력하고, 거래처명 등록 후 Enter↲키를 치면, 보조창이 나타나며 여기에 해당 거래처코드를 알맞게 수정한 후 '수정'탭을 눌러 화면 하단의 거래처 등록에서 필요 자료를 추가로 입력한다.

7월 중 거래

7월 5일 7월분 신문구독료 ₩12,000을 현금 지급하다.
7월 8일 6월분 전화요금 ₩94,000이 보통예금 계좌에서 자동이체 납부되었다.
7월 10일 사용중인 차량운반구(취득가액 ₩10,000,000, 감가상각누계액 ₩5,500,000)를 영월자동차에 ₩4,000,000에 현금 매각하다.
7월 15일 일주일전 구입한 건물에 대한 취득세 ₩200,000을 영월군청에 현금 납부하다.
7월 24일 7월분 사무실 임차료 ₩300,000을 영흥빌딩주에게 현금으로 지급하다.

7월 28일 영업부 신입사원에 대한 교육을 위하여 한국학원에 위탁의뢰하고 강사료 ₩100,000을 현금 지급하다.

7월 30일 영업부 회식을 수원식당에서 하고 식대 ₩180,000을 현금으로 지급하다.

| 7월 일반전표입력 화면 |

일	번호	구분	계정과목	거래처	적요	차변	대변
5	00001	출금	0826 도서인쇄비		1 신문구독료 지급	12,000	(현금)
8	00001	차변	0814 통신비		2 전화요금 보통예금인출	94,000	
8	00001	대변	0103 보통예금		5 공과금 등 자동이체결제		94,000
10	00001	차변	0209 감가상각누계액			5,500,000	
10	00001	차변	0101 현금			4,000,000	
10	00001	차변	0970 유형자산처분손실			500,000	
10	00001	대변	0208 차량운반구				10,000,000
15	00001	출금	0202 건물			200,000	(현금)
24	00001	출금	0819 임차료	영흥빌딩	1 사무실임차료 지급	300,000	(현금)
28	00001	출금	0825 교육훈련비	한국학원		100,000	(현금)
30	00001	출금	0811 복리후생비	수원식당	5 직원회식대 지급	180,000	(현금)

8월 중 거래

8월 7일 쌍용식당에서 영업부 회식을 하고 회식대 ₩320,000은 국민카드로 결제하다.

8월 9일 종업원 출퇴근용으로 승합차를 영월자동차에서 구입하고, 대금 ₩8,000,000은 일주일후에 지급하기로 하다.

8월 11일 경리부직원 김선애의 업무차 시내교통비 ₩4,000을 현금으로 지급하다.

8월 14일 법정 소송을 위하여 춘천지법에 서류를 접수하고 수입인지대 ₩80,000을 현금으로 지급하다.

8월 17일 판매장 종업원이 착용할 작업복을 종로상점에서 5벌(1벌 @₩40,000) 구입하고 대금은 수표를 발행하여 지급하다.

8월 23일 강원일보에 종업원 모집광고를 게재하고 광고료 ₩200,000을 현금 지급하다.

8월 29일 업무용 차량에 대한 정기검사를 실시하고 검사비 ₩20,000을 현금 지급하다.

| 8월 일반전표입력 화면 |

일	번호	구분	계정과목	거래처	적요	차변	대변
7	00001	차변	0811 복리후생비	쌍용식당	2 직원회식대 미지급	320,000	
7	00001	대변	0253 미지급금	99600 국민카드	7 경비 미지급금발생		320,000
9	00001	차변	0208 차량운반구	00107 영월자동차	2 차량 구입시 미지급발생	8,000,000	
9	00001	대변	0253 미지급금	00107 영월자동차	차량 구입시 미지급발생		8,000,000
11	00001	출금	0812 여비교통비	김선애	1 시내교통비 지급	4,000	(현금)
14	00001	출금	0817 세금과공과		6 인지구입대금 납부	80,000	(현금)
17	00001	차변	0811 복리후생비	종로상점		200,000	
17	00001	대변	0102 당좌예금				200,000
23	00001	출금	0833 광고선전비	강원일보	1 TV신문광고료 지급	200,000	(현금)
29	00001	출금	0822 차량유지비		5 검사비 지급	20,000	(현금)

9월 중 거래

9월 3일   (주)하송의 대여금에 대한 이자 ₩900,000을 현금으로 받다.
9월 10일   (주)청령포에서 받아 보관중인 약속어음 ₩2,000,000이 만기가 도래하여 당점 거래은행의 보통예금 계좌에 입금되었음을 확인하다.
9월 16일   한국화재보험에 업무용 승용차의 자동차 보험을 가입하고, 보험료 ₩700,000을 현금으로 지급하였다.(2025.9.16.~2026.9.15.)
9월 18일   덕포상사에 상품 ₩7,500,000을 매출하고, 대금은 현금으로 받다.
9월 21일   매장에 진열된 판매용 복사용지 ₩300,000을 점주가 개인용도로 집에 가져가다.
9월 25일   만기가 도래한 (주)장릉의 단기차입금 ₩2,500,000과 이자 ₩80,000을 현금으로 상환하다.
9월 28일   직원 야근식대 ₩140,000을 현금 지급하다.

│ 9월 일반전표입력 화면 │

일	번호	구분	계정과목	거래처	적요	차변	대변
3	00001	입금	0901 이자수익	00250 (주)하송	2 대여금이자 수령	(현금)	900,000
10	00001	차변	0103 보통예금		받을어음추심 보통예입	2,000,000	
10	00001	대변	0110 받을어음	00104 (주)청령포	6 받을어음 당좌추심		2,000,000
16	00001	출금	0821 보험료	한국화재보험	3 화재보험료 납부	700,000	(현금)
18	00001	입금	0401 상품매출	00106 덕포상사	상품 현금 매출	(현금)	7,500,000
21	00001	차변	0338 인출금			300,000	
21	00001	대변	0146 상품		8 타계정으로 대체액 손익계산서 반영분		300,000
25	00001	차변	0260 단기차입금	00101 (주)장릉		2,500,000	
25	00001	차변	0951 이자비용	(주)장릉		80,000	
25	00001	대변	0101 현금				2,580,000
28	00001	출금	0811 복리후생비		2 직원식대및차대 지급	140,000	(현금)

[보충설명]

- 9월 21일 거래 설명 : 정상적인 거래에서 대변에 상품으로 분개되는 경우는 매입상품의 환출이나 에누리에 해당하나, 여기서는 점주가 개인용도로 상품을 사용한 거래이므로 반드시 상품 적요코드에서 **[08.타계정으로 대체액 손익계산서 반영분]**을 입력해 주어야 결산시 매출원가에서 해당 금액만큼 차감이 된다. 자격시험에서 적요입력은 채점에서 제외되나, **이러한 경우에는 반드시 [8.타계정으로 대체액 손익계산서 반영분]을 적요입력하지 않으면 틀리게 되므로 아래 예시관련 [상품] 거래는 주의하기 바랍니다.**

예) • 상품을 점주가 개인용도로 사용한 경우 : **차) 인 출 금**   ××× / **대) 상품**   ×××
    • 상품을 불우이웃돕기 등 기부한 경우 : **차) 기 부 금**   ××× / **대) 상품**   ×××
    • 상품을 직원 복지용으로 사용한 경우 : **차) 복리후생비**   ××× / **대) 상품**   ×××
    • 상품을 홍보용으로 협찬한 경우 : **차) 광고선전비**   ××× / **대) 상품**   ×××

10월 중 거래

10월 9일 거래처 (주)하송의 파산으로 외상매출금 ₩900,000을 회수 불능되다.
         (먼저 10월까지 합계잔액시산표를 조회하여 대손충당금 잔액을 확인한다)
10월 13일 수도권 폭우로 수재의연금 ₩300,000을 한국방송공사에 현금 기탁하다.
10월 18일 영업부 직원 5명에 대한 주민등록초본을 동사무소에서 발급받고, 수입증지료 ₩4,000은 현금으로 지급하다.
10월 21일 상품 배달용 화물차를 수리하고 수리비용 ₩78,000을 대진카센터에 현금으로 지급하다. (수익적 지출)
10월 25일 협회 공문을 등기 발송하고 발송료 ₩4,300은 우체국에 현금 지급하다.
10월 28일 매출처 (주)서강의 외상매출금 ₩3,000,000에 대한 회수가 약정기일보다 빨라 ₩100,000을 할인하여 주고, 대금은 현금으로 회수하다.
10월 30일 외근직 직원들 털장갑을 구입하고, 대금 ₩90,000을 현금 지급하다.

| 10월 일반전표입력 화면 |

□	일	번호	구분	계정과목		거래처		적요	차변	대변
☐	9	00001	차변	0109	대손충당금			3 외상매출금 대손상계	900,000	
☐	9	00001	대변	0108	외상매출금	00250	(주)하송	외상매출금 대손상계		900,000
☐	13	00001	출금	0953	기부금		한국방송공사	2 수재민돕기 성금지급	300,000	(현금)
☐	18	00001	출금	0831	수수료비용				4,000	(현금)
☐	21	00001	출금	0822	차량유지비		대진카센터	2 차량수리비 지급	78,000	(현금)
☐	25	00001	출금	0814	통신비		원주우체국	2 우편료 지급	4,300	(현금)
☐	28	00001	대변	0108	외상매출금	00105	(주)서강	6 매출할인		3,000,000
☐	28	00001	차변	0403	매출할인	00105	(주)서강	1 매출할인의 외상대금상계	100,000	
☐	28	00001	차변	0101	현금		(주)서강		2,900,000	
☐	30	00001	출금	0811	복리후생비			8 임직원피복비 지급	90,000	(현금)

[보충설명]

- 10월 9일 거래 : 거래처 파산시 대손처리 분개를 위하여 먼저 [결산/재무제표-합계잔액시산표]에서 거래처가 파산한 달의 대손충당금 잔액을 조회한 후, 대손충당금 잔액이 있으면 해당 금액을 먼저 사용한다. 대손충당금 잔액이 부족한 경우에는 부족한 금액만큼 [대손상각비] 계정으로 회계처리 하여준다.

- 10월 21일 거래 : 건물, 기계장치, 차량운반구, 비품 등을 수리한 후 수익적 지출로 처리하는 경우에는 모두 차변에 '수선비' 계정으로 처리하여 준다. 다만, 차량운반구에 대한 수리비 만큼은 '차량유지비'라는 비용계정이 있으므로 '수선비'를 사용하지 않는다.

11월 중 거래

11월 7일	업무용 차량에 대한 자동차세 ₩40,000을 관할 구청에 현금으로 납부하다.
11월 8일	사무실에서 사용할 응접셋트 ₩1,500,000을 제천가구점에서 구입하고 대금은 수표를 발행하여 지급하다.
11월 12일	점주 사업소득세 ₩230,000을 현금으로 납부하다.
11월 18일	영풍문고에서 회계관련 서적을 구입하고 도서대금 ₩80,000은 국민카드로 결제하다.
11월 22일	거래처 고씨굴상사의 사업장 이전으로 축하화분 ₩120,000을 현금 구입하여 전달하다.
11월 28일	상품 재고관리를 위하여 관련 ERP 소프트웨어를 컴마을에서 구입하고, 대금 ₩1,000,000은 수표를 발행하여 지급하다.(무형자산으로 처리할 것)
11월 29일	총무부 직원들의 야유회비 ₩55,000을 현금으로 지급하다.

| 11월 일반전표입력 화면 |

□	일	번호	구분	계정과목		거래처	적요	차변	대변
☐	7	00001	출금	0817	세금과공과		1 자동차세 납부	40,000	(현금)
☐	8	00001	차변	0212	비품	제천가구점	비품구입시 수표발행	1,500,000	
☐	8	00001	대변	0102	당좌예금				1,500,000
☐	12	00001	출금	0338	인출금		2 대표자 인출금 현금지급	230,000	(현금)
☐	18	00001	차변	0826	도서인쇄비	영풍문구		80,000	
☐	18	00001	대변	0253	미지급금	99600 국민카드			80,000
☐	22	00001	출금	0813	접대비			120,000	(현금)
☐	28	00001	차변	0227	소프트웨어	컴마을		1,000,000	
☐	28	00001	대변	0102	당좌예금				1,000,000
☐	29	00001	출금	0811	복리후생비		3 직원야유회비용 지급	55,000	(현금)

* [813 접대비]는 [기업업무추진비]로 계정과목명 변경됨.

03 결산정리분개

전산회계 프로그램에서 결산정리분개를 하는 방법에는 두 가지가 있습니다.

첫째, [일반전표입력]으로 들어가 결산일인 12월 31일 선택 후, 결산분개 항목을 결산차변, 결산대변으로 분개 입력하는 [100% 수동분개] 방법과

둘째, 결산분개 항목 중 전산회계 프로그램에서 자동처리 할 수 있는 일부 항목을 제외한 내용을 우선 [일반전표입력]으로 들어가 결산일인 12월 31일 선택 후, 결산차변, 결산대변으로 분개한 후, 다시 자동처리 할 수 있는 항목을 [결산/재무제표-결산자료입력]에서 해당 칸에 금액을 입력한 후, 화면 상단의 'F3전표추가'를 클릭하여 처리하는 [수동분개+일부자동분개] 방법이 있습니다.

그러나 둘째 방법은 전산회계 1급 자격시험부터 적극 활용하고, 전산회계 2급 자격시험에서는 결산 시 상품매출원가나 대손충당금 설정 금액이 어떻게 산정되는지 각 과정을 이해하고, 자동분개처리 미숙으로 인한 실수를 줄이기 위해 전체 수동분개 하는 첫째 방법을 적극 권장합니다. 따라서 본 교재는 수동분개 방법만 제시합니다.

전산회계 2급 자격시험 범위 내 수동결산 사항 및 자동결산 사항 분류

- 자동결산 항목 : 기말재고자산(기말상품재고액), 대손충당금 설정, 유형자산 감가상각, 퇴직급여충당부채설정, 법인세(소득세) 등
- 수동결산 항목 : 위 '자동결산 항목'을 제외한 나머지 결산정리 사항
  예) 단기투자자산평가, 선급비용, 선수수익, 미지급비용, 미수수익, 인출금, 소모품, 현금과부족, 가지급금, 가수금 등

1. 결산정리 수동분개 항목 총정리

결산정리 분개는 일반전표입력란 12월 31일자로 입력하고, 구분란 5.결산차변, 6.결산대변을 선택하여 입력하도록 한다. (자격시험에서 상품매출원가와 관련된 분개는 반드시 5.결산차변, 6.결산대변을 선택하여야 정답 처리되므로 주의하시기 바랍니다)

(1) 상품매출원가(기말상품재고액) 계산 후 정리분개 – 전표유형 결차, 결대로 선택 할 것.

합계·잔액시산표(12월) 조회 – '상품'잔액조회(기초상품재고액+당기매입액)의미.

결산정리 사항에서 주어진 기말상품금액을 차감하여 매출원가 금액을 구한 후, 다음과 같이 분개하여 준다.

- 분개 : (결차) 451.상품매출원가 　×××　(결대) 146. 상　　품　　×××

(2) 매출채권잔액에 대한 대손분개

합계·잔액시산표(12월) 조회 – 매출채권항목에 해당하는 외상매출금과 받을어음 잔액을 각각 조회한 후, 주어진 %만큼 대손예상액을 계산한다. 이때 해당 항목의 대손충당금잔액이 있으면 대손예상액에서 차감한 후, 부족한 금액만 보충하여 다음과 같이 분개한다.

- 분개 : (결차) 835.대손상각비　　×××　　(결대) 109.대손충당금(외상매출금)　×××
　　　　　　　　　　　　　　　　　　　　　　　111.대손충당금(받을어음)　×××

※ 주의 : 외상매출금과 받을어음에 대한 대손충당금은 각각의 계정과목 코드를 사용한다.

(3) 유형자산에 대한 감가상각분개

결산정리 사항에서 주어진 해당 항목의 감가상각비를 다음과 같이 각각 정리분개한다.

- 분개 : (결차) 818.감가상각비　　×××　　(결대) 203.감가상각누계액(건물)　×××
　　　　　　　　　　　　　　　　　　　　　　　209.감가상각누계액(차량)　×××
　　　　　　　　　　　　　　　　　　　　　　　213.감가상각누계액(비품)　×××

※ 주의 : 감가상각누계액은 유형자산항목에 맞는 각각의 계정과목 코드를 사용한다.

(4) 이연계정의 정리분개(선급비용, 선수수익 등)

당기에 발생한 비용·수익 금액이 차기까지 영향을 미치는 경우, 차기분 금액에 대하여 정리분개하여 준다.

- 분개 : (결차) **선급비용**　×××　　(결대) 해당비용　×××(비용의 이연 – 자산)
　　　 (결차) 해당수익　×××　　(결대) **선수수익**　×××(수익의 이연 – 부채)

(5) 예상계정의 정리분개(미지급비용, 미수수익 등)

당기에 속하는 비용·수익 금액이 결산일까지 정리되지 않은 경우, 미지급된 비용이나 미수된 수익 금액에 대하여 정리 분개하여 준다.

- 분개 : (결차) 해당비용　×××　　(결대) **미지급비용**　×××(비용의 예상 – 부채)
　　　 (결차) **미수수익**　×××　　(결대) 해당수익　×××(수익의 예상 – 자산)

(6) 인출금계정의 정리분개(인출금잔액 조회시 잔액이 대변에만 나타난다)

합계·잔액시산표(12월) 조회 – 인출금 잔액 조회. 이때 대변 잔액 금액에 – 표시가 있으면, 그 금액만큼 자본금에서 차감 시키고, – 표시가 없으면 자본금에 가산하는 정리분개를 한다.

- 분개 : (결차) **자본금**　×××　　(결대) 인출금　×××(대변잔액 금액에 **– 표시가 있는 경우**)
　　　 (결차) 인출금　×××　　(결대) **자본금**　×××(대변잔액 금액에 **– 표시가 없는 경우**)

(7) 소모품비로 계상된 소모품 미사용액 정리분개

• 분개 : (결차) 소모품 ×××   (결대) 소모품비 ××× (미사용금액)

(8) 단기매매증권에 대한 평가 분개

(예제 : 단기매매증권 장부가액 15,000원이고, 결산시 공정가액 13,000원인 경우)

• 분개 : (결차) 단기투자자산평가손실 2,000   (결대) 단기투자자산   2,000

(예제 : 단기매매증권 장부가액 20,000원이고, 결산시 공정가액 25,000원인 경우)

• 분개 : (결차) 단기투자자산   5,000   (결대) 단기투자자산평가이익 5,000

(9) 외화자산에 대한 평가 분개

(예제 : 외화 외상매출금 잔액 $10,000(환율 1$=₩1,000), 결산시 환율 1$=₩800인 경우)

• 분개 : (결차) 외화환산손실   2,000,000   (결대) 외상매출금   2,000,000

(예제 : 외화 외상매출금 잔액 $10,000(환율 1$=₩1,000), 결산시 환율 1$=₩1,300인 경우)

• 분개 : (결차) 외상매출금   3,000,000   (결대) 외화환산이익   3,000,000

(10) 현금과부족에 대한 정리분개(장부조회시 현금과부족 잔액은 차변에만 나타난다)

이때 차변잔액 금액에 －표시가 없으면 부족액을 의미하므로 '잡손실'로 처리하고, －표시가 있으면 과잉액을 의미하므로 '잡이익'으로 처리한다.

(예제 : 현금과부족 차변잔액 30,000원이 결산시까지 원인불명인 경우)

• 분개 : (결차) 잡손실   30,000   (결대) 현금과부족   30,000

(예제 : 현금과부족 대변잔액 50,000원이 결산시까지 원인불명인 경우)

• 분개 : (결차) 현금과부족   50,000   (결대) 잡이익   50,000

(11) 가지급금 및 가수금의 정리분개

(예제 : 가지급금 잔액 60,000원은 출장사원의 여비로 밝혀지다)

• 분개 : (결차) 여비교통비   60,000   (결대) 가지급금   60,000

(예제 : 가수금 잔액 50,000원은 외상대금 회수액으로 밝혀지다)

• 분개 : (결차) 가 수 금   50,000   (결대) 외상매출금   50,000

2. 결산분개 따라하기

실습예제 한국상사의 기말정리 사항은 다음과 같다. 결산을 완료하시오.

(1) 기말상품재고액은 4,500,000원이다(전표 입력시 결차, 결대로 선택하시오).
(2) 매출채권 잔액에 대하여 1%의 대손충당금을 설정하다(보충법).
(3) 소모품비로 계상된 금액 중 기말현재 소모품 미사용액 ₩30,000이 있다.
(4) 차량운반구 120,000원, 비품 90,000원의 감가상각비를 계상하다.
(5) 인출금 계정을 정리하다.
(6) 기말 보통예금에 대한 미수이자 65,000원 계상하다.
(7) 보험료 선급액 60,000원을 계상하다.
(8) 당기분 임차료 미지급액 80,000원을 계상하다.
(9) 현금과부족 차변잔액 30,000원은 결산일 현재 원인이 밝혀지지 않았다.

| 12월 수동결산분개 전표입력 화면-1(결산분개 1-4번) |

일	번호	구분	계정과목		거래처		적요	차변	대변
31	00001	결차	0451	상품매출원가		1	상품매출원가 대체	12,235,000	
31	00001	결대	0146	상품		4	상품매출원가 대체		12,235,000
31	00002	결차	0835	대손상각비		6	대손충당금 당기설정액	260,700	
31	00002	결대	0109	대손충당금		2	대손충당금 설정		180,700
31	00002	결대	0111	대손충당금		1	대손충당금 설정		80,000
31	00003	결차	0122	소모품				30,000	
31	00003	결대	0830	소모품비					30,000
31	00004	결차	0818	감가상각비		1	당기말 감가상각비계상	210,000	
31	00004	결대	0209	감가상각누계액		4	당기 감가상각누계액 설정		120,000
31	00004	결대	0213	감가상각누계액		4	당기감가상각누계액 설정		90,000

[보충설명]

• 기말상품 재고액 분개

먼저 결산/재무제표 - 합계잔액시산표(12월)에서 '제출용' 탭을 조회한 후 '상품'의 차변 잔액을 확인한다. 확인한 상품 잔액 16,735,000에서 문제상 주어진 기말상품재고액 4,500,000원을 차감하여 상품매출원가 12,235,000원을 계산한 후, 일반전표에 입력한다.
- 합계잔액시산표(12월) '제출용' 탭에서 상품 잔액을 조회한 경우

차 변		계정과목	대 변	
잔액	합계		합계	잔액
16,735,000	17,055,000	〈재 고 자 산〉	320,000	
16,735,000	17,055,000	상 품	320,000	
60,850,000	76,350,000	2.비 유 동 자 산	24,100,000	8,600,000
59,850,000	75,350,000	〈유 형 자 산〉	24,100,000	8,600,000

- **대손충당금 분개**

  먼저 결산/재무제표 – 합계잔액시산표(12월) 조회 후, 매출채권에 해당하는 외상매출금과 받을어음 잔액을 찾는다. 결산 문제에서 요구한 대손예상액 1%를 각각 계산한 후, 해당 항목의 대손충당금 잔액이 있으면 차감한 후, 대손예상액에서 부족한 금액만 보충하여 당기의 대손충당금 설정에 대한 정리분개를 일반전표에 입력한다.
  - 외상매출금 : 28,070,000 × 1% = 280,700 - 대손충당금 잔액 100,000 = 180,700원
  - 받을 어음 : 8,000,000 × 1% = 80,000 - 대손충당금 잔액 0 = 80,000원

차 변		계정과목	대 변	
잔액	합계		합계	잔액
18,817,000	24,000,000	보 통 예 금	5,183,000	
28,070,000	37,000,000	외 상 매 출 금	8,930,000	
	900,000	대 손 충 당 금	1,000,000	100,000
8,000,000	10,000,000	받 을 어 음	2,000,000	
20,000,000	20,000,000	단 기 대 여 금		
	1,000,000	선 급 금	1,000,000	

  | 12월 수동결산분개 일반전표입력 화면-2(결산분개 5-9번) |

일	번호	구분	계 정 과 목	거 래 처	적 요	차 변	대 변
31	00005	결차	0331 자본금			658,000	
31	00005	결대	0338 인출금				658,000
31	00006	결차	0116 미수수익			65,000	
31	00006	결대	0901 이자수익				65,000
31	00007	결차	0133 선급비용			60,000	
31	00007	결대	0821 보험료				60,000
31	00008	결차	0819 임차료			80,000	
31	00008	결대	0262 미지급비용				80,000
31	00009	결차	0980 잡손실			30,000	
31	00009	결대	0141 현금과부족				30,000

[보충설명]

- **인출금 분개**

  먼저 결산/재무제표 – 합계잔액시산표(12월) 조회 후 '자본금'계정 아래 '인출금'계정 대변잔액을 확인한다. 금액 앞에 -표시가 있는 경우, 해당 금액만큼 자본금을 감소시키는 정리분개를 일반전표에 입력한다.

차 변		계정과목	대 변	
잔액	합계		합계	잔액
	2,500,000	단 기 차 입 금	9,500,000	7,000,000
	658,000	4.자 본 금	81,500,000	80,842,000
		자 본 금	81,500,000	81,500,000
	658,000	인 출 금		-658,000

- **현금과부족 분개**

  먼저 결산/재무제표 – 합계잔액시산표(12월)의 '현금과부족' 차변잔액을 조회한다. 금액 앞에 – 표시가 없는 것은 부족액을 의미하므로 '잡손실'로 일반전표에 입력한다.

관리용	제출용	표준용				
차 변		계정과목		대 변	
잔액	합계		합계	잔액
500,000	800,000	가 지 급 금	300,000	
30,000	30,000	현 금 과 부 족		
16,755,000	17,055,000	〈재 고 자 산〉	320,000	20,000
16,755,000	17,055,000	상 품	300,000	

3. '데이터체크' 기능으로 자동 오류항목 찾기

(1) 모든 자료를 입력한 후, 프로그램 화면 아래 [데이터관리] - [데이터체크]로 들어가 자료를 검사하면 자동으로 일반전표 입력 시, 대차 차액이 발생한 거래를 일자별로 찾아 주는 기능을 실행하여 오류가 발생한 전표를 수정하여 주도록 한다.

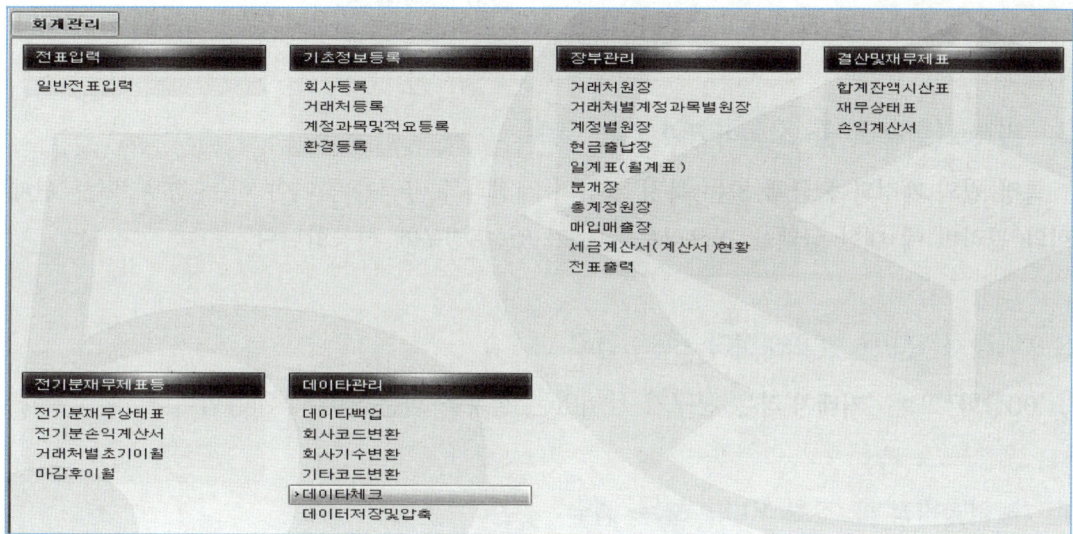

(2) [데이터체크] 화면으로 들어가 상단의 'F6검사시작'을 클릭하면, 자동으로 자료를 검색하여 대차 차액이 발생한 거래를 찾아낸다. 이때 전표 번호에 부여된 일자 확인 후, 일반전표 해당 월일에서 대차 차액이 발생한 거래를 수정하여 준다.

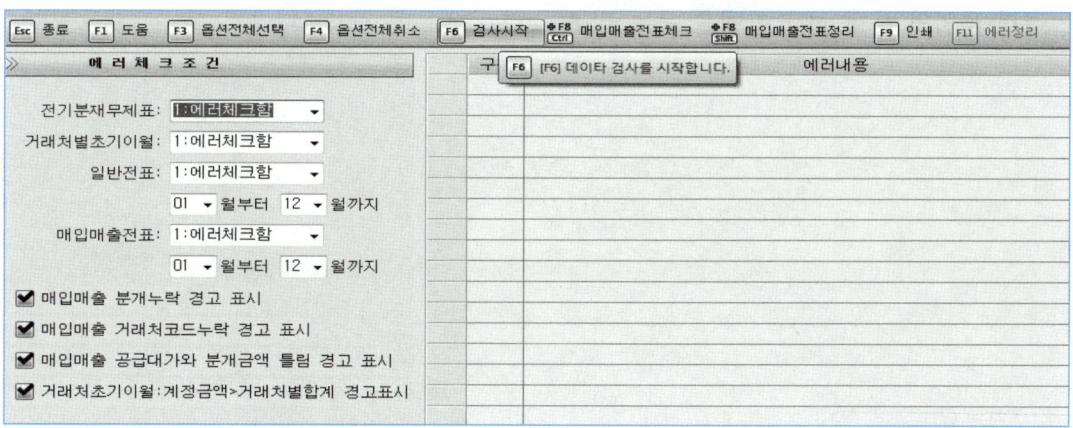

04 장부조회

　모든 입력과정을 마친 후, 조건에 맞는 장부 금액을 찾는 문제가 자격시험에서 항상 출제됩니다. 장부 조회 문제는 반복적으로 충분히 연습을 하여야 숙달이 되며, 전산회계 2급 자격시험에서 대표적으로 자주 질문하는 장부조회 내용은 다음과 같습니다.

1. '총계정원장'을 조회하여야 하는 경우
　1년 중 **금액이 가장 크거나** 또는 **가장 적은 월**을 찾아야 하는 질문이 있는 경우에 사용합니다.

2. '일계표(월계표)'를 조회하여야 하는 경우
　특정 월의 **계정과목 금액** 또는 **특정 일자**의 계정과목 금액을 찾아야 하는 경우 또는 "**판매비와 관리비**"에 대한 **금액**을 찾으라는 질문이 있는 경우에 사용합니다.

3. '거래처원장'을 조회하여야 하는 경우
　'**00상회**' 또는 '**거래처**'라는 문구가 들어있는 질문을 하는 경우에 사용합니다.

4. '계정별원장'을 조회하여야 하는 경우
　특정계정과목의 금액 및 거래 내용을 자세히 질문하는 경우에 사용합니다.

5. '현금출납장'을 조회하여야 하는 경우
　특정 월일의 현재 현금 잔액을 묻는 질문이 있는 경우에 사용합니다.

 한국상사의 제 장부를 조회하여 질문에 답하시오.

(1) 1월부터 6월까지 판매비와 관리비 지출액은 얼마인가? [7,075,400원]

[일/월계표조회-월계표탭 선택 후 기간 1월-6월 조회. 판매관리비의 '계' 금액을 찾는다]

차 변			계정과목	대 변		
계	대체	현금		현금	대체	계
30,000	30,000		5.매 출		24,000,000	24,000,000
			상 품 매 출		24,000,000	24,000,000
30,000	30,000		매 출 환 입 및 에 누 리			
7,075,400	5,970,000	1,105,400	6.판 매 비 및 일 반 관 리 비			
5,500,000	5,500,000		급 여			
68,000		68,000	복 리 후 생 비			

(2) 하반기(7월~12월) 중 복리후생비가 가장 많이 발생한 달과 금액은 얼마인가? [8월 520,000원]

[총계정원장 조회-월별탭에서 기간 7월-12월 입력 후, 복리후생비계정과목 선택. 비용항목이므로 차변의 큰 금액을 찾는다]

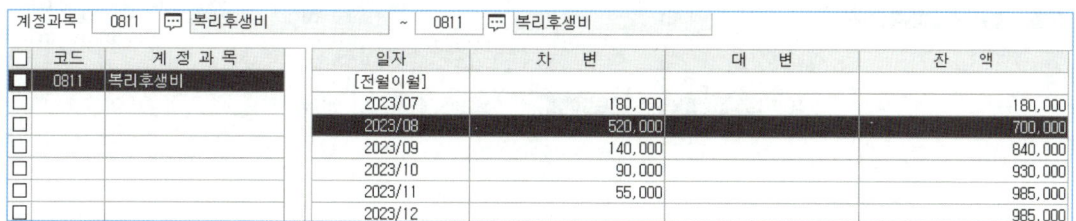

(3) 9월말 현재 (주)장릉의 외상매입금 잔액은 얼마인가? [7,500,000원]

[거래처원장 조회 후 '잔액' 탭 선택. 기간 1월-9월. 계정과목 '외상매입금'. 거래처 (주)장릉 선택 조회]

거래처분류		~		거 래 처	00101	(주)장릉	~	00101	(주)장릉		부서or사원	
코드	거 래 처		등록번호	대표자명	전기이월	차 변		대 변	잔 액		코드	부서/사원
00101	(주)장릉		134-81-56413	정주홍	11,000,000	3,500,000			7,500,000			

(4) 6월말 현재 현금 잔액은 얼마인가? [6,405,600원]

[현금출납장 조회. 기간 1/1-6/30입력 후 잔액란의 맨아래 최종 금액을 찾는다]

일자	코드	적요	코드	거래처	입금	출금	잔액
04-10		상품매출시 운임 현금지급				150,000	8,868,600
		[월 계]			2,000,000	10,250,000	
		[누 계]			21,020,000	12,151,400	
05-06		현금시재액 부족 발견				30,000	8,838,600
05-13	1	건물수선비 지급				80,000	8,758,600
05-16	1	소모자재대 지급		은성철물점		25,000	8,733,600
05-29						128,000	8,605,600
		[월 계]				263,000	
		[누 계]			21,020,000	12,414,400	
06-20	7	임직원경조사비 지급				50,000	8,555,600
06-23	1	현금으로 단기대여	00106	덕포상사		2,000,000	6,555,600
06-26	3	정기주차료 지급		연당주차장		150,000	6,405,600
		[월 계]				2,200,000	
		[누 계]			21,020,000	14,614,400	

(5) 한국상사의 1년간 비품구입 거래는 몇 건이며, 구입대금 합계액은 얼마인가? [2건 2,500,000원]

[계정별원장 조회. 기간 1/1-12/31입력. 계정과목 '비품' 선택. 2/8, 11/8 거래 확인]

계정과목	0212 비품	~	0212 비품						
코드	계정과목	일자	적요	코드	거래처	차변	대변	잔액	번호
0212	비품		[전 기 이 월]			9,000,000		9,000,000	
		02-08	비품구입시 현금 및 카드결제		대원가구	1,000,000		10,000,000	00001
			[월 계]			1,000,000			
			[누 계]			10,000,000			
		11-08	비품구입시 수표발행		제천가구점	1,500,000		11,500,000	00001
			[월 계]			1,500,000			
			[누 계]			11,500,000			

05 데이터 저장 및 압축

- 데이터저장 및 압축메뉴를 이용하여 과제물제출, 모의고사 등을 실시할 수 있습니다.
  회계관리 모듈의 데이터저장 및 압축메뉴를 클릭하면 아래와 같은 보조화면이 나타납니다.

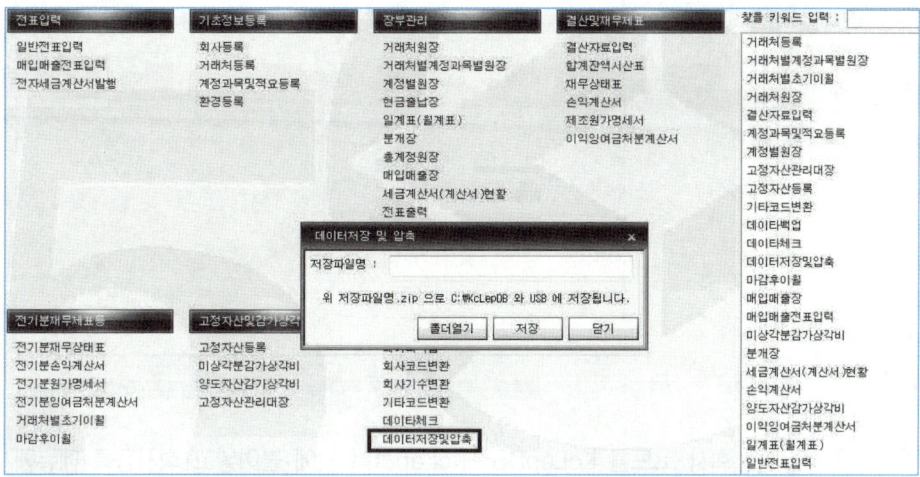

- 저장파일명을 입력하고 저장버튼을 클릭하면 C드라이브와 USB에 저장파일명으로 된 압축파일이 동시에 저장됩니다. (USB가 꽂혀있지 않으면 C드라이브에만 저장됩니다.)

- 내컴퓨터-C드라이브-KcLepDB폴더에 보면 홍길동으로 생성된 압축파일을 확인할 수 있습니다.

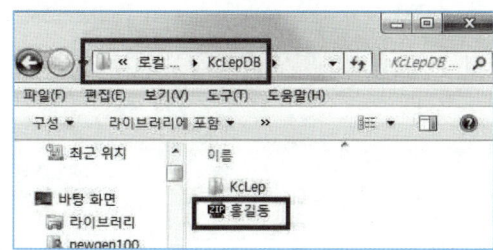

● 홍길동 알집에는 입력하던 1000번 회사의 데이터가 저장되어 있습니다.

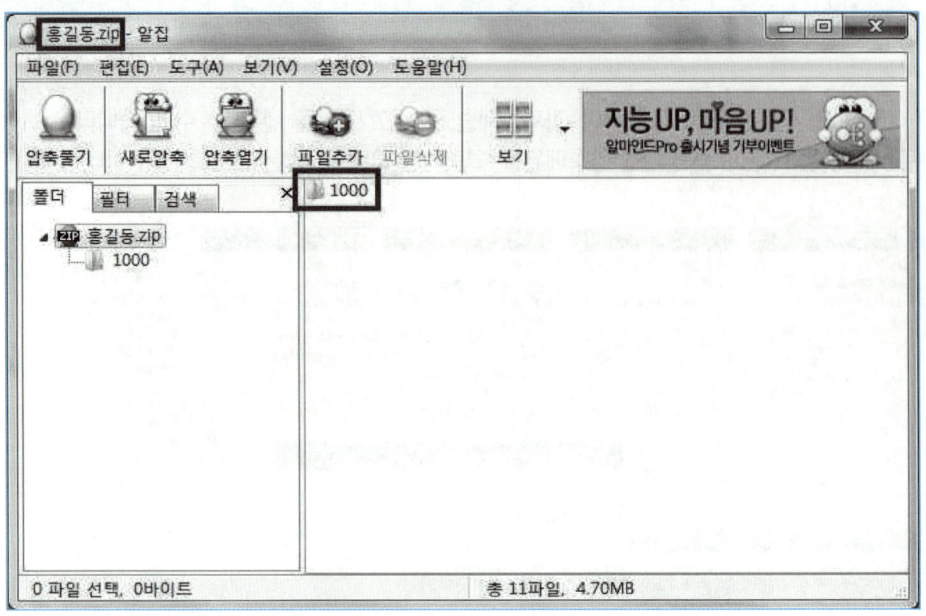

압축을 풀고 1000번 회사 코드를 KcLepDB-KcLep폴더 안에 붙여넣고 회사등록 메뉴에서 [회사코드재생성]을 클릭하면 데이터저장 및 압축메뉴를 사용하기 직전까지의 데이터를 불러와 작업을 할수 있습니다. (모의고사 등을 치를 때 선생님께 데이터를 제출하거나 과제물 등을 작성할 때 위의 압축파일을 이메일에 첨부해서 보낼 수 있도록 만들어진 기능입니다.)

Chapter 03 종합거래분개 따라잡기

전산회계 자격증은 회계프로그램을 다루는 것이지만, 회계처리에 대한 실무적인 이론 지식이 없다면 프로그램을 활용하기 어렵습니다. 이러한 문제를 해결하기 위하여 5회분 종합거래분개 연습문제를 수록하였으니, 확실한 이해를 통하여 회계처리에 대한 실무지식을 습득하시기 바랍니다.

* [종합거래분개 따라잡기]에 대한 풀이는 해답편에 있습니다.

제1회 다음 거래를 분개하시오.

1) 영업부 김홍도가 결혼하여 축의금 ₩50,000을 현금으로 지급하다.

2) 거래처가 사무실을 이전하여 화분 ₩60,000을 현금으로 구입하여 배송시키다.

3) 영업용 건물(취득원가 ₩3,000,000, 감가상각누계액 ₩1,800,000)을 하송상점에 ₩800,000에 매각하고 대금은 1달 후에 받기로 하였다.

4) 영월상점에서 받아 보관중인 약속어음 ₩2,000,000을 신한은행에서 할인하고, 할인료 ₩150,000을 차감한 잔액은 당좌예입하다.(매각거래 처리)

5) 강원상점으로부터 상품 ₩3,000,000을 매입하기로 계약하고, 계약금으로 매입대금의 10%를 현금 지급하다.

6) 종업원 박수홍의 부산출장으로 여비개산액 ₩500,000을 현금으로 지급하다.

7) 출장간 박수홍이 돌아와 출장비를 다음과 같이 정산받고, 부족액을 현금 지급하다.
   [숙박비 ₩200,000   교통비 ₩150,000   식 대 ₩200,000]

8) 1주일전 구입한 차량에 대하여 취득세 ₩30,000과 등록세 ₩20,000을 현금으로 지급하다.

9) 7월분 직원 급여를 다음과 같이 당사 보통예금 통장에서 이체하다.

총급여액	원천징수세액		차감지급액
	소득세	주민세	
₩3,000,000	₩100,000	₩10,000	₩2,890,000

10) 석정산업에 대한 외상매입금 ₩800,000을 약속어음을 발행하여 지급하였다.

11) 하송상점에 상품 ₩1,200,000을 매출하기로 하고, 계약금 ₩200,000을 현금으로 받다.

12) 신한은행의 보통예금 계좌 결산이자 ₩33,000이 입금되었음을 확인하다.

13) 업무용 핸드폰 통화요금 ₩40,000을 국민은행에 현금으로 납부하다.

14) 대구은행에서 현금 ₩2,000,000을 6개월 후 상환하기로 하고 차입하다.

15) 강원기업에서 외상매출금 ₩1,000,000을 동점발행 약속어음으로 받다.

16) 체인점 활성화를 위한 광고용품을 제작하고 제작비용 ₩500,000을 현금 지급하다.

17) 폭우로 피해를 입은 수재민을 돕기 위해 ₩100,000을 현금으로 지역신문사에 기탁하다.

18) 점포임차료 ₩400,000을 송금하고, 송금수수료 ₩2,000과 함께 현금 지급하다.

19) 제천상점에 상품 ₩4,000,000을 외상매출하고, 운반비 ₩20,000은 현금 지급하다.

20) 현대자동차 차량할부금 ₩200,000을 보통예금 통장에서 이체하다.

▶ 결산정리분개

1) 기말상품 재고액은 ₩6,500,000이다.(12월 합계잔액시산표 조회시 상품 잔액은 아래와 같다.)

| | 181,400,000 | 181,400,000 | <재 고 자 산> | | |
| | 181,400,000 | 181,400,000 | 상 품 | | |

2) 매출채권 잔액에 대하여 1%의 대손충당금을 설정하다.(12월 합계잔액시산표 조회시 매출채권 잔액은 아래와 같다.)

	89,710,000	214,210,000	외 상 매 출 금	124,500,000		
			대 손 충 당 금	140,000		140,000
	37,360,000	57,360,000	받 을 어 음	20,000,000		
		995,000	단 기 대 여 금	995,000		

3) 결산시 건물에 대하여 ₩1,800,000 비품에 대하여 ₩1,200,000의 감가상각을 하다.

4) 4/1에 지급한 보험료 ₩480,000(2023.04.01부터 2024.03.31까지)을 계상하다.

5) 인출금 계정을 정리하다.(12월 합계잔액시산표 조회시 인출금 잔액은 아래와 같다.)

제2회 다음 거래를 분개하시오.

1) 사무실용 책상 ₩100,000을 영동가구에서 구입하고 대금 중 ₩40,000은 국민은행 보통예금 통장에서 이체하고 잔액은 외상으로 하다.

2) 동해산업에 대한 외상매입금 ₩500,000을 약속어음을 발행하여 지급하였다.

3) 주천실업과 계약한 상품 ₩800,000을 발송하고, 계약금 ₩100,000을 제외한 잔액은 외상으로 하였다. 당점부담 운임 20,000원은 현금 지급하다

4) 원주상사에서 상품판매 대금으로 받은 약속어음 ₩50,000이 만기가 되어 추심 의뢰한 결과 금일 당점 당좌예금계좌에 입금되었음을 통지받다.

5) 국민은행에서 현금 ₩450,000을 6개월 후에 상환하기로 하고 차입하였다.

6) 우리은행의 보통예금 계좌에 결산이자 ₩17,000이 입금되었음을 확인하다.

7) 업무용 핸드폰 사용요금 ₩50,000을 신한은행에 현금 납부하다.

8) 강릉합판 상사에서 상품 ₩300,000을 매입하고, 대금 중 ₩200,000은 현금으로 지급하고 잔액은 외상으로 하다.

9) 춘천상회에 상품을 ₩800,000에 판매하고, 대금은 제일은행 발행 당좌수표로 받다.

10) 알짜컴퓨터에서 사무실용 컴퓨터 1대를 ₩500,000에 구입하고, 대금 중 ₩200,000은 당좌수표를 발행하여 지급하고 잔액은 1주일 후에 지급하기로 하다.

11) 고성기업에서 외상매출금 ₩1,000,000을 동점 발행 약속어음으로 받다.

12) 종업원에 대한 10월분 급여를 회사 보통예금통장에서 종업원 계좌로 이체하여 주다.

성 명	급 여	원천징수세액		차감지급액
		소득세	주민세	
박성만	₩3,500,000	₩120,000	₩12,000	₩3,368,000
김철기	₩2,500,000	₩80,000	₩8,000	₩2,412,000
계	₩6,000,000	₩200,000	₩20,000	₩5,780,000

13) 제일은행에서 현금 ₩4,500,000을 차입하여 즉시 당점 당좌예금계좌에 입금하다.

14) 업무용 차량 1대를 세원자동차에서 ₩12,000,000에 구입하고 취득세 ₩500,000과 함께 전액 현금으로 지급하였다.

15) 소유하고 있던 하송상점 발행 약속어음 ₩500,000을 신한은행에 할인하고 할인료 ₩50,000을 제외한 잔액은 당좌예금하다.(매각거래 처리)

16) 사용중인 컴퓨터(취득원가 ₩1,000,000, 감가상각누계액 ₩600,000)를 ₩300,000에 매각 처분하고 대금은 현금으로 받다.

17) 화재로 인하여 영업용 건물 2,000,000 이 소실되다.

18) 기중에 현금 잔액이 장부잔액보다 ₩200,000 부족함을 발견하다.

19) 이달분 전기세 ₩50,000과 수도료 ₩30,000을 현금으로 지급하다.

20) 매출처 동화상사 영업부직원 홍인철의 결혼으로 축의금 ₩50,000을 현금 전달하다.

결산정리분개

1) 이자비용 미경과액 ₩50,000을 계상하다.

2) 당기 설정 감가상각비는 차량운반구 ₩200,000과 비품 ₩110,000이다.

3) 기말현재 상품재고액은 ₩15,500,000이다.(12월 합계잔액시산표 조회시 상품 잔액은 아래와 같다.)

| 246,020,000 | 246,020,000 | <재 고 자 산> | | |
| 246,020,000 | 246,020,000 | 상 품 | | |

4) 매출채권 잔액에 대하여 1%의 대손충당금을 설정하다.(12월 합계잔액시산표 조회시 매출채권 잔액은 아래와 같다.)

37,310,000	278,730,000	외 상 매 출 금	241,420,000	
		대 손 충 당 금	140,000	140,000
66,600,000	100,600,000	받 을 어 음	34,000,000	
3,000,000	3,995,000	단 기 대 여 금	995,000	

5) 인출금 계정을 정리하다.(12월 합계잔액시산표 조회시 인출금 잔액은 아래와 같다).

		자 본 금	44,871,000	44,871,000
		인 출 금	2,000,000	2,000,000

제3회 다음 거래를 분개하시오.

1) 추석명절을 맞이하여 종업원에게 지급할 선물인 참치세트 100상자(@₩50,000)을 하늘마트에서 구입하고 대금은 현금으로 지급하다.

2) 양구상사로부터 판매용 자전거 10대(@₩200,000)를 구입하고 대금 중 20%는 현금 지급하고, 잔액은 약속어음을 발행하여 주다.

3) 영업용 화물차의 타이어와 엔진오일을 스피드 카센타에서 교체하고, 수리비 25,000원은 현금으로 지급하다.(수익적 지출)

4) 서울상사에 자전거 4,000,000원을 판매하기로 계약하고, 계약대금의 30%를 당좌예금 계좌에 입금되었음을 확인하다.

5) 사용중인 에어컨(취득가액 900,000원, 감가상각누계액 710,000원)을 덕포중고상사에 150,000원에 매각하고, 대금은 1개월 후에 받기로 하다.

6) 위 [4]에서 서울상사에 자전거를 발송하고 계약금을 차감한 대금은 외상으로 하다. 단, 당점부담 운임 10,000원은 현금 지급하다.

7) 사업확장을 위해 고려신용금고에서 6개월 내에 상환하기로 하고 3,000,000원을 현금으로 차입하여 즉시 당사 보통예금통장에 입금시키다.

8) 당점 거래은행의 보통예금계좌에 결산이자 12,000원이 입금됨을 확인하다.

9) 삼일상사에서 상품 5,000,000원을 매입하기로 계약하고, 계약금 200,000원을 당좌수표를 발행하여 지급하다.

10) 광고용 전단을 인쇄하여 배포하고 인쇄대금 500,000원을 현금으로 지급하다.

11) 위 [9]에서 삼일상사로부터 상품이 도착하여 인수하고, 계약금을 차감한 잔액은 외상으로 하다. 단, 당점부담 인수운임 20,000원은 현금 지급하다.

12) 대림상사에 상품매입 대금으로 발행해 준 약속어음 600,000원이 만기가 되어, 당점 당좌예금계좌에서 지급하였음을 확인하다.

13) 당월분 인터넷 통신요금 50,000원이 당사 보통예금계좌에서 이체 지급되었음을 확인하다.

14) 전월 회사의 외환카드 사용액 300,000원을 보통예금계좌에서 결제하여주다.

15) 천일상사에 상품 2,000,000원을 매출하고 대금 중 500,000원은 현금으로 받고, 잔액은 천일상사 발행의 약속어음으로 받다.

16) 매장을 신축하기 위해 토지를 한국부동산주식회사로부터 10,000,000원에 구입하고, 대금 중 2,000,000원은 현금으로 지급하고, 잔액은 2개월 후에 지급하기로 하다. 또한 토지에 대한 취득세 220,000원은 현금 지급하다.

17) 사무실 온풍기를 수리하고 대금 290,000원은 당사 보통예금계좌에서 이체하였다.(자본적지출 처리)

18) 8월분 신문 구독료 12,000원을 현금으로 지급하다.

19) 성수산업에서 500,000원을 3개월간 차입하기로 하고, 선이자 25,000원을 차감한 잔액이 당사 보통예금 통장에 입금되었음을 확인하다.

20) (주)수원 용역회사로부터 일용직 직원 2명에 대하여 일당 ₩150,000씩 지급하기로 계약하고, 5일간 보일러 교체작업을 실시하기로 결정하다.

결산정리분개

1) 기말현재 장기대여금에 대한 당기분 이자 미수액 200,000원을 계상하다

2) 기말현재 건물임차료에 대한 미지급액 130,000원을 계상하다.

3) 기말 상품재고액은 ₩2,500,000이다.(12월 합계잔액시산표 조회시 상품 잔액은 아래와 같다.)

234,577,900	234,577,900	<재 고 자 산>			
232,820,000	232,820,000	상 품			

4) 매출채권 잔액에 대하여 1%의 대손충당금을 설정하다.(12월 합계잔액시산표 조회시 매출채권 잔액은 아래와 같다.)

56,220,000	282,530,000	외 상 매 출 금	226,310,000	
		대 손 충 당 금	140,000	140,000
61,520,000	93,520,000	받 을 어 음	32,000,000	
3,000,000	3,995,000	단 기 대 여 금	995,000	

5) 결산일 현재 실제 현금 보유액이 13,000원 많음을 발견하다.

제4회 다음 거래를 분개하시오.

1) 영월 신도리코 대리점에 사무실 복사기 유지보수료 50,000원과 소모자재인 복사용지와 토너 구입대금 100,000원을 월말에 지급하기로 하다.(소모자재는 비용처리 할 것)

2) 거래처 강원상점의 외상매입금 6,000,000원을 신한은행 발행 당좌수표로 지급하다.

3) 6개월간 창고를 임차하기로 하고 보증금 5,000,000원과, 임차료 100,000원을 현금지급하다.

4) 적십자회비 40,000원을 현금으로 납부하다.

5) 구입한 영업용 차량에 대한 취득세 70,000원을 국민카드로 결제하다.

6) 총무부 직원의 야유회비 개산액 200,000원을 현금으로 지급하다.

7) 위 직원들이 야유회를 다녀와서 정산을 하고 잔액 15,000원은 현금으로 회수하다

8) 영업부 직원 김철수가 출장 중, 내용불명의 송금수표 200,000원을 송금하다.

9) 김철수가 출장에서 돌아와 보내온 송금수표는 제주상점에 대한 외상대금 150,000원과, 상품 계약대금임을 밝히다.

10) 종업원의 급여를 다음과 같이 회사 보통예금 계좌에서 이체하여 지급하다.

성 명	급 여	상 여 금	건강보험료	소득세
임 준 서	1,000,000	600,000	40,000	50,000
박 성 자	1,500,000	900,000	50,000	70,000
계	2,500,000	1,500,000	90,000	120,000

11) 차량(취득원가 13,000,000원, 감가상각누계액 7,800,000원)을 4,300,000원에 갑을자동차에 매각하고, 대금은 1달 후에 받기로 하다.

12) 회사 법률문제로 법원에 서류를 접수하고 수입인지대 70,000원은 현금 지급하다.

13) 구청에서 종업원 서류를 발급받고, 수입증지대 8,000원은 현금으로 지급하다.

14) 보관중인 하송상회 발행 약속어음 2,000,000원을 신한은행에서 할인하고 할인료 30,000원과 수수료 5,000원을 차감한 실수금은 당좌예입하다.(매각거래 처리)

15) 현대자동차 대리점에서 업무용승용차 1대(13,000,000원)를 구입하고, 9,000,000원은 6개월 무이자 할부로 하고, 잔액은 외상으로 하다. 그리고 차량 구입에 따른 취득세 및 등록세 90,000원은 현금 지급하다.

16) 당사 로고 및 품목을 새긴 상품 200,000원을 세경대학 축제에 협찬하다.

17) 전기요금 40,000원, 수도요금 20,000원, 전화요금 70,000원이 보통예금 통장에서 이체 하다.

18) 회사 업무 효율화를 위한 전산시스템을 서울상사에서 도입하고, 소프트웨어 비용 2,500,000원은 20일 후에 지급하기로 하다.(무형자산으로 처리할 것)

19) 상품 매입시 운임 50,000원에 대하여 담당경리 직원이 운반비로 회계처리 하였음을 발견하고 올바르게 정정하다.

20) 회사 담장 수리를 위해 일용직원 5명을 일당 130,000원씩 지급하기로 하고 채용하다.

결산정리분개

1) 당기 감가상각비 기계장치 250,000원과 비품 300,000원을 계상하다.

2) 인출금 계정을 정리하다.(12월 합계잔액시산표 조회시 인출금 잔액은 아래와 같다.)

		자 본 금	29,091,000	29,091,000
		인 출 금	2,300,000	2,300,000

3) 기말 상품재고액은 2,900,000원이다.(12월 합계잔액시산표 조회시 상품 잔액은 아래와 같다.)

141,414,300	141,414,300	<재 고 자 산>		
140,700,000	140,700,000	상 품		

4) 매출채권 잔액에 대하여 1%의 대손충당금을 설정하다.(12월 합계잔액시산표 조회시 매출채권 잔액은 아래와 같다.)

42,920,000	278,730,000	외 상 매 출 금	235,810,000	
		대 손 충 당 금	140,000	140,000
69,400,000	103,400,000	받 을 어 음	34,000,000	
3,000,000	3,995,000	단 기 대 여 금	995,000	

05) 결산시 현금의 실제 잔액이 130,000원 부족함을 발견하다.

제5회 다음 거래를 분개하시오.

1) 거래처 원주상회로부터 현금 5,000,000원을 차입하고, 약속어음을 발행하여 주다.

2) 거래처 제천상회에 현금 3,000,000원을 대여하고, 동점 발행의 약속어음으로 받다.

3) 춘천상점에 상품 7,000,000원을 매출하고, 대금 중 5,000,000원은 동점발행 약속어음으로 받고, 잔액은 외상으로 하다. 당점부담 운임 40,000원은 현금지급하다.

4) 연말을 맞이하여 종업원 선물 1,000,000원과 거래처 선물 500,000원을 주천상회에서 구입하고, 대금은 법인카드인 신한카드로 결제하다.

5) 총무부직원 김원희의 결혼으로 축의금 100,000원을 현금 지급하다.

6) 거래처 강릉상회의 사업장 이전으로 대형거울 200,000원을 현금 구입하여 전달하다.

7) 불우이웃돕기 성금 300,000원을 한국방송에 현금 기탁하다.

8) 수원상점에 대한 단기대여금 3,000,000원과 이자 50,000원을 현금으로 회수하다.

9) 인천상점에 대한 단기차입금 4,000,000원과 이자 60,000원을 수표를 발행하여 지급하다.

10) 영업부에서 사용 중인 화물차 자동차세 90,000원을 국민은행 당좌수표로 납부하다.

11) 사무실 임차료 600,000원을 수표 발행하여 지급하다.

12) 우리은행과 당좌거래계약을 체결하고 현금 3,000,000원을 당좌예금하다. 또한 당좌차월계약을 맺고 한도액을 5,000,000원으로 설정하다.

13) 동해상사의 외상매입금 900,000원을 지급하기 위하여, 삼척상회로부터 매출대금으로 받은 약속어음을 배서양도하다.

14) 고성상회에서 구입한 상품 중 불량품 250,000원을 반품하고, 외상대금과 상계처리하다.

15) 신한은행 발행 자기앞수표 300,000원을 현금으로 교환하다.

16) 한라상사에서 받아 보관중인 약속어음 1,000,000원이 만기가 되어 저축은행에 제시한 결과 당사 당좌예금계좌에 입금되었다는 통지를 받다.

17) 영업부직원 김선애의 출장이 취소되어 3일전 지급한 출장여비 개산액 200,000을 현금으로 회수하여 당좌예입하다.

18) 파손된 업무용 건물의 문짝을 교체 수리하고, 수리비 300,000원을 현금 지급하다.(수익적 지출로 처리)

19) 국민카드사의 청구에 의하여 전월 카드 사용금액 3,500,000원을 현금 지급하다.

20) 춘천상사의 외상대금 4,000,000원을 현금으로 무통장 입금하고, 송금수수료 5,000원을 현금 지급하다.

결산정리분개

1) 매출채권 잔액에 대하여 1%의 대손충당금을 설정하다.(12월 합계잔액시산표 조회시 매출채권 잔액은 아래와 같다.)

84,310,000	313,730,000	외 상 매 출 금	229,420,000		
		대 손 충 당 금	270,000	270,000	
94,600,000	128,600,000	받 을 어 음	34,000,000		
		대 손 충 당 금	230,000	230,000	

2) 기말상품재고액은 13,000,000원 이다.(12월 합계잔액시산표 조회시 상품 잔액은 아래와 같다.)

226,020,000	226,020,000	<재 고 자 산>	
226,020,000	226,020,000	상 품	

3) 화재보험료 미경과액 150,000원을 계상하다.

4) 인출금 잔액을 정리하다.(12월 합계잔액시산표 조회시 인출금 잔액은 아래와 같다.)

		자 본 금	31,889,000	31,889,000
	2,500,000	인 출 금		-2,500,000

5) 구입시 소모품비로 처리한 소모품 미사용액 120,000원을 계상하다.

Chapter 04 오류수정 및 정정 분개

▸ 전산회계 실기시험에서는 오류로 입력된 내용을 수정하는 문제가 2문제씩 출제되고 있습니다. 아래 예제 내용을 잘 숙지하여 활용할 수 있기 바랍니다.
▸ 거래 내용을 보고, 수정전과 수정후 일반전표 내용을 확인하시기 바랍니다.
  실제 시험에서는 수정 후 일반전표 내용처럼 정정하여야 합니다.

실습예제 일반전표입력 메뉴에서 다음과 같은 오류 및 누락 내용이 발견되었다. 일반전표의 내용을 확인하여 정정하시오. (오류수정 문제는 일반전표화면 상단의 '전표삽입' 단추를 클릭하여 입력 칸을 새로이 추가한 다음 필요한 내용을 추가로 입력할 수 있습니다)

3월 1일 나눔상사에 대한 외상매출금 160,000원의 거래는 현금 50,000원과 외상매출금 110,000원으로 확인되다.

[수정 전 입력화면]

✓	일	번호	구분	코드	계정과목	코드	거래처명	적요	차변	대변
☐	1	00001	차변	108	외 상 매 출 금	00101	나눔상사		160,000	
☐	1	00001	대변	401	상 품 매 출					160,000

[수정 후 입력화면] 전체 외상매출금 금액을 현금과 외상매출금으로 나누어 수정한다.

✓	일	번호	구분	코드	계정과목	코드	거래처명	적요	차변	대변
☐	1	00001	차변	108	외 상 매 출 금	00101	나눔상사		110,000	
☐	1	00001	차변	101	현 금				50,000	
☐	1	00002	대변	401	상 품 매 출					160,000

3월 8일 종업원의 야근식대 80,000원은 현금이 아니라 당좌수표로 결제하였다.

[수정 전 입력화면]

✓	일	번호	구분	코드	계정과목	코드	거래처명	적요	차변	대변
☐	8	00001	출금	811	복 리 후 생 비				80,000	현금
☐	8									

[수정 후 입력화면] 출금전표를 차, 대변으로 하고 대변에 당좌예금 계정으로 수정한다.

✓	일	번호	구분	코드	계정과목	코드	거래처명	적요	차변	대변
☐	8	00001	차변	811	복 리 후 생 비				80,000	
☐	8	00001	대변	102	당 좌 예 금					80,000

3월 13일   강원상사에 상품매출 500,000원의 입금 거래는 강원상사의 외상대금을 회수한
          거래로 확인되다.

[수정 전 입력화면]

☑	일	번호	구분	코드	계정과목	코드	거래처명	적요	차변	대변
☐	13	00001	입금	401	상 품 매 출				현금	500,000

[수정 후 입력화면] 대변의 상품매출 계정을 외상매출금 계정으로 수정한다

☑	일	번호	구분	코드	계정과목	코드	거래처명	적요	차변	대변
☐	13	00001	차변	101	현 금				500,000	
☐	13	00001	대변	108	외 상 매 출 금	00102	강원상사			500,000

4월 9일   도서인쇄비 5,000원은 현금지출 거래로 확인되다.

[수정 전 입력화면]

☑	일	번호	구분	코드	계정과목	코드	거래처명	적요	차변	대변
☐	9	00001	차변	826	도 서 인 쇄 비				5,000	
☐	9	00001	대변	102	당 좌 예 금					5,000

[수정 후 입력화면] 당좌예금 계정을 출금전표로 수정한다

☑	일	번호	구분	코드	계정과목	코드	거래처명	적요	차변	대변
☐	9	00001	출금	826	도 서 인 쇄 비				5,000	현금

4월 15일   서울상사에 대한 외상매출금을 받을어음으로 회수한 거래는 자기앞수표로 회수한
          거래이다.

[수정 전 입력화면]

☑	일	번호	구분	코드	계정과목	코드	거래처명	적요	차변	대변
☐	15	00001	차변	110	받 을 어 음	00103	서울상사		250,000	
☐	15	00001	대변	108	외 상 매 출 금	00103	서울상사			250,000

[수정 후 입력화면] 차변의 받을어음을 삭제하고 외상매출금을 입금전표로 수정한다

☑	일	번호	구분	코드	계정과목	코드	거래처명	적요	차변	대변
☐	15	00001	입금	108	외 상 매 출 금	00103	서울상사		현금	250,000

4월 17일   상품 1,500,000원을 외상매출한 거래처는 수원상회이나 경기상회로 잘못 입력되
          었음을 확인하다.

[수정 전 입력화면]

☑	일	번호	구분	코드	계정과목	코드	거래처명	적요	차변	대변
☐	17	00001	차변	108	외 상 매 출 금	00104	경기상회		1,500,000	
☐	17	00001	대변	401	상 품 매 출					1,500,000

[수정 후 입력화면] 외상매출금의 거래처를 수원상회로 수정한다

□	일	번호	구분	코드	계정과목	코드	거래처명	적요	차변	대변
□	17	00001	차변	108	외 상 매 출 금	00105	수원상회		1,500,000	
□	17	00001	대변	401	상 품 매 출					1,500,000

4월 21일   사업주가 사업확장을 위하여 3,000,000원을 추가로 출자하여 당사 보통예금 계좌에 입금하였으나 입력 누락되었다.

[수정 후 입력화면] 입력이 누락된 거래이므로 새로이 해당 날짜에 입력하여 준다

□	일	번호	구분	코드	계정과목	코드	거래처명	적요	차변	대변
□	21	00001	차변	103	보 통 예 금				3,000,000	
□	21	00001	대변	331	자 본 금					3,000,000

5월 2일   보험료를 현금으로 지급한 거래는 사업주 개인 소유차량에 대한 보험료를 납부한 것으로 확인되다.

[수정 전 입력화면]

□	일	번호	구분	코드	계정과목	코드	거래처명	적요	차변	대변
□	2	00001	출금	821	보 험 료				300,000	현금

[수정 후 입력화면] 사업주 개인차량에 대한 보험료이므로 인출금으로 수정한다

□	일	번호	구분	코드	계정과목	코드	거래처명	적요	차변	대변
□	2	00001	출금	338	인 출 금				300,000	현금

5월 5일   영월상사로부터 상품 500,000원을 매입한 출금거래는 제천상사의 외상대금을 지급한 거래로 확인되다.

[수정 전 입력화면]

□	일	번호	구분	코드	계정과목	코드	거래처명	적요	차변	대변
□	5	00001	출금	146	상 품	00104	영월상사		500,000	현금

[수정 후 입력화면] 상품계정을 외상매입금 계정으로, 거래처를 제천상사로 수정한다

□	일	번호	구분	코드	계정과목	코드	거래처명	적요	차변	대변
□	5	00001	출금	251	외 상 매 입 금	00106	제천상사		500,000	현금

5월 8일   서울상사에 대한 상품매출 3,000,000원에 대한 입금거래는, 2,000,000원은 외상매출한 것이고 잔액은 현금으로 입금된 거래이다.

[수정 전 입력화면]

□	일	번호	구분	코드	계정과목	코드	거래처명	적요	차변	대변
□	8	00001	입금	401	상 품 매 출				현금	3,000,000

[수정 후 입력화면] 입금거래를 차대변으로 하여 외상매출금과 현금으로 수정하고, 거래처도 입력한다

☑	일	번호	구분	코드	계정과목	코드	거래처명	적요	차변	대변
☐	8	00001	대변	401	상 품 매 출					3,000,000
☐	8	00001	차변	108	외 상 매 출 금	00103	서울상사		2,000,000	
☐	8	00001	차변	101	현 금				1,000,000	

5월 11일   현금 지출한 식대 40,000원은 업무용 서적을 구입한 것으로 확인되다.

[수정 전 입력화면]

☑	일	번호	구분	코드	계정과목	코드	거래처명	적요	차변	대변
☐	11	00001	출금	811	복 리 후 생 비				40,000	현금

[수정 후 입력화면] 복리후생비를 도서인쇄비 계정으로 수정한다

☑	일	번호	구분	코드	계정과목	코드	거래처명	적요	차변	대변
☐	11	00001	출금	826	도 서 인 쇄 비				40,000	현금

5월 12일   통신비를 현금 지출한 거래는 직원 실수로 5월 12일 이중 입력됨을 확인하다.
           (영수증 확인일 5월 9일)

[수정 전 입력화면]

☑	일	번호	구분	코드	계정과목	코드	거래처명	적요	차변	대변
☐	9	00001	출금	814	통 신 비				60,000	현금
☐	12	00001	출금	814	통 신 비				60,000	현금

[수정 후 입력화면] 같은 거래를 2중 입력하여 영수증 날짜인 9일 거래는 두고 12일 거래는 삭제한다

☑	일	번호	구분	코드	계정과목	코드	거래처명	적요	차변	대변
☐	9	00001	출금	814	통 신 비				60,000	현금

5월 23일   충청상사에서 상품을 전액 외상으로 매입한 거래는 확인 결과 3,000,000원은 약속어음을 발행하고 잔액은 외상으로 한 거래이다.

[수정 전 입력화면]

☑	일	번호	구분	코드	계정과목	코드	거래처명	적요	차변	대변
☐	23	00001	차변	146	상 품				4,000,000	
☐	23	00001	대변	251	외 상 매 입 금	00107	충청상사			4,000,000

[수정 후 입력화면] 외상매입금 금액을 지급어음과 외상매입금으로 나누어 수정한다

☑	일	번호	구분	코드	계정과목	코드	거래처명	적요	차변	대변
☐	23	00001	차변	146	상 품				4,000,000	
☐	23	00001	대변	251	외 상 매 입 금	00107	충청상사			1,000,000
☐	23	00001	대변	252	지 급 어 음	00107	충청상사			3,000,000

6월 4일   현금 지출한 직원회식비 84,000원의 출금 거래는 184,000원으로 확인되다.

[수정 전 입력화면]

☑	일	번호	구분	코드	계정과목	코드	거래처명	적요	차변	대변
☐	4	00001	출금	811	복리후생비				84,000	현금

[수정 후 입력화면] 금액을 184,000원으로 수정한다

☑	일	번호	구분	코드	계정과목	코드	거래처명	적요	차변	대변
☐	4	00001	출금	811	복리후생비				184,000	현금

6월 9일   상품 매입시 현금 지출한 운반비 거래가 잘못 입력되었음을 발견하다.

[수정 전 입력화면]

☑	일	번호	구분	코드	계정과목	코드	거래처명	적요	차변	대변
☐	9	00001	출금	824	운 반 비				52,000	현금

[수정 후 입력화면] 상품 매입시 운임은 상품원가인 '상품'으로 수정 입력한다

☑	일	번호	구분	코드	계정과목	코드	거래처명	적요	차변	대변
☐	9	00001	출금	146	상 품				52,000	현금

6월 20일   일주일 전 구입한 차량운반구에 대한 취득세 230,000원이 '세금과공과' 계정으로 잘못 처리되었음을 발견하다.

[수정 전 입력화면]

☑	일	번호	구분	코드	계정과목	코드	거래처명	적요	차변	대변
☐	20	00001	출금	817	세금과공과금				230,000	현금

[수정 후 입력화면] 취득세 및 등록세는 해당 원가에 포함되므로 '차량운반구'로 수정 입력한다

☑	일	번호	구분	코드	계정과목	코드	거래처명	적요	차변	대변
☐	20	00001	출금	208	차량운반구				230,000	현금

7월 3일   7월분 전화요금 65,000원의 현금 납부거래는 당점 거래은행의 보통예금 계좌에서 이체됨을 확인되다.

[수정 전 입력화면]

☑	일	번호	구분	코드	계정과목	코드	거래처명	적요	차변	대변
☐	3	00001	출금	814	통 신 비				65,000	현금

[수정 후 입력화면] 출금전표를 차,대변으로 하고, 대변에 '보통예금'계정으로 수정 입력한다

☑	일	번호	구분	코드	계정과목	코드	거래처명	적요	차변	대변
☐	3	00001	차변	814	통 신 비				65,000	
☐	3	00002	대변	103	보통예금					65,000

7월 7일   상품 650,000원을 외상 매입한 거래처는 제주상사가 아니라 강원전자로 확인되다.

[수정 전 입력화면]

✋	일	번호	구분	코드	계정과목	코드	거래처명	적요	차변	대변
☐	7	00001	차변	146	상 품				650,000	
☐	7	00002	대변	251	외 상 매 입 금	00108	제주상사			650,000

[수정 후 입력화면] 외상매입금에 대한 거래처를 강원전자로 수정 입력한다

✋	일	번호	구분	코드	계정과목	코드	거래처명	적요	차변	대변
☐	7	00001	차변	146	상 품				650,000	
☐	7	00002	대변	251	외 상 매 입 금	00109	강원전자			650,000

7월 16일   종업원 급여에서 원천징수한 건강보험료 45,000원이 '보험료' 계정으로 잘못 입력되었음을 확인하다.

[수정 전 입력화면]

✋	일	번호	구분	코드	계정과목	코드	거래처명	적요	차변	대변
☐	16	00002	출금	821	보 험 료				45,000	현금

[수정 후 입력화면] 보험료 계정을 '예수금' 계정으로 수정 입력한다

✋	일	번호	구분	코드	계정과목	코드	거래처명	적요	차변	대변
☐	16	00002	출금	254	예 수 금				45,000	현금

7월 26일   전화요금 78,000원의 현금 지급 거래는 업무용 화물차에 대한 자동차세 납부로 확인하다.

[수정 전 입력화면]

✋	일	번호	구분	코드	계정과목	코드	거래처명	적요	차변	대변
☐	26	00002	출금	814	통 신 비				78,000	현금

[수정 후 입력화면] 통신비 계정을 '세금과공과금' 계정으로 수정 입력한다

✋	일	번호	구분	코드	계정과목	코드	거래처명	적요	차변	대변
☐	26	00002	출금	817	세 금 과 공 과 금				78,000	현금

8월 8일   국민은행의 수수료 20,000원이 당좌예금 계좌에서 인출된 것으로 확인되었으나 '잡손실' 계정으로 잘못 처리하다.

[수정 전 입력화면]

✋	일	번호	구분	코드	계정과목	코드	거래처명	적요	차변	대변
☐	8	00002	차변	960	잡 손 실				20,000	
☐	8	00001	대변	102	당 좌 예 금					20,000

[수정 후 입력화면] 잡손실 계정을 '지급수수료' 계정으로 수정 입력한다

	일	번호	구분	코드	계정과목	코드	거래처명	적요	차변	대변
☐	8	00002	차변	831	지 급 수 수 료				20,000	
☐	8	00001	대변	102	당 좌 예 금					20,000

8월 14일   신한은행 발행 자기앞수표 1,000,000원을 당좌입금한 거래는 확인 결과, 50,000원권 지폐 20장으로 교환한 거래임이 밝혀지다.

[수정 전 입력화면]

	일	번호	구분	코드	계정과목	코드	거래처명	적요	차변	대변
☐	14	00002	출금	102	당 좌 예 금				1,000,000	현금

[수정 후 입력화면] 회계상 거래가 아닌 현금간의 교환에 해당하므로 14일 거래를 삭제하여 준다

9월 23일   대전상사에 상품 매출시 현금 지급한 당사 부담의 운반비 60,000원이 '외상매출금' 계정으로 잘못 처리되었음을 발견하다.

[수정 전 입력화면]

	일	번호	구분	코드	계정과목	코드	거래처명	적요	차변	대변
☐	23	00002	출금	108	외 상 매 출 금	00110	대전상사		60,000	현금

[수정 후 입력화면] 외상매출금 계정을 '운반비'계정으로 수정 입력한다

	일	번호	구분	코드	계정과목	코드	거래처명	적요	차변	대변
☐	23	00002	출금	824	운 반 비				60,000	현금

9월 25일   보통예금에서 자동 이체되어 회계 처리한 전화요금 95,000원 중에는 사무실 수도요금 40,000원이 포함되어 있다.

[수정 전 입력화면]

	일	번호	구분	코드	계정과목	코드	거래처명	적요	차변	대변
☐	25	00002	차변	814	통 신 비				95,000	
☐	25	00001	대변	103	보 통 예 금					95,000

[수정 후 입력화면] 통신비 계정을 '통신비와 수도광열비' 계정으로 금액을 나누어 수정 입력한다

	일	번호	구분	코드	계정과목	코드	거래처명	적요	차변	대변
☐	25	00001	차변	814	통 신 비				55,000	
☐	25	00001	차변	815	수 도 광 열 비				40,000	
☐	25	00001	대변	103	보 통 예 금					95,000

실기시험 따라잡기

전산회계 2급 자격시험은 이론(30점)과 실기(70점)를 한번에 보는 자격시험입니다. '실기시험 따라잡기' 5회분 예제는 실기시험 만점 70점을 기준으로 하여 문항마다 점수를 부여하여 놓았습니다. 문제를 풀어본 후, [해답편] 자료를 확인하여 스스로 점수를 계산하여 보기 바랍니다.

* [실기시험 따라잡기]에 대한 풀이는 해답편에 있습니다.

실기시험 따라잡기 실행 방법

※ 주의 : 전산회계 프로그램은 먼저 실행시키지 말아야 합니다.

1. 웹하드에서 자료를 내컴퓨터에 다운받은 후, 활용하기

* 참고 : 내 컴퓨터 사양에 따라 다운받은 폴더명이 [실기시험따라잡기]대신 이상한 숫자와영어로 나열되어 나타 날 수 있으나 실기 문제를 실행하는데는 아무 문제가 없습니다

[실기시험 따라잡기 백데이터 자료 다운받기]

웹하드(www.webhard.co.kr)에서 [아이디:ant6545 비밀번호:1234]로 로그인하여 [2025년 기초데이타 및 정오표]- [kcLep전산세무회계(한국세무사회)]-[ANT전산회계2급]에서 실기시험따라잡기 자료를 다운받아 문제를 풀어보기 바랍니다.

2. 백데이터 설치 후, 회사 선택하여 문제풀기

● 다운받은 압축파일을 더블클릭하면 백데이터 압축이 저절로 풀립니다.
  압축이 풀린 회사 폴더를 "내컴퓨터-C드라이브-KcLepDB- KcLep"폴더 안에 붙여 넣어 줍니다.
  (컴퓨터 사양에 따라 KcLep폴더안에 자료가 자동 들어있을 수 있습니다)

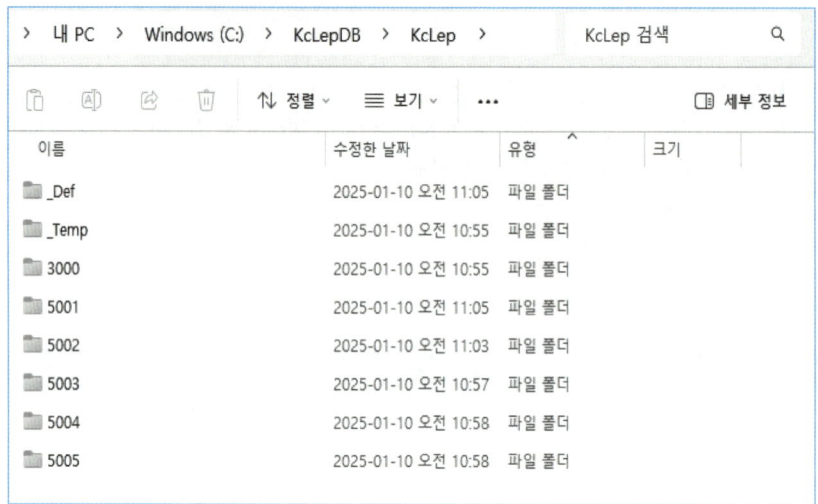

● 전산회계 프로그램에 있는 임의 회사로 들어가 [기초정보관리]의 [회사등록]을 클릭합니다.
  메뉴 상단에 있는 [회사코드재생성]을 클릭하여 KcLep폴더안에 다운받아 넣어둔 [실기시험 따라하기] 5회분 자료를 불러옵니다.

| 회사코드재생성]을 클릭하여 자료를 불러온 화면 |

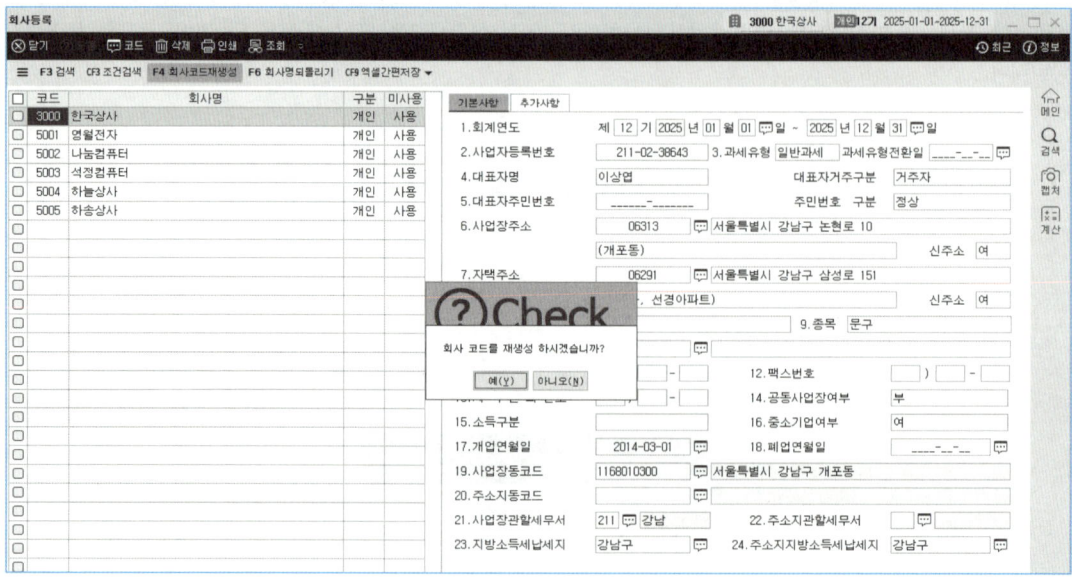

● 회사코드 재생성이 완료되면 왼쪽 상단의 종료를 누른 후, 아래 프로그램 초기화면의 오른쪽 [회사] 아이콘을 클릭하여 풀고자 하는 회사를 선택하여 실기 문제를 풉니다.

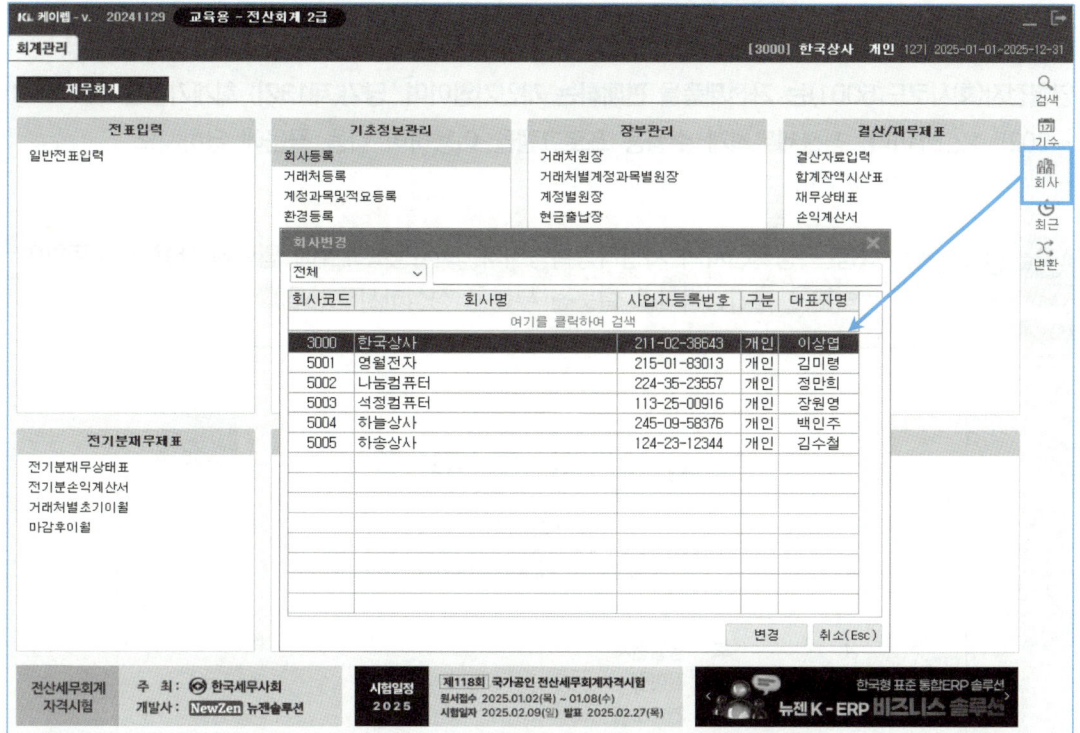

제1회 실기시험 따라잡기

영월전자(회사코드:5001)는 가전제품을 판매하는 개인기업이며, 당기(제13기) 회계기간은 2025.1.1 ~2025.12.31이다. 전산세무회계 수험용 프로그램을 이용하여 다음 물음에 답하시오.

문제 1 다음은 영월전자의 사업자등록증이다. 회사등록메뉴에 입력된 내용을 검토하여 누락분은 추가입력하고 잘못된 부분은 정정하시오.(6점)

사 업 자 등 록 증

(일반과세자)

등록번호 : 225-01-83010

상　　　　호	영월전자
성　　　　명	김미령
개 업 연 월 일	2013. 9. 18
생 년 월 일	1970. 5. 31
사 업 장 소 재 지	강원 영월군 영월읍 영월로 1532
사 업 의 종 류	업태 도 소매　　종목 의류

발 급 사 유 : 신규

사업자 단위 과세 적용사업자 여부 : 여(　) 부(√)
전자세금계산서 전용 전자우편 주소 :

2013년 9월 24일

영월세무서장

**문제 2** 다음은 영월전자의 전기분 손익계산서이다. 입력되어 있는 자료를 검토하여 오류 부분은 수정하고 누락부분은 추가 입력하여 완성하시오.
다른 전기분 재무제표는 적정한 것으로 본다.(6점)

손 익 계 산 서

회사명 : 영월전자   제12기 2024.1.1.~2024.12.31.   (단위 : 원)

과 목	금 액	
Ⅰ. 매 출 액		521,000,000
상 품 매 출	521,000,000	
Ⅱ. 매 출 원 가		
상 품 매 출 원 가		403,300,000
기 초 상 품 재 고 액	10,000,000	
당 기 상 품 매 입 액	407,800,000	
기 말 상 품 재 고 액	14,500,000	
Ⅲ. 매 출 총 이 익		117,700,000
Ⅳ. 판 매 비 와 관 리 비		67,700,000
1. 급 여	52,000,000	
2. 복 리 후 생 비	3,200,000	
3. 여 비 교 통 비	1,350,000	
4. 기 업 업 무 추 진 비	1,880,000	
5. 수 도 광 열 비	410,000	
6. 세 금 과 공 과 금	320,000	
7. 감 가 상 각 비	500,000	
8. 임 차 료	4,500,000	
9. 보 험 료	800,000	
10. 차 량 유 지 비	1,300,000	
11. 소 모 품 비	1,440,000	
Ⅴ. 영 업 이 익		50,000,000
Ⅵ. 영 업 외 수 익		300,000
1. 이 자 수 익	280,000	
2. 잡 이 익	20,000	
Ⅶ. 영 업 외 비 용		1,000,000
1. 이 자 비 용	960,000	
2. 기 부 금	40,000	
Ⅷ. 소 득 세 차 감 전 순 이 익		49,300,000
Ⅸ. 소 득 세 등		
Ⅹ. 당 기 순 이 익		49,300,000

※ 참고: '접대비'는 '기업업무추진비'로 계정과목 변경됨.

문제 3 다음 자료를 이용하여 입력하시오.(6점)

[1] 영월전자의 전기분 기말채권과 기말채무 잔액은 다음과 같다. 주어진 자료를 검토하여 거래처별 초기이월 메뉴에 수정 및 추가 입력하시오.(3점)

계정과목	거래처명	금액(원)	계정과목	거래처명	금액(원)
받을어음	강호상사	19,000,000	지급어음	양지상사	12,000,000
	영등포상사	31,000,000		하나컴퓨터	5,000,000
	고잔상사	5,000,000		문호상사	18,000,000

[2] 영월전자는 영업담당 직원들에게 휴대폰 사용요금의 50%를 지원하기로 하였다. 통신비 계정에 다음 내용의 적요를 등록 하시오.(3점)

대체적요 3. 영업담당자 휴대폰 사용요금 지원

문제 4 다음 거래 자료를 일반전표입력 메뉴에 추가 입력하시오.(24점)

[1] 8월 5일   용산상사에서 업무용 컴퓨터 3대를 4,500,000원에 외상으로 구입하였다.(3점)

[2] 8월 20일 고잔상사에 대한 외상매입금 3,000,000원을 보통예금에서 계좌 이체하여 지급하였다.(3점)

[3] 8월 25일 거래처 대박상사에 대여한 단기대여금 8,000,000원과 이자 130,000원이 보통예금 계좌에 입금 되었다.(3점)

[4] 8월 31일 판매사원 이은하의 8월 급여를 당사의 보통예금에서 이체하였다. 소득세 등 공제액은 그 합계액을 하나의 계정과목으로 입력하시오.(3점)

영월전자 2025년 8월 급여내역				
이 름	이은하	지 급 일	2025. 8. 31.
기본급여	2,500,000원	소 득 세	84,000원
직책수당	200,000원	지방소득세	8,400원
상 여 금		고용보험	25,500원
특별수당	300,000원	국민연금	65,000원
차량유지		건강보험	55,000원
급 여 계	3,000,000원	공제합계	237,900원
노고에 감사드립니다.		지급총액	2,762,100원

[5] 9월 11일   대표자 자택에 설치할 LED조명세트를 900,000원에 어피상사에서 구입하고, 대금은 거래처 반월전자에서 받은 당좌수표로 지급하다.(3점)

[6] 9월 16일   1주일 전에 회사 업무용으로 구입한 토지에 대한 취득세 800,000원과 등록세 150,000원을 영월군청에 현금으로 납부하다.(3점)

[7] 9월 20일   상품 견본을 거래처 양지상사에 발송하고 택배비 50,000원을 현금으로 지급하다.(3점)

[8] 9월 25일   명절에 사용할 현금을 확보하기 위하여 동진상사에서 받은 약속어음 7,000,000원을 거래 은행인 하나은행에서 할인받고, 할인료 350,000원을 제외한 금액은 당좌예금통장에 입금되었음을 확인하다.(매각거래 처리)(3점)

문제 5
일반전표입력메뉴에 입력된 내용 중 다음과 같은 오류가 발견되었다. 입력된 내용을 확인하여 정정 또는 추가입력 하시오.(6점)

[1] 10월 4일   직원 식대로 지급한 152,000원은 확인결과 거래처 직원 5명이 업무 차 방문하여 식사를 대접한 것으로 확인되다.(3점)

[2] 10월 23일   도시가스대금으로 지출된 365,000원은 확인결과 635,000원이 잘못 입력되었음을 확인하다.(3점)

문제 6
다음의 결산정리사항을 입력하여 결산을 완료하시오.(12점)

[1] 결산일 현재 12월분 사무실 임차료 600,000원이 미지급되었음을 확인하다.(3점)

[2] 기말 현재 현금과부족 계정을 조회하여 적절하게 정리분개 하시오.(3점)

[3] 대손충당금은 기말 매출채권 잔액에 대하여 각각 1%를 보충법으로 설정하시오.(3점)

[4] 기말상품재고액은 11,500,000원이다. (3점)

문제 7
다음 사항을 조회하시오. (10점)

[1] 6월말 현재 유동부채 합계액은 얼마인가?(3점)

[2] 1/1부터 2/28까지 판매비와관리비 중 지출액이 가장 많은 계정과목 명은?(3점)

[3] 6월 말 현재 하나컴퓨터의 외상매입금 잔액은 얼마인가?(4점)

제2회 실기시험 따라잡기

나눔컴퓨터(회사코드:5002)은 컴퓨터및주변기기를 판매하는 개인기업이며, 당기(제13기) 회계기간은 2025.1.1.~2025.12.31.이다. 전산세무회계 수험용 프로그램을 이용하여 다음 물음에 답하시오.

문제 1 다음은 나눔컴퓨터의 사업자등록증이다. 회사등록메뉴에 입력된 내용을 검토하여 누락분은 추가입력하고 잘못된 부분은 정정하시오.(6점)

사 업 자 등 록 증
(개인사업자용)
등록번호 : 224-35-23557

상　　　호 : 나눔컴퓨터
성　　　명 : 이 옥 주
개 업 연 월 일 : 2013. 1. 23
생 년 월 일 : 1961년 10월 11일
사업장소재지 : 강원도 원주시 소초면 태장공단길 42-19
사업의 종류 업태 : 도·소매　　　종목 : 컴퓨터및주변장치

교 부 사 유 : 신규

사업자 단위 과세 적용사업자 여부 : 여(　) 부(√)
전자세금계산서 전용 전자우편 주소 :

2013년 1월 28일

원주세무서장

 **문제 2**   다음은 나눔컴퓨터의 전기분 재무상태표이다. 입력되어 있는 자료를 검토하여 오류부분은 정정하고 누락된 부분은 추가 입력하시오.(6점)

재 무 상 태 표

회사명 : 나눔컴퓨터   제12기 2024. 12. 31.   (단위 : 원)

과 목	금	액	과 목	금	액
현 금		1,352,000	외 상 매 입 금		15,100,000
당 좌 예 금		1,400,000	지 급 어 음		1,000,000
보 통 예 금		5,000,000	미 지 급 금		15,550,000
외 상 매 출 금	20,000,000		예 수 금		355,000
대 손 충 당 금	200,000	19,800,000	단 기 차 입 금		1,000,000
받 을 어 음	5,000,000		자 본 금		31,697,000
대 손 충 당 금	50,000	4,950,000	(당기순이익:5,000,000)		
미 수 금		1,500,000			
선 급 금		2,200,000			
단 기 대 여 금		1,500,000			
상 품		10,000,000			
차 량 운 반 구	20,000,000				
감 가 상 각 누 계 액	4,500,000	15,500,000			
비 품	3,000,000				
감 가 상 각 누 계 액	1,500,000	1,500,000			
자산총계		64,702,000	부채와 자본총계		64,702,000

 **문제 3**   다음 자료를 이용하여 입력하시오.(6점)

[1] 나눔컴퓨터의 계정과목 및 적요등록 메뉴에서 판매비와 관리비의 복리후생비 계정에 다음 내용의 적요를 등록 하시오.(3점)

대체적요 3.   명절선물대금 신용카드 결제

[2] 다음 신규거래처를 추가 등록하시오.(3점)

- 거래처코드 : 00987
- 사업자등록번호 : 104-03-11251
- 사업장소재지 : 서울 강남구 압구정로 106(신사동)
- 상호 : 둘리상사
- 대표자명 : 김상철
- 유형 : 동시
- 업태/종목 : 도소매/문구

※ 주소입력시 우편번호 입력은 생략해도 무방함

문제 4 다음 거래 자료를 일반전표입력 메뉴에 추가 입력하시오.(24점)

[1] 5월 3일   한국상사의 외상매입금 3,000,000원을 지급하기 위하여 충청상사로부터 상품매출대금으로 받아 보관하고 있던 약속어음(만기일:2025. 6. 30.)을 배서양도하다.(3점)

[2] 5월 8일   업무용 차량에 대한 6개월 정기주차료 600,000원을 대영주차장에 현금 지급하다.(3점)

[3] 5월 19일 회사 소송관련 법원 서류를 빠른 등기우편으로 발송하고, 등기요금 14,000원을 원주우체국에 현금 지급하다.(3점)

[4] 6월 15일 남부상사에 빌려준 단기대여금 40,0000,000원에 대한 3개월 분 이자 250,000원이 당사 보통예금 계좌에 입금되었음을 확인하다.(3점)

[5] 6월 21일 거래처 딸기상회 사무실 이전으로 화환 100,000원을 꽃나라에 의뢰하여 보내고, 대금은 현금으로 지급하다.(3점)

[6] 6월 27일 현금 시재를 확인하던 중 장부금액 보다 실제현금이 150,000원이 부족함을 발견하였으나 원인을 알 수 없어 임시계정으로 처리하다.(3점)

[7] 7월 12일 한국상사로부터 판매용 컴퓨터 35대를 35,000,000원에 구입하고, 아래 약속어음 발행 및 현금으로 전액 결제하다.(3점)

약속어음

한국상사 귀하   자 13356522

금   이천구백만원   (₩29,000,000)

위의 금액을 귀하 또는 귀하의 지시인에게 이 약속어음과 상환하여 지급하겠습니다.

지급기일 2025년 10월 12일	발행일 2025년 7월 12일
지 급 지 신한은행	발행인 나눔컴퓨터
지급장소 원주지점	주 소 강원도 원주시 소초면 태장공단길 42-19
	발행인 이옥주(인)

[8] 7월 18일   거래 은행인 신한은행으로부터 정기예금 5,000,000이 만기가 되어, 당점 당좌예금 계좌에 입금되었음을 확인하다.(3점)

문제 5   일반전표입력메뉴에 입력된 내용 중 다음과 같은 오류가 발견되었다. 입력된 내용을 확인하여 정정 또는 추가입력 하시오.(6점)

[1] 10월 4일   종업원 식대 152,000원의 현금지출 거래는 상공회의소 회비를 납부한 것으로 확인되다 .(3점)

[2] 10월 16일   상품 3,350,000원을 외상매입한 거래처는 충청상사로 확인되다.(3점)

문제 6   다음의 결산정리사항을 입력하여 결산을 완료하시오.(12점)

[1] 결산일 현재 기말상품재고액은 12,000,000원이다. (단, 전표입력에서 구분으로 5:결산차변, 6:결산대변으로 입력할 것)(3점)

[2] 11월 1일   받은 임대료 6개월(2025.11.1.-2026.4.30.)분 900,000원에 대하여 정리분개 하시오.(3점)

[3] 인출금 계정을 정리분개 하시오.(3점)

[4] 보험료 미경과분 300,000원을 계상하시오.(3점)

문제 7   다음 사항을 조회하시오. (10점)

[1] 상반기 판매비 및 일반관리비의 현금지출 총액은 얼마인가?(3점)

[2] 하반기 복리후생비 지출액이 가장 큰 달은 몇 월이며, 금액은 얼마인가?(4점)

[3] 8월말 현재 유동부채 합계액은 얼마인가?(3점)

제3회 실기시험 따라잡기

석정컴퓨터(회사코드:5003)은 컴퓨터를 판매하는 개인기업이며, 당기(제14기) 회계기간은 2025. 1.1.~2025.12.31. 이다. 전산세무회계 수험용 프로그램을 이용하여 다음 물음에 답하시오.

 **문제 1** 다음은 석정컴퓨터의 사업자등록증이다. 회사등록메뉴에 입력된 내용을 검토하여 누락분은 추가입력하고 잘못된 부분은 정정하시오.(6점)

사 업 자 등 록 증
(일반과세자)
등록번호 : 113-25-00916

상　　호　　명 : 석정 컴퓨터
대　　표　　자 : 장원영
개 업 년 월 일 : 2012. 3. 7
생 년 월 일 : 1971. 2. 15
사업장 소재지 : 서울특별시 용산구 새창로 514 우신빌딩 301
사 업 의 종 류 : 업태 도·소매
　　　　　　　　종목 컴퓨터 및 주변기기

교 부 사 유 : 신 규
공 동 사 업 장 :
사업자단위과세 적용사업자 여부 : 부

2012년 3월 15일

용산세무서 장

 **문제 2** 다음은 석정컴퓨터의 전기분재무상태표이다. 입력되어 있는 자료를 검토하여 오류부분은 정정하고 누락된 부분은 추가 입력하시오. (6점)

재 무 상 태 표

회사명 : 석정컴퓨터   제13기 2024. 12. 31. 현재   (단위 : 원)

과 목	금	액	과 목	금	액
현　　　　　　　금		4,500,000	외　상　매　입　금		9,700,000
보　통　예　금		18,100,000	지　급　어　음		3,400,000
정　기　예　금		9,000,000	미　지　급　금		5,800,000
외　상　매　출　금	12,600,000		단　기　차　입　금		30,000,000
대　손　충　당　금	126,000	12,474,000	자　　본　　금		47,244,000
받　을　어　음	3,000,000				
대　손　충　당　금	30,000	2,970,000			
미　　수　　금		3,000,000			
상　　　　품		6,300,000			
장　기　대　여　금		4,000,000			
차　량　운　반　구	23,000,000				
감　가　상　각　누　계　액	9,000,000	14,000,000			
비　　　　품	4,800,000				
감　가　상　각　누　계　액	3,000,000	1,800,000			
임　차　보　증　금		20,000,000			
자　산　총　계		96,144,000	부채와 자본총계		96,144,000

문제 3 다음 자료를 이용하여 입력하시오. (6점)

[1] 석정컴퓨터의 거래처별 초기이월 자료를 검토하여 수정 또는 추가 입력하시오. (3점)

계정과목	거래처명	금액(원)	계정과목	거래처명	금액(원)
임차보증금	좋은빌딩	6,000,000	지급어음	메리문구	1,000,000
	카스코건설	9,000,000		협진문구	800,000
	청송컴퓨터	5,000,000		밝은조명	2,500,000

[2] 다음과 같은 석정컴퓨터의 신규거래처를 추가등록 하시오.(3점)

- 상   호 : 하송컴퓨터
- 대 표 자 명 : 이윤근
- 업   태 : 도·소매
- 유   형 : 동시
- 회 사 코 드 : 2150
- 사업자등록번호 : 104-03-11251
- 종   목 : 컴퓨터 수리
- 사업장 소재지 : 서울 중구 을지로 38길 11

※ 주소입력시 우편번호는 입력하지 않아도 무방함.

문제 4 다음 거래 자료를 일반전표입력 메뉴에 추가 입력하시오.(24점)

[1] 4월 6일   매출처 청송컴퓨터에서 받아 보관중인 약속어음 6,000,000원이 만기가 도래하여 당사 거래은행인 국민은행 보통예금 계좌에 입금되었음을 확인하다.(3점)

[2] 4월 13일 총무부 직원 김인영의 결혼축의금으로 현금 100,000원을 지급하다.(3점)

[3] 4월 20일 추석 명절을 맞이하여 거래처에 배부할 홍삼환(10세트, @80,000원)을 구입하고 대금은 당점 발생 수표로 지급하였다.(3점)

[4] 4월 27일 홍전자에 컴퓨터 5대(@1,000,000원)를 매출하기로 하고, 계약금 500,000원을 현금으로 받고 입금표를 발행하였다.(3점)

No. 1   (공급자 보관용)

입 금 표

홍전자 귀하

공급자	사업자등록번호	113-25-00916			
	상 호	석정컴퓨터	성 명	이 승 미	(인)
	사업장소재지	서울 용산 새창로 514 우신빌딩 301			
	업 태	도소매	종 목	컴퓨터 및 주변기기	

작 성 일			금 액								세 액					
년	월	일	공란수	억	천	백	십	만	천	백	십	일	천	백	십	만	천	백	십	일
2025	4	27																		
합 계			십	억	천	백	십	만	천	백	십	일				
							5	0	0	0	0	0				

내 용   상품매출 계약금 현금 입금

위 금액을 정히 영수함

영수자   이 승 미 (인)

[5] 6월 13일   구로상사에 컴퓨터 6대(@1,000,000원)를 발송하고 계약금 600,000원을 차감한 잔액은 일주일 후에 받기로 하다. 당사 부담의 운반비 100,000원은 현금으로 지급하다.(하나의 전표로 입력할 것) (3점)

[6] 6월 18일   현대자동차에서 업무용 차량 1대를 35,000,000원에 12개월 할부로 구입하고, 취득세 및 등록세 730,000원은 현금으로 지급하다.(3점) (신규거래처 등록)

- 상   호 : 현대자동차
- 대 표 자 명 : 김상철
- 업   태 : 도·소매
- 유   형 : 동시
- 회 사 코 드 : 2170
- 사업자등록번호 : 215-01-83013
- 종   목 : 차량판매
- 사업장 소재지 : 서울 성동구 금호로 110

[7] 6월 20일   영업부직원 목표달성 격려차 회식을 우리식당에서 하고 식사비용 660,000원은 신용카드(비씨카드)로 결제하다.(3점)

신용카드매출전표

가 맹 점 명   우리식당
사 업 자 번 호 235-31-84128
대 표 자 명   김수영
주   소 서울 서대문구 가좌로 100

비씨카드   신용승인
거래일시   2025-06-20 오후 20:45:04
카드번호   4782-5136-****-6834
유효기간   **/**
가맹점번호   133501447
매입사 : 비씨카드사(전자서명전표)

상품명	수량	금액
식대료		660,000
과세금액		600,000원
부가세액		60,000원
합 계		660,000원

[8] 6월 28일   미래상사의 단기대여금 8,000,000원과 이자 75,000원이 당사 보통예금계좌에 입금되었음을 확인하다.(3점)

문제 5
일반전표입력메뉴에 입력된 내용 중 다음과 같은 오류가 발견되었다. 입력된 내용을 확인하여 정정 또는 추가입력 하시오.(6점)

[1] 8월 26일 8월분 전화요금으로 지출한 80,000원은 전기요금으로 확인되다.(3점)

[2] 10월 24일 영업용 차량에 대한 유류대 276,500원은 회사대표의 개인자가용에 주유한 것으로 확인되다.(3점)

문제 6
다음의 결산정리사항을 입력하여 결산을 완료하시오.(12점)

[1] 기말 매출채권(외상매출금, 받을어음) 잔액에 대하여 1%의 대손충당금을 보충법으로 설정하시오.(3점)

[2] 결산당일 현금 실제액이 현금 장부액보다 120,000원 부족함을 발견하였으나, 원인은 밝혀지지 않았다(3점)

[3] 기말현재 건물 임대료로 회계 처리한 금액 중 1,200,000원은 2026년 1, 2월분에 대한 금액이다.(3점)

[4] 장기차입금에 대한 결산일 현재까지 발생이자 250,000원을 계상하다.(3점)

문제 7
다음 사항을 조회하시오. (10점)

[1] 하반기(7-12월) 중 기업업무추진비 지출이 가장 많은 월과 금액은 얼마인가?(4점)

[2] 10월말 현재 현금잔액은 얼마인가?(3점)

[3] 전기에 비하여 매출총이익 금액은 얼마가 증가하였는가?(3점)

 **제4회 실기시험 따라잡기**

하늘상사(코드번호:5004)는 의료기기를 판매하는 개인기업이다. 당기(제15기) 회계기간은 2025. 1. 1.~2025. 12. 31.이다. 전산세무회계 수험용 프로그램을 이용하여 다음 물음에 답하시오.

문제 1 다음은 하늘상사의 사업자등록증이다. 회사등록메뉴에 입력된 내용을 검토하여 누락분은 추가입력하고 잘못된 부분은 정정하시오.(6점)

사 업 자 등 록 증
(일반과세자)
등록번호 : 135-05-53278

상　호　명 : 하늘상사
대　표　자　명 : 김은오
개 업 연 월 일 : 2011. 1. 5
사업장소재지 : 경기도 수원시 권선구 동수원로 22 (곡반정동)
사업자의 종류 : 업태 도소매　　종목 의료기기
교　부　사　유 : 신규

사업자 단위 과세 적용사업자 여부 : 여(　) 부(√)
전자세금계산서 전용 전자우편 주소 :

2011년 1월 10일
동수원세무서장

문제 2
다음은 하늘상사의 전기분 재무상태표이다. 입력되어 있는 자료를 검토하여 오류 부분은 정정하고 누락된 부분은 추가 입력하시오.(6점)

재 무 상 태 표

회사명 : 하늘상사 　　　　　제14기 2024.12.31. 현재 　　　　　(단위 : 원)

과 목	금	액	과 목	금	액
현　　　　　　금		50,000,000	외 상 매 입 금		45,000,000
당 좌 예 금		40,000,000	지 급 어 음		20,000,000
보 통 예 금		30,000,000	선　　수　　금		10,000,000
외 상 매 출 금	66,000,000		단 기 차 입 금		50,000,000
대 손 충 당 금	660,000	65,340,000	자　　본　　금		189,040,000
받 을 어 음	30,000,000		(당기순이익		
대 손 충 당 금	300,000	29,700,000	: 15,000,000)		
상　　　　　품		80,000,000			
비　　　　　품	20,000,000				
감 가 상 각 누 계 액	1,000,000	19,000,000			
자산총계		314,040,000	부채와 자본총계		314,040,000

문제 3
다음 자료를 이용하여 입력하시오.(6점)

[1] 신규거래처인 덕포의료기㈜와 석정헬스㈜를 거래처등록메뉴에 추가등록 하시오.(3점)

덕포의료기㈜ (코드:02704)	• 대표자명 : 유승민　• 사업자등록번호 : 134-02-56548　• 거래처유형 : 매입 • 업태/종목 : 도소매/의료기기　　　• 사업장주소 생략
석정헬스㈜ (코드:04205)	• 대표자명 : 최일환　• 사업자등록번호 : 209-90-93015　• 거래처유형 : 매출 • 업태/종목 : 도소매/의료기기　　　• 사업장주소 생략

[2] 하늘상사의 거래처별 초기이월 채권과 채무잔액은 다음과 같다. 자료에 맞게 추가입력이나 정정 및 삭제하시오.(3점)

계정과목	거래처	잔액	계
받을어음	헬스파워	16,000,000원	30,000,000원
	원봉상점	9,000,000원	
	휴먼사랑㈜	5,000,000원	
외상매입금	건강몰	12,000,000원	45,000,000원
	동화상사	17,000,000원	
	전보상회	16,000,000원	

문제 4 다음 거래 자료를 일반전표입력 메뉴에 추가 입력하시오.(24점)

[1] 5월 11일 동아물산에 본사 엘리베이터 설치 20,000,000원과 옥상방수 800,000원의 견적으로 작업을 실시하고 대금은 1개월 만기 약속어음을 발행하여 지급하다.(3점)

[2] 5월 15일 업무용 토지를 75,000,000원에 구입하고, 취득세 2,000,000원과 함께 보통예금에서 지급하다.(3점)

[3] 5월 19일 사무실에서 사용할 업무용 복사용지 20박스 및 사무용품을 우리문구로부터 구입하고 신용카드(비씨카드)로 결제하였다. (비용계정으로 처리).(3점)

```
단말기번호
8002124739              120524121234
카드종류
비씨카드                  신용승인
회원번호
1111-2222-3333-4444
거래기간
2025/05/19 10:52:46
일반
일시불                    판매금액      320,000
                        합   계      320,000
대표자                    김유미
사업자등록번호             123-09-53792
가맹점명                  우리문구
가맹점주소                 경기 수원 팔달 우면동
                        서명
                                  Lee
```

[4] 5월 22일 일원주유소에서 난방용 석유 600,000원을 구입하고, 대금은 신한은행 발행 당좌수표로 지급하다.(3점)

[5] 9월 11일 강동상사의 외상매입금 800,000원을 약속어음 발행하여 지급하다.(3점)

[6] 9월 18일 영업부 직원 송일국에게 부산 출장을 명하고, 출장비 개산액 500,000원을 현금으로 지급하다.(3점)

[7] 9월 21일   영업부 사무실 냉장고 고장으로 수리하고 수리비를 현금으로 지급하였다.(3점)

영 수 증		(공급받는자용)		
NO		하늘상사		귀하
공급자	사업자등록번호	105-18-89246		
	상 호	신일설비	성명	이문철
	사업장소재지	경기도 수원시 권선구 수원천로 11		
	업 태	서비스업	종목	가전제품 수리
작성일자		공급대가총액		비고
2025. 9. 21		78,000		
공 급 내 역				
월/일	품명	수량	단가	금액
9. 21	수리비			78,000
합 계			₩78,000	
위 금액을 영수(청구)함				

[8] 9월 25일   사업주가 가정에서 개인용도로 사용하고자, 매장에 있는 허리지압기 원가 1,500,000원(매가 2,000,000원)을 가지고 가다.(3점)

문제 5
일반전표입력메뉴에 입력된 내용 중 다음과 같은 오류가 발견되었다. 입력된 내용을 확인하여 정정 또는 추가입력 하시오.(6점)

[1] 8월 1일   업무용 토지 구입 시 부담한 취득세 750,000원을 세금과공과 계정으로 처리하였음을 확인하였다.(3점)

[2] 9월 28일   반포상사에 상품매입 계약금으로 지급한 현금 200,000원은, 상품매출 계약금을 현금으로 받은 것임을 확인하다.(3점)

문제 6 다음의 결산정리사항을 입력하여 결산을 완료하시오. (12점)

[1] 결산일 현재 현금실제액보다 현금장부잔액이 110,000원 많은 것으로 확인되다. (3점)

[2] 당기에 지출한 보험료 중 400,000원은 미경과분이다. 적절한 결산분개를 하시오. (3점)

[3] 소모품 구입 시 비용 처리한 금액 중 미사용액은 350,000원이다. (3점)

[4] 매출채권(외상매출금, 받을어음) 잔액에 대하여 1%의 대손충당금을 보충법 설정하다. (3점)

문제 7 다음 사항을 조회하시오. (10점)

[1] 1년 중 복리후생비 지출이 가장 큰 월의 지출 금액은 얼마인가? (3점)

[2] 전기와 비교하여 비유동자산의 증가 금액은 얼마인가? (3점)

[3] 1년 중 비품구입은 몇 건이며, 비품 구입 합계액은 얼마인가? (4점)

제5회 실기시험 따라잡기

하송상사(코드번호:5005)는 사무용품을 판매하는 개인기업이다. 당기(제10기) 회계기간은 2025.1.1.~2025.12.31.이다. 전산세무회계 수험용 프로그램을 이용하여 다음 물음에 답하시오.

문제 1 다음은 하송상사의 사업자등록증이다. 회사등록메뉴에 입력된 내용을 검토하여 누락분은 추가입력하고 잘못된 부분은 정정하시오.(6점)

사 업 자 등 록 증
(일반과세자)
등록번호 : 124-23-12344

상　호　명 : 하 송 상 사
대 표 자 명 : 구서현
개 업 연 월 일 : 2016. 5. 8
사업장소재지 : 경기도 수원시 권선구 구운로 911(구운동)
사업자의 종류 : 업태 도소매　종목 문구
교 부 사 유 : 신규

사업자 단위 과세 적용사업자 여부 : 여(　) 부(√)
전자세금계산서 전용 전자우편 주소 :

2016년 5월 10일

수원세무서장

 **문제 2** 다음은 하송상사의 전기분 손익계산서이다. 입력되어 있는 자료를 검토하여 오류 부분과 관련된 재무제표를 정정하고 누락된 부분은 추가 입력하시오.(6점)

손 익 계 산 서

회사명 : 하송상사 제9기 2024.1.1. ~ 2024.12.31. (단위 : 원)

과 목	금 액	과 목	금 액
Ⅰ 매 출 액	85,000,000	Ⅴ 영 업 이 익	56,850,000
상 품 매 출	85,000,000	Ⅵ 영 업 외 수 익	1,110,000
Ⅱ 매 출 원 가	22,000,000	이 자 수 익	300,000
상 품 매 출 원 가	22,000,000	임 대 료	810,000
기 초 상 품 재 고 액	4,000,000	Ⅶ 영 업 외 비 용	400,000
당 기 상 품 매 입 액	31,000,000	유형자산처분손실	400,000
기 말 상 품 재 고 액	13,000,000	Ⅷ 소득세차감전순이익	57,560,000
Ⅲ 매 출 총 이 익	63,000,000	Ⅸ 소 득 세 등	0
Ⅳ 판 매 비 와 관 리 비	6,150,000	Ⅹ 당 기 순 이 익	57,560,000
급 여	3,200,000		
복 리 후 생 비	1,400,000		
여 비 교 통 비	540,000		
차 량 유 지 비	100,000		
소 모 품 비	230,000		
광 고 선 전 비	680,000		

 **문제 3** 다음 자료를 이용하여 입력하시오.(6점)

[1] 하송상사의 선급금과 외상매입금에 대한 거래처별 초기이월 자료는 다음과 같다. 주어진 자료를 검토하여 잘못된 부분을 정정하거나 누락된 부분을 추가 입력하시오.(3점)

계정과목	거래처명	금액(원)	계정과목	거래처명	금액(원)
선급금	대전상사	900,000	외상매입금	민국상사	4,000,000
	수원상사	1,800,000		국제상사	7,000,000
	안양상사	800,000		대한상사	5,850,000

[2] 하송상사는 설날 명절에 직원들에게 지급할 선물을 현금으로 구입하였다. 복리후생비 계정에 다음 내용의 적요를 등록하시오.(3점)

현금적요 9 : 설날선물 대금지급

문제 4 다음 거래 자료를 일반전표입력 메뉴에 추가 입력하시오.(24점)

[1] 4월 6일 다음의 급여명세표에 따라 판매직원 이선영의 4월 급여를 당사 보통예금통장에서 지급하였다.(3점)

하송상사 2025년 4월 급여내역			(단위 : 원)
이 름	이선영	지 급 일	2025. 4. 6.
기본급여	2,600,000	소 득 세	145,000
직책수당	200,000	지방소득세	14,500
상 여 금		고용보험	26,450
특별수당	150,000	국민연금	105,000
차량유지	300,000	건강보험	36,000
교육지원	·	기 타	
급 여 계	3,250,000	공제합계	326,950
노고에 감사드립니다.		지급총액	2,923,050

[2] 4월 11일 두레상사에 20,000,000원을 2년간 대여하기로 하고 선이자 1,500,000원을 공제한 금액을 보통예금계좌에서 이체하다. (3점)

[3] 4월 20일 영업부 직원의 시내 출장용 교통카드를 충전하고 대금은 현금으로 지급하다.(3점)

```
        [교통카드 충전영수증]
역사명  : 종각역
장비번호 : 151
카드번호 : 10122521223251
결재방식 : 현금
충전일시 : 2025. 04. 20.
---------------------------
충전전잔액 :           800원
충전금액   :        50,000원
충전후잔액 :        50,800원
---------------------------
대표자명 : 서울메트로 사장
사업자번호 : 114-82-01319
주소 : 서울특별시 서초구 효령로 432
```

[4] 4월 26일   당점소유 약속어음 3,000,000원을 거래 은행인 하나은행에서 할인받고 할인료 40,000원을 차감한 나머지 금액은 당좌 예입하다.(매각거래로 회계 처리할 것)(3점)

[5] 6월 8일   민국상사에서 상품 6,000,000원을 매입하고, 8월 30일 기 지급한 계약금(900,000원)을 차감한 대금 중 2,000,000원은 보통예금에서 이체하고 잔액은 외상으로 하다.(3점)

[6] 6월 15일   하송상사는 사업 확장에 따라 본사 건물을 이전하기로 하고, 건물을 취득하였다. 취득가액은 30,000,000원이며, 건물에 대한 취득세 350,000원과 중개수수료 600,000원을 지급하였다. 건물구입과 관련하여 전액 보통예금으로 이체하다.(3점)

[7] 6월 22일   보유 중인 ㈜삼성바이오 주식에 대하여 배당금이 확정되어 2,500,000원을 보통예금계좌로 받았다. 다음의 증명서류를 근거로 적절한 회계처리를 하시오. (단, 별도의 거래처등록은 하지 않는다)(3점)

(정기) 배당금 지급통지서

(주)삼성바이오의 배당금 지급내역을 아래와 같이 통지합니다.

■ 주주명 : 하송상사   ■ 주주번호 : 12551*********

・현금배당 및 세금내역

종 류	소유주식수	배당일수	현금배당률	A.배당금액	B.원천징수세액	
보통주	100	365	50%	2,500,000	소득세	
우선주					지방소득세	
					총세액	
				실지급액(A-B)		

■ 배당금 지급기간 및 장소

1차	지급기간	2025. 6. 22.	지급장소	증권회사 거래계좌에 세금공제 후 자동입금
2차	지급기간			

[8] 6월 28일   사업주가 업무와 관련 없이 개인용도로 사용하기 위해 신형 빔프로젝트를 1,300,000원에 구매하고 회사 국민카드(신용카드)로 결제하다.(3점)

문제 5 일반전표입력메뉴에 입력된 내용 중 다음과 같은 오류가 발견되었다. 입력된 내용을 확인하여 정정 또는 추가입력 하시오.(6점)

[1] 8월 29일 외상매출금 950,000원을 회수한 거래처는 안양상사가 아니라 시화전자임이 확인되다.(3점)

[2] 10월 23일 거래처 직원 결혼축의금으로 현금 지출한 200,000원은 확인결과 본사 총무부 직원 이원희 부모님의 회갑으로 지출된 것임이 밝혀지다.(3점)

문제 6 다음의 결산정리사항을 입력하여 결산을 완료하시오.(12점)

[1] 하나은행에 개설한 보통예금은 마이너스 통장이다. 기말현재 하나은행 보통예금잔액 -3,500,000원을 단기차입금계정으로 대체하다.(3점)

[2] 하송상사에서 사용하고 있는 자산에 대한 당기분 감가상각비는 기계장치 700,000원, 차량운반구 400,000원, 비품 200,000원이다.(3점)

[3] 2025년 10월 1일에 아래와 같이 보험에 가입하고 전액 당기비용으로 처리하였다. 기말 정리분개를 하시오.(3점)

- 보험회사 : ㈜교보생명
- 보험금납입액 : 1,800,000원
- 보험적용기간 : 2025년 10월 1일 ~ 2026년 9월 30일

[4] 기말상품재고액은 23,500,000원이다.(단, 전표입력에서 구분으로 5:결산차변, 6:결산대변을 사용한다.)(3점)

문제 7 다음 사항을 조회하시오. (10점)

[1] 8월 말 현재 당좌자산 금액은 얼마인가?(3점)

[2] 상반기(1월 ~ 6월) 현금으로 지급한 판매비와관리비는 얼마인가?(3점)

[3] 6월 30일 현재 건물의 장부가액은 얼마인가?(4점)

Chapter 06 기출시험 따라잡기

기출시험 따라잡기는 지금까지 여러분들이 앞 단원에서 공부한 이론 및 전산회계실습 과정을 통하여 실제 기출문제를 풀어봄으로써 실전문제적응 및 스스로의 실력을 점검할 수 있는 계기가 될 것입니다.
기출문제 최근 2년 자료를 하나하나 신중히 풀다보면 보다 확실하게 자격시험에 대한 자신감을 얻을 수 있을 것입니다. 기출문제를 풀어본 후, [해답편] 자료를 확인하여 스스로 점수를 계산하여 보기 바랍니다.
[이론+실기시험] 합하여 100점 만점에 70점부터 합격입니다.

* [기출시험 따라잡기]에 대한 풀이는 해답편에 있습니다.

* 참고 : 기출시험 문제의 이론부문은 현재 연도에 맞게 수정하였으나, 실기부문은 실제 자격시험에 대비할 수 있도록 자료수정 없이 회차별 기출시험 문제를 원본 그대로 제공하였습니다.

기출시험 따라잡기 실행 방법

※ 주의 : 전산회계 프로그램은 먼저 실행시키지 말아야 합니다.

1. 웹하드에서 기출시험 자료를 내컴퓨터에 다운받은 후, 활용하기

* 참고 : 내 컴퓨터 사양에 따라 다운받은 폴더명이 [기출시험따라잡기]대신 이상한 숫자와영어로 표시되어 나타날 수 있으나, 기출시험 문제를 실행하는데는 문제없습니다)

[기출시험따라잡기 백데이터 자료 다운받기]

웹하드(www.webhard.co.kr)에서 [아이디:ant6545 비밀번호:1234]로 로그인하여 [2025년 기초데이타 및 정오표]-[kcLep전산세무회계(한국세무사회)]-[ANT전산회계2급]에서 기출시험따라잡기 자료를 다운받아 문제를 풀어보기 바랍니다.

- [기출시험따라잡기] 자료를 다운 받으면 최근 2년간의 기출시험 문제가 들어있습니다.

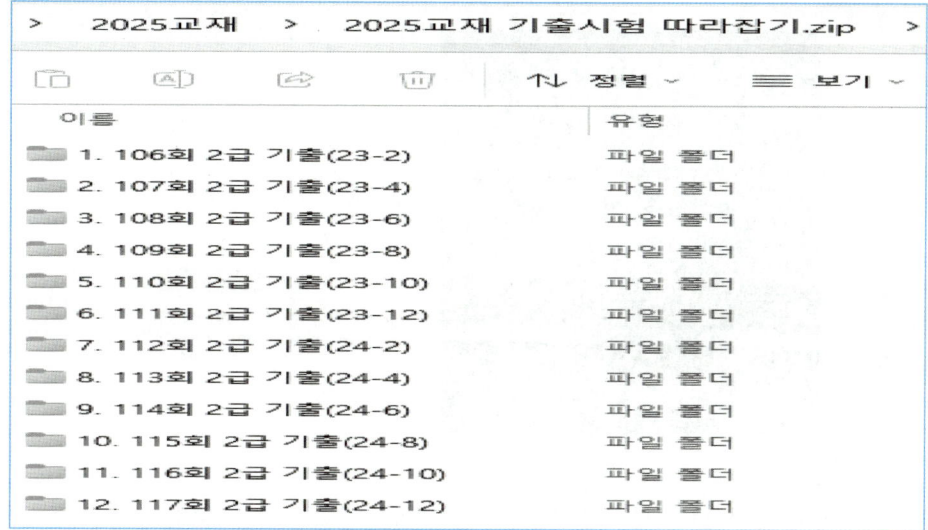

- 풀고자 하는 회차의 기출시험 폴더로 들어가서 [BaseData KL Tax] Tax파일을 더블클릭 합니다.

- [KL Tax] 를 더블클릭하면 아래 화면이 나타나며 이때 교재 기출시험에 표시되어 있는 수험번호와 본인의 이름을 입력한 후 [설치]를 클릭 합니다.

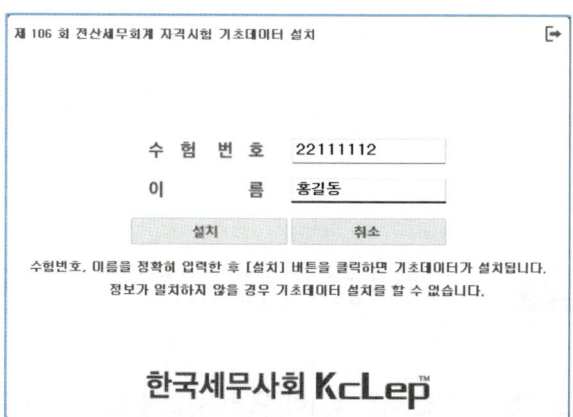

※ 참고 : 1. 기출시험문제를 풀 때, 가끔 교재에 표시된 '수험번호가 일치하지 않는다'라는 문구가 나타날 수 있는데, 해결법은 수험번호 맨 뒷자리 숫자를 0-9까지 바꾸어 입력하다 보면 특정 숫자에서 정상적인 수험번호로 인식합니다.
2. 기출시험문제 설치시, '최신버전이 아니다'라는 문구가 나타나는 경우, 한국세무사회 자격시험 홈페이지에서 최신버전의 전산회계프로그램을 재설치한 후 활용하세요.

● 설치화면에서 A형에 체크하고, 교재에 표시된 감독관 번호를 입력한 후 로그인 합니다.

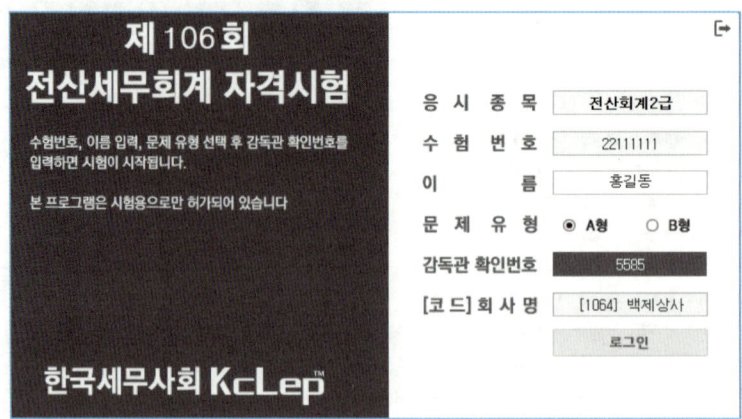

● 기출시험 화면이 나타나면 교재 기출시험 문제를 보며 이론과 실습을 풀어봅니다.

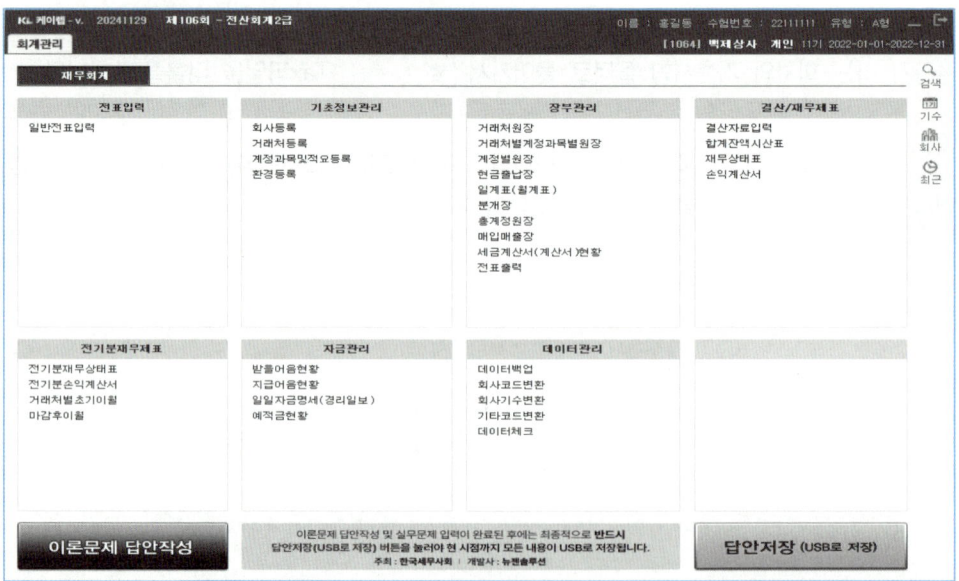

● 실제 자격시험에서는 기출시험화면 하단의 [이론문제 답안작성]을 클릭하여, 이론답 번호체크 및 실무시험답안에 조회문제 답을 입력한 후 최종 [답안저장] 클릭 후, USB를 제출합니다.

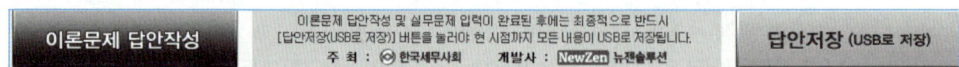

[이론문제 및 실기조회문제 답안작성 화면]

이론답안작성

▷ 응시정보

성 명 : 홍길동   급 수 : 전산회계2급
수험번호 : 22111112   문제유형 : A형

닫기

▷ 이론시험답안

1번	1	2	3	4	6번	1	2	3	4	11번	1	2	3	4
2번	1	2	3	4	7번	1	2	3	4	12번	1	2	3	4
3번	1	2	3	4	8번	1	2	3	4	13번	1	2	3	4
4번	1	2	3	4	9번	1	2	3	4	14번	1	2	3	4
5번	1	2	3	4	10번	1	2	3	4	15번	1	2	3	4

▷ 실무시험답안

[1] : 거래처명 _____   금액 _____ 원
[2] : _____ 원 증감여부 _____
[3] : _____ 원

2023년 2월 시행 제106회 전산회계자격시험		

수험번호: 22111112   감독관번호: 5585   합격률: 53.3%

종목 및 등급 :	**전산회계2급**	제한시간: 60분

① USB 수령	· 감독관으로부터 시험에 필요한 응시종목별 기초백데이타 설치용 USB를 지급받는다. · USB 꼬리표가 **본인 응시종목인지 확인**하고, 뒷면에 **수험정보**를 정확히 기재한다.
② USB 설치	(1) USB를 컴퓨터에 정확히 꽂은 후, 인식된 해당 USB드라이브로 이동한다. (2) USB드라이브에서 기초백데이타설치프로그램인 '**Tax.exe**' 파일을 실행시킨다. [주의] USB는 처음 설치이후, 시험 중 수험자 임의로 절대 재설치(초기화)하지 말 것.
③ 수험정보입력	· [수험번호(8자리)] -[성명]을 정확히 입력한 후 [설치]버튼을 클릭한다. * 처음 입력한 수험정보는 이후 절대 수정이 불가하니 정확히 입력할 것.
④ 시험지 수령	· 시험지가 본인의 응시종목(급수)인지 여부와 문제유형(A또는B)을 확인한다. · 문제유형(A또는B)을 프로그램에 입력한다. · 시험지의 총 페이지수를 확인한다. · 급수와 페이지수를 확인하지 않은 것에 대한 책임은 수험자에게 있음.
⑤ 시험시작	· 감독관이 불러주는 '**감독관확인번호**'를 정확히 입력하고, 시험에 응시한다.
(시험을 마치면) ⑥ USB 저장	(1) **이론문제의 답**은 메인화면에서 [이론문제 답안작성] 을 클릭하여 입력한다. (2) **실무문제의 답**은 문항별 요구사항을 수험자가 파악하여 각 메뉴에 입력한다. (3) 이론과 실무문제의 **답을 모두입력한 후** [답안저장(USB로 저장)] 을 클릭하여 저장한다. (4) **저장완료** 메시지를 확인한다.
⑦ USB제출	· 답안이 수록된 USB메모리를 빼서, 〈감독관〉에게 제출 후 조용히 퇴실한다.

▶ 본 자격시험은 전산프로그램을 이용한 자격시험입니다. 컴퓨터의 사양에 따라 전산진행속도가 느려질 수도 있으므로 전산프로그램의 진행속도를 고려하여 입력해주시기 바랍니다.
▶ 수험번호나 성명 등을 잘못 입력했거나, 답안을 USB에 저장하지 않음으로써 발생하는 일체의 불이익과 책임은 수험자 본인에게 있습니다.
▶ 타인의 답안을 자신의 답안으로 부정 복사한 경우 해당 관련자는 모두 불합격 처리됩니다.
▶ PC, 프로그램 등 조작미숙으로 시험이 불가능하다고 판단될 경우 불합격처리 될 수 있습니다.

[이론문제 답안작성] 을 한번도 클릭하지 않으면 [답안저장(USB로 저장)] 을 클릭해도 답안 저장되지 않음.

제106회 전산회계자격시험

이론시험

다음 문제를 보고 알맞은 것을 골라 [이론문제 답안작성] 메뉴에 입력하시오.(객관식 문항당 2점)

기본전제
문제에서 한국채택국제회계기준을 적용하도록 하는 전제조건이 없는 경우, 일반기업회계기준을 적용한다.

01 다음 중 일반기업회계기준상 회계의 목적에 대한 설명으로 가장 거리가 먼 것은?
① 미래 자금흐름 예측에 유용한 회계 외 비화폐적 정보의 제공
② 경영자의 수탁책임 평가에 유용한 정보의 제공
③ 투자 및 신용의사결정에 유용한 정보의 제공
④ 재무상태, 경영성과, 현금흐름 및 자본변동에 관한 정보의 제공

02 다음 중 보기의 거래에 대한 분개로 틀린 것은?
① 차용증서를 발행하고 현금 1,000,000원을 단기차입하다.
　(차) 현금　1,000,000원　　(대) 단기차입금　1,000,000원
② 비품 1,000,000원을 외상으로 구입하다.
　(차) 비품　1,000,000원　　(대) 외상매입금　1,000,000원
③ 상품매출 계약금으로 현금 1,000,000원을 수령하다.
　(차) 현금　1,000,000원　　(대) 선수금　1,000,000원
④ 직원부담분 건강보험료와 국민연금 1,000,000원을 현금으로 납부하다.
　(차) 예수금　1,000,000원　　(대) 현금　1,000,000원

03 다음 중 일정기간 동안 기업의 경영성과를 나타내는 재무보고서의 계정과목으로만 짝지어진 것은?
① 매출원가, 외상매입금　　② 매출액, 미수수익
③ 매출원가, 기부금　　　　④ 선급비용, 기부금

04 다음 중 거래의 8요소와 그 예시가 적절한 것을 모두 고른 것은?

> 가. 자산증가/자산감소 : 기계장치 100,000원을 구입하고, 대금은 보통예금으로 지급하다.
> 나. 자산증가/자본증가 : 현금 100,000원을 출자하여 회사를 설립하다.
> 다. 자산증가/부채증가 : 은행으로부터 100,000원을 차입하고 즉시 보통예금으로 수령하다.
> 라. 부채감소/자산감소 : 외상매입금 100,000원을 현금으로 지급하다.

① 가, 나 ② 가, 나, 다
③ 가, 다, 라 ④ 가, 나, 다, 라

05 다음의 잔액시산표에서 (가), (나)에 각각 들어갈 금액으로 옳은 것은?

잔액시산표
안산㈜   2025.12.31.   단위 : 원

차변	계정과목	대변
100,000	현　　금	
700,000	건　　물	
	외상매입금	90,000
	자　본　금	(나)
	이 자 수 익	40,000
50,000	급　　여	
(가)		(가)

	(가)	(나)
①	140,000원	740,000원
②	850,000원	740,000원
③	140,000원	720,000원
④	850,000원	720,000원

06 다음 중 결산 시 손익으로 계정을 마감하는 계정과목에 해당하는 것은?

① 이자수익 ② 자본금
③ 미지급금 ④ 외상매출금

07. 다음과 같은 특징을 가진 자산이 아닌 것은?

- 보고기간 종료일로부터 1년 이상 장기간 사용 가능한 자산
- 타인에 대한 임대 또는 자체적으로 사용할 목적의 자산
- 물리적 형태가 있는 자산

① 상품 판매 및 전시를 위한 상가
② 상품 판매를 위한 재고자산
③ 상품 운반을 위한 차량운반구
④ 상품 판매를 위한 상가에 설치한 시스템에어컨

08. 다음은 ㈜무릉의 재무제표 정보이다. 이를 이용하여 2025 회계연도 말 부채합계를 구하면 얼마인가?

구분	2024년 12월 31일	2025년 12월 31일
자산합계	8,500,000원	11,000,000원
부채합계	4,000,000원	?
2024 회계연도 중 자본변동내역	당기순이익 800,000원	

① 3,700,000원
② 4,700,000원
③ 5,700,000원
④ 6,200,000원

09. 다음 중 재고자산과 관련된 지출 금액으로서 재고자산의 취득원가에서 차감하는 것은?

① 매입운임
② 매출운반비
③ 매입할인
④ 급여

10. 2025년 1월 1일 취득한 건물(내용연수 10년)을 정액법에 의하여 기말에 감가상각한 결과, 당기 감가상각비는 9,000원이었다. 건물의 잔존가치가 5,000원이라고 할 때 취득원가는 얼마인가?

① 100,000원
② 95,000원
③ 90,000원
④ 85,000원

11. 다음 중 유동자산에 속하지 않는 것은?
① 외상매출금 ② 선급비용
③ 기계장치 ④ 상품

12. 다음 자료에서 당기 기말손익계산서에 계상되는 임대료는 얼마인가?

- 당기 임대료로 3,600,000원을 현금으로 받다.
- 당기에 받은 임대료 중 차기에 속하는 금액은 900,000원이다.

① 900,000원 ② 2,700,000원
③ 3,600,000원 ④ 4,500,000원

13. 급여 지급 시 총급여 300,000원 중 근로소득세 10,000원을 차감하고 290,000원을 현금으로 지급하였다. 이 거래에서 나타날 유동부채 계정으로 적합한 것은?
① 예수금 ② 미수금
③ 가수금 ④ 선수금

14. 다음의 결산일 현재 계정별원장 중 자본금 원장에 대한 설명으로 옳지 않은 것은?

	자본금	
12/31 차기이월 2,900,000원	01/01 전기이월	2,000,000원
	12/31 손익	900,000원

① 기초자본금은 2,000,000원이다.
② 당기순이익 900,000원이 발생되었다.
③ 차기의 기초자본금은 2,900,000원이다.
④ 결산일 자본금 원장은 손익 2,000,000원으로 마감되었다.

15. 다음 중 세금과공과 계정을 사용하여 회계처리하는 거래는 무엇인가?
① 본사 업무용 건물의 재산세를 현금으로 납부하다.
② 급여 지급 시 근로소득세를 원천징수 후 잔액을 현금으로 지급하다.
③ 차량운반구를 취득하면서 취득세를 현금으로 지급하다.
④ 회사 대표자의 소득세를 현금으로 납부하다.

실무시험

백제상사(코드번호:1064)는 사무용품을 판매하는 개인기업이다. 당기(제11기)의 회계기간은 2022.1.1.~2022.12.31.이다. 전산세무회계 수험용 프로그램을 이용하여 다음 물음에 답하시오.

| 기본전제 |

- 문제에서 한국채택국제회계기준을 적용하도록 하는 전제조건이 없는 경우, 일반기업회계기준을 적용하여 회계처리한다.
- 문제의 풀이와 답안작성은 제시된 문제의 순서대로 진행한다.

문제 1 다음은 백제상사의 사업자등록증이다. [회사등록] 메뉴에 입력된 내용을 검토하여 누락분은 추가입력하고 잘못된 부분은 정정하시오(주소 입력 시 우편번호는 입력하지 않아도 무방함). (6점)

사업자등록증
(일반과세자)

등록번호 : 305-52-36547

상　　　호 : 백제상사
성　　　명 : 최인승　　　생 년 월 일 : 1965 년 05 월 05 일
개 업 연 월 일 : 2012 년 03 월 14 일
사업장소재지 : 대전광역시 중구 대전천서로 7(옥계동)

사업의 종류 : 업태 도소매　　　종목 문구 및 잡화

발 급 사 유 : 신규
공 동 사 업 자 :

사업자 단위 과세 적용사업자 여부 : 여(　) 부(∨)
전자세금계산서 전용 전자우편주소 :

2012 년 03 월 14 일

대 전 세 무 서 장

 **문제 2**   다음은 백제상사의 [전기분재무상태표]이다. 입력되어 있는 자료를 검토하여 오류 부분은 정정하고 누락된 부분은 추가 입력하시오. (6점)

재무상태표

회사명 : 백제상사　　　　　　제10기 2021.12.31. 현재　　　　　　(단위 : 원)

과목	금액		과목	금액	
현　　　　　금		45,000,000	외 상 매 입 금		58,000,000
당 좌 예 금		30,000,000	지 급 어 음		70,000,000
보 통 예 금		23,000,000	미 지 급 금		49,000,000
외 상 매 출 금	40,000,000		단 기 차 입 금		80,000,000
대 손 충 당 금	400,000	39,600,000	장 기 차 입 금		17,500,000
받 을 어 음	60,000,000		자 　 본 　 금		418,871,290
대 손 충 당 금	520,000	59,480,000	(당기순이익 :		
단 기 대 여 금		10,000,000	10,000,000)		
상　　　　품		90,000,000			
토　　　　지		274,791,290			
건　　　　물	30,000,000				
감가상각누계액	2,500,000	27,500,000			
차 량 운 반 구	50,000,000				
감가상각누계액	14,000,000	36,000,000			
비　　　　품	60,000,000				
감가상각누계액	2,000,000	58,000,000			
자 산 총 계		693,371,290	부채와자본총계		693,371,290

 **문제 3**   다음 자료를 이용하여 입력하시오. (6점)

[1] 거래처의 사업자등록증이 다음과 같이 정정되었다. 확인하여 변경하시오. (3점)

고구려상사 (코드 : 01111)	• 대표자명 : 이재천　　• 사업자등록번호 : 365-35-12574 • 업태 : 도소매　　　• 종목 : 잡화　　• 유형 : 동시 • 사업장소재지 : 경기도 남양주시 진접읍 장현로 83

[2] 백제상사의 거래처별 초기이월 자료는 다음과 같다. 주어진 자료를 검토하여 잘못된 부분은 오류를 정정하고, 누락된 부분은 추가하여 입력하시오. (3점)

계정과목	거래처명	금액(원)	계정과목	거래처명	금액(원)
외상매출금	고려상사	18,000,000원	외상매입금	조선상사	22,000,000원
	부여상사	9,000,000원		신라상사	17,000,000원
	발해상사	13,000,000원		가야상사	19,000,000원

문제 4
다음의 거래 자료를 [일반전표입력] 메뉴를 이용하여 입력하시오. (24점)

입력 시 유의사항
- 적요의 입력은 생략한다.
- 부가가치세는 고려하지 않는다.
- 채권·채무와 관련된 거래는 별도의 요구가 없는 한 반드시 기등록된 거래처코드를 선택하는 방법으로 거래처명을 입력한다.
- 회계처리 시 계정과목은 별도의 제시가 없는 한 등록된 계정과목 중 가장 적절한 과목으로 한다.

[1] 07월 09일 영업부에서 사용할 차량 45,000,000원을 구입하고 당좌수표를 발행하여 지급하다. (3점)

[2] 07월 10일 진영상사로부터 상품 1,000,000원(1,000개, 1개당 1,000원)을 매입하기로 계약하고, 계약금으로 상품 대금의 10%를 보통예금 계좌에서 이체하여 지급하다. (3점)

[3] 07월 25일 광주상사에 대한 상품 외상매입금 900,000원을 약정기일보다 빠르게 현금 지급하고, 외상매입금의 1%를 할인받다(단, 할인금액은 매입할인으로 처리한다). (3점)

[4] 08월 25일 보유하고 있던 건물(취득원가 30,000,000원)을 하나상사에 29,000,000원에 매각하다. 대금 중 10,000,000원은 보통예금 계좌로 받고, 잔액은 다음 달 10일에 수령하기로 하다. 단, 8월 25일까지 해당 건물의 감가상각누계액은 2,500,000원이다. (3점)

[5] 10월 13일 발해상사에 상품을 2,300,000원에 판매하고 대금 중 1,200,000원은 동점 발행 약속어음을 수령하였으며, 잔액은 2개월 후에 받기로 하다. (3점)

[6] 10월 30일 직원의 결혼식에 보내기 위한 축하화환을 멜리꽃집에서 주문하고 대금은 현금으로 지급하면서 아래와 같은 현금영수증을 수령하다. (3점)

현금영수증			
승인번호	구매자 발행번호		발행방법
G54782245	305-52-36547		지출증빙
신청구분	발행일자		취소일자
사업자번호	2022.10.30.		-
상품명			
축하3단화환			
구분	주문번호		상품주문번호
일반상품	2022103054897		2022103085414

판매자 정보	
판매자상호	대표자명
멜리꽃집	김나리
사업자등록번호	판매자전화번호
201-17-45670	032-459-8751
판매자사업장주소	
인천시 계양구 방축로 106, 75-3	

금액							
공급가액			1	0	0	0	0	0
부가세액							
봉사료							
승인금액			1	0	0	0	0	0

[7] 10월 31일 거래처 가야상사 직원인 정가야 씨의 결혼식 모바일 청첩장을 문자메시지로 받고 축의금 200,000원을 보통예금 계좌에서 지급하다. (3점)

[8] 11월 10일 회사의 사내 게시판에 부착할 사진을 우주사진관에서 현상하고, 대금은 현대카드로 결제하다. (3점)

```
카드매출전표

카드종류 : 현대카드
카드번호 : 1234-4512-20**-9965
거래일시 : 2022.11.10. 09:30:51
거래유형 : 신용승인
금     액 : 30,000원
결제방법 : 일시불
승인번호 : 12345539
은행확인 : 신한은행

가맹점명 : 우주사진관
      - 이하생략 -
```

문제 5 [일반전표입력] 메뉴에 입력된 내용 중 다음의 오류가 발견되었다. 입력된 내용을 검토하고 수정 또는 삭제, 추가 입력하여 올바르게 정정하시오. (6점)

― 입력 시 유의사항 ―

- 적요의 입력은 생략한다.
- 부가가치세는 고려하지 않는다.
- 채권·채무와 관련된 거래는 별도의 요구가 없는 한 반드시 기등록된 거래처코드를 선택하는 방법으로 거래처명을 입력한다.
- 회계처리 시 계정과목은 별도의 제시가 없는 한 등록된 계정과목 중 가장 적절한 과목으로 한다.

[1] 09월 08일 거래처 신라상사의 단기차입금 25,000,000원을 보통예금 계좌에서 이체하여 상환한 것으로 회계처리하였으나 실제로는 거래처 조선상사에 대한 외상매입금 25,000,000원을 보통예금 계좌에서 이체하여 지급한 것으로 확인되었다. (3점)

[2] 11월 21일 당사가 현금으로 지급한 축의금 200,000원은 매출거래처 직원의 축의금이 아니라 대표자 개인이 부담해야 할 대표자 동창의 결혼축의금으로 판명되었다. (3점)

문제 6 다음의 결산정리사항을 입력하여 결산을 완료하시오. (12점)

입력 시 유의사항

- 적요의 입력은 생략한다.
- 부가가치세는 고려하지 않는다.
- 채권·채무와 관련된 거래는 별도의 요구가 없는 한 반드시 기등록된 거래처코드를 선택하는 방법으로 거래처명을 입력한다.
- 회계처리 시 계정과목은 별도의 제시가 없는 한 등록된 계정과목 중 가장 적절한 과목으로 한다.

---

[1] 기말 외상매입금 중에는 미국 ABC사의 외상매입금 11,000,000원(미화 $10,000)이 포함되어 있는데, 결산일 현재의 적용환율은 미화 1$당 1,250원이다. (3점)

[2] 결산일 현재 실제 현금 보관액이 장부가액보다 66,000원 많음을 발견하였으나, 그 원인을 알 수 없다. (3점)

[3] 기말 현재 단기차입금에 대한 이자 미지급액 125,000원을 계상하다. (3점)

[4] 당기분 비품 감가상각비는 250,000원, 차량운반구 감가상각비는 1,200,000원이다. 모두 영업부서에서 사용한다. (3점)

문제 7 다음 사항을 조회하여 알맞은 답안을 이론문제 답안작성 메뉴에 입력하시오. (10점)

[1] 6월 말 현재 외상매출금 잔액이 가장 많은 거래처와 금액은 얼마인가? (4점)

[2] 1월부터 3월까지의 판매비와관리비 중 소모품비 지출액이 가장 많은 월의 금액과 가장 적은 월의 금액을 합산하면 얼마인가? (3점)

[3] 6월 말 현재 받을어음의 회수가능금액은 얼마인가? (3점)

이론과 실무문제의 답을 모두 입력한 후 「답안저장(USB로 저장)」을 클릭하여 저장하고, USB메모리를 제출하시기 바랍니다.

2023년 4월 시행
제107회 전산회계자격시험

수험번호: 22111112   감독관번호: 3030   합격률: 72.8%

종목 및 등급 :	**전산회계2급**	제한시간: 60분

① USB 수령	· 감독관으로부터 시험에 필요한 응시종목별 기초백데이타 설치용 USB를 지급받는다. · USB 꼬리표가 **본인 응시종목**인지 **확인**하고, 뒷면에 **수험정보**를 정확히 기재한다.
② USB 설치	(1) USB를 컴퓨터에 정확히 꽂은 후, 인식된 해당 USB드라이브로 이동한다. (2) USB드라이브에서 기초백데이타설치프로그램인 '**Tax.exe**' 파일을 실행시킨다. [주의] USB는 처음 설치이후, **시험 중 수험자 임의로 절대 재설치(초기화)하지 말 것.**
③ 수험정보입력	· [수험번호(8자리)] -[성명]을 정확히 입력한 후 [설치]버튼을 클릭한다. * 처음 입력한 수험정보는 이후 절대 수정이 불가하니 정확히 입력할 것.
④ 시험지 수령	· 시험지가 본인의 응시종목(급수)인지 여부와 문제유형(A또는B)을 확인한다. · 문제유형(A또는B)을 프로그램에 입력한다. · 시험지의 총 페이지수를 확인한다. · 급수와 페이지수를 확인하지 않은 것에 대한 책임은 수험자에게 있음.
⑤ 시험시작	· 감독관이 불러주는 '**감독관확인번호**'를 정확히 입력하고, 시험에 응시한다.
(시험을 마치면) ⑥ USB 저장	(1) **이론문제의 답**은 메인화면에서 [이론문제 답안작성] 을 클릭하여 입력한다. (2) **실무문제의 답**은 문항별 요구사항을 수험자가 파악하여 각 메뉴에 입력한다. (3) 이론과 실무문제의 **답을 모두입력한 후** [답안저장(USB로 저장)] 을 클릭하여 저장한다. (4) **저장완료** 메시지를 확인한다.
⑦ USB제출	· 답안이 수록된 USB메모리를 빼서, 〈감독관〉에게 제출 후 조용히 퇴실한다.

▶ 본 자격시험은 전산프로그램을 이용한 자격시험입니다. 컴퓨터의 사양에 따라 전산진행속도가 느려질 수도 있으므로 전산프로그램의 진행속도를 고려하여 입력해주시기 바랍니다.
▶ 수험번호나 성명 등을 잘못 입력했거나, 답안을 USB에 저장하지 않음으로써 발생하는 일체의 불이익과 책임은 수험자 본인에게 있습니다.
▶ 타인의 답안을 자신의 답안으로 부정 복사한 경우 해당 관련자는 모두 불합격 처리됩니다.
▶ PC, 프로그램 등 조작미숙으로 시험이 불가능하다고 판단될 경우 불합격처리 될 수 있습니다.

[이론문제 답안작성] 을 한번도 클릭하지 않으면 [답안저장(USB로 저장)] 을 클릭해도 답안 저장되지 않음.

제107회 전산회계자격시험

이론시험

다음 문제를 보고 알맞은 것을 골라 [이론문제 답안작성] 메뉴에 입력하시오.(객관식 문항당 2점)

기본전제
문제에서 한국채택국제회계기준을 적용하도록 하는 전제조건이 없는 경우, 일반기업회계기준을 적용한다.

01. 다음 중 회계상 거래에 해당하는 것은?
① 판매점 확장을 위하여 직원을 채용하고 근로계약서를 작성하다.
② 사업확장을 위하여 은행에서 운영자금을 차입하기로 결정하다.
③ 재고 부족이 예상되어 판매용 상품을 추가로 주문하다.
④ 당사 데이터센터의 화재로 인하여 서버용 PC가 소실되다.

02. 다음 중 거래요소의 결합 관계가 잘못 짝지어진 것은?
① (차) 자본의 감소   (대) 자산의 증가
② (차) 수익의 소멸   (대) 자산의 감소
③ (차) 비용의 발생   (대) 부채의 증가
④ (차) 부채의 감소   (대) 자본의 증가

03. 다음의 거래 중 비용이 발생하지 않는 것은?
① 업무용 자동차에 대한 당기분 자동차세 100,000원을 현금으로 납부하다.
② 적십자회비 100,000원을 현금으로 납부하다.
③ 상공회의소 회비 100,000원을 현금으로 납부하다.
④ 전월에 급여 지급 시 원천징수한 근로소득세를 현금으로 납부하다.

04. 다음 계정과목 중 증가 시 재무상태표상 대변 항목이 아닌 것은?
① 자본금   ② 선수이자   ③ 선급금   ④ 외상매입금

05. 다음의 자료에서 당좌자산의 합계액은 얼마인가?

> · 현금 300,000원 　　· 보통예금 800,000원 　　· 외상매입금 400,000원
> · 외상매출금 200,000원 　　· 단기매매증권 500,000원

① 1,700,000원　　② 1,800,000원　　③ 2,000,000원　　④ 2,200,000원

06. 다음 자료에서 설명하는 계정과목으로 옳은 것은?

> 상품 판매대금을 조기에 수취함에 따른 계약상 약정에 의한 일정 대금의 할인

① 매출채권처분손실　　　　② 매출환입
③ 매출할인　　　　　　　　④ 매출에누리

07. 다음 중 일반적인 상거래에서 발생한 것으로 아직 회수되지 않은 경우의 회계처리 시 계정과목으로 올바른 것은?

① 미수수익　　② 선수수익　　③ 미수금　　④ 외상매출금

08. 다음 자료에서 기말자본은 얼마인가?

> · 기초자본 1,000,000원　　· 총비용 5,000,000원　　· 총수익 8,000,000원

① 2,000,000원　　② 3,000,000원　　③ 4,000,000원　　④ 8,000,000원

09. 다음은 당기 손익계산서의 일부를 발췌한 자료이다. 당기 매출액을 구하시오.

매출액	기초상품재고액	당기총매입액	기말상품재고액	매출총이익
? 원	25,000,000원	168,000,000원	15,000,000원	172,000,000원

① 350,000,000원　　　　② 370,000,000원
③ 372,000,000원　　　　④ 382,000,000원

10. 다음 자료의 (　) 안에 들어갈 계정과목으로 가장 적절한 것은?

> (　　　)은 기업의 주된 영업활동인 상품 등을 판매하고 이에 대한 대금으로 상대방으로부터 수취한 어음이다.

① 지급어음　　② 받을어음　　③ 외상매출금　　④ 선수금

11. 다음은 차량운반구의 처분과 관련된 자료이다. 차량운반구의 처분가액은 얼마인가?

· 취득가액 : 16,000,000원   · 감가상각누계액 : 9,000,000원   · 유형자산처분손실 : 1,000,000원

① 6,000,000원   ② 7,000,000원   ③ 8,000,000원   ④ 14,000,000원

12. 다음 중 일정 시점의 재무상태를 나타내는 재무보고서의 계정과목으로만 짝지어진 것이 아닌 것은?

① 외상매입금, 선수금   ② 임대료, 이자비용
③ 선급금, 외상매출금   ④ 선수금, 보통예금

13. 다음 중 아래의 빈칸에 들어갈 내용으로 적절한 것은?

현금및현금성자산은 통화 및 타인발행수표 등 통화대용증권과 당좌예금, 보통예금 및 큰 거래비용 없이 현금으로 전환이 용이하고, 이자율 변동에 따른 가치변동의 위험이 경미한 금융상품으로서 취득 당시 만기일 또는 상환일이 (   ) 이내인 것을 말한다.

① 1개월   ② 2개월   ③ 3개월   ④ 6개월

14. 재고자산의 단가 결정방법 중 아래의 자료에서 설명하는 특징을 가진 것은?

· 실제 물량 흐름과 유사하다.
· 현행수익에 과거원가가 대응된다.
· 기말재고가 가장 최근에 매입한 상품의 단가로 계상된다.

① 선입선출법   ② 후입선출법   ③ 총평균법   ④ 개별법

15. 다음 중 영업외수익에 해당하는 항목으로 적절한 것은?

① 미수수익   ② 경상개발비
③ 외환차손   ④ 이자수익

실무시험

태형상사(코드번호 : 1074)는 사무기기를 판매하는 개인기업으로 당기(제9기) 회계기간은 2023.1.1.~2023.12.31.이다. 전산세무회계 수험용 프로그램을 이용하여 다음 물음에 답하시오.

기본전제

- 문제에서 한국채택국제회계기준을 적용하도록 하는 전제조건이 없는 경우, 일반기업회계기준을 적용하여 회계처리한다.
- 문제의 풀이와 답안작성은 제시된 문제의 순서대로 진행한다.

문제 1 다음은 태형상사의 사업자등록증이다. [회사등록] 메뉴에 입력된 내용을 검토하여 누락분은 추가입력하고 잘못된 부분은 정정하시오(주소 입력 시 우편번호는 입력하지 않아도 무방함). (6점)

사 업 자 등 록 증
(일반과세자)

등록번호 : 107-36-25785

상　　　호 : 태형상사
성　　　명 : 김상수　　　　생 년 월 일 : 1968 년 10 월 26 일
개 업 연 월 일 : 2015 년 01 월 02 일
사업장소재지 : 서울특별시 서초구 명달로 105 (서초동)

사 업 의 종 류 : 　업태　 도소매　　　　 　종목　 사무기기

발 급 사 유 : 신규
공 동 사 업 자 :

사업자 단위 과세 적용사업자 여부 : 여(　) 부(∨)
전자세금계산서 전용 전자우편주소 :

2015 년 01 월 02 일
서 초 세 무 서 장

문제 2 다음은 태형상사의 전기분 재무상태표이다. 입력되어 있는 자료를 검토하여 오류 부분은 정정하고 누락된 부분은 추가 입력하시오. (6점)

재무상태표

회사명 : 태형상사　　　　　　　　제8기 2022.12.31. 현재　　　　　　　　(단위 : 원)

과　　　목	금	액	과　　　목	금	액
현　　　　금		10,000,000	외 상 매 입 금		8,000,000
당 좌 예 금		3,000,000	지 급 어 음		6,500,000
보 통 예 금		10,500,000	미 지 급 금		3,700,000
외 상 매 출 금	5,400,000		예 수 금		700,000
대 손 충 당 금	100,000	5,300,000	단 기 차 입 금		10,000,000
받 을 어 음	9,000,000		자 본 금		49,950,000
대 손 충 당 금	50,000	8,950,000			
미 수 금		4,500,000			
상　　　　품		12,000,000			
차 량 운 반 구	22,000,000				
감가상각누계액	12,000,000	10,000,000			
비　　　　품	7,000,000				
감가상각누계액	2,400,000	4,600,000			
임 차 보 증 금		10,000,000			
자 산 총 계		78,850,000	부채및자본총계		78,850,000

문제 3 다음 자료를 이용하여 입력하시오. (6점)

[1] 다음 자료를 이용하여 [기초정보관리]의 [거래처등록] 메뉴에서 거래처(금융기관)를 추가 등록하시오(단, 주어진 자료 외의 다른 항목은 입력할 필요 없음). (3점)

- 거래처코드 : 98005
- 계좌번호 : 110-081-834009
- 거래처명 : 신한은행
- 계좌개설일 : 2023.01.01
- 사업용 계좌 : 여
- 유형 : 보통예금

[2] 태형상사의 거래처별 초기이월 자료는 다음과 같다. 주어진 자료를 검토하여 잘못된 부분은 오류를 정정하고, 누락된 부분은 추가 입력하시오. (3점)

계정과목	거래처	금액	합계
받을어음	기우상사	3,500,000원	9,000,000원
	하우스컴	5,500,000원	
지급어음	모두피씨	4,000,000원	6,500,000원
	하나로컴퓨터	2,500,000원	

문제 4   다음의 거래 자료를 [일반전표입력] 메뉴를 이용하여 입력하시오. (24점)

입력 시 유의사항

- 적요의 입력은 생략한다.
- 부가가치세는 고려하지 않는다.
- 채권·채무와 관련된 거래는 별도의 요구가 없는 한 반드시 기등록된 거래처코드를 선택하는 방법으로 거래처명을 입력한다.
- 회계처리 시 계정과목은 별도의 제시가 없는 한 등록된 계정과목 중 가장 적절한 과목으로 한다.

[1] 07월 05일 세무은행으로부터 10,000,000원을 3개월간 차입하고, 선이자 300,000원을 제외한 잔액이 당사 보통예금 계좌에 입금되었다(단, 선이자는 이자비용으로 처리하고, 하나의 전표로 입력할 것). (3점)

[2] 07월 07일 다음은 상품을 매입하고 받은 거래명세표이다. 대금은 전액 외상으로 하였다. (3점)

권 호			거래명세표 (공급받는자 보관용)				
2023년 7월 7일							
태형상사 귀하	공급자	사업자등록번호	105-21-32549				
		상 호	대림전자	성 명	김포스 ㉑		
		사업장소재지	서울특별시 강남구 강남대로160길 25 (신사동)				
아래와 같이 계산합니다.		업 태	도소매	종 목	사무기기		
합계금액		삼백구십육만 원정 (₩ 3,960,000)					
월 일	품 목	규 격	수 량	단 가	공 급 대 가		
7월 7일	사무기기	270mm	120개	33,000원	3,960,000원		
전잔금	없음			합 계	3,960,000원		
입 금	0원	잔 금	3,960,000원	인수자	김상수 ㉑		
비 고							

[3] 08월 03일 국제전자의 외상매출금 20,000,000원 중 15,000,000원은 보통예금 계좌로 입금되고 잔액은 국제전자가 발행한 어음으로 수취하였다. (3점)

[4] 08월 10일 취약계층의 코로나19 치료 지원을 위하여 한국복지협의회에 현금 1,000,000원을 기부하다. (3점)

[5] 09월 01일 영업부에서 매출거래처의 대표자 결혼식을 축하하기 위하여 화환을 구입하고 현금으로 결제하였다. (3점)

NO.	영수증 (공급받는자용)			
			태형상사	귀하
공급자	사업자등록번호	109-92-21345		
	상 호	해피해피꽃	성 명	김남길
	사업장 소재지	서울시 강동구 천호대로 1037 (천호동)		
	업 태	도소매	종 목	꽃
작성일자		금액합계		비고
2023.09.01.		49,000원		
공급내역				
월/일	품명	수량	단가	금액
9/1	축하3단화환	1	49,000원	49,000원
합계		₩		49,000
위 금액을 영수함				

[6] 09월 10일 영업부 사원의 급여 지급 시 공제한 근로자부담분 국민연금보험료 150,000원과 회사부담분 국민연금보험료 150,000원을 보통예금 계좌에서 이체하여 납부하다(단, 하나의 전표로 처리하고, 회사부담분 국민연금보험료는 세금과공과로 처리한다). (3점)

[7] 10월 11일 매출처 미래전산에 판매용 PC를 4,800,000원에 판매하기로 계약하고, 판매대금의 20%를 현금으로 미리 수령하였다. (3점)

[8] 11월 25일 전월분(10월 1일~10월 31일) 비씨카드 사용대금 500,000원을 보통예금 계좌에서 이체하여 지급하다(단, 미지급금 계정을 사용할 것). (3점)

문제 5 [일반전표입력] 메뉴에 입력된 내용 중 다음의 오류가 발견되었다. 입력된 내용을 검토하고 수정 또는 삭제, 추가 입력하여 올바르게 정정하시오. (6점)

― 입력 시 유의사항 ―
- 적요의 입력은 생략한다.
- 부가가치세는 고려하지 않는다.
- 채권·채무와 관련된 거래는 별도의 요구가 없는 한 반드시 기등록된 거래처코드를 선택하는 방법으로 거래처명을 입력한다.
- 회계처리 시 계정과목은 별도의 제시가 없는 한 등록된 계정과목 중 가장 적절한 과목으로 한다.

[1] 07월 29일 자본적지출로 처리해야 할 본사 건물 엘리베이터 설치대금 30,000,000원을 보통예금으로 지급하면서 수익적지출로 잘못 처리하였다. (3점)

[2] 11월 23일 대표자 개인 소유 주택의 에어컨 설치 비용 1,500,000원을 회사 보통예금 계좌에서 이체하여 지급하고 비품으로 계상하였다. (3점)

문제 6 다음의 결산정리사항을 입력하여 결산을 완료하시오. (12점)

― 입력 시 유의사항 ―
- 적요의 입력은 생략한다.
- 부가가치세는 고려하지 않는다.
- 채권·채무와 관련된 거래는 별도의 요구가 없는 한 반드시 기등록된 거래처코드를 선택하는 방법으로 거래처명을 입력한다.
- 회계처리 시 계정과목은 별도의 제시가 없는 한 등록된 계정과목 중 가장 적절한 과목으로 한다.

[1] 영업부에서 소모품 구입 시 당기 비용(소모품비)으로 처리한 금액 중 기말 현재 미사용한 금액은 30,000원이다. (3점)

[2] 단기투자목적으로 1개월 전에 ㈜동수텔레콤의 주식 50주(주당 액면금액 5,000원)를 주당 10,000원에 취득했는데, 기말 현재 이 주식의 공정가치는 주당 12,000원이다. (3점)

[3] 보험기간이 만료된 자동차보험을 10월 1일 갱신하고, 보험료 360,000원(보험기간 : 2023년 10월 1일 ~2024년 9월 30일)을 보통예금 계좌에서 이체하여 납부하고 전액 비용으로 처리하였다(단, 보험료는 월할 계산한다). (3점)

[4] 단기차입금에 대한 이자비용 미지급액 중 2023년 귀속분은 600,000원이다. (3점)

문제 7 다음 사항을 조회하여 답안을 「이론문제 답안작성」 메뉴에 입력하시오.(10점)

[1] 상반기(1월~6월) 동안 지출한 기업업무추진비(판) 금액은 얼마인가? (3점)

[2] 1월 말의 미수금 장부가액은 전기 말에 대비하여 얼마나 증가하였는가? (3점)

[3] 5월 말 현재 외상매출금 잔액이 가장 많은 거래처의 거래처코드와 잔액은 얼마인가? (4점)

이론과 실무문제의 답을 모두 입력한 후 「답안저장(USB로 저장)」을 클릭하여 저장하고, USB메모리를 제출하시기 바랍니다.

2023년 6월 시행 제108회 전산회계자격시험

수험번호: 22111112   감독관번호: 8874   합격률: 53.9%

종목 및 등급 :	**전산회계2급**	제한시간: 60분

① USB 수령	· 감독관으로부터 시험에 필요한 응시종목별 기초백데이타 설치용 USB를 지급받는다. · USB 꼬리표가 **본인 응시종목**인지 확인하고, **뒷면에 수험정보**를 정확히 기재한다.
② USB 설치	(1) USB를 컴퓨터에 정확히 꽂은 후, 인식된 해당 USB드라이브로 이동한다. (2) USB드라이브에서 기초백데이타설치프로그램인 **'Tax.exe'** 파일을 실행시킨다. **[주의]** USB는 처음 설치이후, **시험 중 수험자 임의로 절대 재설치(초기화)하지 말 것.**
③ 수험정보입력	· [수험번호(8자리)] -[성명]을 정확히 입력한 후 [설치]버튼을 클릭한다. * 처음 입력한 수험정보는 이후 절대 수정이 불가하니 정확히 입력할 것.
④ 시험지 수령	· 시험지가 본인의 응시종목(급수)인지 여부와 문제유형(A또는B)을 확인한다. · 문제유형(A또는B)을 프로그램에 입력한다. · 시험지의 총 페이지수를 확인한다. · 급수와 페이지수를 확인하지 않은 것에 대한 책임은 수험자에게 있음.
⑤ 시험시작	· 감독관이 불러주는 '**감독관확인번호**'를 정확히 입력하고, 시험에 응시한다.
(시험을 마치면) ⑥ USB 저장	(1) **이론문제의 답**은 메인화면에서 [이론문제 답안작성] 을 클릭하여 입력한다. (2) **실무문제의 답**은 문항별 요구사항을 수험자가 파악하여 각 메뉴에 입력한다. (3) 이론과 실무문제의 **답을 모두입력한 후** [답안저장(USB로 저장)] 을 클릭하여 저장한다. (4) **저장완료** 메시지를 확인한다.
⑦ USB제출	· 답안이 수록된 USB메모리를 빼서, 〈감독관〉에게 제출 후 조용히 퇴실한다.

▶ 본 자격시험은 전산프로그램을 이용한 자격시험입니다. 컴퓨터의 사양에 따라 전산진행속도가 느려질 수도 있으므로 전산프로그램의 진행속도를 고려하여 입력해주시기 바랍니다.
▶ 수험번호나 성명 등을 잘못 입력했거나, 답안을 USB에 저장하지 않음으로써 발생하는 일체의 불이익과 책임은 수험자 본인에게 있습니다.
▶ 타인의 답안을 자신의 답안으로 부정 복사한 경우 해당 관련자는 모두 불합격 처리됩니다.
▶ PC, 프로그램 등 조작미숙으로 시험이 불가능하다고 판단될 경우 불합격처리 될 수 있습니다.

[이론문제 답안작성] 을 한번도 클릭하지 않으면 [답안저장(USB로 저장)] 을 클릭해도 답안 저장되지 않음.

제108회 전산회계자격시험

이론시험

다음 문제를 보고 알맞은 것을 골라 [이론문제 답안작성] 메뉴에 입력하시오.(객관식 문항당 2점)

> **기본전제**
> 문제에서 한국채택국제회계기준을 적용하도록 하는 전제조건이 없는 경우, 일반기업회계기준을 적용한다.

01. 다음 중 일정기간의 회계정보를 제공하는 재무제표가 아닌 것은?

① 현금흐름표 ② 손익계산서 ③ 재무상태표 ④ 자본변동표

02. 다음 중 계정의 잔액 표시가 잘못된 것을 고르시오.

① 받을어음 1,500,000원 (차변)
② 미지급금 1,500,000원 (대변)
③ 자본금 1,500,000원 (대변)
④ 임대료 1,500,000원 (차변)

03. 다음은 당기의 재고자산 관련 자료이다. 당기의 상품 매출원가는 얼마인가?

- 기초상품재고액 10,000원
- 상품매입에누리 1,000원
- 당기상품매입액 30,000원
- 기말상품재고액 5,000원

① 34,000원 ② 35,000원 ③ 39,000원 ④ 40,000원

04. 12월 말 결산법인의 당기 취득 기계장치 관련 자료가 다음과 같다. 이를 바탕으로 당기 손익계산서에 반영될 당기의 감가상각비는 얼마인가?

- 7월 1일 기계장치를 1,000,000원에 취득하였다.
- 7월 1일 기계장치 취득 즉시 수익적지출 100,000원이 발생하였다.
- 위 기계장치의 잔존가치는 0원, 내용연수는 5년, 상각방법은 정액법이다. 단, 월할상각할 것.

① 100,000원 ② 110,000원 ③ 200,000원 ④ 220,000원

05. 다음 자료에서 당기말 재무제표에 계상될 보험료는 얼마인가? 단, 회계연도는 매년 1월 1일부터 12월 31일까지이다.

> · 11월 1일 화재보험에 가입하고, 보험료 600,000원을 현금으로 지급하였다.
> · 보험기간은 가입시점부터 1년이며, 기간계산은 월할로 한다.
> · 이외 보험료는 없는 것으로 한다.

① 50,000원　　② 100,000원　　③ 300,000원　　④ 600,000원

06. 다음 중 재무상태표에 표시되는 매입채무 계정에 해당하는 것으로만 짝지어진 것은?
① 미수금, 미지급금　　② 가수금, 가지급금
③ 외상매출금, 받을어음　　④ 외상매입금, 지급어음

07. 다음 중 계정과목의 분류가 올바른 것은?
① 유동자산 : 차량운반구　　② 비유동자산 : 당좌예금
③ 유동부채 : 단기차입금　　④ 비유동부채 : 선수수익

08. 다음 중 현금및현금성자산에 포함되지 않는 것은?
① 우편환증서　　② 배당금지급통지서
③ 당좌차월　　④ 자기앞수표

09. 다음 중 상품 매입계약에 따른 계약금을 미리 지급한 경우에 사용하는 계정과목으로 옳은 것은?
① 가지급금　　② 선급금
③ 미지급금　　④ 지급어음

10. 다음 자료에서 부채의 합계액은 얼마인가?

> · 외상매입금 3,000,000원　· 선수수익 500,000원　· 단기대여금 4,000,000원
> · 미지급비용 2,000,000원　· 선급비용 1,500,000원　· 미수수익 1,000,000원

① 5,500,000원　　② 6,000,000원
③ 6,500,000원　　④ 12,000,000원

11. 다음 중 아래 빈칸에 들어갈 내용으로 적절한 것은?

> 유동자산은 보고기간 종료일로부터 ( )년 이내에 현금화 또는 실현될 것으로 예상되는 자산을 의미한다.

① 1　　　　　② 2　　　　　③ 3　　　　　④ 5

12. 다음 자료에서 당기 외상매출금 기말잔액은 얼마인가?

> · 외상매출금 기초잔액　　3,000,000원
> · 외상매출금 당기 발생액　7,000,000원
> · 외상매출금 당기 회수액　1,000,000원

① 0원　　② 3,000,000원　　③ 5,000,000원　　④ 9,000,000원

13. 다음 중 재고자산에 대한 설명으로 적절하지 않은 것은?

① 재고자산은 정상적인 영업과정에서 판매를 위하여 보유하거나 생산과정에 있는 자산 및 생산 또는 서비스 제공과정에 투입될 원재료나 소모품의 형태로 존재하는 자산을 말한다.
② 재고자산의 취득원가는 취득과 직접적으로 관련되어 있으며 정상적으로 발생되는 기타원가를 포함한다.
③ 선입선출법은 먼저 구입한 상품이 먼저 판매된다는 가정하에 매출원가 및 기말재고액을 구하는 방법이다.
④ 개별법은 상호 교환될 수 있는 재고자산 항목인 경우에만 사용 가능하다.

14. 다음 중 수익의 이연에 해당하는 계정과목으로 옳은 것은?
① 선급비용　　② 미지급비용　　③ 선수수익　　④ 미수수익

15. 다음 중 기말재고자산을 과대평가하였을 때 나타나는 현상으로 옳은 것은?

	매출원가	당기순이익
①	과대계상	과소계상
②	과소계상	과대계상
③	과대계상	과대계상
④	과소계상	과소계상

실무시험

지우상사(코드번호:1084)는 사무기기를 판매하는 개인기업으로 당기(제13기) 회계기간은 2023.1.1.~2023.12.31.이다. 전산세무회계 수험용 프로그램을 이용하여 다음 물음에 답하시오.

기본전제

- 문제에서 한국채택국제회계기준을 적용하도록 하는 전제조건이 없는 경우, 일반기업회계기준을 적용하여 회계처리한다.
- 문제의 풀이와 답안작성은 제시된 문제의 순서대로 진행한다.

 다음은 지우상사의 사업자등록증이다. [회사등록] 메뉴에 입력된 내용을 검토하여 누락분은 추가입력하고 잘못된 부분은 정정하시오(주소 입력 시 우편번호는 입력하지 않아도 무방함). (6점)

사 업 자 등 록 증
(일반과세자)

등록번호 : 210-21-68451

상　　　호 : 지우상사
성　　　명 : 한세무　　　　　생 년 월 일 : 1965 년 12 월 01 일
개 업 연 월 일 : 2011 년 02 월 01 일
사업장소재지 : 경기도 부천시 가로공원로 20-1

사업의 종류 : 업태 도소매　　　　종목 사무기기

발 급 사 유 : 신규
공 동 사 업 자 :

사업자 단위 과세 적용사업자 여부 : 여(　) 부(√)
전자세금계산서 전용 전자우편주소 :

2011 년 02 월 01 일
부 천 세 무 서 장

 **문제 2** 지우상사의 전기분 손익계산서는 다음과 같다. 입력되어 있는 자료를 검토하여 오류부분은 정정하고 누락된 부분은 추가 입력하시오. (6점)

손익계산서

회사명 : 지우상사   제12기 2022년 1월 1일부터 2022년 12월 31일까지   (단위 : 원)

과 목	금 액	과 목	금 액
Ⅰ. 매출액	125,500,000	Ⅴ. 영업이익	11,850,000
1. 상품매출	125,500,000	Ⅵ. 영업외수익	500,000
Ⅱ. 매출원가	88,800,000	1. 이자수익	500,000
상품매출원가	88,800,000	Ⅶ. 영업외비용	1,200,000
1. 기초상품재고액	12,300,000	1. 이자비용	1,200,000
2. 당기상품매입액	79,000,000	Ⅷ. 소득세차감전이익	11,150,000
3. 기말상품재고액	2,500,000	Ⅸ. 소득세등	0
Ⅲ. 매출총이익	36,700,000	Ⅹ. 당기순이익	11,150,000
Ⅳ. 판매비와관리비	24,850,000		
1. 급여	14,500,000		
2. 복리후생비	1,200,000		
3. 여비교통비	800,000		
4. 기업업무추진비	750,000		
5. 수도광열비	1,100,000		
6. 감가상각비	3,950,000		
7. 임차료	1,200,000		
8. 차량유지비	550,000		
9. 수수료비용	300,000		
10. 광고선전비	500,000		

※ 참고: 2024년부터 '접대비'는 '기업업무추진비'로 계정과목 변경됨.

문제 3 다음 자료를 이용하여 입력하시오. (6점)

[1] 다음 자료를 이용하여 [계정과목및적요등록] 메뉴에서 판매비및일반관리비 항목의 여비교통비 계정과목에 적요를 추가로 등록하시오. (3점)

대체적요 NO. 3 : 직원의 국내출장비 예금 인출

[2] [거래처별초기이월] 메뉴의 계정과목별 잔액은 다음과 같다. 주어진 자료를 검토하여 잘못된 부분은 오류를 정정하고, 누락된 부분은 추가 입력하시오. (3점)

계정과목	거래처명	금액
외상매입금	라라무역	23,200,000원
	양산상사	35,800,000원
단기차입금	㈜굿맨	36,000,000원

문제 4 [일반전표입력] 메뉴를 이용하여 다음의 거래 자료를 입력하시오. (24점)

입력 시 유의사항

- 적요의 입력은 생략한다.
- 부가가치세는 고려하지 않는다.
- 채권·채무와 관련된 거래는 별도의 요구가 없는 한 반드시 기등록된 거래처코드를 선택하는 방법으로 거래처명을 입력한다.
- 회계처리 시 계정과목은 별도의 제시가 없는 한 등록된 계정과목 중 가장 적절한 과목으로 한다.

[1] 07월 15일 태영상사에 상품을 4,000,000원에 판매하고 판매대금 중 20%는 태영상사가 발행한 6개월 만기 약속어음으로 받았으며, 나머지 판매대금은 8월 말에 받기로 하였다. (3점)

[2] 08월 25일 큰손은행으로부터 아래와 같이 사업확장을 위한 자금을 차입하고 보통예금 계좌로 송금받았다. (3점)

차입금액	자금용도	연이자율	차입기간	이자 지급 방법
15,000,000원	시설자금	7%	3년	만기 일시 지급

[3] 09월 05일 영업부 사무실의 8월분 인터넷이용료 50,000원과 수도요금 40,000원을 삼성카드로 결제하였다. (3점)

[4] 10월 05일 명절을 맞이하여 과일세트 30박스를 싱싱과일에서 구입하여 매출거래처에 선물하였고, 아래와 같이 영수증을 받았다. (3점)

영수증	
싱싱과일	105-91-3*****
대표자	김민정
경기도 부천시 중동 *** 1층	

품목	수량	단가	금액
과일세트	30	10,000	300,000

합계금액	\ 300,000
결제구분	금액
현 금	300,000원
받은금액	300,000원
미 수 금	-

감사합니다

[5] 10월 24일 새로운 창고를 건축하기 위하여 토지를 50,000,000원에 취득하면서 취득세 2,300,000원을 포함한 총 52,300,000원을 현금으로 지급하였다. (3점)

[6] 11월 02일 온나라상사의 파산으로 인하여 외상매출금을 회수할 수 없게 됨에 따라 온나라상사의 외상매출금 3,000,000원 전액을 대손처리하기로 하다. 11월 2일 현재 대손충당금 잔액은 900,000원이다. (3점)

[7] 11월 30일 영업부 대리 김민정의 11월분 급여를 보통예금 계좌에서 이체하여 지급하였다(단, 하나의 전표로 처리하되, 공제항목은 구분하지 않고 하나의 계정과목으로 처리할 것). (3점)

2023년 11월분 급여명세서

사 원 명 : 김민정		부 서 : 영업부	
입 사 일 : 2022.10.01.		직 급 : 대리	
지 급 내 역	지 급 액	공 제 내 역	공 제 액
기 본 급 여	4,200,000원	국 민 연 금	189,000원
직 책 수 당	0원	건 강 보 험	146,790원
상 여 금	0원	고 용 보 험	37,800원
특 별 수 당	0원	소 득 세	237,660원
자 가 운 전 보 조 금	0원	지 방 소 득 세	23,760원
교 육 지 원 수 당	0원	기 타 공 제	0원
지 급 액 계	4,200,000원	공 제 액 계	635,010원
귀하의 노고에 감사드립니다.		차 인 지 급 액	3,564,990원

[8] 12월 15일 대한상사의 외상매입금 7,000,000원 중 2,000,000원은 현금으로 지급하고 잔액은 보통예금 계좌에서 이체하였다. (3점)

문제 5

[일반전표입력] 메뉴에 입력된 내용 중 다음의 오류가 발견되었다. 입력된 내용을 검토하고 수정 또는 삭제, 추가 입력하여 올바르게 정정하시오. (6점)

| 입력 시 유의사항 |
- 적요의 입력은 생략한다.
- 부가가치세는 고려하지 않는다.
- 채권·채무와 관련된 거래는 별도의 요구가 없는 한 반드시 기등록된 거래처코드를 선택하는 방법으로 거래처명을 입력한다.
- 회계처리 시 계정과목은 별도의 제시가 없는 한 등록된 계정과목 중 가장 적절한 과목으로 한다.

[1] 08월 20일 두리상사에서 상품을 35,000,000원에 매입하기로 계약하고 현금으로 지급한 계약금 3,500,000원을 선수금으로 입금 처리하였음이 확인되다. (3점)

[2] 09월 16일 보통예금 계좌에서 나라은행으로 이체한 4,000,000원은 이자비용을 지급한 것이 아니라 단기차입금을 상환한 것이다. (3점)

문제 6 다음의 결산정리사항을 입력하여 결산을 완료하시오. (12점)

입력 시 유의사항

- 적요의 입력은 생략한다.
- 부가가치세는 고려하지 않는다.
- 채권·채무와 관련된 거래는 별도의 요구가 없는 한 반드시 기등록된 거래처코드를 선택하는 방법으로 거래처명을 입력한다.
- 회계처리 시 계정과목은 별도의 제시가 없는 한 등록된 계정과목 중 가장 적절한 과목으로 한다.

[1] 2023년 4월 1일에 하나은행으로부터 30,000,000원을 12개월간 차입하고, 이자는 차입금 상환시점에 원금과 함께 일시 지급하기로 하였다. 적용이율은 연 5%이며, 차입기간은 2023.04.01.~2024.03.31.이다. 관련된 결산분개를 하시오(단 이자는 월할계산할 것). (3점)

[2] 결산일 현재 예금에 대한 기간경과분 발생이자는 15,000원이다. (3점)

[3] 기말 현재 영업부의 비품에 대한 2023년 당기분 감가상각비는 1,700,000원이다. (3점)

[4] 결산을 위하여 창고의 재고자산을 실사한 결과 기말상품재고액은 6,500,000원이다. (3점)

문제 7 다음 사항을 조회하여 답안을 [이론문제 답안작성] 메뉴에 입력하시오. (10점)

[1] 2분기(4월~6월)에 수석상사에 발행하여 교부한 지급어음의 총 합계액은 얼마인가? (단, 전기이월 금액은 제외할 것) (3점)

[2] 상반기(1월~6월)의 보통예금 입금액은 총 얼마인가? (단, 전기이월 금액은 제외할 것) (3점)

[3] 상반기(1월~6월) 중 기업업무추진비(판매비와일반관리비)를 가장 적게 지출한 월(月)과 그 금액은 얼마인가? (4점)

이론과 실무문제의 답을 모두 입력한 후 「답안저장(USB로 저장)」을 클릭하여 저장하고, USB메모리를 제출하시기 바랍니다.

2023년 8월 시행 제109회 전산회계자격시험

수험번호: 22111112   감독관번호: 9035   합격률: 58.8%

종목 및 등급 :	**전산회계2급**	제한시간: 60분

① USB 수령	· 감독관으로부터 시험에 필요한 응시종목별 기초백데이타 설치용 USB를 지급받는다. · USB 꼬리표가 **본인 응시종목인지 확인**하고, **뒷면에 수험정보를** 정확히 기재한다.
② USB 설치	(1) USB를 컴퓨터에 정확히 꽂은 후, 인식된 해당 USB드라이브로 이동한다. (2) USB드라이브에서 기초백데이타설치프로그램인 '**Tax.exe**' 파일을 실행시킨다. [주의] USB는 처음 설치이후, **시험 중 수험자 임의로 절대 재설치(초기화)하지 말 것**.
③ 수험정보입력	· [수험번호(8자리)] -[성명]을 정확히 입력한 후 [설치]버튼을 클릭한다. * 처음 입력한 수험정보는 이후 절대 수정이 불가하니 정확히 입력할 것.
④ 시험지 수령	· 시험지가 본인의 응시종목(급수)인지 여부와 문제유형(A또는B)을 확인한다. · 문제유형(A또는B)을 프로그램에 입력한다. · 시험지의 총 페이지수를 확인한다. · 급수와 페이지수를 확인하지 않은 것에 대한 책임은 수험자에게 있음.
⑤ 시험시작	· 감독관이 불러주는 '**감독관확인번호**'를 정확히 입력하고, 시험에 응시한다.
(시험을 마치면) ⑥ USB 저장	(1) **이론문제의 답**은 메인화면에서 [이론문제 답안작성]을 클릭하여 입력한다. (2) **실무문제의 답**은 문항별 요구사항을 수험자가 파악하여 각 메뉴에 입력한다. (3) 이론과 실무문제의 **답을 모두입력한 후** [답안저장(USB로 저장)]을 클릭하여 저장한다. (4) **저장완료** 메시지를 확인한다.
⑦ USB제출	· 답안이 수록된 USB메모리를 빼서, 〈감독관〉에게 제출 후 조용히 퇴실한다.

▶ 본 자격시험은 전산프로그램을 이용한 자격시험입니다. 컴퓨터의 사양에 따라 전산진행속도가 느려질 수도 있으므로 전산프로그램의 진행속도를 고려하여 입력해주시기 바랍니다.
▶ 수험번호나 성명 등을 잘못 입력했거나, 답안을 USB에 저장하지 않음으로써 발생하는 일체의 불이익과 책임은 수험자 본인에게 있습니다.
▶ 타인의 답안을 자신의 답안으로 부정 복사한 경우 해당 관련자는 모두 불합격 처리됩니다.
▶ PC, 프로그램 등 조작미숙으로 시험이 불가능하다고 판단될 경우 불합격처리 될 수 있습니다.

[이론문제 답안작성] 을 한번도 클릭하지 않으면 [답안저장(USB로 저장)] 을 클릭해도 답안 저장되지 않음.

제109회 전산회계자격시험

이론시험

다음 문제를 보고 알맞은 것을 골라 │이론문제 답안작성│ 메뉴에 입력하시오.(객관식 문항당 2점)

> **기본전제**
> 문제에서 한국채택국제회계기준을 적용하도록 하는 전제조건이 없는 경우, 일반기업회계기준을 적용한다.

01. 다음 중 거래의 종류와 해당 거래의 연결이 올바르지 않은 것은?
① 교환거래 : 상품 1,000,000원을 매출하기로 계약하고 매출대금의 10%를 현금으로 받다.
② 손익거래 : 당월분 사무실 전화요금 50,000원과 전기요금 100,000원이 보통예금 계좌에서 자동으로 이체되다.
③ 손익거래 : 사무실을 임대하고 1년치 임대료 600,000원을 보통예금 계좌로 입금받아 수익 계정으로 처리하다.
④ 혼합거래 : 단기차입금 1,000,000원과 장기차입금 2,000,000원을 보통예금 계좌에서 이체하여 상환하다.

02. 다음 중 결산 시 대손상각 처리를 할 수 있는 계정과목에 해당하지 않는 것은?
① 받을어음   ② 미수금   ③ 외상매출금   ④ 단기차입금

03. 다음 중 현금 계정으로 처리할 수 없는 것은?
① 자기앞수표
③ 우편환증서
② 당사 발행 당좌수표
④ 배당금지급통지표

04. 다음 자료에서 상품의 순매입액은 얼마인가?

| · 당기상품매입액 50,000원 | · 상품매입할인 3,000원 |
| · 상품매입과 관련된 취득부대비용 2,000원 | · 상품매출에누리 5,000원 |

① 44,000원   ② 47,000원   ③ 49,000원   ④ 52,000원

05. 다음의 거래요소 중 차변에 올 수 있는 거래요소는 무엇인가?

① 수익의 발생 ② 비용의 발생 ③ 자산의 감소 ④ 부채의 증가

06. 다음 중 외상매출금 계정이 대변에 기입 될 수 있는 거래를 모두 찾으시오.

> 가. 상품을 매출하고 대금을 한 달 후에 지급받기로 했을 때
> 나. 외상매출금이 보통예금으로 입금되었을 때
> 다. 외상매출금을 현금으로 지급받았을 때
> 라. 외상매입한 상품 대금을 한 달 후에 보통예금으로 지급했을 때

① 가, 나 ② 나, 다 ③ 다, 라 ④ 가, 라

07. 다음 중 재무상태표상 기말재고자산이 50,000원 과대계상 되었을 때 나타날 수 없는 것은?

① 당기순이익 50,000원 과소계상
② 매출원가 50,000원 과소계상
③ 영업이익 50,000원 과대계상
④ 차기이월되는 재고자산 50,000원 과대계상

08. 다음 자료를 이용하여 영업이익을 계산하면 얼마인가?

> · 매출액   20,000,000원   · 복리후생비   300,000원
> · 매출원가   14,000,000원   · 유형자산처분손실 600,000원
> · 이자비용   300,000원   · 급여   2,000,000원

① 2,800,000원 ② 3,100,000원 ③ 3,700,000원 ④ 4,000,000원

09. 다음 자료에 의한 기말 현재 대손충당금 잔액은 얼마인가?

> · 기말 매출채권 : 20,000,000원
> · 기말 매출채권 잔액에 대하여 1%의 대손충당금을 설정하기로 한다.

① 200,000원 ② 218,000원 ③ 250,000원 ④ 320,000원

10. 다음 중 일반기업회계 기준상 유형자산의 감가상각방법으로 인정되지 않는 것은?
① 선입선출법 ② 정률법 ③ 연수합계법 ④ 생산량비례법

11. 다음의 지출내역 중 판매비와관리비에 해당하는 것을 모두 고른 것은?

| 가. 출장 여비교통비 | 나. 거래처 대표자의 결혼식 화환 구입비 |
| 다. 차입금 이자 | 라. 유형자산처분이익 |

① 가, 나 ② 나, 다 ③ 가, 라 ④ 다, 라

12. 다음 중 자본잉여금에 해당하지 않는 것은?
① 주식발행초과금 ② 감자차익
③ 자기주식처분이익 ④ 임의적립금

13. 다음 중 유동부채에 해당하는 항목의 합계금액으로 적절한 것은?

· 유동성장기부채	4,000,000원	· 장기차입금	5,000,000원
· 미지급비용	1,400,000원	· 선급비용	2,500,000원
· 예수금	500,000원	· 외상매입금	3,300,000원

① 5,200,000원 ② 9,200,000원 ③ 11,700,000원 ④ 16,700,000원

14. 다음 중 당좌자산에 해당하지 않는 항목은?
① 매출채권 ② 현금 ③ 선급비용 ④ 건설중인자산

15. 다음 중 유형자산에 대한 추가적인 지출이 발생했을 때 당기 비용으로 처리할 수 있는 거래를 고르시오.
① 건물의 피난시설을 설치하기 위한 지출
② 내용연수를 연장시키는 지출
③ 건물 내부의 조명기구를 교체하는 지출
④ 상당한 품질향상을 가져오는 지출

실무시험

정금상사(코드번호:1094)는 신발을 판매하는 개인기업으로 당기(제14기)의 회계기간은 2023.1.1.~2023.12.31.이다. 전산세무회계 수험용 프로그램을 이용하여 다음 물음에 답하시오.

| 기본전제 |

- 문제에서 한국채택국제회계기준을 적용하도록 하는 전제조건이 없는 경우, 일반기업회계기준을 적용하여 회계처리한다.
- 문제의 풀이와 답안작성은 제시된 문제의 순서대로 진행한다.

문제 1 다음은 정금상사의 사업자등록증이다. [회사등록] 메뉴에 입력된 내용을 검토하여 누락분은 추가입력하고 잘못된 부분을 정정하시오(주소 입력 시 우편번호는 입력하지 않아도 무방함). (6점)

사업자등록증
(일반과세자)

등록번호 : 646-04-01031

상　　　호 : 정금상사
성　　　명 : 최종효　　　　　생 년 월 일 : 1992 년 11 월 19 일
개 업 연 월 일 : 2010 년 06 월 01 일
사업장소재지 : 서울특별시 강동구 천호대로 1057

사 업 의 종 류 : 업태 도소매　　　　종목 신발

발 급 사 유 : 신규
공 동 사 업 자 :

사업자 단위 과세 적용사업자 여부 : 여( ) 부(√)
전자세금계산서 전용 전자우편주소 :

2010년 06 월 01 일
강 동 세 무 서 장

문제 2 다음은 정금상사의 전기분 손익계산서이다. 입력되어 있는 자료를 검토하여 오류 부분을 정정하고 누락된 부분을 추가 입력하시오. (6점)

손익계산서

회사명 : 정금상사   제13기 2022.1.1.~2022.12.31.   (단위 : 원)

과　　　　　목	금　　액	과　　　　　목	금　　액
Ⅰ. 매　　　출　　　액	120,000,000	Ⅴ. 영　업　이　익	4,900,000
상　품　매　출	120,000,000	Ⅵ. 영　업　외　수　익	800,000
Ⅱ. 매　　　출　　　원　가	90,000,000	이　자　수　익	800,000
상　품　매　출　원　가	90,000,000	Ⅶ. 영　업　외　비　용	600,000
기　초　상　품　재　고　액	30,000,000	이　자　비　용	600,000
당　기　상　품　매　입　액	80,000,000	Ⅷ. 소득세차감전순이익	5,100,000
기　말　상　품　재　고　액	20,000,000	Ⅸ. 소　　득　　세　　등	0
Ⅲ. 매　　출　　총　　이　익	30,000,000	Ⅹ. 당　기　순　이　익	5,100,000
Ⅳ. 판　매　비　와　관　리　비	25,100,000		
급　　　　　　　　여	18,000,000		
복　리　후　생　비	5,000,000		
여　비　교　통　비	600,000		
기　업　업　무　추　진　비	300,000		
소　모　품　비	500,000		
광　고　선　전　비	700,000		

※ 참고: 2024년부터 '접대비'는 '기업업무추진비'로 계정과목 변경됨.

문제 3 다음 자료를 이용하여 입력하시오. (6점)

[1] [계정과목및적요등록] 메뉴에서 판매비와관리비의 기업업무추진비 계정에 다음 내용의 적요를 등록하시오. (3점)

현금적요 No.5 : 거래처 명절선물 대금 지급

[2] 정금상사의 외상매출금과 단기대여금에 대한 거래처별 초기이월 잔액은 다음과 같다. 입력된 자료를 검토하여 잘못된 부분은 수정 또는 삭제, 추가 입력하여 주어진 자료에 맞게 정정하시오. (3점)

계정과목	거래처	잔액	합계
외상매출금	㈜사이버나라	45,000,000원	68,000,000원
	세계상회	23,000,000원	
단기대여금	㈜해일	10,000,000원	13,000,000원
	부림상사	3,000,000원	

문제 4   [일반전표입력] 메뉴를 이용하여 다음의 거래 자료를 입력하시오. (24점)

입력 시 유의사항
- 적요의 입력은 생략한다.
- 부가가치세는 고려하지 않는다.
- 채권·채무와 관련된 거래는 별도의 요구가 없는 한 반드시 기등록된 거래처코드를 선택하는 방법으로 거래처명을 입력한다.
- 회계처리 시 계정과목은 별도의 제시가 없는 한 등록된 계정과목 중 가장 적절한 과목으로 한다.

[1] 08월 01일 단기매매목적으로 ㈜바이오의 발행주식 10주를 1주당 200,000원에 취득하였다. 대금은 취득과정에서 발생한 별도의 증권거래수수료 12,000원을 포함하여 보통예금 계좌에서 전액을 지급하였다. ㈜바이오의 발행주식 1주당 액면가액은 1,000원이다. (3점)

[2] 09월 02일 푸름상회에서 판매용 신발을 매입하고 대금 중 5,000,000원은 푸름상회에 대한 외상매출금과 상계하여 처리하고 잔액은 외상으로 하다. (3점)

권		호				거래명세표 (거래용)				
2023년 09월 02일										
정금상사 귀하				공급자	사업자등록번호	109-02-57411				
					상 호	푸름상회	성 명	나푸름		㊞
					사 업 장 소 재 지	서울특별시 서초구 명달로 105				
아래와 같이 계산합니다.					업 태	도소매	종 목	신발		
합계금액					구백육십만 원정 (₩ 9,600,000)					
월일	품 목		규 격	수 량	단 가		공 급 대 가			
09월 02일	레인부츠			12	800,000원		9,600,000원			
	계						9,600,000원			
전잔금	없음				합		계	9,600,000원		
입 금	5,000,000원		잔 금	4,600,000원		인수자	최종효			㊞
비 고			판매대금 5,000,000원은 외상대금과 상계처리하기로 함.							

[3] 10월 05일 업무용 모니터(비품)를 구입하고 현금 550,000원을 다음과 같이 지급하다. (3점)

현금영수증(지출증빙용) CASH RECEIPT	
사업자등록번호	108-81-11116
현금영수증가맹점명	㈜성실산업
대표자	김성실
주소	서울 관악 봉천 458
전화번호	02 - 220 - 2223
품명 모니터	승인번호 12345
거래일시 2023.10.5	취소일자

단위	백		천			원
금액 AMOUNT	5	5	0	0	0	0
봉사료 TIPS						
합계 TOTAL	5	5	0	0	0	0

[4] 10월 20일 영업부 직원의 건강보험료 회사부담분 220,000원과 직원부담분 220,000원을 보통예금 계좌에서 이체하여 납부하다(단, 하나의 전표로 처리하고, 회사부담분 건강보험료는 복리후생비 계정을 사용할 것). (3점)

[5] 11월 01일 광고 선전을 목적으로 불특정 다수에게 배포할 판촉물을 제작하고 제작대금 990,000원은 당좌수표를 발행하여 지급하다. (3점)

[6] 11월 30일 좋은은행에 예치한 1년 만기 정기예금의 만기가 도래하여 원금 10,000,000원과 이자 500,000원이 보통예금 계좌로 입금되다. (3점)

[7] 12월 05일 본사 영업부에 비치된 에어컨을 수리하고 수리비 330,000원을 신용카드(하나카드)로 결제하다. (3점)

[8] 12월 15일 에스파파상사로부터 상품을 25,000,000원에 매입하기로 계약하고, 계약금 1,000,000원을 보통예금 계좌에서 이체하여 지급하다. (3점)

 **문제 5** [일반전표입력] 메뉴에 입력된 내용 중 다음의 오류가 발견되었다. 입력된 내용을 검토하고 수정 또는 삭제, 추가 입력하여 올바르게 정정하시오. (6점)

―| 입력 시 유의사항 |―
- 적요의 입력은 생략한다.
- 부가가치세는 고려하지 않는다.
- 채권·채무와 관련된 거래는 별도의 요구가 없는 한 반드시 기등록된 거래처코드를 선택하는 방법으로 거래처명을 입력한다.
- 회계처리 시 계정과목은 별도의 제시가 없는 한 등록된 계정과목 중 가장 적절한 과목으로 한다.

[1] 10월 27일 기업주가 사업 확장을 위하여 좋은은행에서 만기 1년 이내의 대출 10,000,000원을 단기차입하여 보통예금 계좌에 입금하였으나 이를 자본금으로 처리하였음을 확인하다. (3점)

[2] 11월 16일 보통예금 계좌에서 지급한 198,000원은 거래처에 선물하기 위해 구입한 신발이 아니라 판매를 목적으로 구입한 신발의 매입대금이었음이 확인되었다. (3점)

 **문제 6** 다음의 결산정리사항을 입력하여 결산을 완료하시오. (12점)

―| 입력 시 유의사항 |―
- 적요의 입력은 생략한다.
- 부가가치세는 고려하지 않는다.
- 채권·채무와 관련된 거래는 별도의 요구가 없는 한 반드시 기등록된 거래처코드를 선택하는 방법으로 거래처명을 입력한다.
- 회계처리 시 계정과목은 별도의 제시가 없는 한 등록된 계정과목 중 가장 적절한 과목으로 한다.

[1] 구입 시 자산으로 처리한 소모품 중 결산일 현재 사용한 소모품비는 550,000원이다. (3점)

[2] 2023년 7월 1일에 영업부의 1년치 보증보험료(보험기간:2023.07.01.~2024.06.30.) 1,200,000원을 보통예금 계좌에서 이체하면서 전액 비용계정인 보험료로 처리하였다. 기말수정분개를 하시오(단, 월할계산할 것). (3점)

[3] 현금과부족 계정으로 처리한 현금초과액 50,000원에 대한 원인이 결산일 현재까지 밝혀지지 않았다. (3점)

[4] 외상매출금 및 받을어음 잔액에 대하여만 1%의 대손충당금을 보충법으로 설정하시오(단, 기타 채권에 대하여는 대손충당금을 설정하지 않도록 한다). (3점)

문제 7 다음 사항을 조회하여 답안을 이론문제 답안작성 메뉴에 입력하시오. (10점)

[1] 상반기(1월~6월) 중 현금의 지출이 가장 많은 월(月)은 몇 월(月)이며, 그 금액은 얼마인가? (4점)

[2] 6월 30일 현재 유동부채의 금액은 얼마인가? (3점)

[3] 상반기(1월~6월) 중 복리후생비(판)의 지출이 가장 많은 월(月)과 적은 월(月)의 차액은 얼마인가? (단, 반드시 양수로 입력할 것) (3점)

이론과 실무문제의 답을 모두 입력한 후 「답안저장(USB로 저장)」을 클릭하여 저장하고, USB메모리를 제출하시기 바랍니다.

2023년 10월 시행 제110회 전산회계자격시험

수험번호: 22111112 감독관번호: 5554 합격률: 57%

| 종목 및 등급: | **전산회계2급** | 제한시간: 60분 |

① **USB 수령**
- 감독관으로부터 시험에 필요한 응시종목별 기초백데이타 설치용 USB를 지급받는다.
- USB 꼬리표가 **본인 응시종목인지 확인**하고, **뒷면에 수험정보를 정확히 기재**한다.

② **USB 설치**
(1) USB를 컴퓨터에 정확히 꽂은 후, 인식된 해당 USB드라이브로 이동한다.
(2) USB드라이브에서 기초백데이타설치프로그램인 '**Tax.exe**' 파일을 실행시킨다.
 [주의] USB는 처음 설치이후, **시험 중 수험자 임의로 절대 재설치(초기화)하지 말 것.**

③ **수험정보입력**
- [수험번호(8자리)] -[성명]을 정확히 입력한 후 [설치]버튼을 클릭한다.
 * 처음 입력한 수험정보는 이후 절대 수정이 불가하니 정확히 입력할 것.

④ **시험지 수령**
- 시험지가 본인의 응시종목(급수)인지 여부와 문제유형(A또는B)을 확인한다.
- 문제유형(A또는B)을 프로그램에 입력한다.
- 시험지의 총 페이지수를 확인한다.
- 급수와 페이지수를 확인하지 않은 것에 대한 책임은 수험자에게 있음.

⑤ **시험시작**
- 감독관이 불러주는 '**감독관확인번호**'를 정확히 입력하고, 시험에 응시한다.

(시험을 마치면) ⑥ **USB 저장**
(1) **이론문제의 답**은 메인화면에서 [이론문제 답안작성] 을 클릭하여 입력한다.
(2) **실무문제의 답**은 문항별 요구사항을 수험자가 파악하여 각 메뉴에 입력한다.
(3) 이론과 실무문제의 **답을 모두입력한 후** [답안저장(USB로 저장)] 을 클릭하여 저장한다.
(4) **저장완료** 메시지를 확인한다.

⑦ **USB제출**
- 답안이 수록된 USB메모리를 빼서, 〈감독관〉에게 제출 후 조용히 퇴실한다.

▶ 본 자격시험은 전산프로그램을 이용한 자격시험입니다. 컴퓨터의 사양에 따라 전산진행속도가 느려질 수도 있으므로 전산프로그램의 진행속도를 고려하여 입력해주시기 바랍니다.
▶ 수험번호나 성명 등을 잘못 입력했거나, 답안을 USB에 저장하지 않음으로써 발생하는 일체의 불이익과 책임은 수험자 본인에게 있습니다.
▶ 타인의 답안을 자신의 답안으로 부정 복사한 경우 해당 관련자는 모두 불합격 처리됩니다.
▶ PC, 프로그램 등 조작미숙으로 시험이 불가능하다고 판단될 경우 불합격처리 될 수 있습니다.

[이론문제 답안작성] 을 한번도 클릭하지 않으면 [답안저장(USB로 저장)] 을 클릭해도 답안 저장되지 않음.

제110회 전산회계자격시험

이론시험

다음 문제를 보고 알맞은 것을 골라 [이론문제 답안작성] 메뉴에 입력하시오. (객관식 문항당 2점)

│ 기본전제 │
문제에서 한국채택국제회계기준을 적용하도록 하는 전제조건이 없는 경우, 일반기업회계기준을 적용한다.

01. 다음 중 아래의 거래 요소가 나타나는 거래로 옳은 것은?

> 비용의 발생 – 자산의 감소

① 임대차 계약을 맺고, 당월분 임대료 500,000원을 현금으로 받다.
② 상품 400,000원을 매입하고 대금은 외상으로 하다.
③ 단기차입금에 대한 이자 80,000원을 현금으로 지급하다.
④ 토지 80,000,000원을 구입하고 대금은 보통예금 계좌로 이체하다.

02. 다음 중 유동부채에 해당하지 않는 것은?
① 유동성장기부채 ② 선급비용 ③ 단기차입금 ④ 예수금

03. 다음 중 아래의 (가)와 (나)에 각각 들어갈 내용으로 옳은 것은?

> 단기매매증권을 취득하면서 발생한 수수료는 ___(가)___(으)로 처리하고, 차량운반구를 취득하면서 발생한 취득세는 ___(나)___(으)로 처리한다.

	(가)	(나)
①	수수료비용	차량운반구
②	단기매매증권	차량운반구
③	수수료비용	세금과공과
④	단기매매증권	수수료비용

04. 다음 계정별원장에 기입된 거래를 보고 (A) 안에 들어갈 수 있는 계정과목으로 가장 적절한 것은?

(A)			
09/15	200,000원	기초	1,500,000원
기말	1,600,000원	09/10	300,000원

① 받을어음　② 외상매입금　③ 광고선전비　④ 미수금

05. 다음 중 유형자산의 취득원가를 구성하는 항목이 아닌 것은?
① 재산세
② 취득세
③ 설치비
④ 정상적인 사용을 위한 시운전비

06. 다음 중 당좌자산에 해당하지 않는 것은?
① 현금및현금성자산
② 매출채권
③ 단기투자자산
④ 당좌차월

07. 다음은 인출금 계정과목의 특징에 대한 설명이다. 다음 중 아래의 (가)~(다)에 각각 관련 설명으로 모두 옳은 것은?

- 주로 기업주(사업주)의 (가)의 지출을 의미한다.
- (나)에서 사용되며 임시계정에 해당한다.
- (다)에 대한 평가계정으로 보고기간 말에 (다)으로 대체되어 마감한다.

	(가)	(나)	(다)
①	개인적 용도	개인기업	자본금 계정
②	사업적 용도	법인기업	자본금 계정
③	개인적 용도	법인기업	자산 계정
④	사업적 용도	개인기업	자산 계정

08. 다음 중 손익계산서와 관련된 계정과목이 아닌 것은?
① 임차료　　② 선급비용　　③ 임대료　　④ 유형자산처분이익

09. 다음 중 미지급비용에 대한 설명으로 가장 적절한 것은?
① 당기의 수익에 대응되는 지급된 비용
② 당기의 수익에 대응되는 미지급된 비용
③ 당기의 수익에 대응되지 않지만 지급된 비용
④ 당기의 수익에 대응되지 않지만 미지급된 비용

10. 12월 말 결산일 현재 손익계산서상 당기순이익은 300,000원이었으나, 아래의 사항이 반영되어 있지 않음을 확인하였다. 아래 사항을 반영한 후의 당기순이익은 얼마인가?

> 손익계산서에 보험료 120,000원이 계상되어 있으나 해당 보험료 중 선급보험료 해당액은 30,000원으로 확인되었다.

① 210,000원　　② 270,000원　　③ 330,000원　　④ 390,000원

11. 다음 지출내역 중 영업외비용의 합계액은 얼마인가?

> · 영업용 자동차 보험료 : 5,000원
> · 대손이 확정된 외상매출금의 대손상각비 : 2,000원
> · 10년 만기 은행 차입금의 이자 : 3,000원
> · 사랑의열매 기부금 : 1,000원

① 1,000원　　② 3,000원　　③ 4,000원　　④ 6,000원

12. 다음 중 판매비와관리비에 해당하는 계정과목이 아닌 것은?
① 기업업무추진비　　② 세금과공과　　③ 광고선전비　　④ 기타의대손상각비

13. 다음은 회계의 순환과정을 나타낸 것이다. 아래의 (가)에 들어갈 용어로 옳은 것은?

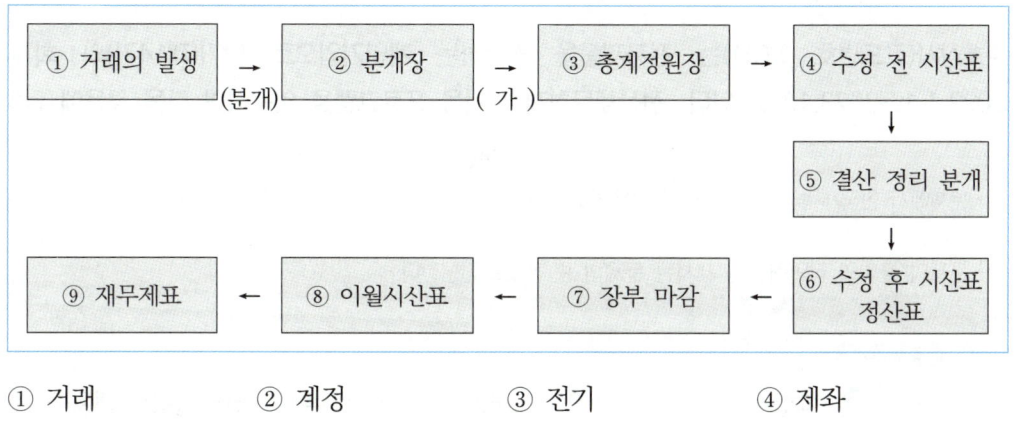

① 거래   ② 계정   ③ 전기   ④ 제좌

14. 다음 자료에서 설명하고 있는 (A)와 (B)에 각각 들어갈 용어로 바르게 짝지은 것은 무엇인가?

일정 시점의 기업의 ___(A)___ 을(를) 나타낸 표를 재무상태표라 하고, 일정 기간의 기업의 ___(B)___ 을(를) 나타낸 표를 손익계산서라 한다.

	(A)	(B)
①	재무상태	경영성과
②	경영성과	재무상태
③	거래의 이중성	대차평균의 원리
④	대차평균의 원리	거래의 이중성

15. 다음 중 상품에 대한 재고자산의 원가를 결정하는 방법에 해당하지 않는 것은?

① 개별법   ② 총평균법   ③ 선입선출법   ④ 연수합계법

실무시험

수호상사(코드번호 : 1104)는 전자제품을 판매하는 개인기업으로 당기(제14기)의 회계기간은 2023.1.1.~2023.12.31.이다. 전산세무회계 수험용 프로그램을 이용하여 다음 물음에 답하시오.

기본전제

- 문제에서 한국채택국제회계기준을 적용하도록 하는 전제조건이 없는 경우, 일반기업회계기준을 적용하여 회계처리한다.
- 문제의 풀이와 답안작성은 제시된 문제의 순서대로 진행한다.

문제 1 다음은 수호상사의 사업자등록증이다. [회사등록] 메뉴에 입력된 내용을 검토하여 누락분은 추가입력하고 잘못된 부분은 정정하시오(주소 입력 시 우편번호는 입력하지 않아도 무방함). (6점)

사 업 자 등 록 증
(일반과세자)

등록번호 : 417-26-00528

상　　　호 : 수호상사
성　　　명 : 김선호　　　　　생 년 월 일 : 1969 년 09 월 13 일
개 업 연 월 일 : 2010 년 09 월 14 일
사업장소재지 : 대전광역시 동구 대전로 987(삼성동)

사 업 의 종 류 : 업태 도소매　　　종목 전자제품

발 급 사 유 : 신규
공 동 사 업 자 :

사업자 단위 과세 적용사업자 여부 : 여(　) 부(∨)
전자세금계산서 전용 전자우편주소 :

2010년 09 월 14 일
대 전 세 무 서 장

문제 2 다음은 수호상사의 전기분 손익계산서이다. 입력되어 있는 자료를 검토하여 오류 부분은 정정하고 누락된 부분은 추가 입력하시오. (6점)

손익계산서

회사명 : 수호상사　　　　제13기 2022.1.1. ~ 2022.12.31.　　　　(단위 : 원)

과　　　　　목	금　　액	과　　　　　목	금　　액
I　매　　출　　액	257,000,000	V　영　업　이　익	18,210,000
상　품　매　출	257,000,000	VI　영　업　외　수　익	3,200,000
II　매　출　원　가	205,000,000	이　자　수　익	200,000
상　품　매　출　원　가	205,000,000	임　　대　　료	3,000,000
기　초　상　품　재　고　액	20,000,000	VII　영　업　외　비　용	850,000
당　기　상　품　매　입　액	198,000,000	이　자　비　용	850,000
기　말　상　품　재　고　액	13,000,000	VIII　소득세차감전순이익	20,560,000
III　매　출　총　이　익	52,000,000	IX　소　득　세　등	0
IV　판　매　비　와　관　리　비	33,790,000	X　당　기　순　이　익	20,560,000
급　　　　　　　여	24,000,000		
복　리　후　생　비	1,100,000		
기　업　업　무　추　진　비	4,300,000		
감　가　상　각　비	500,000		
보　　험　　료	700,000		
차　량　유　지　비	2,300,000		
소　모　품　비	890,000		

※ 참고: 2024년부터 '접대비'는 '기업업무추진비'로 계정과목 변경됨.

문제 3 다음 자료를 이용하여 입력하시오. (6점)

[1] 다음 자료를 이용하여 기초정보관리의 [거래처등록] 메뉴에서 거래처(금융기관)를 추가로 등록하시오. (단, 주어진 자료 외의 다른 항목은 입력할 필요 없음.) (3점)

- 거래처코드 : 98006
- 거래처명 : 한경은행
- 유형 : 보통예금
- 계좌번호 : 1203-4562-49735
- 사업용 계좌 : 여

[2] 수호상사의 외상매출금과 외상매입금의 거래처별 초기이월 채권과 채무잔액은 다음과 같다. 입력된 자료를 검토하여 잘못된 부분은 수정 또는 삭제, 추가 입력하여 주어진 자료에 맞게 정정하시오. (3점)

계정과목	거래처	잔액	계
외상매출금	믿음전자	20,000,000원	35,000,000원
	우진전자	10,000,000원	
	㈜형제	5,000,000원	
외상매입금	중소상사	12,000,000원	28,000,000원
	숭실상회	10,000,000원	
	국보상사	6,000,000원	

문제 4 [일반전표입력] 메뉴를 이용하여 다음의 거래 자료를 입력하시오. (24점)

│ 입력 시 유의사항 │

- 적요의 입력은 생략한다.
- 부가가치세는 고려하지 않는다.
- 채권·채무와 관련된 거래는 별도의 요구가 없는 한 반드시 기등록된 거래처코드를 선택하는 방법으로 거래처명을 입력한다.
- 회계처리 시 계정과목은 별도의 제시가 없는 한 등록된 계정과목 중 가장 적절한 과목으로 한다.

[1] 07월 16일 우와상사에 상품 3,000,000원을 판매하기로 계약하고, 계약금 600,000원을 보통예금 계좌로 입금받았다. (3점)

[2] 08월 04일 당사의 영업부에서 장기간 사용할 목적으로 비품을 구입하고 대금은 BC카드(신용카드)로 결제하였다(단, 미지급금 계정을 사용하여 회계처리할 것). (3점)

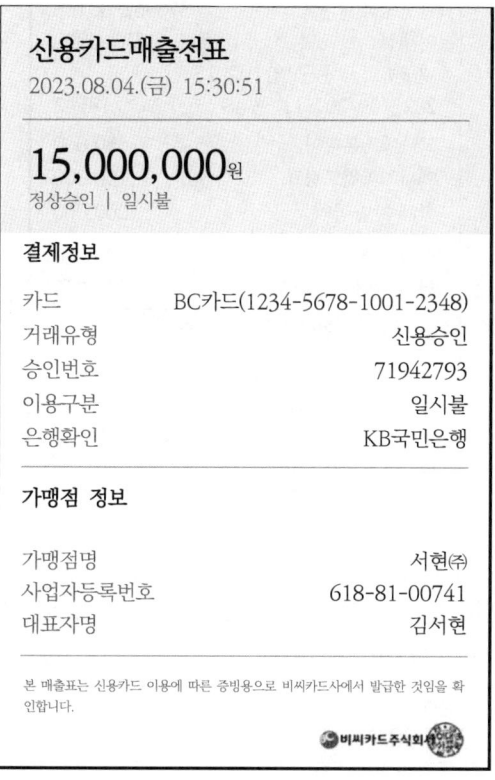

[3] 08월 25일 영업용 차량운반구에 대한 자동차세 120,000원을 현금으로 납부하다. (3점)

[4] 09월 06일 거래처 수분상사의 외상매출금 중 1,800,000원이 예정일보다 빠르게 회수되어 할인금액 2%를 제외한 금액을 당좌예금 계좌로 입금받았다(단, 매출할인 계정을 사용할 것). (3점)

[5] 09월 20일 영업부 직원들을 위한 간식을 현금으로 구매하고 아래의 현금영수증을 수취하였다. (3점)

```
[고객용]
         현금 매출 전표
─────────────────────────────
간식천국              378-62-00158
이재철               TEL : 1577-0000
대구광역시 동구 안심로 15
2023/09/20  11:53:48      NO : 18542
노나머거본파이        5         50,000
에너지파워드링크      30        150,000
합계수량/금액        35        200,000
─────────────────────────────
받을금액                       200,000
현    금                       200,000
─────────────────────────────
         현금영수증(지출증빙)
거 래 자 번 호 : 417-26-00528
승 인 번 호 : G141080158
전 화 번 호 : 현금영수증문의☎126-1-1
홈 페 이 지 : https://hometax.go.kr
```

[6] 10월 05일 당사의 상품을 홍보할 목적으로 홍보용 포스트잇을 제작하고 사업용카드(삼성카드)로 결제하였다. (3점)

```
홍보물닷컴
500,000원
─────────────────────────────
카드종류        신용카드
카드번호        8504-1245-4545-0506
거래일자        2023.10.05. 15:29:45
일시불/할부      일시불
승인번호        28516480
─────────────────────────────
     [상품명]              [금액]
   홍보용 포스트잇         500,000원
─────────────────────────────
              합 계 액     500,000원
              받은금액     500,000원
가맹점정보
가맹점명        홍보물닷컴
사업자등록번호   305-35-65424
가맹점번호      23721275
대표자명        엄하진
전화번호        051-651-0000

         이용해주셔서 감사합니다.
  교환/환불은 영수증을 지참하여 일주일 이내 가능합니다.
                            삼성카드
```

[7] 10월 13일 대전시 동구청에 태풍 피해 이재민 돕기 성금으로 현금 500,000원을 기부하였다. (3점)

[8] 11월 01일 영업부 직원의 국민건강보험료 회사부담분 190,000원과 직원부담분 190,000원을 보통예금 계좌에서 이체하여 납부하였다(단, 회사부담분은 복리후생비 계정을 사용할 것). (3점)

문제 5
[일반전표입력] 메뉴에 입력된 내용 중 다음의 오류가 발견되었다. 입력된 내용을 검토하고 수정 또는 삭제, 추가 입력하여 올바르게 정정하시오. (6점)

입력 시 유의사항
- 적요의 입력은 생략한다.
- 부가가치세는 고려하지 않는다.
- 채권·채무와 관련된 거래는 별도의 요구가 없는 한 반드시 기등록된 거래처코드를 선택하는 방법으로 거래처명을 입력한다.
- 회계처리 시 계정과목은 별도의 제시가 없는 한 등록된 계정과목 중 가장 적절한 과목으로 한다.

[1] 08월 16일 운반비로 계상한 50,000원은 무선상사로부터 상품 매입 시 당사 부담의 운반비를 지급한 것이다. (3점)

[2] 09월 30일 농협은행에서 차입한 장기차입금을 상환하기 위하여 보통예금 계좌에서 11,000,000원을 지급하고 이를 모두 차입금 원금을 상환한 것으로 회계처리하였으나 이 중 차입금 원금은 10,000,000원이고, 나머지 1,000,000원은 차입금에 대한 이자로 확인되었다. (3점)

문제 6
다음의 결산정리사항을 입력하여 결산을 완료하시오. (12점)

입력 시 유의사항
- 적요의 입력은 생략한다.
- 부가가치세는 고려하지 않는다.
- 채권·채무와 관련된 거래는 별도의 요구가 없는 한 반드시 기등록된 거래처코드를 선택하는 방법으로 거래처명을 입력한다.
- 회계처리 시 계정과목은 별도의 제시가 없는 한 등록된 계정과목 중 가장 적절한 과목으로 한다.

[1] 영업부에서 사용하기 위하여 소모품을 구입하고 자산으로 처리한 금액 중 당기 중에 사용한 금액은 70,000원이다. (3점)

[2] 기말 현재 가수금 잔액 200,000원은 강원상사의 외상매출금 회수액으로 판명되었다. (3점)

[3] 결산일까지 현금과부족 100,000원의 원인이 판명되지 않았다. (3점)

[4] 당기분 차량운반구에 대한 감가상각비 600,000원과 비품에 대한 감가상각비 500,000원을 계상하다. (3점)

문제 7 다음 사항을 조회하여 답안을 「이론문제 답안작성」 메뉴에 입력하시오.(10점)

[1] 6월 말 현재 외상매출금 잔액이 가장 적은 거래처의 상호와 그 외상매출금 잔액은 얼마인가? (3점)

[2] 상반기(1~6월) 중 복리후생비(판) 지출액이 가장 많은 달의 지출액은 얼마인가? (3점)

[3] 6월 말 현재 차량운반구의 장부가액은 얼마인가? (4점)

이론과 실무문제의 답을 모두 입력한 후 「답안저장(USB로 저장)」을 클릭하여 저장하고, USB메모리를 제출하시기 바랍니다.

ANT 전산회계 2급

| 2023년 12월 시행
제111회 전산회계자격시험 |  |

수험번호: 22111112   감독관번호: 7985   합격률: 48.6%

| 종목 및 등급 : | **전산회계2급** | 제한시간: 60분 |

① USB 수령	· 감독관으로부터 시험에 필요한 응시종목별 기초백데이타 설치용 USB를 지급받는다. · USB 꼬리표가 **본인 응시종목인지 확인**하고, 뒷면에 **수험정보를** 정확히 기재한다.
② USB 설치	(1) USB를 컴퓨터에 정확히 꽂은 후, 인식된 해당 USB드라이브로 이동한다. (2) USB드라이브에서 기초백데이타설치프로그램인 **'Tax.exe'** 파일을 실행시킨다. [주의] USB는 처음 설치이후, **시험 중 수험자 임의로 절대 재설치(초기화)하지 말 것.**
③ 수험정보입력	· [수험번호(8자리)] -[성명]을 정확히 입력한 후 [설치]버튼을 클릭한다. * 처음 입력한 수험정보는 이후 절대 수정이 불가하니 정확히 입력할 것.
④ 시험지 수령	· 시험지가 본인의 응시종목(급수)인지 여부와 문제유형(A또는B)을 확인한다. · 문제유형(A또는B)을 프로그램에 입력한다. · 시험지의 총 페이지수를 확인한다. · 급수와 페이지수를 확인하지 않은 것에 대한 책임은 수험자에게 있음.
⑤ 시험시작	· 감독관이 불러주는 '**감독관확인번호**'를 정확히 입력하고, 시험에 응시한다.
(시험을 마치면) ⑥ USB 저장	(1) **이론문제의 답**은 메인화면에서 [이론문제 답안작성] 을 클릭하여 입력한다. (2) **실무문제의 답**은 문항별 요구사항을 수험자가 파악하여 각 메뉴에 입력한다. (3) 이론과 실무문제의 **답을 모두입력한 후** [답안저장(USB로 저장)] 을 클릭하여 저장한다. (4) **저장완료** 메시지를 확인한다.
⑦ USB제출	· 답안이 수록된 USB메모리를 빼서, 〈감독관〉에게 제출 후 조용히 퇴실한다.

▶ 본 자격시험은 전산프로그램을 이용한 자격시험입니다. 컴퓨터의 사양에 따라 전산진행속도가 느려질 수도 있으므로 전산프로그램의 진행속도를 고려하여 입력해주시기 바랍니다.
▶ 수험번호나 성명 등을 잘못 입력했거나, 답안을 USB에 저장하지 않음으로써 발생하는 일체의 불이익과 책임은 수험자 본인에게 있습니다.
▶ 타인의 답안을 자신의 답안으로 부정 복사한 경우 해당 관련자는 모두 불합격 처리됩니다.
▶ PC, 프로그램 등 조작미숙으로 시험이 불가능하다고 판단될 경우 불합격처리 될 수 있습니다.

[이론문제 답안작성] 을 한번도 클릭하지 않으면 [답안저장(USB로 저장)] 을 클릭해도 답안 저장되지 않음.

제111회 전산회계자격시험

이론시험

다음 문제를 보고 알맞은 것을 골라 **이론문제 답안작성** 메뉴에 입력하시오.(객관식 문항당 2점)

기본전제

문제에서 한국채택국제회계기준을 적용하도록 하는 전제조건이 없는 경우, 일반기업회계기준을 적용한다.

---

01. 다음 중 복식부기와 관련된 설명이 아닌 것은?
① 차변과 대변이라는 개념이 존재한다.
② 대차평균의 원리가 적용된다.
③ 모든 거래에 대해 이중으로 기록하여 자기검증기능이 있다.
④ 재산 등의 증감변화에 대해 개별 항목의 변동만 기록한다.

02. 다음의 내용이 설명하는 계정과목으로 옳은 것은?

재화의 생산, 용역의 제공, 타인에 대한 임대 또는 자체적으로 사용할 목적으로 보유하는 물리적 형체가 있는 자산으로서, 1년을 초과하여 사용할 것이 예상되는 자산을 말한다.

① 건물   ② 사채   ③ 보험차익   ④ 퇴직급여

03. 다음 괄호 안에 들어갈 내용으로 올바른 것은?

현금및현금성자산은 취득 당시 만기가 (   ) 이내에 도래하는 금융상품을 말한다.

① 1개월   ② 3개월   ③ 6개월   ④ 1년

04. 다음 중 일반기업회계기준에 의한 회계의 특징으로 볼 수 없는 것은?
① 복식회계   ② 영리회계   ③ 재무회계   ④ 단식회계

05. 다음 중 재고자산에 대한 설명으로 틀린 것은?

① 판매를 위하여 보유하고 있는 상품 또는 제품은 재고자산에 해당한다.
② 판매와 관련하여 발생한 수수료는 판매비와관리비로 비용처리 한다.
③ 판매되지 않은 재고자산은 매입한 시점에 즉시 당기 비용으로 인식한다.
④ 개별법은 가장 정확하게 매출원가와 기말재고액을 결정하는 방법이다.

06. 다음의 자료가 설명하는 내용의 계정과목으로 올바른 것은?

> 금전을 수취하였으나 그 내용이 확정되지 않은 경우에 임시로 사용하는 계정과목이다.

① 미지급비용   ② 미지급금   ③ 가수금   ④ 외상매입금

07. 다음은 영업활동 목적으로 거래처 직원과 함께 식사하고 받은 현금영수증이다. 이를 회계처리할 경우 차변에 기재할 계정과목으로 옳은 것은?

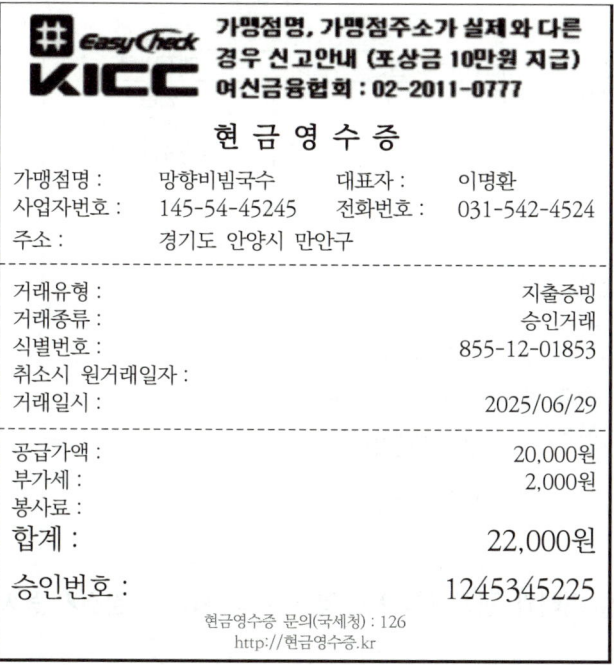

① 기부금   ② 기업업무추진비   ③ 복리후생비   ④ 세금과공과

08. 재고자산은 그 평가방법에 따라 금액이 달라질 수 있다. 다음 중 평가방법에 따른 기말 재고자산 금액의 변동이 매출원가와 매출총이익에 미치는 영향으로 옳은 것은?

① 기말재고자산 금액이 감소하면 매출원가도 감소한다.
② 기말재고자산 금액이 감소하면 매출총이익은 증가한다.
③ 기말재고자산 금액이 증가하면 매출원가도 증가한다.
④ 기말재고자산 금액이 증가하면 매출총이익이 증가한다.

09. 다음 중 판매비와관리비에 해당하는 계정과목은 모두 몇 개인가?

| · 기부금 | · 세금과공과 | · 이자비용 | · 보험료 |
| · 미수금 | · 미지급비용 | · 선급비용 | |

① 1개　　② 2개　　③ 3개　　④ 4개

10. 다음 중 아래의 잔액시산표에 대한 설명으로 옳은 것은?

잔액시산표
일산상사　　2025.1.1.~2025.12.31.　　(단위 : 원)

차변	원면	계정과목	대변
220,000	1	현금	
700,000	2	건물	
	3	외상매입금	90,000
	4	자본금	820,000
	5	이자수익	60,000
50,000	6	급여	
970,000			970,000

① 당기의 기말자본금은 820,000원이다.
② 유동자산의 총합계액은 900,000원이다.
③ 판매비와관리비는 130,000원이다.
④ 당기순이익은 10,000원이다.

11. 다음 중 회계상 거래와 관련하여 자산의 증가와 자산의 감소가 동시에 발생하는 거래로 옳은 것은?

① 영업용 차량을 현금 1,000,000원을 주고 구입하였다.
② 사무실 월세 1,000,000원을 현금으로 지급하였다.
③ 정기예금 이자 1,000,000원을 현금으로 수령하였다.
④ 상품을 1,000,000원에 외상으로 구입하였다.

12. 다음은 서울상사의 수익적 지출 및 자본적 지출에 관한 내용이다. 다음 중 성격이 나머지와 다른 하나는 무엇인가?

① 사무실 유리창이 깨져서 새로운 유리창을 구입하여 교체하였다.
② 기계장치의 경미한 수준의 부속품이 마모되어 해당 부속품을 교체하였다.
③ 상가 건물의 편의성을 높이기 위해 엘리베이터를 설치하였다.
④ 사업장의 벽지가 찢어져서 외주업체를 통하여 다시 도배하였다.

13. 다음은 합격물산의 세금 납부내역이다. 이에 대한 회계처리 시 (A)와 (B)의 차변 계정과목으로 주어진 자료에서 가장 바르게 짝지은 것은?

(A) 합격물산 대표자의 소득세 납부	(B) 합격물산 사옥에 대한 건물분 재산세 납부

	(A)	(B)
①	세금과공과	세금과공과
②	세금과공과	인출금
③	인출금	세금과공과
④	인출금	건물

14. 다음은 합격물산의 당기 말 부채계정 잔액의 일부이다. 재무상태표에 표시될 매입채무는 얼마인가?

· 선수금 10,000원   · 지급어음 20,000원   · 외상매입금 30,000원
· 단기차입금 40,000원   · 미지급금 50,000원

① 50,000원   ② 60,000원   ③ 100,000원   ④ 110,000원

15. 다음의 자료에서 기초자본은 얼마인가?

· 기초자본 (?)   · 총수익 100,000원   · 기말자본 200,000원   · 총비용 80,000원

① 170,000원   ② 180,000원   ③ 190,000원   ④ 200,000원

실무시험

파라상사(코드번호 : 1114)는 문구 및 잡화를 판매하는 개인기업으로 당기(제12기)의 회계기간은 2023.1.1.~2023.12.31.이다. 전산세무회계 수험용 프로그램을 이용하여 다음 물음에 답하시오.

기본전제

- 문제에서 한국채택국제회계기준을 적용하도록 하는 전제조건이 없는 경우, 일반기업회계기준을 적용하여 회계처리한다.
- 문제의 풀이와 답안작성은 제시된 문제의 순서대로 진행한다.

 **문제 1** 다음은 파라상사의 사업자등록증이다. [회사등록] 메뉴에 입력된 내용을 검토하여 누락분은 추가입력하고 잘못된 부분은 정정하시오(주소 입력 시 우편번호는 입력하지 않아도 무방함). (6점)

사 업 자 등 록 증
(일반과세자)

등록번호 : 855-12-01853

상   호 : 파라상사
성   명 : 박연원   생 년 월 일 : 1966 년 07 월 22 일
개 업 연 월 일 : 2012 년 02 월 02 일
사 업 장 소 재 지 : 경기도 안양시 동안구 귀인로 237 (평촌동)

사 업 의 종 류 : 업태 도소매   종목 문구 및 잡화

발 급 사 유 : 신규
공 동 사 업 자 :
사업자 단위 과세 적용사업자 여부 : 여( ) 부(✓)
전자세금계산서 전용 전자우편주소 :

2012년 02 월 02 일
동 안 양 세 무 서 장

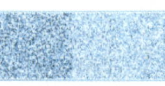

 **문제 2** 다음은 파라상사의 전기분 재무상태표이다. 입력되어 있는 자료를 검토하여 오류 부분은 정정하고 누락된 부분은 추가 입력하시오. (6점)

재무상태표

회사명 : 파라상사　　　　제11기 2022.12.31. 현재　　　　(단위 : 원)

과　　　　목	금	액	과　　　　목	금	액
현　　　　금		2,500,000	외 상 매 입 금		50,000,000
당 좌 예 금		43,000,000	지 급 어 음		8,100,000
보 통 예 금		50,000,000	미 지 급 금		29,000,000
외 상 매 출 금	20,000,000		단 기 차 입 금		5,000,000
대 손 충 당 금	900,000	19,100,000	장 기 차 입 금		10,000,000
받 을 어 음	4,900,000		자 본 금		49,757,000
대 손 충 당 금	43,000	4,857,000	(당 기 순 이 익		
미 수 금		600,000	:8,090,000)		
상　　　　품		7,000,000			
장 기 대 여 금		2,000,000			
차 량 운 반 구	10,000,000				
감 가 상 각 누 계 액	2,000,000	8,000,000			
비　　　　품	7,600,000				
감 가 상 각 누 계 액	2,800,000	4,800,000			
임 차 보 증 금		10,000,000			
자 산 총 계		151,857,000	부채와 자본총계		151,857,000

 **문제 3** 다음 자료를 이용하여 입력하시오. (6점)

[1] 파라상사의 외상매입금과 미지급금에 대한 거래처별 초기이월 잔액은 다음과 같다. 입력된 자료를 검토하여 잘못된 부분은 삭제 또는 수정, 추가 입력하여 주어진 자료에 맞게 정정하시오. (3점)

계정과목	거래처	잔액
외상매입금	고래전자	12,000,000원
	건우상사	11,000,000원
	석류상사	27,000,000원
미지급금	앨리스상사	25,000,000원
	용구상사	4,000,000원

[2] 다음의 내용을 [계정과목및적요등록] 메뉴를 이용하여 보통예금 계정과목에 현금적요를 등록하시오. (3점)

> 현금적요 : 적요No.5, 미수금 보통예금 입금

 **문제 4**   [일반전표입력] 메뉴를 이용하여 다음의 거래 자료를 입력하시오. (24점)

── 입력 시 유의사항 ──
- 적요의 입력은 생략한다.
- 부가가치세는 고려하지 않는다.
- 채권·채무와 관련된 거래는 별도의 요구가 없는 한 반드시 기등록된 거래처코드를 선택하는 방법으로 거래처명을 입력한다.
- 회계처리 시 계정과목은 별도의 제시가 없는 한 등록된 계정과목 중 가장 적절한 과목으로 한다.

[1] 07월 13일 전기에 대손 처리하였던 나마상사의 외상매출금 2,000,000원이 회수되어 보통예금 계좌로 입금되었다. (3점)

[2] 08월 01일 남선상사에 대한 외상매입금 2,000,000원을 지급하기 위하여 오름상사로부터 상품판매대금으로 받은 약속어음을 배서양도하였다. (3점)

[3] 08월 31일 창고가 필요하여 다음과 같이 임대차계약을 체결하고 임차보증금을 보통예금 계좌에서 이체하여 지급하였다(단, 보증금의 거래처를 기재할 것). (3점)

부동산 월세 계약서

본 부동산에 대하여 임대인과 임차인 쌍방은 다음과 같이 합의하여 임대차계약을 체결한다.

1. 부동산의 표시

소 재 지	부산광역시 동래구 금강로73번길 6 (온천동)				
건 물	구조	철근콘크리트	용도	창고	면적	50㎡
임대부분	상동 소재지 전부				

2. 계약내용

제 1 조 위 부동산의 임대차계약에 있어 임차인은 보증금 및 차임을 아래와 같이 지불하기로 한다.

보증금	일금 이천만원 원정 (₩ 20,000,000원) (보증금은 2023년 8월 31일에 지급하기로 한다.)
차 임	일금 삼십만원 원정 (₩ 300,000원) 은 익월 10일에 지불한다.

제 2 조 임대인은 위 부동산을 임대차 목적대로 사용·수익할 수 있는 상태로 하여 2023년 08월 31일까지 임차인에게 인도하며, 임대차기간은 인도일로부터 2025년 08월 30일까지 24개월로 한다.

...중략...

(갑) 임대인 : 온천상가 대표 김온천 (인)
(을) 임차인 : 파라상사 대표 박연원 (인)

[4] 09월 02일 대표자가 개인적인 용도로 사용할 목적으로 컴퓨터를 구입하고 사업용카드(삼성카드)로 결제하였다. (3점)

```
웅장컴퓨터
1,500,000원

카드종류      신용카드
카드번호      1351-1234-5050-9990
거래일자      2023.09.02. 11:11:34
일시불/할부    일시불
승인번호      48556494

  [상품명]              [금액]
   컴퓨터              1,500,000원
------------------------------------
            합 계 액    1,500,000원
            받은금액    1,500,000원

가맹점정보
가맹점명        웅장컴퓨터
사업자등록번호   105-21-32549
가맹점번호      23721275
대표자명        진영기
전화번호        02-351-0000

        이용해주셔서 감사합니다.
   교환/환불은 영수증을 지참하여 일주일 이내 가능합니다.

                                       삼성카드
```

[5] 09월 16일 만안상사에 당사가 보유하고 있던 차량운반구(취득원가 10,000,000원, 처분시까지의 감가상각누계액 2,000,000원)를 9,000,000원에 매각하고 대금은 만안상사 발행 자기앞수표로 받았다. (3점)

[6] 09월 30일 기업 운영자금을 확보하기 위하여 10,000,000원을 우리은행으로부터 2년 후에 상환하는 조건으로 차입하고, 차입금은 보통예금 계좌로 이체받았다. (3점)

[7] 10월 02일 거래처 포스코상사로부터 상품을 2,000,000원에 외상으로 매입하고, 상품 매입과정 중에 발생한 운반비 200,000원(당사가 부담)은 현금으로 지급하였다. (3점)

[8] 10월 29일 신규 채용한 영업부 신입사원들이 사용할 컴퓨터 5대를 주문하고, 견적서 금액의 10%를 계약금으로 보통예금 계좌에서 송금하였다. (3점)

견 적 서

공급자	사업자번호	206-13-30738			견적번호 : 효은-01112 아래와 같이 견적서를 발송 2023년 10월 29일
	상 호	효은상사	대 표 자	김효은 (인)	
	소 재 지	서울시 성동구 행당로 133 (행당동)			
	업 태	도소매	종 목	컴퓨터	
	담 당 자	한슬기	전화번호	1599-7700	

품명	규격	수량(개)	단가(원)	금액(원)	비고
삼성 센스 시리즈	S-7	5	2,000,000	10,000,000	
	이하 여백				
합 계 금 액				10,000,000	

유효기간 : 견적 유효기간은 발행 후 15일
납   기 : 발주 후 3일
결제방법 : 현금결제 및 카드결제 가능
송금계좌 : KB국민은행 / 666-12-90238
기   타 : 운반비 별도

 **문제 5**   [일반전표입력] 메뉴에 입력된 내용 중 다음의 오류가 발견되었다. 입력된 내용을 검토하고 수정 또는 삭제, 추가 입력하여 올바르게 정정하시오. (6점)

── 입력 시 유의사항 ──
- 적요의 입력은 생략한다.
- 부가가치세는 고려하지 않는다.
- 채권·채무와 관련된 거래는 별도의 요구가 없는 한 반드시 기등록된 거래처코드를 선택하는 방법으로 거래처명을 입력한다.
- 회계처리 시 계정과목은 별도의 제시가 없는 한 등록된 계정과목 중 가장 적절한 과목으로 한다.

[1] 10월 05일 자본적지출로 회계처리해야 할 영업점 건물 방화문 설치비 13,000,000원을 수익적지출로 회계처리 하였다. (3점)

[2] 10월 13일 사업용 신용카드(삼성카드)로 결제한 복리후생비 400,000원은 영업부의 부서 회식대가 아니라 영업부의 매출거래처 접대목적으로 지출한 것으로 확인되었다. (3점)

 **문제 6**   다음의 결산정리사항을 입력하여 결산을 완료하시오. (12점)

── 입력 시 유의사항 ──
- 적요의 입력은 생략한다.
- 부가가치세는 고려하지 않는다.
- 채권·채무와 관련된 거래는 별도의 요구가 없는 한 반드시 기등록된 거래처코드를 선택하는 방법으로 거래처명을 입력한다.
- 회계처리 시 계정과목은 별도의 제시가 없는 한 등록된 계정과목 중 가장 적절한 과목으로 한다.

[1] 기말 결산일 현재까지 기간 경과분에 대한 미수이자 1,500,000원 발생하였는데 이와 관련하여 어떠한 회계처리도 되어있지 아니한 상태이다. (3점)

[2] 당기에 납부하고 전액 비용으로 처리한 영업부의 보험료 중 선급액 120,000원에 대한 결산분개를 하시오. (3점)

[3] 당기 중에 단기운용목적으로 ㈜기유의 발행주식 1,000주(1주당 액면금액 1,000원)를 1주당 1,500원에 취득하였으며, 기말 현재 공정가치는 1주당 1,600원이다. 단, 취득 후 주식의 처분은 없었다. (3점)

[4] 기말 매출채권(외상매출금, 받을어음) 잔액에 대하여만 1%를 보충법에 따라 대손충당금을 설정하시오. (3점)

문제 7 다음 사항을 조회하여 답안을 이론문제 답안작성 메뉴에 입력하시오.(10점)

[1] 3월(3월 1일~3월 31일) 중 외상 매출 건수는 총 몇 건인가? (3점)

[2] 6월 말 현재 거래처 자담상사에 대한 선급금 잔액은 얼마인가? (3점)

[3] 현금과 관련하여 상반기(1~6월) 중 입금액이 가장 많은 달의 그 입금액과 출금액이 가장 많은 달의 그 출금액과의 차액은 얼마인가? (단, 음수로 입력하지 말 것) (4점)

이론과 실무문제의 답을 모두 입력한 후 「답안저장(USB로 저장)」을 클릭하여 저장하고, USB메모리를 제출하시기 바랍니다.

2024년 2월 시행
제112회 전산회계자격시험

수험번호: 22111112   감독관번호: 5525   합격률: 56.7%

종목 및 등급 :	**전산회계2급**	제한시간: 60분

① USB 수령	· 감독관으로부터 시험에 필요한 응시종목별 기초백데이타 설치용 USB를 지급받는다. · USB 꼬리표가 **본인 응시종목**인지 확인하고, **뒷면에 수험정보를** 정확히 기재한다.
② USB 설치	(1) USB를 컴퓨터에 정확히 꽂은 후, 인식된 해당 USB드라이브로 이동한다. (2) USB드라이브에서 기초백데이타설치프로그램인 'Tax.exe' 파일을 실행시킨다. [주의] USB는 처음 설치이후, **시험 중 수험자 임의로 절대 재설치(초기화)하지 말 것.**
③ 수험정보입력	· [수험번호(8자리)] -[성명]을 정확히 입력한 후 [설치]버튼을 클릭한다. ＊ 처음 입력한 수험정보는 이후 절대 수정이 불가하니 정확히 입력할 것.
④ 시험지 수령	· 시험지가 본인의 응시종목(급수)인지 여부와 문제유형(A또는B)을 확인한다. · 문제유형(A또는B)을 프로그램에 입력한다. · 시험지의 총 페이지수를 확인한다. · 급수와 페이지수를 확인하지 않은 것에 대한 책임은 수험자에게 있음.
⑤ 시험시작	· 감독관이 불러주는 '**감독관확인번호**'를 정확히 입력하고, 시험에 응시한다.
(시험을 마치면) ⑥ USB 저장	(1) **이론문제의 답**은 메인화면에서 이론문제 답안작성 을 클릭하여 입력한다. (2) **실무문제의 답**은 문항별 요구사항을 수험자가 파악하여 각 메뉴에 입력한다. (3) 이론과 실무문제의 **답을 모두입력한 후** 답안저장(USB로 저장) 을 클릭하여 저장한다. (4) **저장완료** 메시지를 확인한다.
⑦ USB제출	· 답안이 수록된 USB메모리를 빼서, 〈감독관〉에게 제출 후 조용히 퇴실한다.

▶ 본 자격시험은 전산프로그램을 이용한 자격시험입니다. 컴퓨터의 사양에 따라 전산진행속도가 느려질 수도 있으므로 전산프로그램의 진행속도를 고려하여 입력해주시기 바랍니다.
▶ 수험번호나 성명 등을 잘못 입력했거나, 답안을 USB에 저장하지 않음으로써 발생하는 일체의 불이익과 책임은 수험자 본인에게 있습니다.
▶ 타인의 답안을 자신의 답안으로 부정 복사한 경우 해당 관련자는 모두 불합격 처리됩니다.
▶ PC, 프로그램 등 조작미숙으로 시험이 불가능하다고 판단될 경우 불합격처리 될 수 있습니다.

이론문제 답안작성 을 한번도 클릭하지 않으면 답안저장(USB로 저장) 을 클릭해도 답안 저장되지 않음.

제112회 전산회계자격시험

이론시험

다음 문제를 보고 알맞은 것을 골라 │이론문제 답안작성│ 메뉴에 입력하시오.(객관식 문항당 2점)

기본전제
문제에서 한국채택국제회계기준을 적용하도록 하는 전제조건이 없는 경우, 일반기업회계기준을 적용한다.

01 다음 중 손익계산서에 대한 설명으로 옳지 않은 것은?
① 재무제표의 종류에 속한다.
② 재산법을 이용하여 당기순손익을 산출한다.
③ 일정한 기간의 경영성과를 나타내는 보고서이다.
④ 손익계산서 등식은 '총비용 = 총수익 + 당기순손실' 또는 '총비용 + 당기순이익 = 총수익'이다.

02 다음의 자료를 통해 알 수 있는 외상매입금 당기 지급액은 얼마인가?

· 기초 외상매입금 60,000원 · 당기 외상매입액 300,000원
· 외상매입금 중 매입환출 30,000원 · 기말 외상매입금 120,000원

① 150,000원   ② 180,000원   ③ 210,000원   ④ 360,000원

03 다음 중 영업이익에 영향을 미치지 않는 것은?
① 이자비용   ② 매출원가   ③ 기업업무추진비   ④ 세금과공과

04 다음 중 결산 수정분개의 대상 항목 또는 유형으로 적합하지 않은 것은?
① 유형자산의 처분
② 수익과 비용의 이연과 예상
③ 현금과부족 계정 잔액의 정리
④ 매출채권에 대한 대손충당금 설정

05 다음 중 유형자산이 아닌 것은?
① 공장용 토지　　　　　② 영업부서용 차량
③ 상품보관용 창고　　　④ 본사 건물 임차보증금

06 다음 중 유동성이 가장 높은 자산을 고르시오.
① 재고자산　　　　② 당좌자산
③ 유형자산　　　　④ 기타비유동자산

07 다음 자료를 이용하여 단기매매증권처분손익을 계산하면 얼마인가?

　　・매도금액 : 2,000,000원　　・장부금액 : 1,600,000원　　・처분 시 매각 수수료 : 100,000원

① (-)400,000원　　　② (-)300,000원
③ 300,000원　　　　④ 400,000원

08 다음 중 재고자산에 해당하지 않는 것은?
① 원재료
② 판매 목적으로 보유 중인 부동산매매업자의 건물
③ 상품
④ 상품매입 계약을 체결하고 지급한 선급금

09 다음 중 대손충당금 설정 대상에 해당하는 계정과목으로 옳은 것은?
① 받을어음　　　　② 지급어음
③ 미지급금　　　　④ 선수금

10 다음 손익계정의 자료를 이용하여 매출총이익을 계산한 것으로 옳은 것은?

손익			
매입	600,000	매출	800,000

① 5,000원　　　　　　　　　② 195,000원
③ 200,000원　　　　　　　　④ 795,000원

11 다음 중 일반기업회계준상 재무제표에 해당하는 것으로만 구성된 것은?
① 재무상태표, 손익계산서　　② 주기, 시산표
③ 손익계산서, 시산표　　　　④ 재무상태표, 총계정원장

12 다음은 기말 재무상태표상 계정별 잔액이다. 이 회사의 기말자본은 얼마인가?

- 현금 100,000원　　・선수금 300,000원　　・단기차입금 100,000원
- 상품 1,000,000원　　・외상매입금 200,000원

① 300,000원　　　　　　　　② 500,000원
③ 800,000원　　　　　　　　④ 1,100,000원

13 13. 다음 중 감가상각에 대한 설명으로 틀린 것은?
① 자산이 사용가능한 때부터 감가상각을 시작한다.
② 정액법은 내용연수 동안 매년 일정한 상각액을 인식하는 방법이다.
③ 자본적 지출액은 감가상각비를 계산하는 데 있어 고려 대상이 아니다.
④ 정률법으로 감가상각하는 경우 기말 장부가액은 우하향 그래프의 곡선 형태를 나타낸다.

14 다음 중 아래의 자료와 같은 결합관계가 나타날 수 있는 회계상 거래를 고르시오.

> (차) 자산의 증가　　　(대) 수익의 발생

① 판매용 물품 300,000원을 외상으로 매입하였다.
② 전월에 발생한 외상매출금 100,000원을 현금으로 회수하였다.
③ 직원 가불금 300,000원을 보통예금 계좌에서 인출하여 지급하였다.
④ 당사의 보통예금에 대한 이자 300,000원이 해당 보통예금 계좌로 입금되었다.

15 다음 중 아래 계정별원장의 (　) 안에 들어갈 계정과목으로 가장 적합한 것은?

(　　　　　　　)			
당좌예금	300,000원	전기이월	200,000원
현금	150,000원	차량운반구	600,000원
차기이월	350,000원		
	800,000원		800,000원

① 미수금　　　　　　　　② 미지급금
③ 선급금　　　　　　　　④ 외상매출금

실무시험

합격물산(코드번호:1124)은 문구 및 잡화를 판매하는 개인기업으로 당기(제12기) 회계기간은 2023.1.1.~2023.12.31.이다. 전산세무회계 수험용 프로그램을 이용하여 다음 물음에 답하시오.

기본전제

- 문제에서 한국채택국제회계기준을 적용하도록 하는 전제조건이 없는 경우, 일반기업회계기준을 적용하여 회계처리한다.
- 문제의 풀이와 답안작성은 제시된 문제의 순서대로 진행한다.

문제 1
다음은 합격물산의 사업자등록증이다. [회사등록] 메뉴에 입력된 내용을 검토하여 누락분은 추가입력하고 잘못된 부분은 정정하시오(단, 우편번호 입력은 생략할 것). (6점)

사 업 자 등 록 증
(일반과세자)

등록번호 : 305-52-36547

상   호 : 합격물산
성   명 : 나합격   생 년 월 일 : 1965 년 05 월 05 일

개 업 년 월 일 : 2012 년 03 월 14 일
사 업 장 소 재 지 : 대전광역시 중구 대전천서로 7(옥계동)

사 업 의 종 류   업태 도소매   종목 문구 및 잡화

교 부 사 유 : 신규
공 동 사 업 자 :

사업자 단위 과세 적용사업자 여부 : 여( ) 부(∨)
전자세금계산서 전용 전자우편주소 :

2012 년 03 월 14 일

대 전 세 무 서 장 [대전세무서장의인]

국세청

문제 2
다음은 합격물산의 전기분 손익계산서이다. 입력되어 있는 자료를 검토하여 오류 부분은 정정하고 누락된 부분은 추가 입력하시오. (6점)

손익계산서

회사명 : 합격물산　　　　　제11기 2022.1.1. ~ 2022.12.31.　　　　　(단위 : 원)

과　　　　목	금　　　액	과　　　　목	금　　　액
Ⅰ 매　　출　　액	237,000,000	Ⅴ 영　업　이　익	47,430,000
상　품　매　출	237,000,000	Ⅵ 영　업　외　수　익	670,000
Ⅱ 매　출　원　가	153,000,000	이　자　수　익	600,000
상 품 매 출 원 가	153,000,000	잡　　이　　익	70,000
기 초 상 품 재 고 액	20,000,000	Ⅶ 영　업　외　비　용	17,000,000
당 기 상 품 매 입 액	150,000,000	기　　부　　금	5,000,000
기 말 상 품 재 고 액	17,000,000	유형자산처분손실	12,000,000
Ⅲ 매　출　총　이　익	84,000,000	Ⅷ 소득세차감전이익	31,100,000
Ⅳ 판 매 비 와 관 리 비	36,570,000	Ⅸ 소　득　세　등	0
급　　　　　여	20,400,000	Ⅹ 당　기　순　이　익	31,100,000
복　리　후　생　비	3,900,000		
기 업 업 무 추 진 비	4,020,000		
통　　신　　비	370,000		
감　가　상　각　비	5,500,000		
임　　차　　료	500,000		
차　량　유　지　비	790,000		
소　모　품　비	1,090,000		

문제 3
다음 자료를 이용하여 입력하시오. (6점)

[1] 합격물산의 거래처별 초기이월 자료는 다음과 같다. 주어진 자료를 검토하여 잘못된 부분은 오류를 정정하고, 누락된 부분은 추가하여 입력하시오. (3점)

계정과목	거래처명	금액
받을어음	아진상사	5,000,000원
	외상매입금	대영상사
예수금	대전세무서	300,000원

[2] 다음 자료를 이용하여 [거래처등록] 메뉴에서 거래처(신용카드)를 추가로 등록하시오(단, 주어진 자료 외의 다른 항목은 입력할 필요 없음). (3점)

- 거래처코드 : 99603
- 카드번호 : 1234-5678-1001-2348
- 거래처명 : BC카드
- 카드종류 : 사업용카드
- 유형 : 매입

문제 4

[일반전표입력] 메뉴를 이용하여 다음의 거래 자료를 입력하시오. (24점)

입력 시 유의사항

- 적요의 입력은 생략한다.
- 부가가치세는 고려하지 않는다.
- 채권·채무와 관련된 거래는 별도의 요구가 없는 한 반드시 기등록된 거래처코드를 선택하는 방법으로 거래처명을 입력한다.
- 회계처리 시 계정과목은 별도의 제시가 없는 한 등록된 계정과목 중 가장 적절한 과목으로 한다.

[1] 08월 09일 ㈜모닝으로부터 상품 2,000,000원을 구매하는 계약을 하고, 상품 대금의 10%를 계약금으로 지급하는 약정에 따라 계약금 200,000원을 현금으로 지급하였다. (3점)

[2] 08월 20일 상품 운반용 중고 화물차를 7,000,000원에 구매하면서 전액 삼성카드로 결제하고, 취득세 300,000원은 보통예금 계좌에서 이체하였다. (3점)

[3] 09월 25일 영업사원 김예진의 9월 급여를 보통예금 계좌에서 이체하여 지급하였으며, 급여내역은 다음과 같다(단, 하나의 전표로 처리하되, 공제항목은 구분하지 않고 하나의 계정과목으로 처리할 것). (3점)

2023년 9월 급여내역

이름	김예진	지급일	2023년 9월 25일
기 본 급 여	3,500,000원	소 득 세	150,000원
직 책 수 당	200,000원	지 방 소 득 세	15,000원
상 여 금		고 용 보 험	33,300원
특 별 수 당		국 민 연 금	166,500원
자 가 운 전 보 조 금		건 강 보 험	131,160원
		장기요양보험료	16,800원
급 여 계	3,700,000원	공 제 합 계	512,760원
노고에 감사드립니다.		지 급 총 액	3,187,240원

[4] 10월 02일 민족 최대의 명절 추석을 맞이하여 영업부의 거래처와 당사의 영업사원들에게 보낼 선물 세트를 각각 2,000,000원과 1,000,000원에 구입하고 삼성카드로 결제하였다. (3점)

카드매출전표

카드종류	신용/삼성카드
카드번호	1250-4121-2412-1114
거래일자	2023.10.02. 10:30:51
일시불/할부	일시불
승인번호	69117675

이용내역

상품명	추석선물세트
단가	20,000원
수량	150개
결제금액	3,000,000원

가맹점정보

가맹점명	하나로유통
사업자등록번호	130-52-12349
가맹점번호	163732104
대표자명	김현숙
전화번호	031-400-3240

위의 거래내역을 확인합니다.

Samsung Card

[5] 11월 17일 다음은 ㈜새로운에 상품을 판매하고 발급한 거래명세표이다. 대금 중 12,000,000원은 당좌예금 계좌로 입금되었고, 잔액은 ㈜새로운이 발행한 약속어음으로 받았다. (3점)

거 래 명 세 표

㈜새로운 귀하				등록번호			
				상 호	합격물산	대 표	나합격
발행일	2023.11.17.	거래번호	001	업 태	도소매업	종 목	문구 및 잡화
				주 소	대전광역시 중구 대전천서로 7(옥계동)		
				전 화	042-677-1234	팩 스	042-677-1235

NO.	품명	규격	수량	단가	금액	비고
1	A상품	5'	100	350,000	35,000,000	
총계					35,000,000	

결제계좌	은행명	농협은행	계좌번호	123-456-789-10	예금주	나합격	담당자	전화	042-677-1234
								이메일	allpass@nate.com

[6] 12월 01일 사업장 건물의 엘리베이터 설치 공사를 하고 공사대금 15,000,000원은 보통예금 계좌에서 지급하였다(단, 엘리베이터 설치 공사는 건물의 자본적 지출로 처리할 것). (3점)

[7] 12월 27일 세무법인으로부터 세무 컨설팅을 받고 수수료 300,000원을 현금으로 지급하였다. (3점)

[8] 12월 29일 현금 시재를 확인한 결과 실제 잔액이 장부상 잔액보다 30,000원 많은 것을 발견하였으나 그 원인이 파악되지 않았다. (3점)

 문제 5

[일반전표입력] 메뉴에 입력된 내용 중 다음의 오류가 발견되었다. 입력된 내용을 검토하고 수정 또는 삭제, 추가 입력하여 올바르게 정정하시오. (6점)

입력 시 유의사항

- 적요의 입력은 생략한다.
- 부가가치세는 고려하지 않는다.
- 채권·채무와 관련된 거래는 별도의 요구가 없는 한 반드시 기등록된 거래처코드를 선택하는 방법으로 거래처명을 입력한다.
- 회계처리 시 계정과목은 별도의 제시가 없는 한 등록된 계정과목 중 가장 적절한 과목으로 한다.

[1] 07월 10일 거래처 하진상사로부터 보통예금 계좌로 입금된 200,000원에 대하여 외상매출금을 회수한 것으로 처리하였으나 당일에 체결한 매출 계약 건에 대한 계약금이 입금된 것이다. (3점)

[2] 11월 25일 세금과공과 200,000원으로 회계처리한 것은 회사 대표의 개인 소유 주택에 대한 재산세 200,000원을 회사 현금으로 납부한 것이다. (3점)

문제 6 다음의 결산정리사항을 입력하여 결산을 완료하시오. (12점)

입력 시 유의사항

- 적요의 입력은 생략한다.
- 부가가치세는 고려하지 않는다.
- 채권·채무와 관련된 거래는 별도의 요구가 없는 한 반드시 기등록된 거래처코드를 선택하는 방법으로 거래처명을 입력한다.
- 회계처리 시 계정과목은 별도의 제시가 없는 한 등록된 계정과목 중 가장 적절한 과목으로 한다.

[1] 상품보관을 위하여 임차한 창고의 월(月)임차료는 500,000원으로 임대차계약 기간은 2023년 12월 1일부터 2024년 11월 30일까지이며, 매월 임차료는 다음 달 10일에 지급하기로 계약하였다. (3점)

[2] 당기 말 현재 단기대여금에 대한 당기분 이자 미수액은 300,000원이다. (3점)

[3] 결산일 현재 마이너스통장인 보통예금(기업은행) 계좌의 잔액이 (-)800,000원이다. (3점)

[4] 보유 중인 비품에 대한 당기분 감가상각비를 계상하다(취득일 2022년 1월 1일, 취득원가 55,000,000원, 잔존가액 0원, 내용연수 10년, 정액법 상각, 상각률 10%). (3점)

문제 7 다음 사항을 조회하여 알맞은 답안을 이론문제 답안작성 메뉴에 입력하시오. (10점)

[1] 1월부터 5월까지 기간 중 현금의 지출이 가장 많은 달(月)은? (3점)

[2] 상반기(1월~6월) 중 현금으로 지급한 급여(판매비및일반관리비)액은 얼마인가? (3점)

[3] 6월 1일부터 6월 30일까지 외상매출금을 받을어음으로 회수한 금액은 얼마인가? (4점)

이론과 실무문제의 답을 모두 입력한 후 「답안저장(USB로 저장)」을 클릭하여 저장하고, USB메모리를 제출하시기 바랍니다.

2024년 4월 시행 제113회 전산회계자격시험

수험번호: 22111112   감독관번호: 1305   합격률: 59.1%

| 종목 및 등급 : | **전산회계2급** | 제한시간: 60분 |

① USB 수령	· 감독관으로부터 시험에 필요한 응시종목별 기초백데이타 설치용 USB를 지급받는다. · USB 꼬리표가 본인 응시종목인지 확인하고, 뒷면에 수험정보를 정확히 기재한다.
② USB 설치	(1) USB를 컴퓨터에 정확히 꽂은 후, 인식된 해당 USB드라이브로 이동한다. (2) USB드라이브에서 기초백데이타설치프로그램인 'Tax.exe' 파일을 실행시킨다. [주의] USB는 처음 설치이후, 시험 중 수험자 임의로 절대 재설치(초기화)하지 말 것.
③ 수험정보입력	· [수험번호(8자리)]-[성명]을 정확히 입력한 후 [설치]버튼을 클릭한다. * 처음 입력한 수험정보는 이후 절대 수정이 불가하니 정확히 입력할 것.
④ 시험지 수령	· 시험지가 본인의 응시종목(급수)인지 여부와 문제유형(A또는B)을 확인한다. · 문제유형(A또는B)을 프로그램에 입력한다. · 시험지의 총 페이지수를 확인한다. · 급수와 페이지수를 확인하지 않은 것에 대한 책임은 수험자에게 있음.
⑤ 시험시작	· 감독관이 불러주는 '**감독관확인번호**'를 정확히 입력하고, 시험에 응시한다.
(시험을 마치면) ⑥ USB 저장	(1) **이론문제의 답**은 메인화면에서 [이론문제 답안작성]을 클릭하여 입력한다. (2) **실무문제의 답**은 문항별 요구사항을 수험자가 파악하여 각 메뉴에 입력한다. (3) 이론과 실무문제의 **답을 모두입력한 후** [답안저장(USB로 저장)]을 클릭하여 저장한다. (4) **저장완료** 메시지를 확인한다.
⑦ USB제출	· 답안이 수록된 USB메모리를 빼서, 〈감독관〉에게 제출 후 조용히 퇴실한다.

▶ 본 자격시험은 전산프로그램을 이용한 자격시험입니다. 컴퓨터의 사양에 따라 전산진행속도가 느려질 수도 있으므로 전산프로그램의 진행속도를 고려하여 입력해주시기 바랍니다.
▶ 수험번호나 성명 등을 잘못 입력했거나, 답안을 USB에 저장하지 않음으로써 발생하는 일체의 불이익과 책임은 수험자 본인에게 있습니다.
▶ 타인의 답안을 자신의 답안으로 부정 복사한 경우 해당 관련자는 모두 불합격 처리됩니다.
▶ PC, 프로그램 등 조작미숙으로 시험이 불가능하다고 판단될 경우 불합격처리 될 수 있습니다.

[이론문제 답안작성]을 한번도 클릭하지 않으면 [답안저장(USB로 저장)]을 클릭해도 답안 저장되지 않음.

제113회 전산회계자격시험

이론시험

다음 문제를 보고 알맞은 것을 골라 〔이론문제 답안작성〕 메뉴에 입력하시오.(객관식 문항당 2점)

─── 기본전제 ───
문제에서 한국채택국제회계기준을 적용하도록 하는 전제조건이 없는 경우, 일반기업회계기준을 적용한다.

01. 다음의 거래 내용을 보고 결합관계를 적절하게 나타낸 것은?

| 전화요금 50,000원이 보통예금 계좌에서 자동이체되다. |

	차변	대변
①	자산의 증가	자산의 감소
②	부채의 감소	수익의 발생
③	자본의 감소	부채의 증가
④	비용의 발생	자산의 감소

02 다음 중 총계정원장의 잔액이 항상 대변에 나타나는 계정과목은 무엇인가?
① 임대료수입   ② 보통예금
③ 수수료비용   ④ 외상매출금

03 다음 중 기말상품재고액 30,000원을 50,000원으로 잘못 회계처리한 경우 재무제표에 미치는 영향으로 옳은 것은?
① 재고자산이 과소 계상된다.   ② 매출원가가 과소 계상된다.
③ 매출총이익이 과소 계상된다.   ④ 당기순이익이 과소 계상된다.

04 다음 중 유동성배열법에 의하여 나열할 경우 재무상태표상 가장 위쪽(상단)에 표시되는 계정과목은 무엇인가?

① 영업권
② 장기대여금
③ 단기대여금
④ 영업활동에 사용하는 건물

05 다음 중 감가상각을 해야 하는 자산으로만 짝지은 것은 무엇인가?

① 건물, 토지
② 차량운반구, 기계장치
③ 단기매매증권, 구축물
④ 재고자산, 건설중인자산

06 회사의 재산 상태가 다음과 같은 경우 순자산(자본)은 얼마인가?

| · 현금 | 300,000원 | · 선급금 | 200,000원 | · 매입채무 | 100,000원 |
| · 대여금 | 100,000원 | · 재고자산 | 800,000원 | · 사채 | 300,000원 |

① 1,000,000원
② 1,100,000원
③ 1,200,000원
④ 1,600,000원

07 다음 중 일정 시점의 재무상태를 나타내는 재무보고서의 계정과목으로만 연결된 것은?

① 선급비용, 급여
② 현금, 선급비용
③ 매출원가, 선수금
④ 매출채권, 이자비용

08 다음 중 현금및현금성자산 계정과목으로 처리할 수 없는 것은?

① 보통예금
② 우편환증서
③ 자기앞수표
④ 우표

09 다음 자료에 의한 매출채권의 기말 대손충당금 잔액은 얼마인가?

- 기초 매출채권 : 500,000원
- 당기 매출액 : 2,000,000원 (판매시점에 전액 외상으로 판매함)
- 당기 중 회수한 매출채권 : 1,500,000원
- 기말 매출채권 잔액에 대하여 1%의 대손충당금을 설정하기로 한다.

① 0원 ② 5,000원
③ 10,000원 ④ 15,000원

10 다음 자료에서 부채의 합계액은 얼마인가?

- 직원에게 빌려준 금전 : 150,000원
- 선급비용 : 50,000원
- 선지급금 : 120,000원
- 선수수익 : 30,000원
- 선수금 : 70,000원

① 100,000원 ② 120,000원
③ 150,000원 ④ 180,000원

11 다음 자료는 회계의 순환과정의 일부이다. (가), (나), (다)의 순서로 옳은 것은?

거래 발생 → (가) → 전기 → 수정 전 시산표 작성 → (나) → 수정 후 시산표 작성 → (다) → 결산보고서 작성

	(가)	(나)	(다)
①	분개	각종 장부 마감	결산 정리 분개
②	분개	결산 정리 분개	각종 장부 마감
③	각종 장부 마감	분개	결산 정리 분개
④	결산 정리 분개	각종 장부 마감	분개

12 다음 중 재고자산의 취득원가를 구할 때 차감하는 계정과목이 아닌 것은?

① 매입할인 ② 매입환출
③ 매입에누리 ④ 매입부대비용

13 다음 중 영업외비용에 해당하지 않는 것은?

① 보험료
② 기부금
③ 이자비용
④ 유형자산처분손실

14 다음 재고자산의 단가결정방법 중 선입선출법에 대한 설명으로 적절하지 않은 것은?

① 물가상승 시 이익이 과대계상된다.
② 물량흐름과 원가흐름이 대체로 일치한다.
③ 물가상승 시 기말재고자산이 과소평가된다.
④ 기말재고자산이 현행원가에 가깝게 표시된다.

15 다음과 같이 사업에 사용할 토지를 무상으로 취득한 경우, 토지의 취득가액은 얼마인가?

· 무상으로 취득한 토지의 공정가치 : 1,000,000원
· 토지 취득 시 발생한 취득세 : 40,000원

① 0원
② 40,000원
③ 1,000,000원
④ 1,040,000원

실무시험

엔시상사(회사코드:1134)는 문구 및 잡화를 판매하는 개인기업으로 당기(제7기) 회계기간은 2024.1.1.~2024.12.31.이다. 전산세무회계 수험용 프로그램을 이용하여 다음 물음에 답하시오.

―| 기본전제 |―

- 문제에서 한국채택국제회계기준을 적용하도록 하는 전제조건이 없는 경우, 일반기업회계기준을 적용하여 회계처리한다.
- 문제의 풀이와 답안작성은 제시된 문제의 순서대로 진행한다.

문제 1 다음은 엔시상사의 사업자등록증이다. [회사등록] 메뉴에 입력된 내용을 검토하여 누락분은 추가입력하고 잘못된 부분은 정정하시오(단, 우편번호 입력은 생략할 것). (6점)

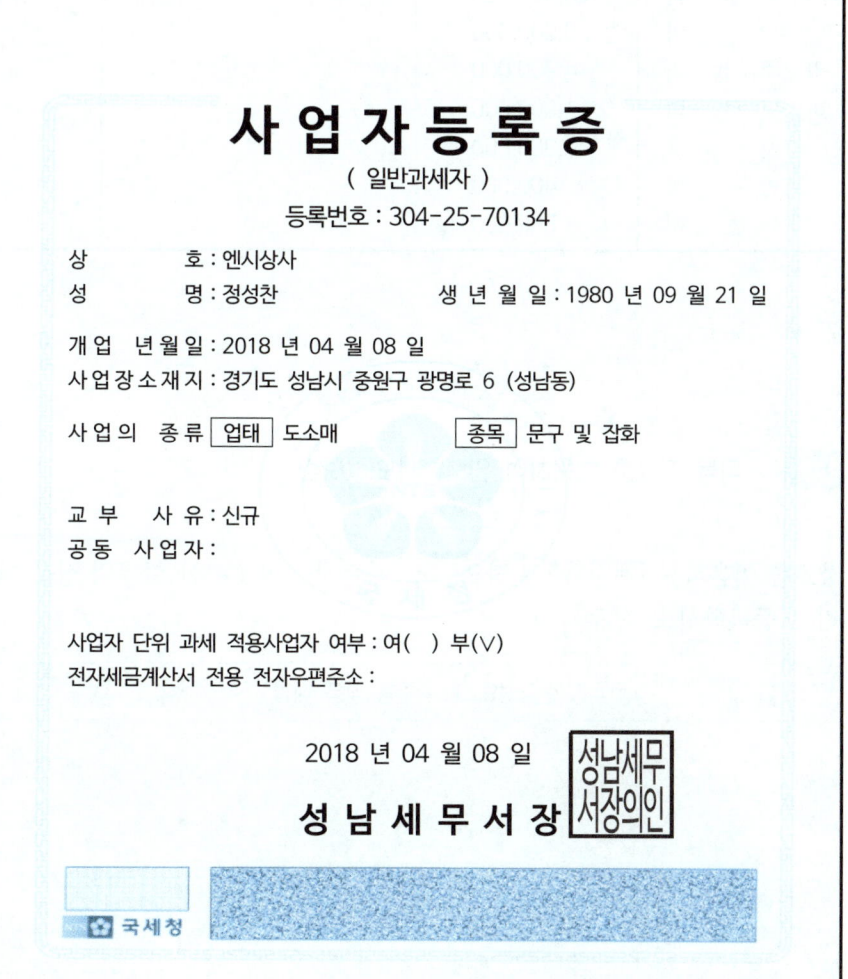

문제 2 다음은 엔시상사의 전기분 손익계산서이다. 입력되어 있는 자료를 검토하여 오류 부분은 정정하고 누락된 부분은 추가 입력하시오. (6점)

손익계산서

회사명 : 엔시상사   제6기 2023.1.1.~2023.12.31.   (단위 : 원)

과 목	금 액	과 목	금 액
Ⅰ. 매 출 액	100,000,000	Ⅴ. 영 업 이 익	10,890,000
상 품 매 출	100,000,000	Ⅵ. 영 업 외 수 익	610,000
Ⅱ. 매 출 원 가	60,210,000	이 자 수 익	610,000
상 품 매 출 원 가	60,210,000	Ⅶ. 영 업 외 비 용	2,000,000
기 초 상 품 재 고 액	26,000,000	이 자 비 용	2,000,000
당 기 상 품 매 입 액	38,210,000	Ⅷ. 소득세차감전순이익	9,500,000
기 말 상 품 재 고 액	4,000,000	Ⅸ. 소 득 세 등	0
Ⅲ. 매 출 총 이 익	39,790,000	Ⅹ. 당 기 순 이 익	9,500,000
Ⅳ. 판 매 비 와 관 리 비	28,900,000		
급 여	20,000,000		
복 리 후 생 비	4,900,000		
여 비 교 통 비	1,000,000		
임 차 료	2,300,000		
운 반 비	400,000		
소 모 품 비	300,000		

문제 3 다음 자료를 이용하여 입력하시오. (6점)

[1] 다음 자료를 이용하여 [계정과목및적요등록] 메뉴에서 재고자산 항목의 상품 계정에 적요를 추가로 등록하시오. (3점)

현금적요 3. 수출용 상품 매입

[2] 외상매입금과 지급어음에 대한 거래처별 초기이월 자료는 다음과 같다. 주어진 자료를 검토하여 누락된 부분을 수정 및 추가 입력하시오. (3점)

계정과목	거래처	잔액
외상매입금	엘리상사	3,000,000원
	동오상사	10,000,000원
지급어음	디오상사	3,500,000원
	망도상사	3,000,000원

문제 4 [일반전표입력] 메뉴를 이용하여 다음의 거래 자료를 입력하시오. (24점)

입력 시 유의사항

- 적요의 입력은 생략한다.
- 부가가치세는 고려하지 않는다.
- 채권·채무와 관련된 거래는 별도의 요구가 없는 한 반드시 기등록된 거래처코드를 선택하는 방법으로 거래처명을 입력한다.
- 회계처리 시 계정과목은 별도의 제시가 없는 한 등록된 계정과목 중 가장 적절한 과목으로 한다.

[1] 08월 10일 매출거래처 수민상회에 대한 외상매출금을 현금으로 회수하고, 아래의 입금표를 발행하여 교부하였다. (3점)

입 금 표
(공급자 보관용)

작성일 : 2024년 08월 10일   지급일 : 2024년 08월 10일

공급자 (수령인)	상 호	엔시상사	대 표 자 명	정성찬
	사업자등록번호	304-25-70134		
	사업장소재지	경기도 성남시 중원구 광명로 6		
공급받는자 (지급인)	상 호	수민상회	대 표 자 명	이수민
	사업자등록번호	307-02-67153		
	사업장소재지	대구광역시 북구 칠성시장로7길 17-18		

금액	십	억	천	백	십	만	천	백	십	일
				2	4	0	0	0	0	0

(내용)
외상매출금 현금 입금

위 금액을 정히 영수합니다.

[2] 08월 25일 거래처 대표로부터 아래와 같은 모바일 청첩장을 받고, 축의금 200,000원을 현금으로 지급하였다. (3점)

[3] 09월 02일 영업부 직원의 고용보험료 220,000원을 보통예금 계좌에서 납부하였다. 납부한 금액 중 100,000원은 직원부담분이고, 나머지는 회사부담분으로 직원부담분은 직원의 8월 귀속 급여에서 공제한 상태이다(단, 하나의 전표로 처리하고 회사부담분은 복리후생비 계정으로 처리할 것). (3점)

[4] 09월 20일 유형자산인 토지에 대한 재산세 500,000원을 현금으로 납부하였다. (3점)

납세자보관용		2024년09월(토지분)	재산세 도시지역분 지방교육세	고지서
전자납부번호 11500-1-12452-124234		구 분	납기 내 금액	납기 후 금액
		합 계	500,000	515,000
납 세 자	엔시상사	납부기한	2024.09.30.까지	2024.10.31.까지
주 소 지	경기도 성남시 중원구 광명로 6		※이 영수증은 과세증명서로 사용 가능	
과세대상	경기도 성남시 중원구 성남동 1357		위의 금액을 납부하시기 바랍니다. 2024년 9월 10일	

[5] 09월 25일 상품 매입대금으로 가은상사에 발행하여 지급한 약속어음 3,500,000원의 만기가 도래하여 보통예금 계좌에서 이체하여 상환하다. (3점)

[6] 10월 05일 다음과 같이 상품을 판매하고 대금 중 4,000,000원은 자기앞수표로 받고 잔액은 외상으로 하였다. (3점)

5권		10호			거래명세표(보관용)				
2024년 10월 05일				공급자	사업자등록번호	304-25-70134			
한능협 귀하					상 호	엔시상사	성 명	정성찬 ㉑	
					사업장소재지	경기도 성남시 중원구 광명로 6			
아래와 같이 계산합니다.					업 태	도소매	종 목	문구및잡화	
합계금액					일천만 원정 (₩ 10,000,000)				
월일	품 목		규 격	수 량	단 가		공 급 대 가		
10/05	만년필			4	2,500,000원		10,000,000원		
	계						10,000,000원		
전잔금	없음			합	계		10,000,000원		
입 금	4,000,000원		잔 금	6,000,000원	인수자	강아영		㉑	
비 고									

[7] 10월 20일 영업부 사무실의 10월분 수도요금 30,000원과 소모품비 100,000원을 삼성카드로 결제하였다. (3점)

[8] 11월 10일 정기예금 이자 100,000원이 발생하여 원천징수세액을 차감한 금액이 보통예금으로 입금되었으며, 다음과 같이 원천징수영수증을 받았다(단, 원천징수세액은 선납세금 계정을 이용하고 하나의 전표로 입력할 것). (3점)

		이자소득 원천징수영수증			✓ 소득자 보관용 ☐ 발행자 보관용 ☐ 발행자 보고용		
징 수 의 무 자	법인명(상호)	농협은행					
소 득 자	성명(상호)	정성찬(엔시상사)		사업자등록번호 304-25-70134		계좌번호 904-480-511166	
	주소	경기도 성남시 중원구 광명로 6					
지급일	이자율	지급액 (소득금액)	세율	원천징수세액			
				소득세	지방소득세	계	
2024/11/10	1%	100,000원	14%	14,000원	1,400원	15,400원	

위의 원천징수세액)수입금액)을 정히 영수(지급)합니다.
2024년 11월 10일
징수(보고)의무자 농협은행

문제 5
[일반전표입력] 메뉴에 입력된 내용 중 다음의 오류가 발견되었다. 입력된 내용을 검토하고 수정 또는 삭제, 추가 입력하여 올바르게 정정하시오. (6점)

| 입력 시 유의사항 |
- 적요의 입력은 생략한다.
- 부가가치세는 고려하지 않는다.
- 채권·채무와 관련된 거래는 별도의 요구가 없는 한 반드시 기등록된 거래처코드를 선택하는 방법으로 거래처명을 입력한다.
- 회계처리 시 계정과목은 별도의 제시가 없는 한 등록된 계정과목 중 가장 적절한 과목으로 한다.

[1] 08월 06일 보통예금 계좌에서 이체한 6,000,000원은 사업용카드 중 신한카드의 미지급금을 결제한 것으로 회계처리 하였으나 하나카드의 미지급금을 결제한 것으로 확인되었다. (3점)

[2] 10월 25일 구매부 직원의 10월분 급여 지급액에 대한 회계처리 시 공제 항목에 대한 회계처리를 하지 않고 급여액 총액을 보통예금 계좌에서 이체하여 지급한 것으로 잘못 회계처리 하였다(단, 하나의 전표로 처리하되, 공제 항목은 항목별로 구분하지 않는다). (3점)

2024년 10월분 급여명세서

사 원 명 : 박민정   부 서 : 구매부
입 사 일 : 2020.10.25.   직 급 : 대리

지 급 내 역	지 급 액	공 제 내 역	공 제 액
기 본 급 여	4,200,000원	국 민 연 금	189,000원
직 책 수 당	0원	건 강 보 험	146,790원
상 여 금	0원	고 용 보 험	37,800원
특 별 수 당	0원	소 득 세	237,660원
자 가 운 전 보 조 금	0원	지 방 소 득 세	23,760원
교 육 지 원 수 당	0원	기 타 공 제	0원
지 급 액 계	4,200,000원	공 제 액 계	635,010원
귀하의 노고에 감사드립니다.		차 인 지 급 액	3,564,990원

문제 6 다음의 결산정리사항을 입력하여 결산을 완료하시오. (12점)

입력 시 유의사항

- 적요의 입력은 생략한다.
- 부가가치세는 고려하지 않는다.
- 채권·채무와 관련된 거래는 별도의 요구가 없는 한 반드시 기등록된 거래처코드를 선택하는 방법으로 거래처명을 입력한다.
- 회계처리 시 계정과목은 별도의 제시가 없는 한 등록된 계정과목 중 가장 적절한 과목으로 한다.

[1] 4월 1일에 영업부 사무실의 12개월분 임차료(임차기간 : 2024.4.1.~2025.3.31.) 24,000,000원을 보통예금 계좌에서 이체하여 지급하고 전액 자산계정인 선급비용으로 회계처리하였다. 기말수정분개를 하시오(단, 월할 계산할 것). (3점)

[2] 기말 외상매출금 중 미국 BRIZ사의 외상매출금 20,000,000원(미화 $20,000)이 포함되어 있다. 결산일 현재 기준환율은 1$당 1,100원이다. (3점)

[3] 기말 현재 현금과부족 중 15,000원은 판매 관련 등록면허세를 현금으로 납부한 것으로 밝혀졌다. (3점)

[4] 결산을 위하여 창고의 재고자산을 실사한 결과, 기말상품재고액은 4,500,000원이다. (3점)

문제 7 다음 사항을 조회하여 알맞은 답안을 이론문제 답안작성 메뉴에 입력하시오. (10점)

[1] 상반기(1월~6월) 중 어룡상사에 대한 외상매입금 지급액은 얼마인가? (3점)

[2] 상반기(1월~6월) 동안 지출한 복리후생비(판) 금액은 모두 얼마인가? (3점)

[3] 6월 말 현재 유동자산과 유동부채의 차액은 얼마인가? (4점)

이론과 실무문제의 답을 모두 입력한 후 「답안저장(USB로 저장)」을 클릭하여 저장하고, USB메모리를 제출하시기 바랍니다.

**2024년 6월 시행
제114회 전산회계자격시험**

수험번호: 22111112   감독관번호: 1497   합격률: 53.1%

| 종목 및 등급 : | **전산회계2급** | 제한시간: 60분 |

① USB 수령	· 감독관으로부터 시험에 필요한 응시종목별 기초백데이타 설치용 USB를 지급받는다. · USB 꼬리표가 **본인 응시종목**인지 확인하고, 뒷면에 **수험정보**를 정확히 기재한다.
② USB 설치	(1) USB를 컴퓨터에 정확히 꽂은 후, 인식된 해당 USB드라이브로 이동한다. (2) USB드라이브에서 기초백데이타설치프로그램인 **'Tax.exe'** 파일을 실행시킨다. [주의] USB는 처음 설치이후, **시험 중 수험자 임의로 절대 재설치(초기화)하지 말 것.**
③ 수험정보입력	· [수험번호(8자리)] -[성명]을 정확히 입력한 후 [설치]버튼을 클릭한다. * 처음 입력한 수험정보는 이후 절대 수정이 불가하니 정확히 입력할 것.
④ 시험지 수령	· 시험지가 본인의 응시종목(급수)인지 여부와 문제유형(A또는B)을 확인한다. · 문제유형(A또는B)을 프로그램에 입력한다. · 시험지의 총 페이지수를 확인한다. · 급수와 페이지수를 확인하지 않은 것에 대한 책임은 수험자에게 있음.
⑤ 시험시작	· 감독관이 불러주는 '**감독관확인번호**'를 정확히 입력하고, 시험에 응시한다.
(시험을 마치면) ⑥ USB 저장	(1) **이론문제의 답**은 메인화면에서 이론문제 답안작성 을 클릭하여 입력한다. (2) **실무문제의 답**은 문항별 요구사항을 수험자가 파악하여 각 메뉴에 입력한다. (3) 이론과 실무문제의 **답을 모두입력한 후** 답안저장(USB로 저장) 을 클릭하여 저장한다. (4) **저장완료** 메시지를 확인한다.
⑦ USB제출	· 답안이 수록된 USB메모리를 빼서, 〈감독관〉에게 제출 후 조용히 퇴실한다.

▶ 본 자격시험은 전산프로그램을 이용한 자격시험입니다. 컴퓨터의 사양에 따라 전산진행속도가 느려질 수도 있으므로 전산프로그램의 진행속도를 고려하여 입력해주시기 바랍니다.
▶ 수험번호나 성명 등을 잘못 입력했거나, 답안을 USB에 저장하지 않음으로써 발생하는 일체의 불이익과 책임은 수험자 본인에게 있습니다.
▶ 타인의 답안을 자신의 답안으로 부정 복사한 경우 해당 관련자는 모두 불합격 처리됩니다.
▶ PC, 프로그램 등 조작미숙으로 시험이 불가능하다고 판단될 경우 불합격처리 될 수 있습니다.

이론문제 답안작성 을 한번도 클릭하지 않으면 답안저장(USB로 저장) 을 클릭해도 답안 저장되지 않음.

제114회 전산회계자격시험

이론시험

다음 문제를 보고 알맞은 것을 골라 │이론문제 답안작성│ 메뉴에 입력하시오.(객관식 문항당 2점)

― 기본전제 ―
문제에서 한국채택국제회계기준을 적용하도록 하는 전제조건이 없는 경우, 일반기업회계기준을 적용한다.

01 다음은 계정의 기록 방법에 대한 설명이다. 아래의 (가)와 (나)에 각각 들어갈 내용으로 옳게 짝지어진 것은?

- 부채의 감소는 (가)에 기록한다.
- 수익의 증가는 (나)에 기록한다.

	(가)	(나)
①	대변	대변
②	차변	차변
③	차변	대변
④	대변	차변

02 다음은 한국상점(회계기간 : 매년 1월 1일~12월 31일)의 현금 관련 자료이다. 아래의 (가)에 들어갈 계정과목으로 옳은 것은?

- 01월 30일 – 장부상 현금 잔액 400,000원
  – 실제 현금 잔액 500,000원
- 12월 31일 – 결산 시까지 현금과부족 계정 잔액의 원인이 밝혀지지 않음.

현금과부족
7/1	이자수익	70,000원	1/30	현금	100,000원
	(가)	30,000원			
		100,000원			100,000원

① 잡손실 ② 잡이익
③ 현금과부족 ④ 현금

03 다음 중 거래의 결과로 인식할 비용의 분류가 나머지와 다른 것은?

① 영업부 사원의 당월분 급여 2,000,000원을 현금으로 지급하다.
② 화재로 인하여 창고에 보관하던 상품 500,000원이 소실되다.
③ 영업부 사무실 건물에 대한 월세 200,000원을 현금으로 지급하다.
④ 종업원의 단합을 위해 체육대회행사비 50,000원을 현금으로 지급하다.

04 다음의 자료를 이용하여 계산한 당기 중 외상으로 매출한 금액(에누리하기 전의 금액)은 얼마인가?

· 외상매출금 기초잔액 : 400,000원   · 외상매출금 당기 회수액 : 600,000원
· 외상매출금 중 에누리액 : 100,000원   · 외상매출금 기말잔액 : 300,000원

① 300,000원   ② 400,000원   ③ 500,000원   ④ 600,000원

05 다음 중 아래의 자료에서 설명하는 특징을 가진 재고자산의 단가 결정방법으로 옳은 것은?

· 실제 재고자산의 물량 흐름과 괴리가 발생하는 경우가 많다.
· 일반적으로 기말재고액이 과소 계상되는 특징이 있다.

① 개별법   ② 가중평균법   ③ 선입선출법   ④ 후입선출법

06 다음은 한국제조가 당기 중 처분한 기계장치 관련 자료이다. 기계장치의 취득가액은 얼마인가?

· 유형자산처분이익 : 7,000,000원   · 처분가액 : 12,000,000원   · 감가상각누계액 : 5,000,000원

① 7,000,000원   ② 8,000,000원
③ 9,000,000원   ④ 10,000,000원

07 다음의 자료를 참고하여 기말자본을 구하시오.

· 당기총수익 2,000,000원   · 기초자산 1,700,000원
· 당기총비용 1,500,000원   · 기초자본 1,300,000원

① 1,200,000원   ② 1,500,000원   ③ 1,800,000원   ④ 2,000,000원

08 다음 중 손익의 이연을 처리하기 위해 사용하는 계정과목을 모두 고른 것은?

> 가. 선급비용　　　나. 선수수익　　　다. 대손충당금　　　라. 잡손실

① 가, 나
② 가, 다
③ 나, 다
④ 다, 라

09 다음 중 재고자산의 종류에 해당하지 않는 것은?

① 상품　　② 재공품　　③ 반제품　　④ 비품

10 다음 중 아래의 (가)와 (나)에 각각 들어갈 부채 항목의 계정과목으로 옳게 짝지어진 것은?

> • 현금 등 대가를 미리 받았으나 수익이 실현되는 시점이 차기 이후에 속하는 경우 (가)(으)로 처리한다.
> • 일반적인 상거래 외의 거래와 관련하여 발생한 현금 수령액 중 임시로 보관하였다가 곧 제3자에게 다시 지급해야 하는 경우 (나)(으)로 처리한다.

	(가)	(나)
①	선급금	예수금
②	선수수익	예수금
③	선수수익	미수수익
④	선급금	미수수익

11 다음 중 회계상 거래에 해당하는 것은?

① 직원 1명을 신규 채용하고 근로계약서를 작성했다.
② 매장 임차료를 종전 대비 5% 인상하기로 임대인과 구두 협의했다.
③ 제품 100개를 주문한 고객으로부터 제품 50개 추가 주문을 받았다.
④ 사업자금으로 차입한 대출금에 대한 1개월분 대출이자가 발생하였다.

12 다음 중 아래의 회계처리에 대한 설명으로 가장 적절한 것은?

(차) 현금 10,000원 (대) 외상매출금 10,000원

① 상품을 판매하고 현금 10,000원을 수령하였다.
② 지난달에 판매한 상품이 환불되어 현금 10,000원을 환불하였다.
③ 지난달에 판매한 상품에 대한 대금 10,000원을 수령하였다.
④ 상품을 판매하고 대금 10,000원을 다음달에 받기로 하였다.

13 다음 중 일반기업회계기준에서 규정하고 있는 재무제표의 종류로 올바르지 않은 것은?
① 시산표   ② 손익계산서
③ 자본변동표   ④ 현금흐름표

14 ㈜서울은 직접 판매와 수탁자를 통한 위탁판매도 하고 있다. 기말 현재 재고자산의 현황이 아래와 같을 때, 기말 재고자산 가액은 얼마인가?

· ㈜서울의 창고에 보관 중인 재고자산 가액 : 500,000원
· 수탁자에게 위탁판매를 요청하여 수탁자 창고에 보관 중인 재고자산 가액 : 100,000원
· 수탁자의 당기 위탁판매 실적에 따라 ㈜서울에 청구한 위탁판매수수료 : 30,000원

① 400,000원   ② 470,000원
③ 570,000원   ④ 600,000원

15 다음 자료를 이용하여 당기 매출총이익을 구하시오.

· 기초 재고자산 : 200,000원
· 재고자산 당기 매입액 : 1,000,000원
· 기말 재고자산 : 300,000원
· 당기 매출액 : 2,000,000원
· 판매 사원에 대한 당기 급여 총지급액 : 400,000원

① 600,000원   ② 700,000원
③ 1,000,000원   ④ 1,100,000원

실무시험

두일상사(회사코드:1144)는 사무용가구를 판매하는 개인기업으로 당기(제11기) 회계기간은 2024.1.1.~2024.12.31.이다. 전산세무회계 수험용 프로그램을 이용하여 다음 물음에 답하시오.

기본전제

- 문제에서 한국채택국제회계기준을 적용하도록 하는 전제조건이 없는 경우, 일반기업회계기준을 적용하여 회계처리한다.
- 문제의 풀이와 답안작성은 제시된 문제의 순서대로 진행한다.

문제 1 다음은 두일상사의 사업자등록증이다. [회사등록] 메뉴에 입력된 내용을 검토하여 누락분은 추가입력하고 잘못된 부분은 정정하시오(단, 우편번호 입력은 생략할 것). (6점)

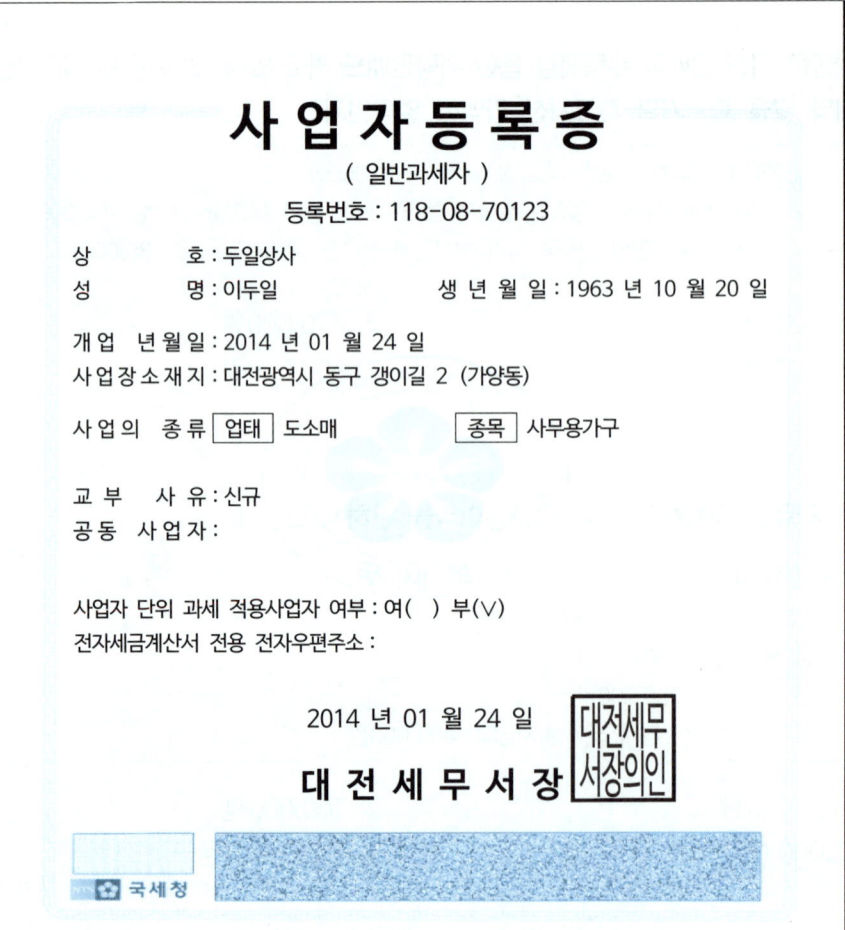

문제 2 다음은 두일상사의 전기분 재무상태표이다. 입력되어 있는 자료를 검토하여 오류 부분은 정정하고 누락된 부분은 추가 입력하시오. (6점)

재무상태표

회사명 : 두일상사　　　　　제10기 2023.12.31. 현재　　　　　(단위 : 원)

과　　　목	금	액	과　　　목	금	액
현　　　　금		60,000,000	외 상 매 입 금		55,400,000
당 좌 예 금		45,000,000	지 급 어 음		90,000,000
보 통 예 금		53,000,000	미 지 급 금		78,500,000
외 상 매 출 금	90,000,000		단 기 차 입 금		45,000,000
대 손 충 당 금	900,000	89,100,000	장 기 차 입 금		116,350,000
받 을 어 음	65,000,000		자　　본　　금		156,950,000
대 손 충 당 금	650,000	64,350,000	(당기순이익 :		
단 기 대 여 금		50,000,000	46,600,000)		
상　　　　품		3,000,000			
소 　모 　품		500,000			
토　　　　지		100,000,000			
차 량 운 반 구	64,500,000				
감가상각누계액	10,750,000	53,750,000			
비　　　　품	29,500,000				
감가상각누계액	6,000,000	23,500,000			
자 산 총 계		542,200,000	부채와 자본총계		542,200,000

 **문제 3** 다음 자료를 이용하여 입력하시오. (6점)

[1] 다음의 자료를 이용하여 기초정보관리의 [거래처등록] 메뉴를 거래처(금융기관)를 추가로 등록하시오(단, 주어진 자료 외의 다른 항목은 입력할 필요 없음). (3점)

- 코드 : 98100
- 계좌번호 : 1234-5678-1234
- 거래처명 : 케이뱅크 적금
- 계좌개설은행 : 케이뱅크
- 유형 : 정기적금
- 계좌개설일 : 2024년 7월 1일

[2] 외상매출금과 단기차입금의 거래처별 초기이월 채권과 채무의 잔액은 다음과 같다. 입력된 자료를 검토하여 잘못된 부분은 수정 또는 삭제, 추가 입력하여 주어진 자료에 맞게 정정하시오. (3점)

계정과목	거래처명	잔액
외상매출금	태양마트	34,000,000원
	㈜애옹전자	56,000,000원
단기차입금	은산상사	20,000,000원
	세연상사	22,000,000원
	일류상사	3,000,000원

 **문제 4** [일반전표입력] 메뉴를 이용하여 다음의 거래 자료를 입력하시오. (24점)

― 입력 시 유의사항 ―

- 적요의 입력은 생략한다.
- 부가가치세는 고려하지 않는다.
- 채권·채무와 관련된 거래는 별도의 요구가 없는 한 반드시 기등록된 거래처코드를 선택하는 방법으로 거래처명을 입력한다.
- 회계처리 시 계정과목은 별도의 제시가 없는 한 등록된 계정과목 중 가장 적절한 과목으로 한다.

[1] 07월 03일 거래처 대전상사로부터 차입한 단기차입금 8,000,000원의 상환기일이 도래하여 당좌수표를 발행하여 상환하다. (3점)

[2] 07월 10일 관리부 직원들이 시내 출장용으로 사용하는 교통카드를 충전하고, 대금은 현금으로 지급하였다. (3점)

Seoul Metro 서울메트로

[교통카드 충전영수증]

역 사 명 : 평촌역
장 비 번 호 : 163
카 드 번 호 : 5089-3466-5253-6694
결 제 방 식 : 현금
충 전 일 시 : 2024.07.10.

충 전 전 잔 액 : 500원
충 전 금 액 : **50,000원**
충 전 후 잔 액 : 50,500원

대 표 자 명   이춘덕
사 업 자 번 호   108-12-16395
주 소   서울특별시 서초구 반포대로 21

[3] 08월 05일 능곡가구의 파산으로 인하여 외상매출금 5,000,000원이 회수할 수 없는 것으로 판명되어 대손처리하기로 하였다. 단, 8월 5일 현재 대손충당금 잔액은 900,000원이다. (3점)

[4] 08월 13일 사업용 부지로 사용하기 위한 토지를 매입하면서 발생한 부동산중개수수료를 현금으로 지급하고 아래의 현금영수증을 발급받았다. (3점)

유성부동산

305-42-23567   김유성
대전광역시 유성구 노은동로 104   TEL : 1577-0000

현금영수증(지출증빙용)

구매 2024/08/13   거래번호 : 12341234-123

상품명	수량	단가	금액
중개수수료		1,000,000원	1,000,000원
공 급 대 가			1,000,000원
합 계			1,000,000원
받 은 금 액			1,000,000원

[5] 09월 25일 임대인에게 800,000원(영업부 사무실 임차료 750,000원 및 건물관리비 50,000원)을 보통예금 계좌에서 이체하여 지급하였다(단, 하나의 전표로 입력할 것). (3점)

[6] 10월 24일 정풍상사에 판매하기 위한 상품의 상차작업을 위해 일용직 근로자를 고용하고 일당 100,000원을 현금으로 지급하였다. (3점)

[7] 11월 15일 아린상사에서 상품을 45,000,000원에 매입하기로 계약하고, 계약금은 당좌수표를 발행하여 지급하였다. 계약금은 매입 금액의 10%이다. (3점)

[8] 11월 23일 영업부에서 사용할 차량을 구입하고, 대금은 국민카드(신용카드)로 결제하였다. (3점)

신용카드매출전표
2024.11.23. 17:20:11

20,000,000원
정상승인 | 일시불

결제정보
카드	국민카드(7890-4321-1000-2949)
거래유형	신용승인
승인번호	75611061
이용구분	일시불
은행확인	KB국민은행

가맹점 정보
가맹점명	오지자동차
사업자등록번호	203-71-61019
대표자명	박미래

본 매출표는 신용카드 이용에 따른 증빙용으로 국민카드사에서 발급한 것임을 확인합니다.

문제 5 [일반전표입력] 메뉴에 입력된 내용 중 다음의 오류가 발견되었다. 입력된 내용을 검토하고 수정 또는 삭제, 추가 입력하여 올바르게 정정하시오. (6점)

― 입력 시 유의사항 ―
- 적요의 입력은 생략한다.
- 부가가치세는 고려하지 않는다.
- 채권·채무와 관련된 거래는 별도의 요구가 없는 한 반드시 기등록된 거래처코드를 선택하는 방법으로 거래처명을 입력한다.
- 회계처리 시 계정과목은 별도의 제시가 없는 한 등록된 계정과목 중 가장 적절한 과목으로 한다.

[1] 08월 16일 보통예금 계좌에서 출금된 1,000,000원은 임차료(판)가 아닌 경의상사에 지급한 임차보증금으로 확인되었다. (3점)

[2] 09월 30일 사업용 토지에 부과된 재산세 300,000원을 보통예금 계좌에서 이체하여 납부하고, 이를 토지의 취득가액으로 회계처리한 것으로 확인되었다. (3점)

문제 6 다음의 결산정리사항을 입력하여 결산을 완료하시오. (12점)

― 입력 시 유의사항 ―
- 적요의 입력은 생략한다.
- 부가가치세는 고려하지 않는다.
- 채권·채무와 관련된 거래는 별도의 요구가 없는 한 반드시 기등록된 거래처코드를 선택하는 방법으로 거래처명을 입력한다.
- 회계처리 시 계정과목은 별도의 제시가 없는 한 등록된 계정과목 중 가장 적절한 과목으로 한다.

[1] 포스상사로부터 차입한 단기차입금에 대한 기간경과분 당기 발생 이자는 360,000원이다. 필요한 회계처리를 하시오. (3점)

[2] 기말 현재 가지급금 잔액 500,000원은 ㈜디자인가구의 외상매입금 지급액으로 판명되었다. (3점)

[3] 영업부의 당기 소모품 내역이 다음과 같다. 결산일에 필요한 회계처리를 하시오(단, 소모품 구입 시 전액 자산으로 처리하였다). (3점)

소모품 기초잔액	소모품 당기구입액	소모품 기말잔액
500,000원	200,000원	300,000원

[3] 매출채권(외상매출금 및 받을어음) 잔액에 대하여만 2%의 대손충당금을 보충법으로 설정하시오(단, 기타 채권에 대하여는 대손충당금을 설정하지 않는다). (3점)

문제 7   다음 사항을 조회하여 알맞은 답안을 「이론문제 답안작성」 메뉴에 입력하시오. (10점)

[1] 4월 말 현재 지급어음 잔액은 얼마인가? (3점)

[2] 5월 1일부터 5월 31일까지 기간의 외상매출금 회수액은 모두 얼마인가? (3점)

[3] 상반기(1월~6월) 중 복리후생비(판)의 지출이 가장 적은 월(月)과 그 월(月)의 복리후생비(판) 금액은 얼마인가? (4점)

2024년 8월 시행 제115회 전산회계자격시험

수험번호: 22111112　　　감독관번호: 5965　　　합격률: 64.9%

| 종목 및 등급 : | **전산회계2급** | 제한시간: 60분 |

① USB 수령	· 감독관으로부터 시험에 필요한 응시종목별 기초백데이타 설치용 USB를 지급받는다. · USB 꼬리표가 **본인 응시종목**인지 확인하고, **뒷면에 수험정보를** 정확히 기재한다.
② USB 설치	(1) USB를 컴퓨터에 정확히 꽂은 후, 인식된 해당 USB드라이브로 이동한다. (2) USB드라이브에서 기초백데이타설치프로그램인 'Tax.exe' 파일을 실행시킨다. 　[주의] USB는 처음 설치이후, **시험 중 수험자 임의로 절대 재설치(초기화)하지 말 것**.
③ 수험정보입력	· [수험번호(8자리)] -[성명]을 정확히 입력한 후 [설치]버튼을 클릭한다. * 처음 입력한 수험정보는 이후 절대 수정이 불가하니 정확히 입력할 것.
④ 시험지 수령	· 시험지가 본인의 응시종목(급수)인지 여부와 문제유형(A또는B)을 확인한다. · 문제유형(A또는B)을 프로그램에 입력한다. · 시험지의 총 페이지수를 확인한다. · 급수와 페이지수를 확인하지 않은 것에 대한 책임은 수험자에게 있음.
⑤ 시험시작	· 감독관이 불러주는 '**감독관확인번호**'를 정확히 입력하고, 시험에 응시한다.
(시험을 마치면) ⑥ USB 저장	(1) **이론문제의 답**은 메인화면에서 [이론문제 답안작성] 을 클릭하여 입력한다. (2) **실무문제의 답**은 문항별 요구사항을 수험자가 파악하여 각 메뉴에 입력한다. (3) 이론과 실무문제의 **답을 모두입력한 후** [답안저장(USB로 저장)] 을 클릭하여 저장한다. (4) **저장완료** 메시지를 확인한다.
⑦ USB제출	· 답안이 수록된 USB메모리를 빼서, 〈감독관〉에게 제출 후 조용히 퇴실한다.

▶ 본 자격시험은 전산프로그램을 이용한 자격시험입니다. 컴퓨터의 사양에 따라 전산진행속도가 느려질 수도 있으므로 전산프로그램의 진행속도를 고려하여 입력해주시기 바랍니다.
▶ 수험번호나 성명 등을 잘못 입력했거나, 답안을 USB에 저장하지 않음으로써 발생하는 일체의 불이익과 책임은 수험자 본인에게 있습니다.
▶ 타인의 답안을 자신의 답안으로 부정 복사한 경우 해당 관련자는 모두 불합격 처리됩니다.
▶ PC, 프로그램 등 조작미숙으로 시험이 불가능하다고 판단될 경우 불합격처리 될 수 있습니다.

[이론문제 답안작성] 을 한번도 클릭하지 않으면 [답안저장(USB로 저장)] 을 클릭해도 답안 저장되지 않음.

제115회 전산회계자격시험

이론시험

다음 문제를 보고 알맞은 것을 골라 [이론문제 답안작성] 메뉴에 입력하시오.(객관식 문항당 2점)

| 기본전제 |
문제에서 한국채택국제회계기준을 적용하도록 하는 전제조건이 없는 경우, 일반기업회계기준을 적용한다.

01 다음 자료에 의하여 기말결산 시 재무상태표상에 현금및현금성자산으로 표시될 장부금액은 얼마인가?

- 서울은행에서 발행한 자기앞수표 30,000원
- 당좌개설보증금 50,000원
- 취득 당시 만기가 3개월 이내에 도래하는 금융상품 70,000원

① 50,000원 ② 80,000원
③ 100,000원 ④ 120,000원

02 다음 자료는 회계의 순환과정의 일부이다. (가), (나), (다)에 들어갈 순환과정의 순서로 옳은 것은?

거래 발생 → (가) → 전기 → 수정 전 시산표 작성 → (나) → 수정 후 시산표 작성 → (다) → 결산보고서 작성

	(가)	(나)	(다)
①	분개	각종 장부 마감	결산 정리 분개
②	분개	결산 정리 분개	각종 장부 마감
③	각종 장부 마감	분개	결산 정리 분개
④	결산 정리 분개	각종 장부 마감	분개

03 다음은 개인기업인 서울상점의 손익 계정이다. 이를 통해 알 수 있는 내용이 아닌 것은?

		손익			
12/31	상품매출원가	120,000원	12/31	상 품 매 출	260,000원
	급 여	40,000원		이 자 수 익	10,000원
	보 험 료	30,000원			
	자 본 금	80,000원			
		270,000원			270,000원

① 당기분 보험료는 30,000원이다.
② 당기분 이자수익은 10,000원이다.
③ 당기의 매출총이익은 140,000원이다.
④ 당기의 기말 자본금은 80,000원이다.

04 다음 중 재무상태표의 계정과목으로만 짝지어진 것은?
① 미지급금, 미지급비용
② 외상매출금, 상품매출
③ 감가상각누계액, 감가상각비
④ 대손충당금, 대손상각비

05 다음 중 결산 시 차기이월로 계정을 마감하는 계정과목에 해당하는 것은?
① 이자수익   ② 임차료   ③ 통신비   ④ 미수금

06 다음 중 일반적으로 유형자산의 취득원가에 포함시킬 수 없는 것은?
① 설치비
② 취득세
③ 취득 시 발생한 운송비
④ 보유 중에 발생한 수선유지비

07 다음 중 판매비와관리비에 해당하는 것을 모두 고른 것은?

| 가. 이자비용 | 나. 유형자산처분손실 |
| 다. 복리후생비 | 라. 소모품비 |

① 가, 나   ② 가, 다   ③ 나, 다   ④ 다, 라

08 다음 중 계정의 잔액 표시가 올바른 것은?

①	선수금	②	선급금
	2,000,000원		2,000,000원

③	미수금	④	미지급금
	2,000,000원		2,000,000원

09 다음 중 일반기업회계기준상 재고자산의 평가 방법으로 인정되지 않는 것은?
① 개별법　　　　　　　② 선입선출법
③ 가중평균법　　　　　④ 연수합계법

10 상품 매출에 대한 계약을 하고 계약금 100,000원을 받아 아래와 같이 회계처리 할 때, 다음 빈칸에 들어갈 계정과목으로 가장 옳은 것은?

(차) 현금	100,000원	(대) ( )	100,000원

① 선수금　　　　　　　② 선급금
③ 상품매출　　　　　　④ 외상매출금

11 다음은 재무제표의 종류에 대한 설명이다. 아래의 보기 중 (가), (나)에서 각각 설명하는 재무제표의 종류로 모두 옳은 것은?

· (가) : 일정 시점 현재 기업이 보유하고 있는 자산, 부채, 자본에 대한 정보를 제공하는 재무보고서
· (나) : 일정 기간 동안 기업의 경영성과에 대한 정보를 제공하는 재무보고서

	(가)	(나)
①	재무상태표	손익계산서
②	잔액시산표	손익계산서
③	재무상태표	현금흐름표
④	잔액시산표	현금흐름표

12 다음 중 원칙적으로 감가상각을 하지 않는 유형자산은?

① 기계장치　　　　　　　② 차량운반구
③ 건설중인자산　　　　　④ 건물

13 다음 자료를 이용하여 상품의 당기 순매입액을 계산하면 얼마인가?

> · 당기에 상품 50,000원을 외상으로 매입하였다.
> · 매입할인을 8,000원 받았다.

① 42,000원　　　　　　　② 47,000원
③ 50,000원　　　　　　　④ 52,000원

14 다음의 자료를 이용하여 기말자본을 계산하면 얼마인가?

> · 기초자본 300,000원　　· 당기순이익 160,000원　　· 기말자본 (　?　)원

① 140,000원　　　　　　② 230,000원
③ 300,000원　　　　　　④ 460,000원

15 다음 중 수익과 비용에 대한 설명으로 옳지 않은 것은?

① 급여는 영업비용에 해당한다.
② 소득세는 영업외비용에 해당한다.
③ 유형자산의 감가상각비는 영업비용에 해당한다.
④ 이자수익은 영업외수익에 해당한다.

실무시험

슈리상사(회사코드:1154)는 신발을 판매하는 개인기업으로서 당기(제15기)의 회계기간은 2024.1.1.~2024.12.31.이다. 전산세무회계 수험용 프로그램을 이용하여 다음 물음에 답하시오.

기본전제

- 문제에서 한국채택국제회계기준을 적용하도록 하는 전제조건이 없는 경우, 일반기업회계기준을 적용하여 회계처리한다.
- 문제의 풀이와 답안작성은 제시된 문제의 순서대로 진행한다.

문제 1 다음은 슈리상사의 사업자등록증이다. [회사등록] 메뉴에 입력된 내용을 검토하여 누락분은 추가입력하고 잘못된 부분은 정정하시오(단, 우편번호 입력은 생략할 것). (6점)

사 업 자 등 록 증
(일반과세자)

등록번호 : 101-11-54033

상　　　호 : 슈리상사
성　　　명 : 박유빈 외 1명　　생 년 월 일 : 1987 년 12 월 03 일
개 업 연 월 일 : 2010 년 09 월 23 일
사업장소재지 : 서울특별시 동작구 동작대로 29 (사당동)

사업의 종류 : 업태 도소매　　　종목 신발

발 급 사 유 : 신규
공 동 사 업 자 : 박기수

사업자 단위 과세 적용사업자 여부 : 여(　) 부(∨)
전자세금계산서 전용 전자우편주소 :

2010 년 09 월 23 일
동 작 세 무 서 장

 **문제 2** 다음은 슈리상사의 전기분 손익계산서이다. 입력되어 있는 자료를 검토하여 오류 부분은 정정하고 누락된 부분은 추가 입력하시오. (6점)

손익계산서

회사명 : 슈리상사 　　　　제14기 2023.1.1.~2023.12.31. 　　　　(단위 : 원)

과　　　　목	금　　　액	과　　　　목	금　　　액
Ⅰ. 매　　출　　액	350,000,000	Ⅴ. 영　업　이　익	94,500,000
상　품　매　출	350,000,000	Ⅵ. 영　업　외　수　익	2,300,000
Ⅱ. 매　출　원　가	150,000,000	이　자　수　익	700,000
상 품 매 출 원 가	150,000,000	잡　　이　　익	1,600,000
기초상품재고액	10,000,000	Ⅶ. 영　업　외　비　용	6,800,000
당기상품매입액	190,000,000	이　자　비　용	6,500,000
기말상품재고액	50,000,000	잡　　손　　실	300,000
Ⅲ. 매　출　총　이　익	200,000,000	Ⅷ. 소득세차감전순이익	90,000,000
Ⅳ. 판 매 비 와 관 리 비	105,500,000	Ⅸ. 소　득　세　등	0
급　　　　　　여	80,000,000	Ⅹ. 당　기　순　이　익	90,000,000
복　리　후　생　비	6,300,000		
여　비　교　통　비	2,400,000		
임　　차　　료	12,000,000		
수　　선　　비	1,200,000		
수　수　료　비　용	2,700,000		
광　고　선　전　비	900,000		

 **문제 3** 다음 자료를 이용하여 입력하시오. (6점)

[1] [계정과목및적요등록] 메뉴에서 판매비와관리비의 상여금 계정에 다음 내용의 적요를 등록하시오. (3점)

현금적요 No.2 : 명절 특별 상여금 지급

[2] 슈리상사의 거래처별 초기이월 채권과 채무잔액은 다음과 같다. 자료에 맞게 추가입력이나 정정 및 삭제하시오. (3점)

계정과목	거래처	잔액	계
외상매출금	희은상사	6,000,000원	34,800,000원
	폴로전자	15,800,000원	
	예진상회	13,000,000원	
지급어음	슬기상회	6,000,000원	17,000,000원
	효은유통	7,600,000원	
	주언상사	3,400,000원	

문제 4 [일반전표입력] 메뉴를 이용하여 다음의 거래 자료를 입력하시오. (24점)

― 입력 시 유의사항 ―

- 적요의 입력은 생략한다.
- 부가가치세는 고려하지 않는다.
- 채권·채무와 관련된 거래는 별도의 요구가 없는 한 반드시 기등록된 거래처코드를 선택하는 방법으로 거래처명을 입력한다.
- 회계처리 시 계정과목은 별도의 제시가 없는 한 등록된 계정과목 중 가장 적절한 과목으로 한다.

[1] 07월 29일 사무실에서 사용하는 노트북을 수리하고 대금은 국민카드로 결제하였다(단, 해당 지출은 수익적 지출에 해당함). (3점)

```
           카드매출전표
─────────────────────────
카드종류 : 국민카드
카드번호 : 1234-5678-11**-2222
거래일시 : 2024.07.29. 11:11:12
거래유형 : 신용승인
금    액 : 150,000원
결제방법 : 일시불
승인번호 : 12341234
은행확인 : 신한은행
─────────────────────────
가맹점명 : 규은전자
         - 이하생략 -
```

[2] 08월 18일 농협은행으로부터 차입한 금액에 대한 이자 900,000원을 보통예금 계좌에서 지급하였다. (3점)

[3] 08월 31일 당사에서 보관 중이던 섬미상사 발행 당좌수표로 넥사상사의 외상매입금 3,000,000원을 지급하였다. (3점)

[4] 09월 20일 청소년의 날을 맞아 소년소녀가장을 돕기 위해 현금 500,000원을 방송국에 기부하였다. (3점)

[5] 10월 15일 사무실로 이용 중인 동작빌딩 임대차계약을 아래와 같이 임차보증금만 인상하는 것으로 재계약하고, 인상된 임차보증금을 보통예금 계좌에서 이체하여 지급하였다. 종전 임대차계약의 임차보증금은 170,000,000원이며, 갱신 후 임대차계약서는 아래와 같다. (3점)

부동산 임대차(월세) 계약서

본 부동산에 대하여 임대인과 임차인 쌍방은 다음과 같이 합의하여 임대차(월세)계약을 체결한다.

1. **부동산의 표시**

소 재 지	서울특별시 동작구 동작대로 29 (사당동)				
건 물	구조	철근콘크리트	용도	사무실	면적	100㎡
임대부분	상동 소재지 전부				

2. **계약내용**

   제 1 조 위 부동산의 임대차계약에 있어 임차인은 보증금 및 차임을 아래와 같이 지불하기로 한다.

보증금	일금 일억팔천만 원정 (₩ 180,000,000)
차 임	일금 육십만 원정 (₩ 600,000)은 매월 말일에 지불한다.

   제 2 조 임대인은 위 부동산을 임대차 목적대로 사용·수익할 수 있는 상태로 하여 2024년 10월 15일까지 임차인에게 인도하며, 임대차기간은 인도일로부터 24개월로 한다.
   …중략…

   임대인 : 동작빌딩 대표   이주인   (인)
   임차인 : 슈리상사 대표 박유빈 외 1명   (인)

[6] 11월 04일 보유하고 있던 기계장치(취득원가 20,000,000원)를 광운상사에 10,000,000원에 매각하고 그 대금은 보통예금 계좌로 입금받았다(단, 11월 4일까지 해당 기계장치의 감가상각누계액은 10,000,000원이다). (3점)

[7] 12월 01일 영업부 출장용 자동차를 30,000,000원에 구입하면서 동시에 아래와 같이 취득세를 납부하였다. 차량운반구 구매액과 취득세는 모두 보통예금 계좌에서 지출하였다(단, 하나의 전표로 입력할 것). (3점)

대전광역시		차량취득세납부영수증		납부(납입)서		납세자보관용 영수증	
납세자		슈리상사					
주소		서울특별시 동작구 동작대로 29 (사당동)					
납세번호		기관번호 1234567	세목 10101501	납세년월기 202412		과세번호 0124751	
과세내역	차번	222머8888		년식	2024	과세표준액	
	목적	신규등록(일반등록)		특례	세율특례없음		30,000,000
	차명	에쿠스					
	차종	승용자동차		세율	70/1000		
세목		납부세액	납부할 세액 합계			전용계좌로도 편리하게 납부!!	
취득세		2,100,000				우리은행	1620-441829-64-125
가산세		0		2,100,000원		신한은행	5563-04433-245814
지방교육세		0				하나은행	1317-865254-74125
농어촌특별세		0	신고납부기한			국민은행	44205-84-28179245
합계세액		2,100,000	2024. 12. 31. 까지			기업은행	5528-774145-58-247
지방세법 제6조~22조, 제30조의 규정에 의하여 위와 같이 신고하고 납부합니다.						■전용계좌 납부안내(뒷면참조)	
담당자			위의 금액을 영수합니다.				
한대교		납부장소 : 전국은행(한국은행제외) 우체국 농협			2024년 12월 01일		수납인

[8] 12월 10일 거래처 직원의 결혼식에 보내기 위한 축하 화환을 주문하고 대금은 현금으로 지급하면서 아래와 같은 현금영수증을 수령하였다. (3점)

현금영수증		
승인번호	구매자 발행번호	발행방법
G54782245	101-11-54033	지출증빙
신청구분	발행일자	취소일자
사업자번호	2024.12.10.	-
상품명		
축하3단화환		
구분	주문번호	상품주문번호
일반상품	2024121054897	2024121085414

판매자 정보

판매자상호	대표자명
스마일꽃집	김다림
사업자등록번호	판매자전화번호
201-91-41674	032-459-8751
판매자사업장주소	
인천시 계양구 방축로 106	

금액

공급가액		1	0	0	0	0	0
부가세액							
봉사료							
승인금액		1	0	0	0	0	0

 문제 5   [일반전표입력] 메뉴에 입력된 내용 중 다음의 오류가 발견되었다. 입력된 내용을 검토하고 수정 또는 삭제, 추가 입력하여 올바르게 정정하시오. (6점)

| 입력 시 유의사항 |

- 적요의 입력은 생략한다.
- 부가가치세는 고려하지 않는다.
- 채권·채무와 관련된 거래는 별도의 요구가 없는 한 반드시 기등록된 거래처코드를 선택하는 방법으로 거래처명을 입력한다.
- 회계처리 시 계정과목은 별도의 제시가 없는 한 등록된 계정과목 중 가장 적절한 과목으로 한다.

[1] 10월 25일 본사 건물의 외벽 방수 공사비 5,000,000원을 수익적 지출로 처리해야 하나, 자본적 지출로 잘못 처리하였다. (3점)

[2] 11월 10일 보통예금 계좌에서 신한은행으로 이체한 1,000,000원은 장기차입금을 상환한 것이 아니라 이자비용을 지급한 것이다. (3점)

문제 6 다음의 결산정리사항을 입력하여 결산을 완료하시오. (12점)

입력 시 유의사항
- 적요의 입력은 생략한다.
- 부가가치세는 고려하지 않는다.
- 채권·채무와 관련된 거래는 별도의 요구가 없는 한 반드시 기등록된 거래처코드를 선택하는 방법으로 거래처명을 입력한다.
- 회계처리 시 계정과목은 별도의 제시가 없는 한 등록된 계정과목 중 가장 적절한 과목으로 한다.

[1] 결산일 현재 임대료(영업외수익) 미수분 300,000원을 결산정리분개 하였다. (3점)

[2] 단기투자목적으로 2개월 전에 ㈜자유로의 주식 100주를 주당 6,000원에 취득하였다. 기말 현재 이 주식의 공정가치는 주당 4,000원이다. (3점)

[3] 2024년 10월 1일에 영업부 출장용 차량의 보험료(보험기간 : 2024.10.01.~2025.09.30.) 600,000원을 현금으로 지급하면서 전액 보험료로 처리하였다. 기말수정분개를 하시오(단, 월할 계산할 것). (3점)

[4] 12월 31일 당기분 차량운반구에 대한 감가상각비 600,000원과 비품에 대한 감가상각비 500,000원을 계상하였다. (3점)

문제 7 다음 사항을 조회하여 알맞은 답안을 이론문제 답안작성 메뉴에 입력하시오. (10점)

[1] 6월 30일 현재 당좌자산의 금액은 얼마인가? (3점)

[2] 상반기(1~6월) 중 광고선전비(판) 지출액이 가장 적은 달의 지출액은 얼마인가? (3점)

[3] 6월 말 현재 거래처 유화산업의 ①외상매출금과 ②받을어음의 잔액을 각각 순서대로 적으시오. (4점)

**2024년 10월 시행
제116회 전산회계자격시험**

수험번호: 22111112   감독관번호: 1226   합격률: 51.9%

| 종목 및 등급 : | **전산회계2급** | 제한시간: 60분 |

| ① USB 수령 | · 감독관으로부터 시험에 필요한 응시종목별 기초백데이타 설치용 USB를 지급받는다.
· USB 꼬리표가 **본인 응시종목**인지 확인하고, **뒷면에 수험정보를** 정확히 기재한다. |

| ② USB 설치 | (1) USB를 컴퓨터에 정확히 꽂은 후, 인식된 해당 USB드라이브로 이동한다.
(2) USB드라이브에서 기초백데이타설치프로그램인 `Tax.exe` 파일을 실행시킨다.
[주의] USB는 처음 설치이후, **시험 중 수험자 임의로 절대 재설치(초기화)하지 말 것.** |

| ③ 수험정보입력 | · [수험번호(8자리)] -[성명]을 정확히 입력한 후 [설치]버튼을 클릭한다.
* 처음 입력한 수험정보는 이후 절대 수정이 불가하니 정확히 입력할 것. |

| ④ 시험지 수령 | · 시험지가 본인의 응시종목(급수)인지 여부와 문제유형(A또는B)을 확인한다.
· 문제유형(A또는B)을 프로그램에 입력한다.
· 시험지의 총 페이지수를 확인한다.
· 급수와 페이지수를 확인하지 않은 것에 대한 책임은 수험자에게 있음. |

| ⑤ 시험시작 | · 감독관이 불러주는 '**감독관확인번호**'를 정확히 입력하고, 시험에 응시한다. |

| (시험을 마치면)
⑥ USB 저장 | (1) **이론문제의 답**은 메인화면에서 [이론문제 답안작성] 을 클릭하여 입력한다.
(2) **실무문제의 답**은 문항별 요구사항을 수험자가 파악하여 각 메뉴에 입력한다.
(3) 이론과 실무문제의 **답을 모두입력한 후** [답안저장(USB로 저장)] 을 클릭하여 저장한다.
(4) **저장완료** 메시지를 확인한다. |

| ⑦ USB제출 | · 답안이 수록된 USB메모리를 빼서, 〈감독관〉에게 제출 후 조용히 퇴실한다. |

▶ 본 자격시험은 전산프로그램을 이용한 자격시험입니다. 컴퓨터의 사양에 따라 전산진행속도가 느려질 수도 있으므로 전산프로그램의 진행속도를 고려하여 입력해주시기 바랍니다.
▶ 수험번호나 성명 등을 잘못 입력했거나, 답안을 USB에 저장하지 않음으로써 발생하는 일체의 불이익과 책임은 수험자 본인에게 있습니다.
▶ 타인의 답안을 자신의 답안으로 부정 복사한 경우 해당 관련자는 모두 불합격 처리됩니다.
▶ PC, 프로그램 등 조작미숙으로 시험이 불가능하다고 판단될 경우 불합격처리 될 수 있습니다.

[이론문제 답안작성] 을 한번도 클릭하지 않으면 [답안저장(USB로 저장)] 을 클릭해도 답안 저장되지 않음.

제116회 전산회계자격시험

이론시험

다음 문제를 보고 알맞은 것을 골라 │이론문제 답안작성│ 메뉴에 입력하시오.(객관식 문항당 2점)

> **기본전제**
> 문제에서 한국채택국제회계기준을 적용하도록 하는 전제조건이 없는 경우, 일반기업회계기준을 적용한다.

01 다음 중 혼합거래에 해당하는 것으로 옳은 것은?
① 임대차 계약을 맺고, 당월 분 임대료 500,000원을 현금으로 받았다.
② 단기대여금 회수금액 300,000원과 그 이자 3,000원을 현금으로 받았다.
③ 단기차입금에 대한 이자 80,000원을 현금으로 지급하였다.
④ 상품 400,000원을 매입하고 대금 중 100,000원은 현금으로, 나머지 잔액은 외상으로 하였다.

02 다음 중 재고자산의 원가를 결정하는 방법에 해당하는 것은?
① 선입선출법   ② 정률법   ③ 생산량비례법   ④ 정액법

03 다음 중 결산 재무상태표에 표시할 수 없는 계정과목은 무엇인가?
① 단기차입금   ② 인출금   ③ 임차보증금   ④ 선급비용

04 다음의 자료를 바탕으로 유형자산 처분손익을 계산하면 얼마인가?

· 취득가액 : 10,000,000원
· 처분 시까지의 감가상각누계액 : 8,000,000원
· 처분가액 : 5,000,000원

① 처분이익 2,000,000원   ② 처분이익 3,000,000원
③ 처분손실 3,000,000원   ④ 처분손실 5,000,000원

05 개인기업인 신나라상사의 기초자본금이 200,000원일 때, 다음 자료를 통해 알 수 있는 당기순이익은 얼마인가?

· 기업 경영주의 소득세를 납부 : 50,000원
· 추가 출자금 : 40,000원
· 기말자본금 : 350,000원

① 150,000원 ② 160,000원 ③ 210,000원 ④ 290,000원

06 다음 본오물산의 거래내역을 설명하는 계정과목으로 가장 바르게 짝지어진 것은?

(가) 공장 부지로 사용하기 위한 토지의 구입 시 발생한 취득세
(나) 본오물산 직원 급여 지급 시 발생한 소득세 원천징수액

	(가)	(나)
①	세금과공과	예수금
②	토지	예수금
③	세금과공과	세금과공과
④	토지	세금과공과

07 다음 중 판매비와관리비에 해당하지 않는 것은?
① 이자비용
② 차량유지비
③ 통신비
④ 기업업무추진비

08 다음 중 정상적인 영업 과정에서 판매를 목적으로 보유하는 재고자산에 대한 예시로 옳은 것은?
① 홍보 목적 전단지
② 접대 목적 선물세트
③ 제품과 상품
④ 기부 목적 쌀

09 다음은 자본적 지출과 수익적 지출의 예시이다. 각 빈칸에 들어갈 말로 바르게 짝지어진 것은?

> · 태풍에 파손된 유리 창문을 교체한 것은 (㉠)적 지출
> · 자동차 엔진오일의 교체는 (㉡)적 지출

① ㉠ 자본, ㉡ 수익　　② ㉠ 자본, ㉡ 자본
③ ㉠ 수익, ㉡ 자본　　④ ㉠ 수익, ㉡ 수익

10 다음과 같은 결합으로 이루어진 거래로 가장 옳은 것은?

> (차) 부채의 감소　　(대) 자산의 감소

① 외상매입금 4,000,000원을 보통예금 계좌에서 지급한다.
② 사무실의 전기요금 300,000원을 현금으로 지급한다.
③ 거래처 대표의 자녀 결혼으로 100,000원의 화환을 보낸다.
④ 사무실에서 사용하던 냉장고를 200,000원에 처분한다.

11 다음 중 계정과목의 분류가 다른 것은?
① 예수금　　② 미지급비용
③ 선급비용　　④ 선수금

12 기간 경과 분 이자수익이 당기에 입금되지 않았다. 기말 결산 시 해당 내용을 회계처리 하지 않았을 때 당기 재무제표에 미치는 영향으로 가장 옳은 것은?
① 자산의 과소계상　　② 부채의 과대계상
③ 수익의 과대계상　　④ 비용의 과소계상

13 다음의 자료를 이용하여 순매출액을 계산하면 얼마인가?

> · 당기 상품 매출액 : 300,000원
> · 상품매출과 관련된 부대비용 : 5,000원
> · 상품매출 환입액 : 10,000원

① 290,000원 ② 295,000원
③ 305,000원 ④ 319,000원

14 다음의 내용이 설명하는 계정과목으로 올바른 것은?

> 기간이 경과되어 보험료, 이자, 임차료 등의 비용이 발생하였으나 약정된 지급일이 되지 않아 지급하지 아니한 금액에 사용하는 계정과목이다.

① 가지급금 ② 예수금
③ 미지급비용 ④ 선급금

15 다음의 자료를 바탕으로 현금및현금성자산의 금액을 계산하면 얼마인가?

> · 보통예금 : 500,000원
> · 당좌예금 : 700,000원
> · 1년 만기 정기예금 : 1,000,000원
> · 단기매매증권 : 500,000원

① 1,200,000원 ② 1,500,000원
③ 1,700,000원 ④ 2,200,000원

실무시험

하늘상사(회사코드:1164)는 유아용 의류를 판매하는 개인기업으로 당기(제9기)의 회계기간은 2024.1.1.~2024.12.31.이다. 전산세무회계 수험용 프로그램을 이용하여 다음 물음에 답하시오.

---- 기본전제 ----

- 문제에서 한국채택국제회계기준을 적용하도록 하는 전제조건이 없는 경우, 일반기업회계기준을 적용하여 회계처리한다.
- 문제의 풀이와 답안작성은 제시된 문제의 순서대로 진행한다.

문제 1 다음은 하늘상사의 사업자등록증이다. [회사등록] 메뉴에 입력된 내용을 검토하여 누락분은 추가 입력하고 잘못된 부분을 정정하시오(단, 주소 입력 시 우편번호는 입력하지 않아도 무방함). (6점)

사 업 자 등 록 증

(일반과세자)

등록번호 : 628-26-01035

상　　　호 : 하늘상사
성　　　명 : 최은우　　　　　생 년 월 일 : 1988 년 10 월 17 일
개 업 연 월 일 : 2016 년 03 월 01 일
사 업 장 소 재 지 : 서울특별시 강남구 논현로 56 (개포동 1228-4)

사 업 의 종 류 : 업태 도소매　　　　종목 유아용 의류

발 급 사 유 : 신규
공 동 사 업 자 :

사업자 단위 과세 적용사업자 여부 : 여( ) 부(∨)
전자세금계산서 전용 전자우편주소 :

2022년 03 월 01 일
삼 성 세 무 서 장

문제 2 다음은 하늘상사의 전기분 손익계산서이다. 입력되어 있는 자료를 검토하여 오류 부분은 정정하고 누락된 부분은 추가 입력하시오. (6점)

손익계산서

회사명 : 하늘상사　　　　　제8기 : 2023.1.1.~2023.12.31.　　　　　(단위 : 원)

과　　　　　목	금　　액	과　　　　　목	금　　액
Ⅰ 매　　출　　액	665,000,000	Ⅴ 영　업　이　익	129,500,000
상　품　매　출	665,000,000	Ⅵ 영　업　외　수　익	240,000
Ⅱ 매　출　원　가	475,000,000	이　자　수　익	210,000
상　품　매　출　원　가	475,000,000	잡　　이　　익	30,000
기　초　상　품　재　고　액	19,000,000	Ⅶ 영　업　외　비　용	3,000,000
당　기　상　품　매　입　액	472,000,000	기　　부　　금	3,000,000
기　말　상　품　재　고　액	16,000,000	Ⅷ 소득세차감전순이익	126,740,000
Ⅲ 매　출　총　이　익	190,000,000	Ⅸ 소　득　세　등	0
Ⅳ 판　매　비　와　관　리　비	60,500,000	Ⅹ 당　기　순　이　익	126,740,000
급　　　　　　　여	30,000,000		
복　리　후　생　비	2,500,000		
기　업　업　무　추　진　비	8,300,000		
통　　신　　비	420,000		
감　가　상　각　비	5,200,000		
임　　차　　료	12,000,000		
차　량　유　지　비	1,250,000		
소　　모　　품　　비	830,000		

문제 3 다음 자료를 이용하여 입력하시오. (6점)

[1] 다음의 신규 거래처를 [거래처등록] 메뉴에서 추가 입력하시오(단, 우편번호 입력은 생략함). (3점)

코드	거래처명	대표자명	사업자등록번호	유형	사업장소재지	업태	종목
00308	뉴발상사	최은비	113-09-67896	동시	서울 송파구 법원로11길 11	도매및소매업	신발 도매업

[2] 거래처별 초기이월의 올바른 채권과 채무 잔액은 다음과 같다. [거래처별초기이월] 메뉴의 자료를 검토하여 오류가 있으면 올바르게 삭제 또는 수정, 추가 입력을 하시오. (3점)

계정과목	거래처명	금액
외상매출금	스마일상사	20,000,000원
미수금	슈프림상사	10,000,000원
단기차입금	다온상사	23,000,000원

 **문제 4** [일반전표입력] 메뉴를 이용하여 다음의 거래 자료를 입력하시오. (24점)

━━━━━━━━━━ 입력 시 유의사항 ━━━━━━━━━━

- 적요의 입력은 생략한다.
- 부가가치세는 고려하지 않는다.
- 채권·채무와 관련된 거래는 별도의 요구가 없는 한 반드시 기등록된 거래처코드를 선택하는 방법으로 거래처명을 입력한다.
- 회계처리 시 계정과목은 별도의 제시가 없는 한 등록된 계정과목 중 가장 적절한 과목으로 한다.

[1] 07월 25일 경리부 직원 류선재로부터 아래의 청첩장을 받고 축의금 300,000원을 사규에 따라 현금으로 지급하였다. (3점)

[2] 08월 04일 영동상사로부터 상품 4,000,000원을 매입하고 대금 중 800,000원은 당좌수표로 지급하고, 잔액은 어음을 발행하여 지급하였다. (3점)

[3] 08월 25일 하나상사에 상품 1,500,000원을 판매하는 계약을 하고, 계약금으로 상품 대금의 20%가 보통예금 계좌에 입금되었다. (3점)

[4] 10월 01일 운영자금을 확보하기 위하여 기업은행으로부터 50,000,000원을 5년 후에 상환하는 조건으로 차입하고, 차입금은 보통예금 계좌로 이체받았다. (3점)

[5] 10월 31일 영업부 과장 송해나의 10월분 급여를 보통예금 계좌에서 이체하여 지급하였다(단, 하나의 전표로 처리하되, 공제 항목은 구분하지 않고 하나의 계정과목으로 처리할 것). (3점)

급 여 명 세 서

귀속연월 : 2024년 10월   지급연월 : 2024년 10월 31일

성명	송 해 나

세부 내역			
지 급		공 제	
급여 항목	지급액(원)	공제 항목	공제액(원)
기본급	2,717,000	소득세	49,100
		지방소득세	4,910
		국민연금	122,260
		건강보험	96,310
		장기요양보험	12,470
		고용보험	24,450
		공제액 계	309,500
지급액 계	2,717,000	실지급액	2,407,500

계산 방법		
구분	산출식 또는 산출방법	지급금액(원)
기본급	209시간×13,000원/시간	2,717,000

[6] 11월 13일 가나상사에 상품을 판매하고 받은 어음 2,000,000원을 즉시 할인하여 은행으로부터 보통예금 계좌로 입금받았다(단, 매각거래이며, 할인율은 5%로 한다). (3점)

[7] 11월 22일 거래처 한올상사에서 상품 4,000,000원을 외상으로 매입하고 인수 운임 150,000원(당사 부담)은 현금으로 지급하였다(단, 하나의 전표로 입력할 것). (3점)

[8] 12월 15일 다음과 같이 우리컨설팅에서 영업부 서비스교육을 진행하고 교육훈련비 대금 중 500,000원은 보통예금 계좌에서 이체하여 지급하고 잔액은 외상으로 하였다. 단, 원천징수세액은 고려하지 않는다. (3점)

권 호 2024년 12월 15일		거래명세표 (거래용)				
하늘상사 귀하	공급자	사업자등록번호	109-02-*****			
		상 호	우리컨설팅	성 명	김우리 ㉞	
		사 업 장 소 재 지	서울특별시 양천구 신정중앙로 86			
아래와 같이 계산합니다.		업 태	서비스	종 목	컨설팅,강의	
합계금액		일백만 원정 (₩ 1,000,000)				
월일	품 목	규 격	수 량	단 가	공 급 대 가	
12월 15일	영업부 서비스 교육		1	1,000,000원	1,000,000원	
	계				1,000,000원	
전잔금	없음		합	계	1,000,000원	
입 금	500,000원	잔 금	500,000원			
비 고						

문제 5 [일반전표입력] 메뉴에 입력된 내용 중 다음의 오류가 발견되었다. 입력된 내용을 검토하고 수정 또는 삭제, 추가 입력하여 올바르게 정정하시오. (6점)

| 입력 시 유의사항 |

- 적요의 입력은 생략한다.
- 부가가치세는 고려하지 않는다.
- 채권·채무와 관련된 거래는 별도의 요구가 없는 한 반드시 기등록된 거래처코드를 선택하는 방법으로 거래처명을 입력한다.
- 회계처리 시 계정과목은 별도의 제시가 없는 한 등록된 계정과목 중 가장 적절한 과목으로 한다.

[1] 08월 22일 만중상사로부터 보통예금 4,000,000원이 입금되어 선수금으로 처리한 내용은 전기에 대손 처리하였던 만중상사의 외상매출금 4,000,000원이 회수된 것이다. (3점)

[2] 09월 15일 광고선전비로 계상한 130,000원은 거래처의 창립기념일 축하를 위한 화환 대금이다. (3점)

문제 6 다음의 결산정리사항을 입력하여 결산을 완료하시오. (12점)

| 입력 시 유의사항 |

- 적요의 입력은 생략한다.
- 부가가치세는 고려하지 않는다.
- 채권·채무와 관련된 거래는 별도의 요구가 없는 한 반드시 기등록된 거래처코드를 선택하는 방법으로 거래처명을 입력한다.
- 회계처리 시 계정과목은 별도의 제시가 없는 한 등록된 계정과목 중 가장 적절한 과목으로 한다.

[1] 회사의 자금 사정으로 인하여 영업부의 12월분 전기요금 1,000,000원을 다음 달에 납부하기로 하였다. (3점)

[2] 기말 현재 현금과부족 30,000원은 영업부 컴퓨터 수리비를 지급한 것으로 밝혀졌다. (3점)

[3] 12월 1일에 국민은행으로부터 100,000,000원을 연 이자율 12%로 차입하였다(차입기간 : 2024.12.01.~2029.11.30.). 매월 이자는 다음 달 5일에 지급하기로 하고, 원금은 만기 시에 상환한다. 기말수정분개를 하시오(단, 월할 계산할 것). (3점)

[4] 결산을 위해 재고자산을 실사한 결과 기말상품재고액은 15,000,000원이었다. (3점)

문제 7 다음 사항을 조회하여 알맞은 답안을 이론문제 답안작성 메뉴에 입력하시오. (10점)

[1] 상반기(1월~6월) 중 기업업무추진비(판매비와일반관리비)를 가장 많이 지출한 월(月)과 그 금액은 얼마인가? (3점)

[2] 5월까지의 직원급여 총 지급액은 얼마인가? (3점)

[3] 6월 말 현재 외상매출금 잔액이 가장 많은 거래처의 상호와 그 외상매출금 잔액은 얼마인가? (4점)

이론과 실무문제의 답을 모두 입력한 후 「답안저장(USB로 저장)」을 클릭하여 저장하고, USB메모리를 제출하시기 바랍니다.

2024년 12월 시행 제117회 전산회계자격시험

수험번호: 22111112   감독관번호: 7532   합격률: 52%

종목 및 등급 :	**전산회계2급**	제한시간: 60분

① USB 수령	· 감독관으로부터 시험에 필요한 응시종목별 기초백데이타 설치용 USB를 지급받는다. · USB 꼬리표가 **본인 응시종목인지 확인**하고, 뒷면에 **수험정보**를 정확히 기재한다.
② USB 설치	(1) USB를 컴퓨터에 정확히 꽂은 후, 인식된 해당 USB드라이브로 이동한다. (2) USB드라이브에서 기초백데이타설치프로그램인 '**Tax.exe**' 파일을 실행시킨다. [주의] USB는 처음 설치이후, **시험 중 수험자 임의로 절대 재설치(초기화)하지 말 것.**
③ 수험정보입력	· [수험번호(8자리)] -[성명]을 정확히 입력한 후 [설치]버튼을 클릭한다. * 처음 입력한 수험정보는 이후 절대 수정이 불가하니 정확히 입력할 것.
④ 시험지 수령	· 시험지가 본인의 응시종목(급수)인지 여부와 문제유형(A또는B)을 확인한다. · 문제유형(A또는B)을 프로그램에 입력한다. · 시험지의 총 페이지수를 확인한다. · 급수와 페이지수를 확인하지 않은 것에 대한 책임은 수험자에게 있음.
⑤ 시험시작	· 감독관이 불러주는 '**감독관확인번호**'를 정확히 입력하고, 시험에 응시한다.
(시험을 마치면) ⑥ USB 저장	(1) **이론문제의 답**은 메인화면에서 [이론문제 답안작성] 을 클릭하여 입력한다. (2) **실무문제의 답**은 문항별 요구사항을 수험자가 파악하여 각 메뉴에 입력한다. (3) 이론과 실무문제의 **답을 모두입력한 후** [답안저장(USB로 저장)] 을 클릭하여 저장한다. (4) **저장완료** 메시지를 확인한다.
⑦ USB제출	· 답안이 수록된 USB메모리를 빼서, 〈감독관〉에게 제출 후 조용히 퇴실한다.

▶ 본 자격시험은 전산프로그램을 이용한 자격시험입니다. 컴퓨터의 사양에 따라 전산진행속도가 느려질 수도 있으므로 전산프로그램의 진행속도를 고려하여 입력해주시기 바랍니다.
▶ 수험번호나 성명 등을 잘못 입력했거나, 답안을 USB에 저장하지 않음으로써 발생하는 일체의 불이익과 책임은 수험자 본인에게 있습니다.
▶ 타인의 답안을 자신의 답안으로 부정 복사한 경우 해당 관련자는 모두 불합격 처리됩니다.
▶ PC, 프로그램 등 조작미숙으로 시험이 불가능하다고 판단될 경우 불합격처리 될 수 있습니다.

[이론문제 답안작성] 을 한번도 클릭하지 않으면 [답안저장(USB로 저장)] 을 클릭해도 답안 저장되지 않음.

제117회 전산회계자격시험

이론시험

다음 문제를 보고 알맞은 것을 골라 [이론문제 답안작성] 메뉴에 입력하시오.(객관식 문항당 2점)

| 기본전제 |
문제에서 한국채택국제회계기준을 적용하도록 하는 전제조건이 없는 경우, 일반기업회계기준을 적용한다.

01 다음 중 결산 시 총계정원장의 마감에 대한 설명으로 옳지 않은 것은?
① 결산 예비절차에 속한다.
② 손익계산서 계정은 모두 손익으로 마감한다.
③ 부채계정은 차변에 차기이월로 마감한다.
④ 재무상태표 계정은 모두 차기이월로 마감한다.

02 다음의 내용과 관련하여 재무상태표와 손익계산서에 미치는 영향으로 옳은 것은?

> 건물 내부 조명기구 교체 비용을 수익적 지출로 처리하여야 하나, 자본적 지출로 처리하였다.

① 자산의 과소계상
② 비용의 과대계상
③ 수익의 과대계상
④ 당기순이익의 과대계상

03 다음 중 당좌자산에 대한 설명으로 옳지 않은 것은?
① 유동성이 가장 높은 자산이다.
② 보고기간 종료일로부터 1년 이내에 현금화되는 자산이다.
③ 매출채권 및 선급비용, 미수수익이 포함된다.
④ 우편환증서, 자기앞수표, 송금수표, 당좌차월도 이에 포함된다.

04 다음 중 판매관리비에 해당하지 않는 항목은 무엇인가?
① 급여
② 외환차손
③ 매출채권에 대한 대손상각비
④ 여비교통비

05 다음의 계산식 중 옳지 않은 것은?

① 매출액 - 매출원가 = 매출총이익
② 영업이익 - 영업외비용 - 영업외수익 = 법인세비용차감전순이익
③ 매출총이익 - 판매비와관리비 = 영업이익
④ 법인세비용차감전순이익 - 법인세비용 = 당기순이익

06 다음의 자료를 이용하여 재고자산의 취득원가를 계산하면 얼마인가?

· 재고의 매입원가 : 10,000원
· 재고수입 시 발생한 통관 비용 : 5,000원
· 판매장소 임차료 : 3,000원

① 10,000원　　　　　　　　　② 13,000원
③ 15,000원　　　　　　　　　④ 18,000원

07 기초자본금 150,000원, 총수익 130,000원, 총비용 100,000원일 때, 회사의 기말자본금은 얼마인가?

① 50,000원　　　　　　　　　② 150,000원
③ 180,000원　　　　　　　　　④ 230,000원

08 다음은 당기 말 부채계정 잔액의 일부이다. 재무상태표상 매입채무는 얼마인가?

· 미지급임차료 : 30,000원　　· 단기차입금 : 20,000원　　· 외상매입금 : 10,000원
· 선수금 : 40,000원　　　　　· 지급어음 : 60,000원　　　· 가수금 : 40,000원

① 30,000원　　　　　　　　　② 50,000원
③ 60,000원　　　　　　　　　④ 70,000원

09 다음 중 재무상태표에서 해당 자산이나 부채의 차감적인 평가항목들로 짝지어진 것을 고르시오.

> · 대손충당금　　· 감가상각누계액　　· 미지급금　　· 퇴직급여충당부채　　· 선수금

① 대손충당금, 선수금
② 감가상각누계액, 퇴직급여충당부채
③ 미지급금, 선수금
④ 대손충당금, 감가상각누계액

10 다음 중 영업이익에 영향을 미치는 것으로 옳은 것은?
① 잡이익
② 광고선전비
③ 이자비용
④ 기부금

11 다음 중 일정 기간 동안 기업의 경영성과에 대한 정보를 제공하는 재무보고서의 계정과목으로 옳지 않은 것은?
① 임대료수입
② 미지급비용
③ 잡손실
④ 기부금

12 다음의 자료를 이용하여 유형자산의 취득원가를 계산하면 얼마인가?

> · 취득세 : 50,000원　　　　· 유형자산 매입대금 : 1,500,000원
> · 재산세 : 30,000원　　　　· 사용 중에 발생된 수익적 지출 : 20,000원

① 1,500,000원
② 1,550,000원
③ 1,570,000원
④ 1,580,000원

13 다음의 내용이 설명하는 것으로 옳은 것은?

> 재화의 생산, 용역의 제공, 타인에 대한 임대, 관리에 사용할 목적으로 기업이 보유하고 있으며, 물리적 실체는 없지만 식별할 수 있고, 통제하고 있으며, 미래 경제적 효익이 있는 비화폐성자산을 말한다.

① 유형자산 ② 투자자산
③ 무형자산 ④ 유동부채

14 다음의 거래를 분개할 경우, 차변에 오는 계정과목으로 옳은 것은?

> 결산일 현재 현금시재액이 장부가액보다 30,000원이 부족함을 발견했다.

① 현금   ② 잡손실
③ 잡이익   ④ 현금과부족

15 다음의 자료를 참고로 하여 재무상태표를 작성할 경우, 유동성 배열에 따라 두 번째로 나열해야 할 것으로 옳은 것은?

> 현금, 산업재산권, 상품, 투자부동산, 기계장치

① 현금   ② 기계장치
③ 상품   ④ 투자부동산

실무시험

이현상사(회사코드 : 1174)는 신발을 판매하는 개인기업으로 당기(제8기)의 회계기간은 2024.1.1.~2024.12.31.이다. 전산세무회계 수험용 프로그램을 이용하여 다음 물음에 답하시오.

─| 기본전제 |─

- 문제에서 한국채택국제회계기준을 적용하도록 하는 전제조건이 없는 경우, 일반기업회계기준을 적용하여 회계처리한다.
- 문제의 풀이와 답안작성은 제시된 문제의 순서대로 진행한다.

문제 1 다음은 이현상사의 사업자등록증이다. [회사등록] 메뉴에 입력된 내용을 검토하여 누락분은 추가 입력하고 잘못된 부분은 정정하시오(주소 입력 시 우편번호는 입력하지 않아도 무방함). (6점)

사 업 자 등 록 증
(일반과세자)

등록번호 : 250-21-15248

상　　　호 : 이현상사
성　　　명 : 김세무　　　　　생 년 월 일 : 1987 년 9 월 6 일
개 업 연 월 일 : 2017 년 02 월 01 일
사업장소재지 : 경기도 파주시 금빛로 15(금촌동)

사 업 의 종 류 : 업태 도소매　　　　종목 신발

발 급 사 유 : 신규
공 동 사 업 자 :

사업자 단위 과세 적용사업자 여부 : 여(　) 부(∨)
전자세금계산서 전용 전자우편주소 :

2017 년 02 월 01 일

파 주 세 무 서 장

 **문제 2** 다음은 이현상사의 전기분 재무상태표이다. 입력되어 있는 자료를 검토하여 오류 부분은 정정하고 누락된 부분은 추가 입력하시오. (6점)

재무상태표

회사명 : 이현상사　　　　　　제7기 2023.12.31. 현재　　　　　　(단위 : 원)

과　　목	금	액	과　　목	금	액
현　　　　금		10,000,000	외 상 매 입 금		18,000,000
당 좌 예 금		3,000,000	지 급 어 음		60,000,000
보 통 예 금		23,000,000	미 지 급 금		31,700,000
외 상 매 출 금	32,000,000		단 기 차 입 금		48,000,000
대 손 충 당 금	320,000	31,680,000	장 기 차 입 금		40,000,000
받 을 어 음	52,000,000		자 　 본 　 금		45,980,000
대 손 충 당 금	520,000	51,480,000	(당기순이익 :		
상　　　　품		50,000,000	10,000,000)		
장 기 대 여 금		20,000,000			
건　　　　물	47,920,000				
감가상각누계액	4,000,000	43,920,000			
차 량 운 반 구	20,000,000				
감가상각누계액	14,000,000	6,000,000			
비　　　　품	7,000,000				
감가상각누계액	2,400,000	4,600,000			
자 산 총 계		243,680,000	부채와자본총계		243,680,000

 **문제 3** 다음 자료를 이용하여 입력하시오. (6점)

[1] [계정과목및적요등록] 메뉴를 이용하여 판매비와관리비의 기업업무추진비 계정에 다음 내용의 적요를 등록하시오. (3점)

　　　　　　　　　대체적요 No.5 : 거래처 현물접대

[2] [거래처별초기이월] 메뉴의 계정과목별 잔액은 다음과 같다. 주어진 자료를 검토하여 잘못된 부분은 오류를 정정하고, 누락된 부분은 추가 입력하시오. (3점)

계정과목	거래처명	금액
외상매출금	베베인터내셔널	9,500,000원
	코코무역	15,300,000원
	호호상사	7,200,000원
외상매입금	모닝상사	2,200,000원
	미라클상사	3,000,000원
	나비장식	12,800,000원

 문제 4   [일반전표입력] 메뉴를 이용하여 다음의 거래 자료를 입력하시오. (24점)

| 입력 시 유의사항 |

- 적요의 입력은 생략한다.
- 부가가치세는 고려하지 않는다.
- 채권·채무와 관련된 거래는 별도의 요구가 없는 한 반드시 기등록된 거래처코드를 선택하는 방법으로 거래처명을 입력한다.
- 회계처리 시 계정과목은 별도의 제시가 없는 한 등록된 계정과목 중 가장 적절한 과목으로 한다.

[1] 07월 23일 대표자 개인의 거주용 주택으로 임대차계약을 하고 임차보증금 5,000,000원을 현금으로 지급하였다. (3점)

[2] 08월 16일 상품을 판매하고 거래명세표를 다음과 같이 발급하였다. 대금 중 2,000,000원은 현금으로 받고, 잔액은 외상으로 하였다. (3점)

권	호			거래명세표(거래용)				
2024년 08월 16일								
백호상사 귀하		공급자	사업자등록번호	250-21-15248				
			상 호	이현상사	성 명	김세무 ㊞		
			사 업 장 소 재 지	경기도 파주시 금빛로 15(금촌동)				
아래와 같이 계산합니다.			업 태	도소매	종 목	신발		
합계금액				육백만 원정 (₩ 6,000,000)				
월 일	품 목	규 격	수 량	단 가	공 급 대 가			
08월 16일	사무용복합기		5	1,200,000	6,000,000원			
	계				6,000,000원			
전잔금	없음		합	계	6,000,000원			
입금	2,000,000원	잔 금	4,000,000원	인수자	임우혁 ㊞			
비 고								

[3] 08월 27일 영업부에서 운반비 30,000원을 현금으로 지급하고, 아래의 영수증을 받았다. (3점)

```
            영수증
OK퀵서비스        217-09-8*****
대표자              김하늘
서울시   중구  충무로3가   ***

출발지       | 도착지
필동         | 충현동

        합계요금
          30,000 원
    2024년  8월  27일
        ***감사합니다***
```

[4] 09월 18일 회사로부터 300,000원을 가지급 받아 출장을 갔던 영업부 직원 이미도가 출장에서 돌아왔다. 회사는 다음과 같이 출장비 명세서를 보고 받고 초과하는 금액은 현금으로 지급하였다(단, 하나의 전표로 입력하고 가지급금의 거래처를 입력할 것). (3점)

사용내역	금액
숙박비	250,000원
교통비	170,000원
합계	420,000원

[5] 10월 16일 한세상사에 외상매입금을 지급하기 위하여 송금수수료 1,000원이 포함된 5,001,000원을 보통예금 계좌에서 이체하였다(단, 송금수수료는 판매및관리비 계정을 사용함). (3점)

[6] 11월 11일 시원상사의 파산으로 인하여 외상매출금을 회수할 수 없게 되어 시원상사의 외상매출금 200,000원 전액을 대손처리 하였다. 11월 11일 현재 외상매출금의 대손충당금 잔액은 320,000원이다. (3점)

[7] 12월 05일 하나은행의 장기차입금 원금 상환 및 이자와 관련된 보통예금 출금액 1,000,000원의 상세 내역은 다음과 같다(단, 하나의 전표로 입력할 것). (3점)

대출거래내역조회
· 조회기간 : 2024.12.05.~2024.12.05.
· 총건수 : 1건

거래일자	거래내용	이자종류	거래금액(원금+이자)(원)	원금(원)	이자(원)	대출잔액(원)	이율
2024.12.05.	대출금 상환		1,000,000	800,000	0	19,200,000	0%
2024.12.05.		약정이자	0	0	200,000	0	2.63%

[8] 12월 23일 당사의 영업부에서 장기간 사용할 목적으로 냉장고를 구입하고 대금은 국민카드(신용카드)로 결제하였다(단, 미지급금 계정을 사용하여 회계처리 할 것). (3점)

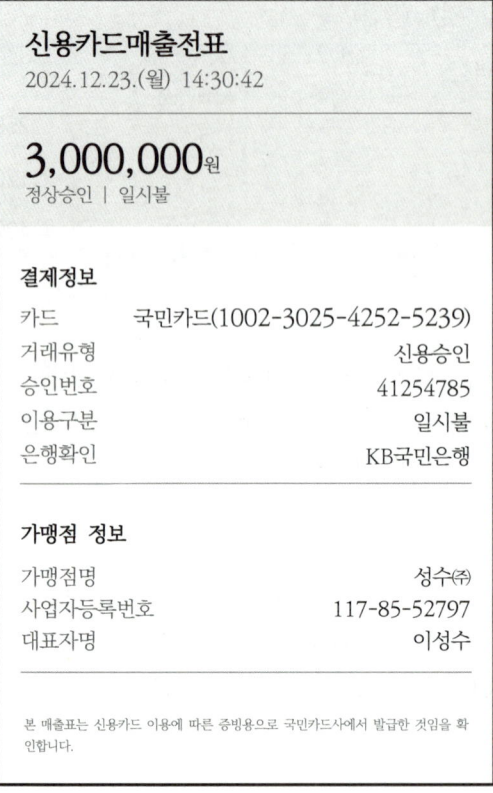

문제 5

[일반전표입력] 메뉴에 입력된 내용 중 다음의 오류가 발견되었다. 입력된 내용을 검토하고 수정 또는 삭제, 추가 입력하여 올바르게 정정하시오. (6점)

―― 입력 시 유의사항 ――
- 적요의 입력은 생략한다.
- 부가가치세는 고려하지 않는다.
- 채권·채무와 관련된 거래는 별도의 요구가 없는 한 반드시 기등록된 거래처코드를 선택하는 방법으로 거래처명을 입력한다.
- 회계처리 시 계정과목은 별도의 제시가 없는 한 등록된 계정과목 중 가장 적절한 과목으로 한다.

[1] 08월 20일 한세상사에 상품을 50,000,000원에 납품하기로 계약하고 보통예금 계좌로 입금받은 계약금 5,000,000원을 외상매출금의 회수로 회계처리한 것을 확인하였다. (3점)

[2] 11월 05일 부산은행으로부터 받은 대출 20,000,000원의 상환기일은 2026년 11월 5일 이다. (3점)

문제 6 다음의 결산정리사항을 입력하여 결산을 완료하시오. (12점)

| 입력 시 유의사항 |

- 적요의 입력은 생략한다.
- 부가가치세는 고려하지 않는다.
- 채권·채무와 관련된 거래는 별도의 요구가 없는 한 반드시 기등록된 거래처코드를 선택하는 방법으로 거래처명을 입력한다.
- 회계처리 시 계정과목은 별도의 제시가 없는 한 등록된 계정과목 중 가장 적절한 과목으로 한다.

[1] 영업부 서류 정리를 위한 단기계약직 직원(계약기간 : 2024년 12월 1일~2025년 1월 31일)을 채용하였다. 매월 급여는 1,500,000원이며 다음 달 5일에 지급하기로 하였다(단, 급여 관련 공제는 없는 것으로 하고, 지급해야 하는 금액은 미지급비용 계정을 사용할 것). (3점)

[2] 기말 현재 가지급금 잔액 500,000원은 대구상사의 외상매입금 지급액으로 판명되었다. (3점)

[3] 기말 현재 장기대여금에 대해 미수이자 3,270,000원이 발생하였으나 회계처리가 되어있지 않았다. (3점)

[4] 보유 중인 비품에 대한 당기분 감가상각비를 계상하였다. (3점)

취득원가	잔존가액	취득일	상각방법	내용년수
5,000,000원	500,000원	2022년 1월 1일	정액법	10년

문제 7 다음 사항을 조회하여 알맞은 답안을 `이론문제 답안작성` 메뉴에 입력하시오. (10점)

[1] 상반기(1월~6월) 동안 지출한 이자비용은 모두 얼마인가? (3점)

[2] 6월 말 현재 거래처 성지상사에 대한 선급금 잔액은 얼마인가? (3점)

[3] 6월 말 현재 전기 말과 비교하여 유동자산의 증감액은 얼마인가? (단, 감소 시 (-)로 기재할 것.) (4점)

PART 03
해답편

CHAPTER 01 이론편 해답
- 이론문제 풀이 해답
- 이론시험 따라잡기 해답

CHAPTER 02 실기편 해답
- 종합거래분개따라잡기 해답
- 실기시험 따라잡기 해답
- 기출시험 따라잡기 해답

Chapter 01 이론편 해답

이론문제 풀이 해답

• 기업의 재무상태

예제

20xx년 3월 20일 현재 (주)강원상점의 자산, 부채가 다음과 같다. 이 자료에 의하여 (주)강원상점의 자산, 부채, 자본 금액을 각각 구하여 보시오.

| 현 금 | ₩400,000 | 건 물 | ₩3,000,000 | 외상매출금 | ₩400,000 | 받을어음 | ₩400,000 |
| 외상매입금 | 500,000 | 지급어음 | 200,000 | 상 품 | 1,600,000 | 단기차입금 | 1,000,000 |

- 자산총액 : 5,800,000원 (현금, 건물, 외상매출금, 받을어음, 상품)
- 부채총액 : 1,700,000원 (외상매입금, 지급어음, 단기차입금)
- 자 본 : 4,100,000원 (자산 5,800,000원 – 부채 1,700,000원)

기본문제

다음 각 상점의 (   )속에 알맞은 금액을 기입하시오.

(단위 : 원)

상점명	현 금	외상매출금	상 품	외상매입금	단기차입금	자본금
영월상점	60,000	40,000	30,000	20,000	40,000	(70,000)
동해상점	(40,000)	40,000	90,000	80,000	30,000	60,000
속초상점	80,000	50,000	30,000	(40,000)	40,000	80,000

• 수익비용과 손익계산서

기본문제

다음 각 상점의 (   )속에 알맞은 금액을 기입하시오. 단, 순손실은 "-"로 표시

단위 : 원

계정과목 상점명	상품매출 이 익	수수료 수 익	잡이익	급여	임차료	잡비	당기순손익
세경상회	40,000	30,000	20,000	30,000	10,000	10,000	(40,000)
강원상회	20,000	20,000	30,000	50,000	40,000	10,000	(-30,000)
경기상회	(80,000)	30,000	80,000	70,000	40,000	60,000	20,000
충청상회	80,000	90,000	50,000	60,000	(110,000)	20,000	30,000

• 손익계산서와 재무상태표의 당기순손익 표시관계

기본문제

다음 표의 빈 칸에 알맞은 금액을 기입하시오. 단, "-"표시는 순손실을 의미한다.

단위 : 원

구 분 상점명	기초자본	기말자본	총수익	총비용	순손익
영월상점	90,000	(110,000)	60,000	40,000	(20,000)
경상상점	120,000	(100,000)	70,000	(90,000)	-20,000
세경상점	(70,000)	80,000	40,000	30,000	(10,000)
춘천상점	(91,000)	109,000	(50,000)	32,000	18,000

기본문제

다음 표의 빈 칸에 알맞은 금액을 기입하시오. 단, "-"표시는 순손실이다.

단위 : 원

구 분 상점명	기초재무상태			기말재무상태			경영성과		
	자산	부채	자본	자산	부채	자본	총수익	총비용	순손익
수원상점	90,000	30,000	(60,000)	100,000	30,000	(70,000)	50,000	(40,000)	(10,000)
천안상점	60,000	(40,000)	20,000	70,000	(40,000)	30,000	(30,000)	20,000	(10,000)
부산상점	(90,000)	60,000	30,000	(100,000)	40,000	60,000	40,000	(10,000)	(30,000)
대구상점	190,000	(90,000)	(100,000)	(100,000)	30,000	70,000	(30,000)	60,000	-30,000

• 거래의 종류

기본문제

다음 사항 중 회계상 거래인 것에는 ○표, 거래가 아닌 것에는 ×표를 하시오.

(1) 현금 ₩200,000을 출자하여 영업을 개시하다. (O)
(2) 상품 ₩50,000을 도난당하다. (O)
(3) 점원에게 급여 ₩400,000을 주기로 하고 채용하다. (X)
(4) 건물을 임차하고, 매월 ₩300,000을 지급하기로 계약을 맺다. (X)
(5) 상품 ₩200,000을 외상으로 매입하다. (O)
(6) 상품 ₩1,000,000을 창고회사에 보관시키다. (X)
(7) 화재로 인하여 건물 ₩100,000이 소실되다. (O)
(8) 거래처로부터 상품 ₩300,000을 구입하겠다는 주문을 받다. (X)
(9) 경인상회에서 현금 ₩100,000을 빌리기로 약속하다. (X)
(10) 거래처가 파산하여 외상매출금 ₩50,000이 회수불능되다. (O)

기본문제

다음 거래요소의 차변, 대변 항목을 ( )속에 기입하시오.

(1) 자산의 증가는 (차변)에 자산의 감소는 (대변)에 기입한다.
(2) 부채의 감소는 (차변)에 부채의 증가는 (대변)에 기입한다.
(3) 자본의 감소는 (차변)에 자본의 증가는 (대변)에 기입한다.
(4) 비용의 발생은 (차변)에 수익의 발생은 (대변)에 기입한다.

기본문제

다음 거래의 결합관계와 거래의 종류를 보기와 같이 표시하시오.

> **보기**
> 외상매입금 ₩80,000을 현금으로 지급하다.
> (차) 부채의 감소 / (대) 자산의 감소 – 교환거래

(1) 대여금에 대한 이자 ₩50,000을 현금으로 받다.
　　(차) 자산의 증가 / (대) 수익의 발생 – 손익거래　　(현금 50,000 / 이자수익 50,000)
(2) 임대료 ₩20,000을 현금으로 받다.
　　(차) 자산의 증가 / (대) 수익의 발생 – 손익거래　　(현금 20,000 / 임 대 료 20,000)
(3) 광고선전비 ₩30,000을 현금으로 지급하다.
　　(차) 비용의 발생 / (대) 자산의 감소 – 손익거래　　(광고선전비 30,000 / 현금 30,000)
(4) 차입금에 대한 이자 ₩40,000을 현금으로 지급하다.
　　(차) 비용의 발생 / (대) 자산의 감소 – 손익거래　　(이자비용 40,000 / 현금 40,000)
(5) 인제상점의 외상매입금 ₩40,000을 현금으로 지급하다.
　　(차) 부채의 감소 / (대) 자산의 감소 – 교환거래　　(외상매입금 40,000 / 현금 40,000)
(6) 현금 ₩90,000을 출자하여 영업을 개시하다.
　　(차) 자산의 증가 / (대) 자본의 증가 – 교환거래　　(현금 90,000 / 자본금 90,000)
(7) 고성가구점에서 영업용 책상과 의자를 ₩140,000에 구입하고, 대금은 현금으로 지급하다.
　　(차) 자산의 증가 / (대) 자산의 감소 – 교환거래　　(비품 140,000 / 현금 140,000)

기본문제

다음 거래 중 교환거래에는 "교", 손익거래에는 "손", 혼합거래에는 "혼"이라고 ( )속에 기입하시오.

(1) (교) 기업주가 현금 ₩100,000을 출자하여 영업을 개시하다.
(2) (손) 차입금에 대한 이자 ₩10,000을 현금으로 지급하다.
(3) (교) 상품 ₩20,000을 매입하고, 대금 중 반액은 현금으로 지급하고, 잔액은 외상으로 하다.
(4) (혼) 원가 ₩20,000의 상품을 ₩25,000에 매출하고, 대금 중 반액은 현금으로 받고, 잔액은 외상으로 하다.
(5) (교) 외상매입금 ₩10,000을 현금으로 지급하다.
(6) (교) 외상매출금 ₩12,500을 현금으로 받다.
(7) (손) 통신비 ₩20,000을 현금으로 지급하다.
(8) (손) 임대료 ₩50,000을 현금으로 받다.

• 대차평균의 원리

기본문제

다음 계정과목 중 차변에 잔액이 남는 계정에는 "차변" 대변에 잔액이 남는 계정에는 "대변"이라고 ( )속에 기입하시오.

(1) (차) 현　　　　금　　　　(2) (대) 단기차입금　　　　(3) (차) 세금과공과
(4) (차) 받 을 어 음　　　　(5) (차) 임 차 료　　　　(6) (차) 상　　　품
(7) (대) 상품매출이익　　　　(8) (차) 보 험 료　　　　(9) (대) 외상매입금
(10) (대) 자 본 금　　　　(11) (차) 비　　품　　　　(12) (대) 수수료수익

※ 차변잔액 : 자산, 비용 항목　　　대변잔액 : 부채, 자본, 수익 항목

• 계정의 기입방법

기본문제

다음 내용에 해당하는 알맞은 계정과목을 ( )안에 기입하시오.

(1) 통화 및 통화대용증권을 주고받은 경우　　　　　　　　　　　(현　　　금)
(2) 은행에 현금을 당좌예입하거나 회사가 수표를 발행한 경우　　(당좌예금)
(3) 주식, 채권(국채, 공채, 사채) 등을 구입하였을 경우　　　　　(단기매매증권)
(4) 상품을 매출하고 대금은 외상으로 하였을 경우　　　　　　　(외상매출금)
(5) 상품을 매출하고 대금은 약속어음으로 받은 경우　　　　　　(받을어음)
(6) 상품외의 것을 매각처분하고 대금은 월말에 받기로 한 경우　(미 수 금)
(7) 현금을 타인에게 빌려주고, 차용증서를 받은 경우　　　　　　(단기대여금)
(8) 상품을 주문하고, 계약금을 지급한 경우　　　　　　　　　　(선 급 금)
(9) 판매를 목적으로 외부로부터 물품을 매입한 경우　　　　　　(상　　품)
(10) 사무용품을 구입한 경우　　　　　　　　　　　　　　　　　(소 모 품)
(11) 영업용 책상, 의자, 컴퓨터, 복사기 등을 구입한 경우　　　　(비　　품)
(12) 영업에 사용할 목적으로 점포 또는 창고를 구입한 경우　　　(건　　물)
(13) 상품을 매입하고 대금은 외상으로 한 경우　　　　　　　　　(외상매입금)
(14) 상품을 매입하고 대금은 약속어음을 발행하여 지급한 경우　(지급어음)
(15) 상품이 아닌 물품을 구입하고, 대금은 월말에 지급하기로 한 경우　(미지급금)
(16) 현금을 빌리고 차용증서를 써준 경우　　　　　　　　　　　(단기차입금)
(17) 상품을 주문받고 계약금을 미리 받은 경우　　　　　　　　　(선 수 금)
(18) 사업을 시작할 목적으로 출자한 현금, 상품, 건물 등　　　　(자 본 금)
(19) 상품을 원가이상으로 매출하고 생긴 이익　　　　　　　　　(상품매출이익)
(20) 단기대여금 또는 은행예금에서 얻어진 이자　　　　　　　　(이자수익)
(21) 건물을 빌려주고 집세를 받은 경우　　　　　　　　　　　　((수입)임대료)
(22) 상품을 원가 이하로 매출하고 생긴 손실　　　　　　　　　　(상품매출손실)
(23) 점원의 월급을 지불한 경우　　　　　　　　　　　　　　　　(급　　여)
(24) 단기차입금에 대한 이자를 지급한 경우　　　　　　　　　　(이자비용)
(25) 집세를 지급한 경우　　　　　　　　　　　　　　　　　　　((지급)임차료)
(26) 택시요금 또는 시내교통비를 지급한 경우　　　　　　　　　(여비교통비)
(27) 전화요금, 우표 및 엽서대금을 지급한 경우　　　　　　　　(통 신 비)

• 현금성 자산계정

기본문제

다음 중 회계상 현금계정으로 처리하는 항목에 ○표 하시오.
- (1) 타인발행수표 (O)
- (2) 약 속 어 음 (   )
- (3) 송 금 수 표 (O)
- (4) 차 용 증 서 (   )
- (5) 우편환증서 (O)
- (6) 자기앞수표 (O)
- (7) 전 신 환 권 (O)
- (8) 주   식 (   )
- (9) 가 계 수 표 (O)
- (10) 수 입 인 지 (   )
- (11) 우   표 (   )
- (12) 지   폐 (O)

• 현금과부족 계정

기본문제

다음 거래를 분개하시오.

5/4   현금계정의 장부잔액은 ₩125,000인데, 실제 현금을 세어보니 ₩120,000인 것을 발견하고 그 원인을 조사중이다.
     (차) 현금과부족   5,000   (대) 현   금   5,000

5/7   위의 현금 부족액의 원인을 조사한 결과 전화요금 ₩3,000을 현금 지급한 것이 기장 누락으로 판명되다.
     (차) 통 신 비   3,000   (대) 현금과부족   3,000

5/31   결산일까지 위의 부족액 ₩2,000의 원인은 판명되지 않았다.
     (차) 잡 손 실   2,000   (대) 현금과부족   2,000

6/5   현금출납장의 장부잔액은 ₩480,000인데, 실제 금고속의 현금은 ₩500,000으로 발견되어 그 원인을 조사중이다.
     (차) 현   금   20,000   (대) 현금과부족   20,000

6/12   위의 현금 초과액 중 ₩15,000은 집세 수입액의 기장누락으로 판명되다.
     (차) 현금과부족   15,000   (대) 수입임대료   15,000

6/30   결산일까지 위의 초과액 ₩5,000은 원인이 판명되지 않았다.
     (차) 현금과부족   5,000   (대) 잡 이 익   5,000

7/31   결산 당일 현금의 실제액이 장부잔액보다 ₩25,000이 많음을 발견하다.
     (차) 현   금   25,000   (대) 잡 이 익   25,000

8/31   결산 당일 현금의 실제액이 장부잔액보다 ₩38,000이 부족함을 발견하다.
     (차) 잡 손 실   38,000   (대) 현   금   38,000

※ 결산 당일 현금 실제액과 장부잔액의 차이를 발견한 경우에는 '현금과부족' 계정을 사용하지 않고 곧바로 실제 부족액은 [잡손실]로, 실제 과잉액은 [잡이익]계정으로 바로 처리합니다. 즉, 기중에 차액 발견시에만 '현금과부족' 계정을 사용할 수 있습니다.

• 상품계정

기본문제

다음은 상품에 관한 자료이다. (   )안에 알맞은 금액을 써 넣으시오.

단위 : 원

No	기초상품	매 입 액	기말상품	매출원가	매 출 액	매출총이익	판매관리비	당 기 순손익
(1)	150,000	700,000	200,000	(650,000)	950,000	(300,000)	80,000	(220,000)
(2)	60,000	(610,000)	100,000	570,000	720,000	(150,000)	(130,000)	20,000
(3)	40,000	540,000	(60,000)	520,000	(600,000)	(80,000)	50,000	30,000

※ 기초상품재고액 + (순)매입액 − 기말상품재고액 = 매출원가
　매출액 − 매출원가 = 매출총이익 − 판매관리비 = 당기순이익

• 상품매매시 운임의 회계처리 방법

─ 기본문제 ─

다음 거래를 분개하시오.
(1) 원주상점에서 상품 ₩350,000을 외상으로 매입하고, 인수운임 ₩3,000은 현금으로 지급하다.
　　(차) 상　　　품　　　　　353,000　　(대) 외상매입금　　　　　350,000
　　　　　　　　　　　　　　　　　　　　　　현　　　금　　　　　　3,000
(2) 덕포상점에서 상품 ₩250,000을 매입하고, 대금은 외상으로 하다. 그리고 당점부담의 인수 운임 ₩8,000을 덕포상점에서 대신 지급하다.
　　(차) 상　　　품　　　　　258,000　　(대) 외상매입금　　　　　258,000
(3) 하송상점에서 상품 ₩400,000을 매입하고, 대금은 외상으로 하다. 그리고 동점부담의 운임 ₩5,000은 당점이 현금으로 대신 지급하였다.
　　(차) 상　　　품　　　　　400,000　　(대) 외상매입금　　　　　395,000
　　　　　　　　　　　　　　　　　　　　　　현　　　금　　　　　　5,000
(4) 영흥상점에 상품 ₩450,000을 외상매출하고, 발송운임 ₩20,000은 현금 지급하다.
　　(차) 외상매출금　　　　　450,000　　(대) 상품매출　　　　　　450,000
　　　　운 반 비　　　　　　20,000　　　　　현　　　금　　　　　20,000
(5) 강원상점에 상품 ₩450,000을 매출하고, 대금은 외상으로 하다. 그리고 당점 부담의 발송 운임 ₩20,000을 강원상점에서 현금으로 대신 지급하였다.
　　(차) 외상매출금　　　　　430,000　　(대) 상품매출　　　　　　450,000
　　　　운 반 비　　　　　　20,000
(6) 강릉상점에 상품 ₩520,000을 매출하고, 대금은 외상으로 하다. 그리고 동점부담의 운임 ₩15,000을 당점이 현금으로 대신 지급하였다.
　　(차) 외상매출금　　　　　535,000　　(대) 상품매출　　　　　　520,000
　　　　　　　　　　　　　　　　　　　　　　현　　　금　　　　　15,000
(7) 태백상점에 외상매출한 상품 중 불량품 ₩100,000이 반품되어 오다. 그리고 당점 부담의 운임 ₩5,000을 태백상점에서 현금으로 대신 지급하다.
　　(차) 매출환입및에누리　　100,000　　(대) 외상매출금　　　　　105,000
　　　　운 반 비　　　　　　5,000
(8) 춘천상점에서 외상매입한 상품 ₩1,000,000 중 등급 착오품이 있어 ₩80,000을 반품하다. 단, 춘천상점 부담의 운반비 ₩5,000을 당점이 현금으로 대신 지급하다.
　　(차) 외상매입금　　　　　85,000　　(대) 매입환출및에누리　　　80,000
　　　　　　　　　　　　　　　　　　　　　　현　　　금　　　　　5,000
(9) 전에 동해상점으로부터 매입한 상품 중 불량품이 있어 이를 반품하고, 그 대금 ₩120,000을 동점발행의 수표로 받다.
　　(차) 현　　　금　　　　　120,000　　(대) 매입환출및 누리　　　120,000
(10) 외상매출한 상품 중 파손품이 있다는 통지를 받고, 상품(20개 @₩5,000) ₩100,000을 발송하여 보충해 주고, 발송시 운반비 ₩5,000을 현금으로 지급하다.
　　(차) 운 반 비　　　　　　5,000　　(대) 현　　　금　　　　　5,000
(11) 정선상점으로부터 외상매입한 갑상품 중 파손품이 있어서 이를 통지하고, 동 상품(10개 @₩8,000) ₩80,000을 보충하여 받다. 그리고 당점 부담의 반입비용 ₩5,000을 현금으로 지급하다.
　　(차) 상　　　품　　　　　5,000　　(대) 현　　　금　　　　　5,000

※ (10)번, (11)번 거래의 경우 파손품에 대하여 보충을 하여준 것이므로 회계상 거래가 아닌 교환에 해당합니다. 따라서 운임에 대해서만 회계처리 하면 됩니다. (10)번은 상품매출과 관련된 운임이므로 '운반비' 계정으로 처리한 것이며, (11)번은 상품매입과 관련된 운임이므로 원가에 포함시켜 '상품'으로 분개합니다.

· **대손관련 계정**

기본문제

다음 거래를 분개하시오.(보충법)

(1) 결산시 매출채권 잔액 ₩5,000,000에 대하여 1%의 대손을 예상하다.(단, 대손충당금 잔액은 없다.)
　　　(차) 대손상각비　　　　　50,000　　(대) 대손충당금　　　　　50,000
(2) 결산시 외상매출금 잔액 ₩3,000,000에 대하여 1%의 대손을 예상하다.(단, 대손충당금 잔액 ₩20,000 있음)
　　　(차) 대손상각비　　　　　10,000　　(대) 대손충당금　　　　　10,000
(3) 결산시 외상매출금 잔액 ₩4,000,000에 대하여 1%의 대손을 예상하다.(단, 대손충당금 잔액 ₩40,000 있음)
　　　분개 필요 없음 (대손예상액과 대손충당금잔액이 같으므로)
(4) 결산시 외상매출금 잔액 ₩6,000,000에 대하여 1%의 대손을 예상하다.(단, 대손충당금 잔액 ₩80,000 있음)
　　　(차) 대손충당금　　　　　20,000　　(대) 대손충당금환입　　　20,000

· **실제 대손발생시**

기본문제

다음거래를 분개하시오.

(1) 거래처 하송상점이 파산하여 외상매출금 ₩400,000이 회수불능되다.(단, 대손충당금 잔액은 없다.)
　　　(차) 대손상각비　　　　　400,000　　(대) 외상매출금　　　　　400,000
(2) 거래처 강원상점이 파산하여 외상매출금 ₩800,000이 회수불능되다.(단, 대손충당금 잔액 ₩900,000있음)
　　　(차) 대손충당금　　　　　800,000　　(대) 외상매출금　　　　　800,000
(3) 거래처 속초상점이 파산하여 외상매출금 ₩500,000이 회수불능되다.(단, 대손충당금 잔액 ₩500,000있음)
　　　(차) 대손충당금　　　　　500,000　　(대) 외상매출금　　　　　500,000
(4) 거래처 동해상점이 파산하여 외상매출금 ₩700,000이 회수불능되다.(단, 대손충당금 잔액 ₩300,000있음)
　　　(차) 대손충당금　　　　　300,000　　(대) 외상매출금　　　　　700,000
　　　　　대손상각비　　　　　400,000

※ 실제 거래처가 파산하여 외상매출금을 회수할 수 없을 경우, 대변은 모두 '외상매출금'으로 처리하고 차변은 대손충당금 잔액 유무를 확인하여 회계처리하면 됩니다.

• 기타 채권채무에 관한 계정

기본문제

다음 기타 채권·채무 거래에 대한 분개를 하시오.

(1) 영월상점은 정선상점에 차용증서를 받고 현금 ₩500,000을 대여하다.(3개월 후 회수조건)
  (차) 단기대여금   500,000 (대) 현   금   500,000

(2) 제천상점은 강원상점으로부터 현금 ₩400,000을 차입하고, 차용증서를 교부하다.(6개월 후 상환조건)
  (차) 현   금   400,000 (대) 단기차입금   400,000

(3) 영업용 컴퓨터 1대를 ₩1,000,000에 구입하고, 대금은 월말에 지급하기로 하다.
  (차) 비   품   1,000,000 (대) 미지급금   1,000,000

(4) 사용중이던 불용비품을 ₩100,000에 매각 처분하고, 대금은 일주일 후에 받기로 하다.
  (차) 미 수 금   100,000 (대) 잡 이 익   100,000

(5) 서울상점은 제주상점으로 부터 밀감 500박스 @₩14,000을 매입하기로 계약하고, 상품대금의 10%를 착수금조로 현금 지급하다.
  (차) 선 급 금   700,000 (대) 현   금   700,000

(6) 세경상점은 덕포상점에 상품 ₩1,000,000을 매출하기로 계약하고, 계약금 ₩100,000을 현금으로 받다.
  (차) 현   금   100,000 (대) 선 수 금   100,000

(7) 5월분 급여 ₩2,500,000 중 소득세 ₩50,000 및 건강보험료 ₩40,000을 차감한 잔액을 현금으로 지급하다.
  (차) 급   여   2,500,000 (대) 예 수 금   90,000
     현   금   2,410,000

(8) 갑 사원에게 부산 출장을 명하고 출장여비 ₩300,000을 개산하여 현금으로 지급하다.
  (차) 가 지 급 금   300,000 (대) 현   금   300,000

(9) 출장에서 돌아온 갑사원으로부터 사용 내역을 다음과 같이 보고 받고, 잔액은 현금으로 돌려받다.
  [사용내역 : 식사비 ₩60,000, 숙박비 ₩150,000, 교통비 ₩50,000]
  (차) 여비교통비   260,000 (대) 가 지 급 금   300,000
     현   금   40,000

(10) 출장중인 사원 홍길동으로부터 내용은 밝히지 않고, 회사 보통예금통장에 ₩300,000을 입금하였다는 연락을 받다.
  (차) 현   금   300,000 (대) 가 수 금   300,000

(11) 출장에서 돌아온 홍길동으로부터 입금한 금액은 외상대금 회수액임을 보고 받다.
  (차) 가 수 금   300,000 (대) 외상매출금   300,000

· **투자자산에 관한 기장**

기본문제

다음 투자자산에 관한 거래를 분개하시오.

(1) (주)강원상사는 여유자금인 현금 ₩5,000,000을 신한은행에 3년 만기 정기예금을 하다.
    (차) 장기금융상품   5,000,000   (대) 현   금   5,000,000

(2) 충북상사는 장기보유목적으로 갑 회사 주식 10,000주를 @₩120에 매입하고, 수수료 ₩50,000과 함께 수표를 발행하여 지급하다.
    (차) 매도가능증권   1,250,000   (대) 당좌예금   1,250,000

(3) (주)동강상사는 202×년 4월 1일 액면 ₩10,000,000의 사채를 ₩9,600,000에 취득하고, 대금은 수표를 발행하여 지급하다. 상환기한 5년, 연이율 12%, 이자지급 연2회(단, 만기까지 소유할 목적으로 취득한 것이다.)
    (차) 만기보유증권   9,600,000   (대) 당좌예금   9,600,000

(4) (주)서강상사는 투자의 목적으로 비영업용 토지를 매입하고, 대금 ₩20,000,000과 중개인 수수료 ₩300,000을 수표를 발행하여 지급하다.
    (차) 투자부동산   20,300,000   (대) 당좌예금   20,300,000

· **개인기업의 세금**

기본문제

다음 거래를 분개하시오.

(1) 석정상점은 사업소득세 확정신고를 하고, 관할세무서에 사업소득세 확정금액 ₩350,000을 현금으로 납부하다.
    (차) 인 출 금   350,000   (대) 현   금   350,000

(2) 당기분 영업용 점포에 대한 재산세 ₩200,000과 점주 주택에 대한 재산세 ₩100,000을 수표를 발행하여 은행에 납부하다.
    (차) 세금과공과   200,000   (대) 당좌예금   300,000
        인 출 금   100,000

(3) 상공회의소회비 ₩30,000과 적십자회비 ₩10,000을 현금으로 납부하다.
    (차) 세금과공과   40,000   (대) 현   금   40,000

(4) 제1기분 자동차세 ₩350,000을 현금으로 납부하다.(단, ₩100,000은 점주 개인 자가용분이다.)
    (차) 세금과공과   250,000   (대) 현   금   350,000
        인 출 금   100,000

(5) 종업원 급여 ₩800,000을 지급함에 있어 소득세 ₩40,000을 원천징수하고, 잔액은 현금으로 지급하다.
    (차) 급   여   800,000   (대) 예 수 금   40,000
                                         현   금   760,000

(6) 위의 원천징수한 소득세를 관할세무서에 현금으로 납부하다.
    (차) 예 수 금   40,000   (대) 현   금   40,000

(7) 앞서 구입한 건물에 대한 취득세 및 등록세 ₩220,000을 현금으로 영월군청에 납부하다.
    (차) 건   물   220,000   (대) 현   금   220,000

1. 손익의 이연

(1) 비용의 이연

■ 회계처리 방법 – 비용처리시 방법

○ 예제 ○

8월 1일 건물 화재보험료 1년분 ₩120,000을 현금으로 지급하다.
　　　　(차) 보 험 료　　　　　120,000　　(대) 현　　　금　　　　　120,000
12월31일 결산시 보험료 계정을 정리하다.
　　　　(차) 선급비용　　　　　　70,000　　(대) 보 험 료　　　　　70,000 (차기분)

※ 보험료 1년분이 120,000원 이므로 1달 보험료는 10,000원임. 당기분은 5개월분 50,000원이고, 차기선급분은 7개월분 70,000원임.

■ 회계처리 방법 – 자산처리시 방법

○ 예제 ○

8월 1일 건물 화재보험료 1년분 ₩120,000을 현금으로 지급하다.
　　　　(차) 선급비용　　　　　120,000　　(대) 현　　　금　　　　　120,000
12월31일 결산시 보험료 계정을 정리하다.
　　　　(차) 보 험 료　　　　　　50,000　　(대) 선급비용　　　　　50,000 (당기분)

(2) 수익의 이연

■ 회계처리 방법 – 수익처리시 방법

○ 예제 ○

8월1일 건물 임대료 1년분 ₩240,000을 현금으로 받다.
　　　　(차) 현　　　금　　　　　240,000　　(대) 임 대 료　　　　　240,000
12월31일 결산시 임대료계정을 정리하다.
　　　　(차) 임 대 료　　　　　140,000　　(대) 선수수익　　　　　140,000 (차기분)

※ 임대료 1년분이 240,000원 이므로 1달 임대료는 20,000원임. 당기분은 5개월분 100,000원이고, 차기 선수분은 7개월분 140,000원임.

■ 회계처리 방법 – 부채처리시 방법

○ 예제 ○

8월 1일 건물 임대료 1년분 ₩240,000을 현금으로 받다.
　　　　(차) 현　　　금　　　　　240,000　　(대) 선수수익　　　　　240,000
12월31일 결산시 임대료계정을 정리하다.
　　　　(차) 선수수익　　　　　100,000　　(대) 임 대 료　　　　　100,000 (당기분)

2. 손익의 예상

(1) 비용의 예상

예제

3월 1일 사무실 임차료 5개월분 ₩100,000을 현금으로 지급하다. (3월부터 5개월분인 7월까지 지급)
  (차) 임 차 료   100,000   (대) 현   금   100,000
12월31일 결산시 임차료 미지급분을 계상하다.   (8월부터 12월까지 5개월분 미지급됨)
  (차) 임 차 료   100,000   (대) 미지급비용   100,000

※ 임차료 5개월분이 100,000원이므로 1달 임차료는 20,000원임. 12월 결산일 현재 미지급임차료는 5개월분 100,000원이다.

(2) 수익의 예상

예제

3월 1일 사무실 임대료 5개월분 ₩150,000을 현금으로 받다.   (3월부터 5개월분인 7월분까지 받음)
  (차) 현   금   150,000   (대) 임 대 료   150,000
12월31일 결산시 임대료 미수분을 계상하다.   (8월부터 12월까지 5개월분 못받음)
  (차) 미수수익   150,000   (대) 임 대 료   150,000

※ 임대료 5개월분이 150,000원이므로 1달 임대료는 30,000원임. 12월 결산일 현재 미수임대료는 5개월분 150,000원 이다.

• 소모품의 결산정리

예제

다음 소모품에 대한 연속거래를 비용처리법과 자산처리법으로 각각 분개하시오.

 3월 1일 사무용 소모품 ₩300,000을 구입하고, 대금은 현금으로 지급하다.
12월31일 결산시 소모품 미사용액 ₩100,000을 계상하다.

■ 비용처리법
    3월 1일 : (차) 소모품비 300,000   (대) 현   금 300,000
    12월 31일 : (차) 소 모 품 100,000   (대) 소모품비 100,000 (당기 미사용액)

■ 자산처리법
    3월 1일 : (차) 소 모 품 300,000   (대) 현   금 300,000
    12월31일 : (차) 소모품비 200,000   (대) 소 모 품 200,000 (당기 사용액)

※ 소모품의 비용처리법은 구입시 비용인 '소모품비' 계정으로 처리하였다가 결산시 미사용 금액만큼 자산항목인 '소모품' 계정으로 회계처리하는 방법이며, 소모품의 자산처리법은 구입시 자산인 '소모품' 계정으로 처리하였다가 결산시 당기 사용금액을 비용항목인 '소모품비' 계정으로 회계처리하는 방법이다.

이론시험 따라잡기 해답

제1회

01	①	02	②	03	②	04	②	05	①
06	④	07	③	08	②	09	③	10	④
11	③	12	③	13	④	14	①	15	①

02. ② (차) 외상매입금 90,000원 / (대) 지급어음 90,000원
05. ① 20,000 + 250,000 − 10,000 − 160,000 = 100,000원
07. ③ 외상매입금은 부채 계정과목으로 증가시 대변에 기입함.
08. ② 외상매출금(자산), 미지급금(부채), 기계장치(자산)으로 위의 모든 요건을 갖추지 못하지만 기부금(비용)은 항상 잔액이 차변에 발생하고, 자본의 감소요인이다.
09. ③ 자본적지출을 수익적지출로 회계 처리하여 비용이 과대 계상되고 자산이 과소 계상 됨.
10. ④ (5,000,000 + 500,000)/10 = 550,000
11. ③ 대손 처리란 받아야 할 채권항목(외상매출금, 받을어음, 미수금, 선급금, 대여금 등)을 못받게 된 것이기 때문에 자산항목이 해당된다. 선수금은 부채 항목이기 때문에 대손처리 할 수 없다.
13. ④ 90,000 + 10,000 + 20,000 = 120,000원
14. ① 기초자산 900,000원 − 기초부채 300,000원 = 기초자본 600,000원
총수익 1,300,000원 − 총비용 1,800,000원 = 당기순손실 500,000원
기말자본 = 기초자본 600,000원 − 당기순손실 500,000원임.

제2회

01	③	02	④	03	①	04	①	05	④
06	④	07	③	08	②	09	①	10	③
11	②	12	③	13	②	14	②	15	④

03. ① (차) 차량유지비 200,000   (대) 미지급금 200,000
카드결제의 경우 거래처를 카드사로 하는 부채가 증가함.
04. ① 비용이란 기업이 일정 기간 동안 경영 활동을 통하여 지출하는 경제적 가치총액이며, 자본 감소의 원인이 된다.
05. ④ 기말 결산 시 선수수익을 누락하면 수익이 과대 계상되고, 부채가 과소 계상 됨.
06. ④ 2023년 감가상각비 (10,000,000원 − 1,000,000원)÷ 5년 = 1,800,000원
2024년 감가상각비 (10,000,000원 − 1,000,000원)÷ 5년 = 1,800,000원
2025년 1월 1일 장부가액은 6,400,000원임. (10,000,000원 − 3,600,000원)
07. ③ 거래처 식사대는 접대비이다.
08. ② 총매출액에서 매출에누리와 환입액 80,000원을 차감하여 계산함.
09. ① ③번은 무형자산을 설명하고 있다. ④번은 유형자산을 취득할 때 소요된 취득 부대비용은 당기의 취득원가에 포함하여야 한다. 그리고 판매목적으로 구입한 자산은 재고자산이다.
10. ③ 매출액 800,000원 − 매출원가 및 판매관리비 370,000원 = 430,000원
은행 차입금의 이자는 영업외비용이다.
14. ② 1달 보험료 1,200,000원 / 6월 = 200,000원
당기분보험료(8월~12월, 5개월)×200,000원 = 1,000,000원
선급보험료(다음년도 1월분) = 200,000원

15. ④ 보유중이던 타인발행 자기앞수표는 현금으로 처리하고, 수리비 중 자본적지출에 해당하는 금액만 해당자산에 가산한다.

제3회

01	③	02	①	03	④	04	①	05	④
06	④	07	③	08	④	09	②	10	③
11	②	12	①	13	③	14	①	15	②

01. ③ 상품은 재고자산 항목임
02. ① 상품은 재고자산, 선수금과 예수금은 유동부채이다.
04. ① ⓐ 선급비용 – 유동자산   ⓑ 미지급비용 – 유동부채   ⓒ 개발비 – 비유동자산
         ⓓ 기부금 – 영업외비용   ⓔ 이자비용 – 영업외비용
05. ④ 계약은 회사의 자산, 부채, 자본에 영향을 미치지 아니하므로 회계상 거래로 보지 않는다.
06. ④ 반제품, 저장품, 재공품은 모두 재고자산 항목임.
07. ③ 자산은 차변잔액, 부채와 자본은 대변잔액을 나타낸다.
08. ④ (차) 잡손실 3,000원   (대) 현금과부족 2,000원
                                 현   금 1,000원
09. ② (취득원가 5,200,000 – 잔존가액 0)÷내용연수 10년
10. ③ ㄱ. (차) 상품   (대) 외상매입금   ㄴ. (차) 외상매입금 (대) 상품
       ㄷ. (차) 외상매입금 (대) 현   금   ㄹ. (차) 외상매입금 (대) 매입환출및에누리
11. ② 유형자산 중 토지와 건설중인자산은 감가상각의 대상이 아니다. '유형자산'은 재화의 생산, 용역의 제공, 타인에 대한 임대 또는 자체적으로 사용할 목적으로 보유하는 물리적 형체가 있는 자산으로서, 1년을 초과하여 사용할 것이 예상되는 자산을 말한다.
12. ① 개인 기업에서 발생한 순이익은 자본금계정에 대체한다.
13. ③ (가)는 당좌자산이다. 상품은 재고자산, 토지와 차량운반구는 유형자산이다.
14. ① 기초자본 ? + 추가출자 15,000 + 순이익 5,000원 = 기말자본 40,000원
       (기말자산 – 기말부채) 따라서 기초자본은 20,000원. 기초자산 60,000 = 기초부채 ? + 기초자본 20,000
15. ② 매출총이익 100,000 = 순매출액 250,000 – 매출원가 ? → 매출원가 : 150,000
       매출원가 150,000 = 기초상품재고액 100,000 + 순매입액 ? – 기말상품
                       재고액 250,000 → 순매입액 : 300,000
       순매입액 300,000 = 총매입액 ? – 매입에누리 60,000 → 총매입액 : 360,000

제4회

01	④	02	①	03	②	04	③	05	④
06	①	07	①	08	②	09	③	10	②
11	①	12	②	13	④	14	③	15	④

01. ④ 기말 감가상각비는 입출금이 발생하지 않는 대체전표이다.
02. ① 매입계정의 순매입액에 기초상품재고액을 차변에 기입하고 기말상품재고액을 대변에 기입하여 매출원가를 산출한다.
04. ③ 기말 외상매출금 ? × 0.01 = 11,000 → 기말 외상매출금 : 1,100,000
       기초 외상매출금 2,300,000 + 당기 외상매출금 발생액 ? – 당기 외상매출금
       회수액 2,900,000 = 기말 외상매출금 1,100,000 → 당기 외상매출금 발생액 : 1,700,000

05. ④ ㄱ. (차) 특허권 2,100,000 / (대) 현금 2,100,000
         등록비용 100,000원은 비용이 아닌 자산이다.
      ㄴ. (차) 급   여 1,000,000 / (대) 미지급금 1,000,000
      ㄷ. (차) 복리후생비   50,000 / (대) 현   금   50,000
      ㄹ. (차) 차량운반구 100,000 / (대) 현   금   100,000
06. ① 미수금은 채권이다.
07. ① 재고자산의 취득원가는 매입가액에 매입운임 등 취득과정에서 정상적으로 발생한 부대비용을 가산한 금액이다. 나머지는 매입원가에서 차감한다.
08. ② (2024년) 기초상품재고액 12,000 + 당기총매입액 94,000 = 매출원가? + 기말상품재고액 15,000
         매출원가 : 91,000, 매출액 110,000 – 매출원가 91,000 = 매출총이익(가) 19,000
      (2025년) 매출액 120,000 – 매출원가 ? = 매출총이익 20,000, 매출원가 : 100,000
         기초상품재고액(나) 15,000(2010년 기말상품재고액) + 당기총매입액(다) ?
             = 매출원가 100,000 + 기말상품재고 16,000, 당기총매입액(다) : 101,000
09. ③ 매출총이익 구할 때 이자비용은 고려대상이 아니다.
      매출총이익 = 매출액 – { 기초재고 + (당기매입 + 매입운임) – 기말재고 }
        x = 5,000,000 – {700,000 + (800,000 + 50,000) – 1,000,000} x = 4,450,000원
10. ② 12/31 결산 정리 분개 (차)소모품 20,000 (대) 소모품비 20,000
12. ② 자산(A) = 부채(450,000) + 자본(550,000) = > 1,000,000원
      자본(B) = 자산(900,000) – 부채(360,000) = >   540,000원
13. ④ 5,000,000 + 800,000(자산) – 500,000(부채) – 500,000(부채) = 4,800,000원
14. ③ 일반기업회계기준[문단 2.49] 판매비와관리비에 해당한다.
15. ④ 선입선출법은 먼저 매입한 상품이 먼저 매출되는 것으로 간주하여 상품의 인도단가를 결정하는 방법이며, 가장 최근에 매입한 상품이 월말 재고액으로 남는다. 갑상품 월말재고액 : 3개×@6,000원 = 18,000원

제5회

01	①	02	④	03	③	04	③	05	①
06	②	07	①	08	③	09	②	10	③
11	④	12	②	13	④	14	②	15	④

01. ① (가)는 예비절차로 시산표 등을 작성한다.
03. ③ 기말 재고자산의 과대평가로 매출원가가 과소계상되며, 매출원가의 과소계상으로 당기순이익이 과대계상된다.
04. ③ (차변)당좌예금을 (차변) 외상매출금으로 기입한 분류상의 오류이므로 차/대변 합계액에 영향을 미치지 않는다.
05. ① 자산과 부채는 유동성이 높은 항목부터 배열하는 것을 원칙으로 한다.
06. ② 자산으로 처리해야 하는 것을 비용으로 계상하였으므로, 자산과 이익은 모두 감소한다.
07. ① 150,000원 + 500,000원 + 120,000원 = 770,000원
08. ③ 재무회계개념체계[문단104] 자본은 기업실체의 자산 총액에서 부채 총액을 차감한 잔여액 또는 순자산으로서 기업 실체의 자산에 대한 소유주의 잔여청구권이다.
09. ② 2023년 감가상각비 : 50,000,000/20 = 2,500,000원 *토지는 감가상각대상 아님.
      2024년 감가상각비 : 50,000,000/20 = 2,500,000원
      2025년 감가상각비 : 50,000,000/20 = 2,500,000원
      2025년 감가상각누계액 : 2,500,000 + 2,500,000 + 2,500,000 = 7,500,000원
10. ③ (500,000원 + 200,000원 + 200,000원) = 900,000원
11. ④ 수익은 자산의 유입 또는 부채의 감소이다.

13. ④ 상품재고액은 수량×단가로 계산되며, 수량 결정은 계속기록법, 실지재고조사법이 있고, 단가 결정에는 선입선출법, 후입선출법, 이동평균법, 총평균법 등이 있다.
14. ② 기초자본(50,000) = 기초자산(90,000) − 기초부채(40,000)
    기초자본(50,000) + 당기순손실(−10,000) = 기말자산(?) − 기말부채(30,000)
    기말자산 = 70,000
15. ④ 상품의 취득원가는 매입가액에 매입부대비용을 가산하고, 매입에누리와 환출, 매입할인을 차감하여 계산한다.(일반기업회계기준 7장 문단 6)

제6회

01	④	02	③	03	④	04	③	05	④
06	②	07	③	08	①	09	②	10	①
11	②	12	②	13	④	14	①	15	①

1. ④ 퇴직급여충당부채는 비유동부채 항목이다.
2. ③ 60,000 + 30,000 + 15,000 + 20,000 + 35,000 = 160,000원
3. ④ 유동자산은 당좌자산과 재고자산으로 구분하고, 비유동자산은 투자자산, 유형자산, 무형자산, 기타비유동자산으로 구분한다.
7. ③ 2/22 (차) 상품 150,000 (대) 지급어음 150,000
8. ① 매출원가 50,000 = (기초상품재고액) + (40,000 − 1,000) − 2,000
9. ② (차) 자산의 증가 300,000 (대) 자산의 감소 100,000
                              (대) 부채의 증가 200,000
10. ① 상품은 재고자산, 비품은 유형자산이다.
12. ② 가수금은 일시적으로 처리하는 임시계정이다.
14. ① 200,000,000원 × 1% − (1,200,000원 + 200,000원) = 600,000원
15. ① (1,500,000 + 3,000,000 + 200,000) − (90,000 + 2,000,000 + 50,000) = 2,560,000원

제7회

01	①	02	③	03	④	04	②	05	②
06	①	07	③	08	②	09	①	10	②
11	④	12	④	13	③	14	①	15	③

01. ① 발생주의 당월 급여 = 당월현금지급액 − 전월미지급액 − 당월선급액 + 당월미지급액
    500,000원 − 200,000원 − 100,000원 + 300,000원 = 500,000원
02. ③ 연수합계법은 감가상각방법에 해당된다.
03. ④ 이자비용은 영업외비용에 해당한다.
05. ② 비용은 자산의 유출이나 사용 또는 부채의 증가이다.
06. ① (차) 자산증가 (대) 자산감소
07. ③ 비품은 유형자산에 포함된다.
08. ② 동일한 자산이라고 하더라도 보유하는 목적에 따라 재고자산, 투자자산 및 유형자산으로 구분할 수 있다.
10. ② 개인 기업의 기업주가 개인적인 용도로 인출한 경우에는 인출금 계정으로 회계 처리(자본의 감소) 후 결산 시 자본금을 감소시켜 대체함.
11. ④ 임차보증금은 자산이므로 차변에 위치한다.
12. ④ 소모품을 구입하는 시점에서 비용으로 처리하였으므로 창고에 남아있는 소모품만큼 자산으로 계상하고 비용은 감소시켜야 한다.

14. ① (차) 상   품 10,000,000원   (대) 현   금 5,000,000원
                                              외상매입금   5,000,000원
15. ③ 기초자본(20,000) = 기말자산(90,000) − 기말부채(50,000) − 당기순이익(20,000)
       기초자산(?) = 기초부채(70,000) + 기초자본(20,000) = 90,000

제8회

01	③	02	④	03	②	04	②	05	①
06	③	07	④	08	②	09	①	10	④
11	①	12	④	13	②	14	①	15	③

02. ④ 이자비용, 기부금은 영업외 비용이며, 임대료는 수익 계정이다.
04. ② 영업권은 무형자산이다.
05. ① 배당금지급통지표   5,000원 + 사채이자지급통지표   5,000원 + 보통예금   3,000원 + 타인발행당좌수표 5,000원 = 18,000원
06. ③ 매출할인은 매출총이익에 영향을 주는 항목이므로 영업이익에 영향을 주는 것이고, 다른 항목은 영업외손익 항목이다.
08. ② 영구계정은 실질계정이라고도 하며 재무상태표에 표시되는 계정이며 이자수익은 임시계정(명목계정)으로 손익계산서에 표시된다.
09. ① 유동성배열법을 설명하고 있다.
10. ④ 상품을 매입하고 아직 지급하지 못한 구매대금은 외상매입금으로 부채에 해당된다.
11. ① 기초자본 370,000원 + 순이익 120,000원 = 기말자본 490,000원
       기말자본 490,000원 + 기말부채 250,000원 = 기말자산 740,000원
12. ④ 일반기업회계기준에서는 월할상각을 원칙으로 하고 있으므로 감가상각비는 다음과 같이 계산한다.
       (5,000,000 + 500,000)/5 × 6/12 = 550,000
13. ② 기말자본(순자산) = 기초자본 + 당기순이익
       3,300,000원 = 3,000,000 + (2,800,000 − X)   X = 2,500,000
15. ③ 취득원가 = 매입가액 + 매입부대비용 = 3,000 × 120 + 8,000 + 2,000 = 370,000

제9회

01	③	02	①	03	②	04	③	05	②
06	③	07	④	08	①	09	④	10	②
11	①	12	③	13	④	14	②	15	④

03. ② 소모품 자산에 속한다.
05. ② 상품운반용 트럭(차량운반구)과 사무실용 책상(비품)은 유형자산에 해당하고, 판매용 컴퓨터(상품)는 재고자산, 투자목적용 건물(투자부동산)은 투자자산에 해당한다.
09. ④ 재고자산의 매입원가는 매입금액에 매입운임, 하역료 및 보험료 등 취득과정에서 정상적으로 발생한 부대원가를 가산한 금액이다. 매입과 관련된 할인, 에누리 및 기타 유사한 항목은 매입원가에서 차감한다. 성격이 상이한 재고자산을 일괄하여 구입한 경우에는 총매입원가를 각 재고자산의 공정가치 비율에 따라 배분하여 개별 재고자산의 매입원가를 결정한다.(일반기업회계기준 7.6)
11. ① 총자산이 9,000,000원(현금 2,500,000원, 받을어음 3,000,000원, 미수금 3,500,000원)이고 총자본이 5,000,000원이므로 총부채는 4,000,000원이 되어야 한다. 그러므로 미지급금이 1,800,000이므로 단기차입금은 2,200,000이다.

12. ③ 자본금이 1,800,000원(기말자본금 4,800,000원 – 기초자본금 3,000,000원) 증가하였고, 자본항목과 관련하여 당기순이익 500,000원이 (총수익2,500,000원 – 총비용 2,000,000원) 발생하였으므로 추가출자액은 1,300,000원으로 추정 할 수 있다.
13. ④ 상   품 ×××원 / 외상매입금 ×××원
       차량운반구 ×××원 / 미지급금   ×××원
15. ④ 영업외비용의 발생.

제10회

01	③	02	④	03	②	04	①	05	①
06	②	07	④	08	②	09	③	10	④
11	②	12	④	13	③	14	①	15	③

01. ③ 직원을 채용하기로 한 것은 일상생활에서는 거래에 해당되지만, 회계상에서는 거래에 해당하지 않는다.
02. ④ 이자비용은 영업외비용 항목이다.
03. ② 매출액 6,000,000원에서 매출원가 2,500,000원(기초상품재고액 1,000,000원+당기상품매입액 3,000,000원 – 기말상품재고액 1,500,000원)을 차감하면 매출총이익이 3,500,000원이고, 판매비와 관리비 1,000,000원을 차감하면 영업이익은 2,500,000원이다.
05. ① 주어진 당기순이익 10,000원 – 미지급분(부채)2,000원 – 선수분(부채) 1,000원 = 7,000원
07. ④ 외상매출금, 나머지는 부채로 대손처리 할 수 없다.
08. ② 기초자산 1,000,000원 – 기초부채 400,000원 = 기초자본 600,000원
    총수익 5,100,000원 – 총비용 3,600,000원 = 당기순이익 1,500,000원
    기말자본 2,100,000원 = 기초자본 600,000원 + 당기순이익 1,500,000원
09. ③ 일반기업회계기준[문단10.4] 유형자산'은 재화의 생산, 용역의 제공, 타인에 대한 임대 또는 자체적으로 사용할 목적으로 보유하는 물리적 형체가 있는 자산으로서, 1년을 초과하여 사용할 것이 예상되는 자산을 말한다.
10. ④ 급여는 비용항목이며, 지급된 현금은 자산의 감소이다.
11. ② 기말매출채권 = 350,000 + 400,000 + 300,000 – 400,000
    기말매출채권 = 650,000원
12. ④ (차) 비품(자산증가) 3,000,000   (대) 현   금(자산감소) 2,000,000
                                        미지급금(부채증가) 1,000,000
15. ③ "나"와"라"는 취득한 자산의 취득원가에 포함됨

실기편 해답

종합거래분개따라잡기 해답

제1회

1) (차) 복리후생비	50,000	(대) 현 금	50,000
2) (차) 기업업무추진비	60,000	(대) 현 금	60,000
3) (차) (건물)감가상각누계액	1,800,000	(대) 건 물	3,000,000
미 수 금(하송)	800,000		
유형자산처분손실	400,000		
4) (차) 매출채권처분손실	150,000	(대) 받 을 어 음(영월)	2,000,000
당좌예금	1,850,000		
5) (차) 선 급 금(강원)	300,000	(대) 현 금	300,000
6) (차) 가지급금(박수홍)	500,000	(대) 현 금	500,000
7) (차) 여비교통비	550,000	(대) 가 지 급 금	500,000
		현 금	50,000
8) (차) 차량운반구	50,000	(대) 현 금	50,000
9) (차) 급 여	3,000,000	(대) 예 수 금	110,000
		보 통 예금	2,890,000
10) (차) 외상매입금(석정)	800,000	(대) 지급어음(석정)	800,000
11) (차) 현 금	200,000	(대) 선 수 금(하송)	200,000
12) (차) 보통예금	3,000	(대) 이 자 수 익	33,000
13) (차) 통 신 비	40,000	(대) 현 금	40,000
14) (차) 현 금	2,000,000	(대) 단기차입금(대구)	2,000,000
15) (차) 받을어음(강원)	1,000,000	(대) 외상매출금(강원)	1,000,000
16) (차) 광고선전비	500,000	(대) 현 금	500,000
17) (차) 기 부 금	100,000	(대) 현 금	100,000
18) (차) 임 차 료	400,000	(대) 현 금	402,000
수수료비용	2,000		
19) (차) 외상매출금(제천)	4,000,000	(대) 상 품 매 출	4,000,000
운 반 비	20,000	현 금	20,000
20) (차) 미지급금(현대)	200,000	(대) 보 통 예 금	200,000

결산정리분개

1) 결차) 상품매출원가　　　　　　174,900,000　　　결대) 상　　품　　　　　　174,900,000
　　* 181,400,000 − 6,500,000 = 174,900,000
2) (차) 대손상각비　　　　　　　　1,130,700　　　(대) (외상)대손충당금　　　　757,100
　　　　　　　　　　　　　　　　　　　　　　　　　　(받을)대손충당금　　　　373,600
　　* (외상) [89,710,000×1%] − 140,000 = 757,100
　　* (받을) [37,360,000×1%] − 0 = 373,600
3) (차) 감가상각비　　　　　　　　3,000,000　　　(대) (건물)감가상각누계액　　1,800,000
　　　　　　　　　　　　　　　　　　　　　　　　　　(비품)감가상각누계액　　1,200,000
4) (차) 선급비용　　　　　　　　　120,000　　　(대) 보 험 료　　　　　　　　120,000
5) (차) 자 본 금　　　　　　　　　800,000　　　(대) 인 출 금　　　　　　　　800,000

제2회

1) (차) 비　　품　　　　　　　　　100,000　　　(대) 보 통 예 금　　　　　　　40,000
　　　　　　　　　　　　　　　　　　　　　　　　　　미지급금(영동)　　　　　　60,000
2) (차) 외상매입금(동해)　　　　　500,000　　　(대) 지급어음(동해)　　　　　500,000
3) (차) 선수금(주천)　　　　　　　100,000　　　(대) 상품매출　　　　　　　　800,000
　　　　외상매출금(주천)　　　　　700,000　　　　　현　　금　　　　　　　　　20,000
　　　　운 반 비　　　　　　　　　20,000
4) (차) 당좌예금　　　　　　　　　50,000　　　(대) 받을어음(원주)　　　　　50,000
5) (차) 현　　금　　　　　　　　　450,000　　　(대) 단기차입금(국민)　　　　450,000
6) (차) 보통예금　　　　　　　　　17,000　　　(대) 이자수익　　　　　　　　17,000
7) (차) 통 신 비　　　　　　　　　50,000　　　(대) 현　　금　　　　　　　　50,000
8) (차) 상　　품　　　　　　　　　300,000　　　(대) 현　　금　　　　　　　　200,000
　　　　　　　　　　　　　　　　　　　　　　　　　　외상매입금(강릉)　　　　　100,000
9) (차) 현　　금　　　　　　　　　800,000　　　(대) 상품매출　　　　　　　　800,000
10) (차) 비　　품　　　　　　　　500,000　　　(대) 당 좌 예 금　　　　　　200,000
　　　　　　　　　　　　　　　　　　　　　　　　　　미지급금(알짜)　　　　　　300,000
11) (차) 받을어음(고성)　　　　　1,000,000　　(대) 외상매출금(고성)　　　　1,000,000
12) (차) 급　　여　　　　　　　　6,000,000　　(대) 예 수 금　　　　　　　　220,000
　　　　　　　　　　　　　　　　　　　　　　　　　　보통예금　　　　　　　　　5,780,000
13) (차) 당좌예금　　　　　　　　4,500,000　　(대) 단기차입금(제일)　　　　4,500,000
14) (차) 차량운반구　　　　　　　12,500,000　　(대) 현　　금　　　　　　　　12,500,000
15) (차) 매출채권처분손실　　　　50,000　　　(대) 받을어음(하송)　　　　　500,000
　　　　당좌예금　　　　　　　　　450,000
16) (차) (비품) 감가상각누계액　　600,000　　(대) 비　　품　　　　　　　　1,000,000
　　　　현　　금　　　　　　　　　300,000
　　　　유형자산처분손실　　　　　100,000
17) (차) 재 해 손 실　　　　　　　2,000,000　　(대) 건　　물　　　　　　　　2,000,000
18) (차) 현금과부족　　　　　　　200,000　　　(대) 현　　금　　　　　　　　200,000
19) (차) 수도광열비　　　　　　　80,000　　　(대) 현　　금　　　　　　　　80,000

20) (차) 기업업무추진비　　　　　50,000　　　　(대) 현　　　금　　　　　50,000

결산정리분개

1) (차) 선급비용　　　　　　　　50,000　　　　(대) 이자비용　　　　　　　50,000
2) (차) 감가상각비　　　　　　　310,000　　　(대) (차량)감가상각누계액　200,000
　　　　　　　　　　　　　　　　　　　　　　　　　(비품)감가상각누계액　110,000
3) 결차) 상품매출원가　　　　230,520,000　　결대) 상　　품　　　230,520,000
　　* 246,020,000 − 15,500,000 = 230,520,000
4) (차) 대손상각비　　　　　　　899,100　　　(대) (외상)대손충당금　　　233,100
　　　　　　　　　　　　　　　　　　　　　　　　　(받을)대손충당금　　　666,000

　　* (외상) [37,310,000 × 1%] − 140,000 = 233,100
　　* (받을) [66,600,000 × 1%] − 0 = 666,000
5) (차) 인　출　금　　　　　　2,000,000　　(대) 자　본　금　　　　　2,000,000

제3회

1) (차) 복리후생비　　　　　　5,000,000　　(대) 현　　　금　　　　5,000,000
2) (차) 상　　　품　　　　　　2,000,000　　(대) 현　　　금　　　　　400,000
　　　　　　　　　　　　　　　　　　　　　　　　지급어음(양구)　　　1,600,000
3) (차) 차량유지비　　　　　　　25,000　　　(대) 현　　　금　　　　　25,000
4) (차) 당좌예금　　　　　　　1,200,000　　(대) 선　수　금(서울)　1,200,000
5) (차) (비품)감가상각누계액　　710,000　　(대) 비　　　품　　　　　900,000
　　　　미　수　금(덕포)　　　150,000
　　　　유형자산처분손실　　　　40,000
6) (차) 선　수　금(서울)　　　1,200,000　　(대) 상품매출　　　　　4,000,000
　　　　외상매출금(서울)　　　2,800,000　　　　현　　　금　　　　　10,000
　　　　운　반　비　　　　　　　10,000
7) (차) 보통예금　　　　　　　3,000,000　　(대) 단기차입금(고려)　3,000,000
8) (차) 보통예금　　　　　　　　12,000　　　(대) 이자수익　　　　　　12,000
9) (차) 선급금(삼일)　　　　　　200,000　　(대) 당좌예금　　　　　　200,000
10) (차) 광고선전비　　　　　　　500,000　　(대) 현　　　금　　　　　500,000
11) (차) 상　　　품　　　　　　5,020,000　　(대) 선　급　금(삼일)　　200,000
　　　　　　　　　　　　　　　　　　　　　　　　외상매입금(삼일)　　4,800,000
　　　　　　　　　　　　　　　　　　　　　　　　현　　　금　　　　　20,000
12) (차) 지급어음(대림)　　　　　600,000　　(대) 당좌예금　　　　　　600,000
13) (차) 통　신　비　　　　　　　50,000　　　(대) 보통예금　　　　　　50,000
14) (차) 미지급금(외환)　　　　　300,000　　(대) 보통예금　　　　　　300,000
15) (차) 현　　　금　　　　　　　500,000　　(대) 상품매출　　　　　2,000,000
　　　　받을어음(천일)　　　　1,500,000
16) (차) 토　　　지　　　　　10,220,000　　(대) 현　　　금　　　　2,220,000
　　　　　　　　　　　　　　　　　　　　　　　　미지급금(한국)　　　8,000,000
17) (차) 비　　　품　　　　　　　290,000　　(대) 보통예금　　　　　　290,000
18) (차) 도서인쇄비　　　　　　　12,000　　　(대) 현　　　금　　　　　12,000

19) (차) 이자비용　　　　　　　　　25,000　　　(대) 단기차입금(성수)　　　　　500,000
　　　　보통예금　　　　　　　　475,000
20) 회계상 거래가 아니므로 분개 안함

결산정리분개

1) (차) 미 수 수 익　　　　　　　200,000　　　(대) 이 자 수 익　　　　　　　200,000
2) (차) 임 차 료　　　　　　　　130,000　　　(대) 미지급비용　　　　　　　130,000
3) 결차) 상품매출원가　　　　230,320,000　　　결대) 상　　품　　　　　230,320,000
　　* 232,820,000 - 2,500,000 = 230,320,000
4) (차) 대손상각비　　　　　　1,037,400　　　(대) (외상)대손충당금　　　　　422,200
　　　　　　　　　　　　　　　　　　　　　　　　(받을)대손충당금　　　　　615,200

　　* (외상) [56,220,000×1%] - 140,000 = 422,200
　　* (받을) [61,520,000×1%] - 0 = 615,200
5) (차) 현　　　　금　　　　　　13,000　　　(대) 잡 이 익　　　　　　　　13,000

제4회

1) (차) 수수료비용　　　　　　　50,000　　　(대) 미지급금(영월)　　　　　150,000
　　　　소모품비　　　　　　　100,000
2) (차) 외상매입금(강원)　　　6,000,000　　　(대) 현　　　　금　　　　　6,000,000
3) (차) 임차보증금　　　　　　5,000,000　　　(대) 현　　　　금　　　　　5,100,000
　　　　임 차 료　　　　　　　100,000
4) (차) 세금과공과　　　　　　　40,000　　　(대) 현　　　　금　　　　　　40,000
5) (차) 차량운반구　　　　　　　70,000　　　(대) 미지급금(국민)　　　　　　70,000
6) (차) 가지급금　　　　　　　200,000　　　(대) 현　　　　금　　　　　　200,000
7) (차) 복리후생비　　　　　　185,000　　　(대) 가지급금　　　　　　　　200,000
　　　　현　　　금　　　　　　15,000
8) (차) 현　　　　금　　　　　200,000　　　(대) 가 수 금　　　　　　　　200,000
9) (차) 가 수 금　　　　　　　200,000　　　(대) 외상매출금(제주)　　　　150,000
　　　　　　　　　　　　　　　　　　　　　　　　선 수 금(제주)　　　　　　50,000
10) (차) 급　　　여　　　　　4,000,000　　　(대) 예 수 금　　　　　　　　210,000
　　　　　　　　　　　　　　　　　　　　　　　　보통예금　　　　　　　　3,790,000
11) (차) (차량)감가상각누계액　7,800,000　　　(대) 차량운반구　　　　　　13,000,000
　　　　미 수 금(갑을)　　　4,300,000
　　　　유형자산처분손실　　　900,000
12) (차) 세금과공과　　　　　　　70,000　　　(대) 현　　　　금　　　　　　70,000
13) (차) 수수료비용　　　　　　　8,000　　　(대) 현　　　　금　　　　　　8,000
14) (차) 매출채권처분손실　　　　35,000　　　(대) 받을어음(하송)　　　　2,000,000
　　　　당 좌 예 금　　　　1,965,000
15) (차) 차량운반구　　　　　13,090,000　　　(대) 미지급금(현대)　　　　13,000,000
　　　　　　　　　　　　　　　　　　　　　　　　현　　　　금　　　　　　90,000
16) (차) 광고선전비　　　　　　200,000　　　(대) 상품(적요⑧타계정대체)　　200,000
17) (차) 수도광열비　　　　　　　60,000　　　(대) 보통예금　　　　　　　　130,000
　　　　통 신 비　　　　　　　70,000

18) (차) 소프트웨어　　　　　　　　2,500,000　　(대) 미지급금(서울)　　　　2,500,000
19) (차) 상　　　품　　　　　　　　　 50,000　　(대) 운 반 비　　　　　　　　 50,000
20) 회계상 거래가 아니므로 분개 안함

결산정리분개

1) (차) 감가상각비　　　　　　　　　550,000　　(대) (기계)감가상각누계액　　 250,000
　　　　　　　　　　　　　　　　　　　　　　　　　　(비품)감가상각누계액　　 300,000

2) (차) 인　출　금　　　　　　　　2,300,000　　(대) 자　본　금　　　　　　2,300,000
3) 결차) 상품매출원가　　　　　　137,800,000　　결대) 상　　　품　　　　137,800,000
　　* 140,700,000 − 2,900,000 = 137,800,000
4) (차) 대손상각비　　　　　　　　　983,200　　(대) (외상)대손충당금　　　 289,200
　　　　　　　　　　　　　　　　　　　　　　　　　　(받을)대손충당금　　　　694,000

　　* (외상) [42,920,000 × 1%] − 140,000 = 289,200
　　* (받을) [69,400,000 × 1%] − 0 = 694,000
5) (차) 잡　손　실　　　　　　　　　130,000　　(대) 현　　　금　　　　　　　130,000

제5회

1) (차) 현　　　금　　　　　　　　5,000,000　　(대) 단기차입금(원주)　　　5,000,000
2) (차) 단기대여금(제천)　　　　　　,000,000　　(대) 현　　　금　　　　　　3,000,000
3) (차) 받 을 어 음(춘천)　　　　　5,000,000　　(대) 상품매출　　　　　　　7,000,000
　　　　외상매출금(춘천)　　　　　　2,000,000　　　　　현　　　금　　　　　　　 40,000
　　　　운 반 비　　　　　　　　　　 40,000
4) (차) 복리후생비　　　　　　　　1,000,000　　(대) 미지급금(신한)　　　　1,500,000
　　　　기업업무추진비　　　　　　　 500,000
5) (차) 복리후생비　　　　　　　　　100,000　　(대) 현　　　금　　　　　　　100,000
6) (차) 기업업무추진비　　　　　　　200,000　　(대) 현　　　금　　　　　　　200,000
7) (차) 기　부　금　　　　　　　　　300,000　　(대) 현　　　금　　　　　　　300,000
8) (차) 현　　　금　　　　　　　　3,050,000　　(대) 단기대여금(수원)　　　3,000,000
　　　　　　　　　　　　　　　　　　　　　　　　　　이자수익　　　　　　　　 50,000
9) (차) 단기차입금(인천)　　　　　4,000,000　　(대) 당좌예금　　　　　　　4,060,000
　　　　이자비용　　　　　　　　　　 60,000
10) (차) 세금과공과　　　　　　　　　 90,000　　(대) 현　　　금　　　　　　　 90,000
11) (차) 임 차 료　　　　　　　　　 600,000　　(대) 당좌예금　　　　　　　 600,000
12) (차) 당좌예금　　　　　　　　　3,000,000　　(대) 현　　　금　　　　　　3,000,000
13) (차) 외상매입금(동해)　　　　　 900,000　　(대) 받을어음(삼척)　　　　 900,000
14) (차) 외상매입금(고성)　　　　　 250,000　　(대) 매입환출및에누리　　　 250,000
15) 회계상 거래가 아니므로 분개 안함
16) 당좌예금　　　　　　　　　　　1,000,000　　(대) 받을어음(한라)　　　　1,000,000
17) 당좌예금　　　　　　　　　　　 200,000　　(대) 가지급금(김선애)　　　 200,000
18) 수 선 비　　　　　　　　　　　 300,000　　(대) 현　　　금　　　　　　　300,000
19) 미지급금(국민)　　　　　　　　3,500,000　　(대) 현　　　금　　　　　　3,500,000
20) 외상매입금(춘천)　　　　　　　4,000,000　　(대) 현　　　금　　　　　　4,005,000
　　　수수료비용　　　　　　　　　　 5,000

결산정리분개

1) (차) 대손상각비 1,289,100 (대) (외상)대손충당금 573,100
　　　　　　　　　　　　　　　　　　　　(받을)대손충당금 716,000
　　* (외상) [84,310,000×1%] − 270,000 = 573,100
　　* (받을) [94,600,000×1%] − 230,000 = 716,000
2) 결차) 상품매출원가 213,020,000 결대) 상　　품 213,020,000
　　* 226,020,000 − 13,000,000 = 213,020,000
3) (차) 선급비용 150,000 (대) 보 험 료 150,000
4) (차) 자 본 금 2,500,000 (대) 인 출 금 2,500,000
5) (차) 소 모 품 120,000 (대) 소모품비 120,000

실기시험 따라잡기 해답

제1회 영월전자 - 회사코드 5001

문제 1 회사등록 수정 및 추가입력(6점)

[기초정보등록]→[회사등록]
① 사업자등록번호 : 215-01-83013 → 225-01-83010으로 수정
② 사업장주소 : 경기도 수원시 장안구 팔달로 197→강원 영월군 영월읍 영로 1532 수정
③ 사업장관할세무서 : 원주→영월 수정

문제 2 전기분 손익계산서 수정 및 추가입력(6점)

① 여비교통비 1,500,000원을 1,350,000원으로 수정
② 임차료 5,400,000원을 4,500,000으로 수정
③ 이자수익 280,000원 추가

문제 3 거래처 등록 및 거래처별 초기이월 입력(6점)

[1] 받을어음 : 강호상사 15,000,000 → 19,000,000
　　　　　　　영등포상사 40,000,000 → 31,000,000
　　　　　　　고잔상사   5,000,000 추가 입력
　　지급어음 : 하나컴퓨터 6,500,000 → 5,000,000
　　　　　　　문호상사 28,500,000 → 18,000,000
　　　　　　　양지상사 12,000,000 추가입력
[2] 기초정보관리의 계정과목및적요등록 메뉴에 통신비 계정의 대체적요 '3. 영업담당자 휴대폰 사용요금 지원' 입력

문제 4 일반전표입력(24점)

[1] 8월 5일	(차) 비　　　품	4,500,000	(대) 미지급금(용산)	4,500,000
[2] 8월 20일	(차) 외상매입금(고잔)	3,000,000	(대) 보통예금	3,000,000
[3] 8월 25일	(차) 보통예금	8,130,000	(대) 단기대여금(대박)	8,000,000
			이자수익	130,000
[4] 8월 31일	(차) 급　　여(판)	3,000,000	(대) 보통예금	2,762,100
			예　수　금	237,900
[5] 9월 11일	(차) 인　출　금	900,000	(대) 현　　　금	900,000
[6] 9월 16일	(차) 토　　　지	950,000	(대) 현　　　금	950,000
[7] 9월 20일	(차) 운 반 비(판)	50,000	(대) 현　　　금	50,000
[8] 9월 25일	(차) 당좌예금	6,650,000	(대) 받을어음(동진)	7,000,000
	매출채권처분손실	350,000		

문제 5 일반전표입력 오류수정(6점)

[1] 10월 4일　수정전 : (차) 복리후생비(판) 152,000　(대) 현　금　152,000
　　　　　　　수정후 : (차) 기업업무추진비(판) 152,000　(대) 현　금　152,000

[2] 10월 23일 수정전 : (차) 수도광열비(판) 365,000   (대) 현   금   365,000
              수정후 : (차) 수도광열비(판) 635,000   (대) 현   금   635,000

문제 6 결산정리분개(12월 31일 일반전표에 입력)(12점)

[1] (결차) 임 차 료(판)   600,000원   (결대) 미지급비용(미지급금) 600,000원
[2] (결차) 현금과부족   130,000원   (결대) 잡 이 익   130,000원
    * 합계잔액시산표 12월 조회 – 현금과부족 차변 잔액 확인
      (–금액은 과잉액으로 '잡이익' 처리, –가 없는 것은 부족액으로 '잡손실' 처리함)
[3] (결차) 대손상각비   706,800원   (결대) 대손충당금(외상)   555,800원
                                                       대손충당금(받을)   151,000원
    * 합계잔액시산표 12월조회 : 외상매출금 및 받을어음잔액 조회 후, 대손충당금 잔액차감.
      대손충당금(외상) : 100,580,000원×1% – 450,000 = 555,800원
      대손충당금(받을) : 70,100,000원×1% – 550,000원 = 151,000원
[4] (결차) 상품매출원가   149,980,000원   (결대) 상   품   149,980,000원
      12월 합계잔액시산표 상품조회 161,480,000 – 기말상품재고액 11,500,000

문제 7 장부조회 입력(10점)

[1] 124,716,600원(재무상태표 또는 합계잔액시산표 6월 조회) (3점)
[2] 급여 9,365,000원(일월계표 01월부터 02월 조회 – 판매비와관리비 계정과목 보기) (3점)
[3] 16,000,000원(거래처원장 1월~6월. 외상매입금. 하나컴퓨터 조회) (4점)

제2회   나눔컴퓨터 – 회사코드 5002

문제 1 회사등록 수정 및 추가입력(6점)

[기초정보등록]→[회사등록]
① 대표자명 : 정만희 → 송명선 수정
② 업   태 : 건설업 → 도소매 수정
③ 개업연월일 : 2013. 9. 28 → 2013. 1. 23 수정

문제 2 전기분 재무상태표 수정 및 추가입력(6점)

① 미수금 5,100,000원을 1,500,000원으로 수정
② (비품)감가상각누계액 900,000원을 1,500,000원으로 수정
③ 당기순이익 5,000,000원 상단 메뉴바 이용 '삭제'

문제 3 거래처 등록 및 거래처별 초기이월 입력(6점)

[1] 계정과목 및 적요등록 복리후생비(811) 대체적요 [3.명절선물대금 신용카드 결제]입력
[2] 기초정보관리 – 거래처등록 메뉴에 00987 둘리상사 등록

문제 4 일반전표입력(24점)

[1] 5월 3일   (차) 외상매입금(한국)   3,000,000   (대) 받을어음(충청)   3,000,000
[2] 5월 8일   (차) 차량유지비(판)   600,000   (대) 현   금   600,000

[3] 5월 19일	(차) 통 신 비(판)	14,000	(대) 현 금	14,000
[4] 6월 15일	(차) 보 통 예 금	250,000	(대) 이자수익	250,000
[5] 6월 21일	(차) 기업업무추진비(판)	100,000	(대) 현 금	100,000
[6] 6월 27일	(차) 현금과부족	150,000	(대) 현 금	150,000
[7] 7월 12일	(차) 상 품	35,000,000	(대) 지급어음(한국)	29,000,000
			현 금	6,000,000
[8] 7월 18일	(차) 당 좌 예 금	5,000,000	(대) 정기예금	5,000,000

문제 5 일반전표입력 오류수정(6점)

[1] 10월 4일 수정전 : (차) 복리후생비   152,000   (대) 현   금   152,000
              수정후 : (차) 세금과공과(판) 152,000   (대) 현   금   152,000
[2] 10월 16일 수정전 : (차) 상   품   3,350,000 (대) 외상매입금(서부) 3,350,000
              수정후 : (차) 상   품   3,350,000 (대) 외상매입금(충청) 3,350,000
              (외상매입금 거래처를 서부상사에서 충청상사로 수정)

문제 6 결산정리분개(12월 31일 일반전표에 입력)(12점)

[1] (결차) 상품매출원가   159,100,000원   (결대) 상 품   159,100,000원
    [합계잔액시산표 12월조회. 상품잔액 171,100,000 – 기말상품재고액 12,000,000]
[2] (결차) 임 대 료   600,000원   (결대) 선수수익   600,000원
[3] (결차) 자 본 금   1,500,000원   (결대) 인 출 금   1,500,000원
    [합계잔액시산표 12월조회. 인출금 대변잔액 확인 – 부호인 경우 자본금 감소시킴]
[4] (결차) 선급비용   300,000원   (결대) 보 험 료(판) 300,000원

문제 7 장부조회 입력(10점)

[1] 58,463,400원(월계표 01월–06월 조회, 판매비및관리비의 현금란 금액 확인) (4점)
[2] 11월, 1,951,000원(총계정원장 7/1–12/31 조회, 차변 금액 중 가장 큰 금액확인) (3점)
[3] 470,618,180원(재무상태표 8월 조회, 당좌자산 금액확인) (3점)

제3회 석정컴퓨터 – 회사코드 5003

문제 1 회사등록 수정 및 추가입력(6점)

[기초정보등록] → [회사등록]
① 종목 : 문구 → [컴퓨터 및 주변기기] 수정
② 개업년월일 [2012. 03. 07.] 추가입력
③ 사업장관할세무서 : 서대문 → [용산] 변경

문제 2 전기분재무상태표 수정 및 추가입력(6점)

① 정기예금 900,000원을 9,000,000원으로 수정
② 비품 4,800,000원 추가입력
③ 지급어음 4,300,000원을 3,400,000원으로 수정

문제 3 거래처 등록 및 거래처별 초기이월 입력(6점)

[1] 임차보증금 : 좋은빌딩 9,000,000 → 6,000,000, 카스코건설 6,000,000 → 9,000,000
　　　　　　　청송컴퓨터 5,000,000 추가입력
　　지급어음 : 메리문구 600,000 → 1,000,000, 협진문구 500,000 → 800,000
　　　　　　　밝은조명 1,600,000 추가입력
[2] 기초정보관리 – 거래처등록 메뉴에 [02150 하송컴퓨터] 추가로 등록

문제 4 일반전표입력(24점)

[1] 4월 06일　(차) 보통예금　　　　　　6,000,000　　(대) 받을어음(청송)　　6,000,000
[2] 4월 13일　(차) 복리후생비(판)　　　　100,000　　(대) 현　　　금　　　　　100,000
[3] 4월 20일　(차) 기업업무추진비(판)　　800,000　　(대) 당좌예금　　　　　　800,000
[4] 4월 27일　(차) 현　　　금　　　　　　500,000　　(대) 선수금(홍전자)　　　　500,000
[5] 6월 13일　(차) 선 수 금(구로)　　　　600,000　　(대) 상품매출　　　　　6,000,000
　　　　　　　　　외상매출금(구로)　　5,400,000　　　　현　　　금　　　　　100,000
　　　　　　　　　운 반 비(판)　　　　　100,000
[6] 6월 18일　(차) 차량운반구　　　　 35,730,000　　(대) 미지급금(현대)　　35,000,000
　　　　　　　　　　　　　　　　　　　　　　　　　　　현　　　금　　　　　730,000
　　　　→ 전표의 거래처 또는 기초정보관리의 거래처등록 메뉴에서 [02170 현대자동차] 등록
[7] 6월 20일　(차) 복리후생비(판)　　　　660,000　　(대) 미지급금(비씨)　　　660,000
[8] 6월 28일　(차) 보통예금　　　　　　8,075,000　　(대) 단기대여금(미래)　8,000,000
　　　　　　　　　　　　　　　　　　　　　　　　　　　이자수익　　　　　　75,000

문제 5 일반전표입력 오류수정(6점)

[1] 8월 26일 조회 – 통신비(판) 계정과목을 [수도광열비(판)]로 수정.
[2] 10월 24일 조회 – 차량유지비(판) 계정과목을 [인출금]으로 수정.

문제 6 결산정리분개(12월 31일 일반전표에 입력)(12점)

[1] (결차) 대손상각비　　　　　598,300원　　(결대) (외상)대손충당금　　456,100원
　　　　　　　　　　　　　　　　　　　　　　　　　　(받을)대손충당금　　142,200원
　　　대손충당금(외상) : (58,210,000원×1%) – 126,000 = 456,100원
　　　대손충당금(받을) : (17,220,000원×1%) – 30,000 = 142,200원
[2] (결차) 잡 손 실　　　　　　120,000원　　(결대) 현　　　금　　　　　120,000원
[3] (결차) 임 대 료　　　　　1,200,000원　　(결대) 선수수익　　　　　1,200,000원
[4] (결차) 이자비용　　　　　　250,000원　　(결대) 미지급비용(또는 미지급금)　250,000원

문제 7 장부조회 입력(10점)

[1] 12월 3,000,000원(총계정원장 7/1~12/31 조회, 차변잔액 중 큰금액 확인) (4점)
[2] 54,436,590원(현금출납장 1/1 – 10/31 조회, 잔액란 맨아래 금액, 또는 합계잔액시산표
　　　　　　　10월 현금 차변 잔액란 금액확인) (3점)
[3] 709,100,000원(손익계산서 12월조회 : 전기 매출총이익 9,300,000원,
　　　　　　　　　당기 매출총이익 718,400,000원 증가액 계산) (3점)

제4회 하늘상사 - 회사코드 5004

문제 1 회사등록 수정 및 추가입력(6점)
[기초정보등록]→[회사등록]
① 사업자 등록번호 : 245-09-58376 → [135-05-53278] 수정
② 대표자명 : 백인주 → [안현지] 수정
③ 사업장관할세무서 : 서대문 → [동수원] 변경

문제 2 전기분 재무상태표 수정 및 추가입력(6점)
① 당좌예금 25,000,000원을 40,000,000원으로 수정
② 감가상각누계액(213) 1,000,000원 추가입력
③ 단기차입금 5,000,000원을 50,000,000원으로 수정

문제 3 거래처 등록 및 거래처별 초기이월 입력(6점)
[1] 기초정보관리 - 거래처등록 [02704 덕포의료기(주)]와 [04205 석정헬스(주)] 등록
[2] 받을어음 : 원봉상점 6,000,000 → 9,000,000수정, 헬스파워 16,000,000 추가입력
　　　　　　　휴먼사랑(주) 8,000,000 → 5,000,000 수정
　　외상매입금 : 건강몰 20,000,000→12,000,000, 동화상사 7,000,000→17,000,000
　　　　　　　　전보상회 6,000,000 → 16,000,000 수정.

문제 4 일반전표입력(24점)
[1] 5월 11일   (차) 건　　물   20,000,000   (대) 미지급금(동아)   20,800,000
　　　　　　　 수선비(판)   800,000
[2] 5월 15일   (차) 토　　지   77,000,000   (대) 보통예금   77,000,000
[3] 5월 19일   (차) 소모품비(판)   320,000   (대) 미지급금(비씨)   320,000
　　　　　　　 (또는, 사무용품비)
[4] 5월 22일   (차) 수도광열비(판)   600,000   (대) 현　　금   600,000
[5] 9월 11일   (차) 외상매입금(강동)   800,000   (대) 지급어음(강동)   800,000
[6] 9월 18일   (차) 가지급금   500,000   (대) 현　　금   500,000
[7] 9월 21일   (차) 수선비(판)   78,000   (대) 현　　금   78,000
[8] 9월 25일   (차) 인　출　금   1,500,000   (대) 상　품(8.적요반영) 1,500,000
　　[상품은 원가로, 상품적요 '8.타계정으로 대체액 손익계산서 반영분' 반드시 입력]

문제 5 일반전표입력 오류수정(6점)
[1] 8월 1일 수정전 : (차) 세금과공과   750,000   (대) 현　금   750,000
　　　　　　 수정후 : (차) 토　　지   750,000   (대) 현　금   750,000
[2] 9월 28일 수정전 : (차) 선급금(반포) 200,000   (대) 현　금   200,000
　　　　　　 수정후 : (차) 현　　금   200,000   (대) 선수금(반포)   200,000

문제 6 결산정리분개(12월 31일 일반전표에 입력)(12점)
[1] (결차) 잡　손　실   110,000원   (결대) 현　　　금   110,000원
[2] (결차) 선급비용   400,000원   (결대) 보험료(판)   400,000원

[3] (결차) 소 모 품 350,000원 (결대) 소모품비(판) 350,000원
[4] (결차) 대손상각비 1,602,200원 (결대) 대손충당금(외상) 1,460,000원
대손충당금(받을) 142,200원

대손충당금(외상) : (212,000,000×1%) − 660,000 = 1,460,000원
대손충당금(받을) : (44,220,000원×1%) − 300,000 = 142,220원

문제 7 장부조회 입력(10점)

[1] 11월. 1,990,000원[총계정원장 1/1 − 12/31 조회. 복리후생비 차변금액 중 큰 금액] (4점)
[2] 322,750,000원 [재무상태표 12월 조회. (전기)비유동자산 19,000,000원, (당기)비유동자산
341,750,000원 비교 증가분 계산] (3점)
[3] 3건, 3,500,000원 [계정별원장 1/1 − 12/31 비품 조회. 3/20, 6/25, 9/22 확인] (3점)

제5회 하송상사 − 회사코드 5005

문제 1 회사등록 수정 및 추가입력(6점)
[기초정보등록] → [회사등록]
① 대표자명 : 김수철 → 구서현 수정
② 종목 : 컴퓨터 주변기기 → 문구 수정
③ 사업장관할세무서 : 양천 → 수원 수정

문제 2 전기분 손익계산서 수정 및 추가입력(6점)
① 상품매출원가의 기말상품재고액 9,500,000원을 13,000,000원으로 수정
 (전기재무상태표 상품 금액을 13,000,000원으로 수정하면 손익계산서에 자동반영 됨)
② 차량유지비 100,000원 추가
③ 소모품비 320,000원을 230,000으로 수정

문제 3 거래처 등록 및 거래처별 초기이월 입력(6점)
[1] 선급금 : 대전상사 1,700,000 → 900,000 수정, 안양상사 600,000 → 800,000 수정,
 수원상사 1,800,000 추가입력.
 외상매입금 : 민국상사 3,850,000 → 4,000,000 수정,
 국제상사 4,000,000→ 7,000,000 수정, 대한상사 5,850,000 추가입력.
[2] 계정과목및적요등록 메뉴의 복리후생비 계정 현금적요 [9. 설날선물 대금지급] 입력

문제 4 일반전표입력(24점)
[1] 4월 6일 (차) 급 여(판) 3,250,000 (대) 예 수 금 326,950
보통예금 2,923,050
[2] 4월 11일 (차) 장기대여금(두레) 20,000,000 (대) 이자수익 1,500,000
보통예금 18.500.000
[3] 4월 20일 (차) 여비교통비(판) 50,000 (대) 현 금 50,000
[4] 4월 26일 (차) 당좌예금 2,960,000 (대) 받을어음(수원) 3,000,000
매출채권처분손실 40,000

[5]	6월 8일	(차) 상 품	6,000,000	(대)	선급금(민국)	900,000	
					보통예금	2,000,000	
					외상매입금(민국)	3,100,000	
[6]	6월 15일	(차) 건 물	30,950,000	(대)	보통예금	30,950,000	
[7]	6월 22일	(차) 보통예금	2,500,000	(대)	배당금수익	2,500,000	
[8]	6월 28일	(차) 인 출 금	1,300,000	(대)	미지급금(국민)	1,300,000	

문제 5 일반전표입력 오류수정(6점)

[1] 8월 29일   외상매출금 거래처 안양상사를 시화전자로 수정
[2] 10월 23일   수정전 : (차) 접 대 비 200,000   (대) 현   금 200,000
           수정후 : (차) 복리후생비 200,000   (대) 현   금 200,000

문제 6 결산정리분개(12월 31일 일반전표에 입력)(12점)

[1] (결차) 보통예금   3,500,000원   (결대) 단기차입금(하나)   3,500,000원
[2] (결차) 감가상각비   1,300,000원   (결대) (기계)감가상각누계액 700,000원
                                        (차량)감가상각누계액 400,000원
                                        (비품)감가상각누계액 200,000원
[3] (결차) 선급비용   1,350,000원   (결대) 보 험 료   1,350,000원
[4] (결차) 상품매출원가   153,500,000원   (결대) 상   품   153,500,000원
     12월 합계잔액시산표 상품조회 177,000,000 – 기말상품재고액 23,500,000

문제 7 장부조회 입력(10점)

[1] 142,082,820원 (재무상태표 8월 조회) (3점)
[2] 42,343,030원 (일/월계표 : 01월–06월 조회, 판매비와관리비 '현금'란 금액) (3점)
[3] 85,950,000원 (재무상태표 또는 합계잔액시산표 6월 조회) (4점)
           [장부가액 = 건물금액(취득원가) – (건물)감가상각누계액]

제106회 기출 답안 (2023. 2)

이론시험

01	①	02	②	03	③	04	④	05	④
06	①	07	②	08	③	09	③	10	②
11	③	12	②	13	①	14	④	15	①

01. ① [일반기업회계기준 재무회계개념체계 제2장 재무보고의 목적]
    - 투자 및 신용의사결정에 유용한 정보의 제공
    - 미래 현금흐름 예측에 유용한 (화폐적)정보의 제공
    - 재무상태, 경영성과, 현금흐름 및 자본변동에 관한 정보의 제공
    - 경영자의 수탁책임 평가에 유용한 정보의 제공

02. ② 주된 영업활동(상품 매매 등)이 아닌 비품을 외상으로 구입한 경우에는 미지급금 계정을 사용한다.

03. ③ 일정기간 동안 기업의 경영성과에 대한 정보를 제공하는 재무보고서는 손익계산서로, 매출원가는 영업비용이고, 기부금은 영업외비용이다.

04. ④ 모두 옳다.

가. (차)	기계장치	100,000원(자산증가)	(대)	보통예금	100,000원(자산감소)
나. (차)	현금	100,000원(자산증가)	(대)	자본금	100,000원(자본증가)
다. (차)	보통예금	100,000원(자산증가)	(대)	차입금	100,000원(부채증가)
라. (차)	외상매입금	100,000원(부채감소)	(대)	현금	100,000원(자산감소)

05. ④ 잔액시산표 등식에 따라 기말자산과 총비용은 차변에 기말부채, 기초자본, 총수익은 대변에 잔액을 기재한다.

    잔액시산표
    안산㈜   2025.12.31.   단위: 원

차변	계정과목	대변
100,000	현금	
700,000	건물	
	외상매입금	90,000
	자본금	720,000
	이자수익	40,000
50,000	급여	
850,000		850,000

06. ① 결산 시 비용 계정과 수익 계정은 손익 계정으로 마감한다.

07. ② 회사가 판매를 위하여 보유하고 있는 자산은 재고자산(상품)이다.
    - 유형자산은 재화의 생산, 용역의 제공, 타인에 대한 임대 또는 자체적으로 사용할 목적으로 보유하는 물리적 형체가 있는 자산으로서, 1년을 초과하여 사용할 것이 예상되는 자산을 말한다.

08. ③ 5,700,000원
    = 기말자산 11,000,000원 – 기말자본 5,300,000원
    - 기초자본 : 기초자산 8,500,000원 – 기초부채 4,000,000원 = 4,500,000원
    - 기말자본 : 기초자본 4,500,000원 + 증자 – 감자 + 당기순이익 800,000원 – 배당 = 5,300,000원

09. ③ 매입할인은 재고자산의 취득원가에서 차감한다.

10. ② 95,000원
    = (감가상각 9,000원×내용연수 10년)+잔존가치 5,000원
11. ③ 기계장치는 비유동자산인 유형자산에 속한다.
12. ② 2,700,000원
    = 임대료 수령액 3,600,000원 - 차기분 임대료 900,000원
    - 수령시점 : (차) 현금   3,600,000원   (대) 임대료   3,600,000원
    - 기말결산 : (차) 임대료   900,000원   (대) 선수수익   900,000원
13. ① 급여 지급 시 종업원이 부담해야 할 소득세 등을 회사가 일시적으로 받아두는 경우 예수금 계정을 사용한다.
    - 회계처리 : (차) 급여   300,000원   (대) 예수금   10,000원
                                                    현금   290,000원
14. ④ 결산일 자본금 원장의 손익은 900,000원이며, 마감되는 차기이월액은 2,900,000원이다.
15. ①
    ① (차) 세금과공과   (대) 현금
    ② (차) 급여   (대) 예수금
                                    현금
    ③ (차) 차량운반구   (대) 현금
    ④ (차) 인출금(또는 자본금) (대) 현금

실무시험

[문제 1] 사업자 등록증 수정 및 입력 (6점)
[회사등록] > • 사업장주소 : 대전광역시 서구 둔산동 86 → 대전광역시 중구 대전천서로 7(옥계동)
         • 사업자등록번호 정정 : 350-22-28322 → 305-52-36547
         • 종목 정정 : 의류 → 문구 및 잡화

[문제 2] 전기분 재무상태표 수정 및 입력 (6점)
- 외상매출금 : 4,000,000원 → 40,000,000원
- 감가상각누계액(213) : 200,000원 → 2,000,000원
- 토지 : 추가 입력 274,791,290원

[문제 3] 거래처별 초기이월 및 거래처 등록 (6점)
[1] [거래처등록]>[일반거래처] 탭> • 유형 수정 : 매출→동시
                              • 종목 수정 : 전자제품 → 잡화
                              • 주소 수정 : 서울 마포구 마포대로 33(도화동)
                                         → 경기도 남양주시 진접읍 장현로 83
[2] [거래처별초기이월]> • 외상매출금> • 발해상사 10,000,000원 → 13,000,000원
                    • 외상매입금> • 신라상사 7,000,000원 → 17,000,000원
                                • 가야상사 5,000,000원 → 19,000,000원

[문제 4] 일반전표입력 (24점)
[1] 7월 9일   (차) 차량운반구   45,000,000원   (대) 당좌예금   45,000,000원
[2] 7월 10일 (차) 선급금(진영상사)   100,000원   (대) 보통예금   100,000원

[3] 7월 25일　(차)　외상매입금(광주상사)　900,000원　(대)　현금　891,000원
　　　　　　　　　　　　　　　　　　　　　　　　　　　　　매입할인(148)　9,000원
[4] 8월 25일　(차)　감가상각누계액(203)　2,500,000원　(대)　건물　30,000,000원
　　　　　　　　　보통예금　10,000,000원　　　　　유형자산처분이익　1,500,000원
　　　　　　　　　미수금(하나상사)　19,000,000원
[5] 10월 13일　(차)　받을어음(발해상사)　1,200,000원　(대)　상품매출　2,300,000원
　　　　　　　　　외상매출금(발해상사)　1,100,000원
[6] 10월 30일　(차)　복리후생비(판)　100,000원　(대)　현금　100,000원
　　　　　　　　　또는 출금전표　복리후생비(판)　100,000원
[7] 10월 31일　(차)　기업업무추진비(판)　200,000원　(대)　보통예금　200,000원
[8] 11월 10일　(차)　도서인쇄비(판)　30,000원　(대)　미지급금(현대카드)　30,000원
　　　　　　　　　　　　　　　　　　　　　　　　　　　　　(또는 미지급비용)

[문제 5] 일반전표입력 오류수정 (6점)

[1] 9월 8일
　• 수정 전 : (차)　단기차입금(신라상사)　25,000,000원　(대)　보통예금　25,000,000원
　• 수정 후 : (차)　외상매입금(조선상사)　25,000,000원　(대)　보통예금　25,000,000원
[2] 11월 21일
　• 수정 전 : (차)　접대비(판)　200,000원　(대)　현금　200,000원
　• 수정 후 : (차)　인출금　200,000원　(대)　현금　200,000원
　　　　　　　　(또는 자본금)
　　　　　　출금전표　　인출금 200,000원
　　　　　　　　(또는 자본금)

[문제 6] 결산정리분개 (12월 31일 일반전표에 입력) (12점)

[1] (차) 외화환산손실　1,500,000원　(대) 외상매입금(미국 ABC사)　1,500,000원
　• 외화환산손실 : (1,250원×$10,000) − 11,000,000원 = 1,500,000원
[2] (차) 현금　66,000원　(대) 잡이익　66,000원
　　또는 입금전표　잡이익　66,000원
[3] (차) 이자비용　125,000원　(대) 미지급비용　125,000원
[4] (차) 감가상각비(판)　1,450,000원　(대) 감가상각누계액(209)　1,200,000원
　　　　　　　　　　　　　　　　　　　　감가상각누계액(213)　250,000원

[문제 7] 장부를 조회하여 [이론문제 답안작성]란에 입력 (10점)

[1]　우리상사, 35,500,000원
　　• [거래처원장]>기간 : 1월 1일~6월 30일>계정과목 : 외상매출금(108)>조회 후 거래처별 잔액 비교
[2]　361,650원　= 1월 316,650원 + 2월 45,000원
　　• [총계정원장]>기간 : 1월 1일~3월 31일>계정과목 : 소모품비(830) 조회
[3]　72,880,000원　= 받을어음 73,400,000원 − 대손충당금 520,000원
　　• [재무상태표]>기간 : 6월>받을어음 73,400,000원에서 받을어음 대손충당금 520,000원 차감

제107회 기출 답안 (2023. 4)

이론시험

01	④	02	①	03	④	04	③	05	②
06	③	07	④	08	③	09	①	10	②
11	①	12	②	13	③	14	①	15	④

01. ④ 재산 증감의 변화가 없는 계약, 의사결정, 주문 등은 회계상 거래에 해당하지 않는다.
02. ① 거래의 8요소 중 자산의 증가는 차변에 기록하는 항목이다.
03. ④ 급여 지급 시 전월에 원천징수한 근로소득세는 예수금 계정으로 처리한다.
04. ③ 재무상태표상의 대변 항목은 부채와 자본으로, 선급금은 자산항목이다.
05. ② 1,800,000원
    = 현금 300,000원 + 보통예금 800,000원 + 외상매출금 200,000원 + 단기매매증권 500,000원
07. ④ 외상매출금
    - 정상적인 영업활동(일반적인 상거래)에서 발생한 판매대금의 미수액 : 외상매출금
    - 유형자산을 처분하고 대금을 미회수했을 경우 : 미수금
    - 수익 중 차기 이후에 속하는 금액이지만 그 대가를 미리 받은 경우 : 선수수익
08. ③ 4,000,000원 = 기초자본 1,000,000원 + 당기순이익 3,000,000원
    - 당기순이익 : 총수익 8,000,000원 − 총비용 5,000,000원 = 3,000,000원
09. ① 350,000,000원 = 매출총이익 172,000,000원 + 매출원가 178,000,000원
    - 매출원가 : 기초상품재고액 25,000,000원 + 당기총매입액 168,000,000원 −
      기말상품재고액 15,000,000원 = 178,000,000원
10. ② 받을어음에 대한 설명이다.
11. ① 6,000,000원 = 장부가액 7,000,000원 − 유형자산처분손실 1,000,000원
    - 장부가액 : 취득가액 16,000,000원 − 감가상각누계액 9,000,000원 = 7,000,000원
12. ② 일정 시점 현재 기업이 보유하고 있는 경제적 자원인 자산과 경제적 의무인 부채, 그리고 자본에 대한 정보를 제공하는 재무보고서는 재무상태표로, 임대료과 이자비용은 손익계산서 계정과목이다. 나머지 계정은 재무상태표 계정과목이다.
15. ④ 이자수익은 영업외수익에 해당한다.
    - 미수수익 : 자산
    - 경상개발비 : 판매비와관리비
    - 외환차손 : 영업외비용

실무시험

[문제 1] 사업자 등록증 수정 및 입력 (6점)

[회사등록] > [기본사항] 탭 > • 사업자등록번호 정정 : 107-35-25785 → 107-36-25785
　　　　　　　　　　　　　　• 과세유형 수정 : 2.간이과세 → 1.일반과세
　　　　　　　　　　　　　　• 업태 수정 : 제조 → 도소매

[문제 2] 전기분 재무상태표 수정 및 입력 (6점)

- 대손충당금(109) 추가 : 100,000원
- 감가상각누계액(213) 수정 : 6,000,000원 → 2,400,000원
- 외상매입금 수정 : 11,000,000원 → 8,000,000원

[문제 3] 거래처 등록 및 거래처별 초기이월 등록 (6점)

[1] 거래처 등록
[기초정보관리]>[거래처등록]>[금융기관] 탭> • 거래처코드 : 98005
• 거래처명 : 신한은행
• 유형 : 1.보통예금
• 계좌번호 : 110-081-834009
• 계좌개설일 : 2023-01-01
• 사업용 계좌 : 1.여

[2] 거래처별 초기이월
[전기분재무제표]>[거래처별초기이월]> • 받을어음>하우스컴 5,500,000원 추가 입력
• 지급어음>모두피씨 2,500,000원 → 4,000,000원 수정
하나로컴퓨터 6,500,000원 → 2,500,000원 수정

[문제 4] 일반전표입력 (24점)

[1] 7월 5일 (차) 보통예금 9,700,000원 (대) 단기차입금(세무은행) 10,000,000원
이자비용 300,000원
[2] 7월 7일 (차) 상 품 3,960,000원 (대) 외상매입금(대림전자) 3,960,000원
[3] 8월 3일 (차) 보통예금 15,000,000원 (대) 외상매출금(국제전자) 20,000,000원
받을어음(국제전자) 5,000,000원
[4] 8월 10일 (차) 기부금 1,000,000원 (대) 현금 1,000,000원
또는 출금전표 기부금 1,000,000원
[5] 9월 1일 (차) 기업업무추진비(판) 49,000원 (대) 현금 49,000원
또는 출금전표 기업업무추진비(판) 49,000원
[6] 9월 10일 (차) 예수금 150,000원 (대) 보통예금 300,000원
세금과공과(판) 150,000원
[7] 10월 11일 (차) 현금 960,000원 (대) 선수금(미래전산) 960,000원
또는 입금전표 선수금(미래전산) 960,000원
[8] 11월 25일 (차) 미지급금(비씨카드) 500,000원 (대) 보통예금 500,000원

[문제 5] 일반전표입력 오류수정 (6점)

[1] 7월 29일
• 수정 전 : (차) 수선비(판) 30,000,000원 (대) 보통예금 30,000,000원
• 수정 후 : (차) 건물 30,000,000원 (대) 보통예금 30,000,000원
[2] 11월 23일
• 수정 전 : (차) 비품 1,500,000원 (대) 보통예금 1,500,000원
• 수정 후 : (차) 인출금 1,500,000원 (대) 보통예금 1,500,000원
(또는 자본금)

[문제 6] 결산정리분개 (12월 31일 일반전표에 입력) (12점)

[1] (차) 소모품 30,000원 (대) 소모품비(판) 30,000원
[2] (차) 단기매매증권 100,000원 (대) 단기매매증권평가이익 100,000원
* 공정가치 주당 12,000 - 주당 취득단가 10,000 = 평가이익 2,000 * 50주=100,000원 평가이익

[3] (차) 선급비용　　　　　　　　　270,000원　　　(대) 보험료(판)　　　　　270,000원
　　• 당기분 보험료 : 360,000원×3/12 = 90,000원
　　• 차기분 보험료 : 360,000원×9/12 = 270,000원
[4] (차) 이자비용　　　　　　　　　600,000원　　　(대) 미지급비용　　　　600,000원

[문제 7] 장부를 조회하여 [이론문제 답안작성]란에 입력 (10점)

[1]　6,500,000원
　　• [총계정원장]>기간 : 1월 1일~6월 30일>계정과목 : 접대비(판)>합계금액 확인
[2]　550,000원　＝2023년 1월 5,050,000원－전기 말 4,500,000원
　　• [재무상태표]>기간 : 1월>미수금 금액 확인
[3]　거래처코드 : 00112(또는 112), 금액 : 36,500,000원
　　• [거래처원장]>기간 : 1월 1일~5월 31일>계정과목 : 외상매출금>거래처별 잔액 및 거래처코드 확인

제108회 기출 답안 (2023. 6)

이론시험

01	③	02	④	03	①	04	①	05	②
06	④	07	③	08	③	09	②	10	①
11	①	12	④	13	④	14	③	15	②

01. ③ 재무상태표는 일정시점의 재무상태를 나타내는 재무제표이다.
02. ④ 자산 항목과 비용 항목은 잔액이 차변에 발생하고, 부채 항목 및 자본 항목과 수익 항목의 잔액은 대변에 기록된다. 임대료는 수익 계정이므로 잔액이 대변에 발생한다.
03. ① 매출원가 34,000원　＝기초상품재고 10,000원＋당기순매입액 29,000원－기말상품재고 5,000원
　　• 당기순매입액 : 당기매입액 30,000원－매입에누리 1,000원 = 29,000원
04. ① 100,000원　　　　• 수익적지출은 감가상각대상금액이 아니다.

$$= 취득원가\ 1,000,000원 \times \frac{1년}{5년} \times \frac{6월}{12월}$$

05. ② 100,000원

$$= 600,000원 \times \frac{2월}{12월}$$

06. ④ 매입채무는 외상매입금과 지급어음의 통합계정이다.
07. ③
　　• 업무에 사용하기 위한 차량운반구는 유형자산으로 비유동자산에 해당한다.
　　• 당좌예금은 당좌자산으로 유동자산에 해당한다.
　　• 선수수익은 유동부채에 해당한다.
08. ③ 당좌차월은 단기차입금 계정과목이다.
10. ① 5,500,000원　＝외상매입금 3,000,000원＋선수수익 500,000원＋미지급비용 2,000,000원
11. ① 보고기간종료일로부터 1년 이내에 현금화 또는 실현될 것으로 예상되는 자산을 유동자산으로 분류한다.
12. ④ 9,000,000원
　　＝기초 외상매출금 3,000,000원＋당기 발생 외상매출금 7,000,000원－당기 회수 외상매출금 1,000,000원
13. ④ 개별법은 통상적으로 상호 교환될 수 없는 재고자산 항목의 원가를 계산할 때 사용한다.

14. ③ [일반기업회계기준 제2장 재무제표의 작성과 표시] 선수수익은 수익의 이연, 미수수익은 수익의 계상, 선급비용은 비용의 이연, 미지급비용은 비용의 계상에 해당한다.
15. ② 기말재고자산을 과대평가할 경우, 매출원가는 과소계상되고 당기순이익은 과대계상된다.
    • 매출원가 = 기초재고 + 당기매입 − 기말재고

실무시험

[문제 1] 사업자 등록증 수정 및 입력 (6점)

[회사등록]>[기본사항] 탭> • 업태 수정입력 : 제조 → 도소매
                      • 종목 수정입력 : 의약품 → 사무기기
                      • 사업장관할세무서 수정입력 : 621.금정 → 130.부천

[문제 2] 전기분 손익계산서 수정 및 입력 (6점)

• 접대비(기업업무추진비) 수정입력 : 800,000원 → 750,000원
• 819.임차료 1,200,000원 추가입력
• 951.이자비용 1,200,000원 추가입력

[문제 3] 계정과목 및 적요등록. 거래처별 초기이월 등록 (6점)

[1] [계정과목및적요등록]>812.여비교통비> • 적요NO. 3
        • 대체적요 : 직원의 국내출장비 예금 인출
[2] 거래처별 초기이월
    [전기재무제표]>[거래처별초기이월]> • 외상매입금 : 라라무역 2,320,000원 → 23,200,000원으로 수정입력
                                    • 외상매입금 : 양산상사 35,800,000원 추가입력
                                    • 단기차입금 : ㈜굿맨 36,000,000원 추가입력

[문제 4] 일반전표입력 (24점)

[1] 7월 15일   (차) 받을어음(태영상사)   800,000원   (대) 상품매출   4,000,000원
              외상매출금(태영상사) 3,200,000원
[2] 8월25일   (차) 보통예금   15,000,000원   (대) 장기차입금(큰손은행) 15,000,000원
[3] 9월 5일   (차) 통신비(판)   50,000원   (대) 미지급금(삼성카드)   90,000원
              수도광열비(판)   40,000원   (또는 미지급비용)
[4] 10월 5일 (차) 기업업무추진비(판)   300,000원   (대) 현금   300,000원
[5] 10월24일 (차) 토지   52,300,000원   (대) 현금   52,300,000원
[6] 11월 2일 (차) 대손충당금(109)   900,000원   (대) 외상매출금(온나라상사) 3,000,000원
              대손상각비   2,100,000원
[7] 11월30일 (차) 급여(판)   4,200,000원   (대) 예수금   635,010원
                                                         보통예금   3,564,990원
[8] 12월15일 (차) 외상매입금(대한상사) 7,000,000원   (대) 보통예금   5,000,000원
                                                         현금   2,000,000원

[문제 5] 일반전표입력 오류수정 (6점)

[1] 8월 20일
    • 수정 전 : (차) 현금   3,500,000원   (대) 선수금(두리)   3,500,000원
    • 수정 후 : (차) 선급금(두리)   3,500,000원   (대) 현금   3,500,000원
        또는 출금전표 선급금(두리) 3,500,000원

[2] 9월 16일
- 수정 전 : (차) 이자비용   4,000,000원   (대) 보통예금   4,000,000원
- 수정 후 : (차) 단기차입금(나라은행) 4,000,000원   (대) 보통예금   4,000,000원

[문제 6] 결산정리분개 (12월 31일 일반전표에 입력) (12점)

[1] (차) 이자비용   1,125,000원   (대) 미지급비용   1,125,000원

- 이자비용 : 30,000,000원 × 5% × $\frac{9개월}{12개월}$ = 1,125,000원

[2] (차) 미수수익   15,000원   (대) 이자수익   15,000원
[3] (차) 감가상각비(판)   1,700,000원   (대) 감가상각누계액(213)   1,700,000원
[4] (결차) 상품매출원가   187,920,000원   (결대) 상품   187,920,000원
- 매출원가 : 기초상품재고액 2,500,000원 + 당기상품매입액 191,920,000원 - 기말상품재고액 6,500,000원
  = 187,920,000원

[문제 7] 장부를 조회하여 [이론문제 답안작성]란에 입력 (10점)

[1] 30,000,000원
- 거래처원장>기간 : 2023년 4월 1일~2023년 6월 30일>계정과목 : 252.지급어음>수석상사 대변 합계액

[2] 86,562,000원
- 총계정원장(또는 계정별원장)>기간 : 2023년 1월 1일~2023년 6월 30일
  >계정과목 : 103.보통예금
  >차변 합계액 - 전기이월 35,000,000원

[3] 3월, 272,000원
- 총계정원장>기간 : 2023년 1월 1일~2023년 6월 30일>계정과목 : 813.접대비 조회

제109회 기출 답안 (2023. 8)

이론시험

01	④	02	④	03	②	04	③	05	②
06	②	07	①	08	③	09	①	10	①
11	①	12	④	13	②	14	④	15	③

01. ④ 교환거래에 해당하고 회계처리는 아래와 같다.
    (차) 단기차입금(부채의 감소) 1,000,000원   (대) 보통예금(자산의 감소) 3,000,000원
         장기차입금(부채의 감소) 2,000,000원
    - 혼합거래는 하나의 거래에서 교환거래와 손익거래가 동시에 발생하는 거래이다.
02. ④ 결산 시 대손상각 처리가 가능한 계정과목은 채권에 해당하는 계정과목이다. 단기차입금 계정은 채무에
    해당하는 계정과목이므로 대손처리가 불가능한 계정이다.
03. ② 당사 발행 당좌수표는 당좌예금 계정으로 처리한다.
04. ③ 순매입액 49,000원 = 당기매입액 50,000원 + 취득부대비용 2,000원 - 매입할인 3,000원
05. ② 자산의 증가, 부채의 감소, 비용의 발생 등은 차변항목이다.
06. ② 외상매출금이 대변에 기입되는 거래는 외상매출금을 현금이나 보통예금 등으로 회수한 때이다.
07. ① 기말재고자산이 과대계상되면 매출원가가 과소계상되고 당기순이익은 과대계상된다.

08. ③ 3,700,000원
    = 매출액 20,000,000원 - 매출원가 14,000,000원 - 급여 2,000,000원 - 복리후생비 300,000원
    ※ 이자비용과 유형자산처분손실은 영업외비용이므로 영업이익을 계산할 때 반영하지 않는다.
09. ① 200,000원   = 기말 매출채권 20,000,000원 × 1%
10. ① [일반기업 회계기준 문단 10.40] 유형자산의 감가상각방법에는 정액법, 체감잔액법(예를 들면, 정률법 등), 연수합계법, 생산량비례법 등이 있다.
11. ① 출장 여비교통비와 거래처 대표자의 결혼식 화환 구입비(접대비)가 판매비와관리비에 해당한다.
    • 지급이자 : 영업외비용
    • 유형자산처분이익 : 영업외수익
12. ④ 임의적립금은 이익잉여금에 해당한다.
13. ② 9,200,000원
    = 유동성장기부채 4,000,000원 + 미지급비용 1,400,000원 + 예수금 500,000원 + 외상매입금 3,300,000원
    • 선급비용은 당좌자산에 해당하고, 장기차입금은 비유동부채에 해당한다.
14. ④ 건설중인자산은 유형자산에 해당한다.
15. ③ 건물 내부의 조명기구를 교체하는 지출은 수선유지를 위한 수익적지출에 해당하며 이는 자본적지출에 해당하지 않으므로 발생한 기간의 비용으로 인식한다.

실무시험

[문제 1] 사업자 등록증 수정 및 입력 (6점)
[회사등록] > [기본사항] 탭 >
• 사업자등록번호 : 646-40-01031 → 646-04-01031
• 종목 : 식료품 → 신발
• 사업장관할세무서 : 508.안동 → 212.강동

[문제 2] 전기분 손익계산서 수정 (6점)
• 여비교통비 500,000원 → 600,000원으로 수정
• 광고선전비 600,000원 → 700,000원으로 수정
• 기부금 600,000원 → 이자비용 600,000원으로 수정

[문제 3] 계정과목 및 적요등록. 거래처별 초기이월 등록 (6점)
[1] [계정과목및적요등록] > 판매비및일반관리비 > 접대비(판) > 현금적요 No.5 : 거래처 명절선물 대금 지급
[2] 거래처별 초기이월
    [거래처별초기이월] > • 외상매출금 > • ㈜사이버나라 20,000,000원 → 45,000,000원으로 수정
                        • 단기대여금 > • ㈜해일 20,000,000원 → 10,000,000원으로 수정
                                      • 부림상사 30,000,000원 → 3,000,000원으로 수정

[문제 4] 일반전표입력 (24점)

[1] 8월 1일   (차) 단기매매증권   2,000,000원   (대) 보통예금   2,012,000원
              수수료비용(984)   12,000원

[2] 9월 2일   (차) 상품   9,600,000원   (대) 외상매출금(푸름상회) 5,000,000원
                                                    외상매입금(푸름상회) 4,600,000원

[3] 10월 5일 (차) 비품   550,000원   (대) 현금   550,000원

[4] 10월 20일 (차) 예수금   220,000원   (대) 보통예금   440,000원
              복리후생비(판)   220,000원

[5] 11월 1일	(차)	광고선전비(판)	990,000원	(대)	당좌예금	990,000원
[6] 11월30일	(차)	보통예금	10,500,000원	(대)	정기예금	10,000,000원
					이자수익	500,000원
[7] 12월 5일	(차)	수선비(판)	330,000원	(대)	미지급금(하나카드)	330,000원
					(또는 미지급비용)	
[8] 12월15일	(차)	선급금(에스파파상사)	1,000,000원	(대)	보통예금	1,000,000원

[문제 5] 일반전표입력 오류수정 (6점)

[1] 10월 27일
- 수정 전 : (차) 보통예금 10,000,000원 (대) 자본금 10,000,000원
- 수정 후 : (차) 보통예금 10,000,000원 (대) 단기차입금(좋은은행) 10,000,000원

[2] 11월 16일
- 수정 전 : (차) 잡비(기업업무추진비)(판) 198,000원 (대) 보통예금 198,000원
- 수정 후 : (차) 상품 198,000원 (대) 보통예금 198,000원

[문제 6] 결산정리분개 (12월 31일 일반전표에 입력) (12점)

[1] (차) 소모품비(판) 550,000원 (대) 소모품 550,000원
[2] (차) 선급비용 600,000원 (대) 보험료(판) 600,000원
  • 선급비용 : 1,200,000원×6개월/12개월=600,000원
[3] (차) 현금과부족 50,000원 (대) 잡이익 50,000원
[4] (차) 대손상각비(판) 1,748,200원 (대) 대손충당금(109) 1,281,200원
                                         대손충당금(111) 467,000원
  • 대손충당금(109) : 외상매출금 128,120,000원×1% = 1,281,200원
  • 대손충당금(111) : 받을어음 46,700,000원×1% = 467,000원

[문제 7] 장부를 조회하여 [이론문제 답안작성]란에 입력 (10점)

[1] 4월, 24,150,000원 • [총계정원장]>기간 : 1월 1일~6월 30일>계정과목 : 101.현금 조회
[2] 158,800,000원 • [재무상태표]>기간 : 6월>유동부채 잔액 확인
[3] 1,320,000원 = 2월 1,825,000원 - 6월 505,000원
  • [총계정원장]>기간 : 1월 1일~6월 30일>계정과목 : 811.복리후생비 조회

제110회 기출 답안 (2023. 10)

이론시험

01	③	02	②	03	①	04	②	05	①
06	④	07	①	08	②	09	②	10	③
11	③	12	④	13	③	14	①	15	④

01. ③ (차) 이자비용(비용의 발생)   80,000원   (대) 현금(자산의 감소)   80,000원
    ① (차) 현금(자산의증가)   500,000원   (대) 임대료수익(수익의발생)   500,000원
    ② (차) 상품(자산의증가)   400,000원   (대) 외상매입금(부채의발생)   400,000원
    ④ (차) 토지(자산의증가)   80,000,000원   (대) 보통예금(자산의감소) 80,000,000원

02. ② 선급비용은 유동자산에 해당한다.

03. ① 단기매매증권 취득 시 발생한 수수료는 별도의 비용으로 처리하고, 차량운반구 취득 시 발생한 취득세는 차량운반구의 원가에 포함한다.

04. ② 기초잔액이 대변에 기록되는 항목은 부채 또는 자본 항목이다. 보기 중 외상매입금만 부채 항목이다.
    • 자산 : 받을어음, 미수금
    • 비용 : 광고선전비

05. ① 재산세는 유형자산의 보유기간 중 발생하는 지출로써 취득원가를 구성하지 않고 지출 즉시 비용으로 처리한다.

06. ④ 당좌차월은 단기차입금으로 유동부채에 해당한다. 당좌차월, 단기차입금 및 유동성장기차입금 등은 보고기간 종료일로부터 1년 이내에 결제되어야 하므로 영업주기와 관계없이 유동부채로 분류한다.
    또한 비유동부채 중 보고기간 종료일로부터 1년 이내에 자원의 유출이 예상되는 부분은 유동부채로 분류한다.

07. ① 인출금 계정은 개인기업의 사업주가 개인적 용도로 지출한 금액을 처리하는 임시계정으로 결산기일에 자본금 계정으로 대체하여 마감한다.

08. ② 선급비용은 자산에 해당하므로 재무상태표상 계정과목에 해당한다.

09. ② 미지급비용이란 당기의 수익에 대응되는 비용으로서 아직 지급되지 않은 비용을 말한다.

10. ③ 330,000원 = 수정 전 당기순이익 300,000원 + 차기분 보험료 30,000원
    (차) 선급보험료(자산증가)   30,000원   (대) 보험료(비용감소)   30,000원

11. ③ 4,000원 = 10년 만기 은행 차입금 이자 3,000원 + 사랑의열매 기부금 1,000원

12. ④ 기타의대손상각비는 영업외비용에 해당한다.

13. ③ 전기란 분개장의 거래 기록을 해당 계정의 원장에 옮겨 적는 것을 말한다.

14. ①
    • 재무상태표 : 일정 시점 현재 기업의 재무상태(자산, 부채, 자본)를 나타내는 보고서
    • 손익계산서 : 일정 기간 동안의 기업의 경영성과(수익, 비용)를 나타내는 보고서
    • 거래의 이중성 : 회계상 거래를 장부에 기록할 때 거래내용을 차변 요소와 대변 요소로 구분하여 각각 기록해야 한다는 것
    • 대차평균의 원리 : 거래의 이중성에 따라 기록된 모든 회계상 거래는 차변과 대변의 금액이 항상 일치해야 한다는 것

15. ④ [일반기업회계기준 문단 10.40] 연수합계법은 유형자산의 감가상각방법의 종류이다. 재고자산의 원가결정 방법으로는 개별법, 선입선출법, 후입선출법, 이동평균법, 총평균법이 있다.

실무시험

[문제 1] 사업자 등록증 수정 및 입력 (6점)

[회사등록]>[기본사항] 탭> • 종목 : 문구및잡화 → 전자제품
　　　　　　　　　　　　　• 개업연월일 : 2010-01-05 → 2010-09-14
　　　　　　　　　　　　　• 사업장관할세무서 : 145.관악 → 305.대전

[문제 2] 전기분 손익계산서 수정 (6점)

- 급여(801) : 20,000,000원 → 24,000,000원
- 복리후생비(811) : 1,500,000원 → 1,100,000원
- 잡이익(930) 3,000,000원 삭제 → 임대료(904) 3,000,000원 추가입력

[문제 3] 거래처 등록 및 거래처별 초기이월 등록 (6점)

[1]　[거래처등록]>[금융기관] 탭> • 거래처코드 : 98006
　　　　　　　　　　　　　　　　• 거래처명 : 한경은행
　　　　　　　　　　　　　　　　• 유형 : 1.보통예금
　　　　　　　　　　　　　　　　• 계좌번호 : 1203-4562-49735
　　　　　　　　　　　　　　　　• 사업용 계좌 : 1.여

[2]　거래처별 초기이월
　　　[거래처별초기이월]> • 외상매출금> • 믿음전자 : 15,000,000원 → 20,000,000원
　　　　　　　　　　　　　　　　　　　• 리트상사 5,000,000원 삭제 → ㈜형제 5,000,000원 추가입력
　　　　　　　　　　　　• 외상매입금> • 중소상사 : 1,000,000원 → 12,000,000원

[문제 4] 일반전표입력 (24점)

[1] 7월 16일　(차) 보통예금　　　　　　600,000원　　(대) 선수금(우와상사)　　　600,000원
[2] 8월 4일　(차) 비품　　　　　　15,000,000원　　(대) 미지급금(BC카드)　15,000,000원
[3] 8월 25일　(차) 세금과공과(판)　　　120,000원　　(대) 현금　　　　　　　　　120,000원
　　　　　　　또는 출금전표　세금과공과(판) 120,000원
[4] 9월 6일　(차) 당좌예금　　　　　1,764,000원　　(대) 외상매출금(수분상사)　1,800,000원
　　　　　　　　　　매출할인(403)　　　 36,000원

[5] 9월 20일　(차) 복리후생비(판)　　　200,000원　　(대) 현금　　　　　　　　　200,000원
　　　　　　　또는 출금전표　복리후생비(판) 200,000원
[6] 10월 5일　(차) 광고선전비(판)　　　500,000원　　(대) 미지급금(삼성카드)　　 500,000원
　　　　　　　　　　　　　　　　　　　　　　　　　　　　(또는 미지급비용)
[7] 10월13일　(차) 기부금　　　　　　　500,000원　　(대) 현금　　　　　　　　　500,000원
　　　　　　　또는 출금전표　기부금 500,000원
[8] 11월 1일　(차) 예수금　　　　　　　190,000원　　(대) 보통예금　　　　　　　380,000원
　　　　　　　　　　복리후생비(판)　　 190,000원

[문제 5] 일반전표입력 오류수정 (6점)

[1] 8월 16일
- 수정 전 : (차) 운반비 50,000원 (대) 현금 50,000원
- 수정 후 : (차) 상품 50,000원 (대) 현금 50,000원
  또는 출금전표 상품 50,000원

[2] 9월 30일
- 수정 전 : (차) 장기차입금(농협은행) 11,000,000원 (대) 보통예금 11,000,000원
- 수정 후 : (차) 장기차입금(농협은행) 10,000,000원 (대) 보통예금 11,000,000원
  이자비용 1,000,000원

[문제 6] 결산정리분개 (12월 31일 일반전표에 입력) (12점)

[1] (차) 소모품비(판) 70,000원 (대) 소모품 70,000원
[2] (차) 가수금 200,000원 (대) 외상매출금(강원상사) 200,000원
[3] (차) 현금과부족 100,000원 (대) 잡이익 100,000원
[4] (차) 감가상각비 1,100,000원 (대) 감가상각누계액(209) 600,000원
  감가상각누계액(213) 500,000원

[문제 7] 장부를 조회하여 [이론문제 답안작성]란에 입력 (10점)

[1] 드림상사, 4,200,000원
- [거래처원장]>기간 : 2023년 01월 01일~2023년 06월 30일>계정과목 : 108.외상매출금

[2] 2,524,000원
- [총계정원장]>[월별] 탭>기간 : 2023년 01월 01일~2023년 06월 30일>계정과목 : 811.복리후생비

[3] 16,000,000원 = 차량운반구 22,000,000원 − 차량운반구 감가상각누계액 6,000,000원
- [재무상태표]>기간 : 2023년 06월

제111회 기출 답안 (2023. 12)

이론시험

01	④	02	①	03	②	04	④	05	③
06	③	07	②	08	④	09	②	10	④
11	①	12	③	13	③	14	①	15	②

01. ④ 단식부기에 대한 설명이다.
02. ① [일반기업회계기준 문단 10.4] '유형자산'은 재화의 생산, 용역의 제공, 타인에 대한 임대 또는 자체적으로 사용할 목적으로 보유하는 물리적 형체가 있는 자산으로서, 1년을 초과하여 사용할 것이 예상되는 자산을 말한다.
03. ② 3개월
- [일반기업회계기준 문단 2.35] 현금및현금성자산은 통화 및 타인발행수표 등 통화대용증권과 당좌예금, 보통예금 및 큰 거래비용 없이 현금으로 전환이 용이하고 이자율 변동에 따른 가치변동의 위험이 경미한 금융상품으로서 취득 당시 만기일(또는 상환일)이 3개월 이내인 것.

04. ④ 단식회계 : 일정한 원칙이 없이 작성하는 회계
- 복식회계 : 일정한 원칙에 따라 재화의 증감과 손익을 계상하는 회계
- 영리회계 : 영리를 목적으로 손익을 계상하는 회계
- 재무회계 : 기업 외부의 이해관계자들에게 유용한 정보를 제공하기 위한 회계
05. ③ 판매하여 수익을 인식한 기간에 매출원가(비용)로 인식한다.
07. ② 접대비(기업업무추진비) :
- 회계처리 :   (차) 접대비(기업업무추진비) 22,000원   (대) 현금   22,000원
- 기부금 : 사회단체나 종교단체 등에 납부한 성금 등(업무와 관련 없이 지출)
- 복리후생비 : 종업원의 복리후생을 위하여 지출하는 비용
- 세금과공과 : 재산세, 자동차세, 면허세, 상공회의소회비, 적십자회비, 기타 등
08. ④ 기말재고자산 금액이 증가하면 매출원가가 감소하고, 매출총이익은 증가한다.
- 매출원가 = 기초재고액 + 당기 매입액 − 기말재고액
- 매출총이익 = 순매출액 − 매출원가

구분	매출원가	매출총이익
기말재고 감소	증가	감소
기말재고 증가	감소	증가

09. ② 2개, 보험료, 세금과공과
- 자산항목 : 미수금, 선급비용
- 부채항목 : 미지급비용
- 영업외비용 : 이자비용, 기부금
10. ④ 기초자본금 820,000원 + 당기순이익 10,000원 = 기말자본금 830,000원
- 기말자본금 : 유동자산(현금) 220,000원 + 비유동자산(건물) 700,000원 −
    부채(외상매입금) 90,000원 = 830,000원
- 당기순이익 : 기말자본금 830,000원 − 기초자본금 820,000원 = 10,000원
11. ① (차) 차량운반구   1,000,000원(자산 증가)   (대) 현금   1,000,000원(자산 감소)
   ② (차) 임차료   1,000,000원(비용 발생)   (대) 현금   1,000,000원(자산 감소)
   ③ (차) 현금   1,000,000원(자산 증가)   (대) 이자수익   1,000,000원(수익 발생)
   ④ (차) 상품   1,000,000원(자산 증가)   (대) 외상매입금   1,000,000원(부채 증가)
12. ③ 자본적지출에 해당한다.
- ①, ②, ④은 수익적지출에 해당한다.
- [일반기업회계기준 문단 10.14] 유형자산의 취득 또는 완성 후의 지출이 문단 10.5의 인식기준을 충족하는 경우(예 : 생산능력 증대, 내용연수 연장, 상당한 원가절감 또는 품질향상을 가져오는 경우)에는 자본적 지출로 처리하고, 그렇지 않은 경우(예 : 수선유지를 위한 지출)에는 발생한 기간의 비용으로 인식한다.
13. ③ 개인기업의 대표자 소득세 납부는 인출금으로, 사옥 건물에 대한 재산세는 세금과공과로 처리한다.
14. ① 50,000원   = 지급어음 20,000원 + 외상매입금 30,000원
15. ② 180,000원
- 기말자본 : 기초자본(?) + 총수익 100,000원 − 총비용 80,000원 = 200,000원
- 기초자본 : 기말자본 200,000원 − 총수익 100,000원 + 총비용 80,000원

실무시험

[문제 1] 사업자 등록증 수정 및 입력 (6점)

[회사등록]>[기본사항] 탭>
- 대표자명 수정 : 이기호 → 박연원
- 업태 수정 : 제조 → 도소매
- 개업연월일 수정 : 2017.08.02. → 2012.02.02.

[문제 2] 전기분 재무상태표 수정 (6점)
- 미수금 600,000원 추가입력
- 지급어음 810,000원 → 8,100,000원으로 수정
- 단기차입금 500,000원 → 5,000,000원으로 수정

[문제 3] 거래처별 초기이월 및 계정과목 적요등록 (6점)

[1] [거래처별초기이월]> • 외상매입금> • 고래전자 10,000,000원→12,000,000원으로 수정
　　　　　　　　　　　　　　• 석류상사 27,000,000원 추가입력
　　　　　　　　　　　• 미지급금> • 앨리스상사 2,500,000원→25,000,000원으로 수정
[2] [계정과목및적요등록]>103.보통예금>현금적요No.5 : 미수금 보통예금 입금

[문제 4] 일반전표입력 (24점)

[1] 7월 13일	(차) 보통예금	2,000,000원	(대) 대손충당금(109)	2,000,000원
[2] 8월 1일	(차) 외상매입금(남선)	2,000,000원	(대) 받을어음(오름)	2,000,000원
[3] 8월 31일	(차) 임차보증금(온천)	20,000,000원	(대) 보통예금	20,000,000원
[4] 9월 2일	(차) 인출금	1,500,000원	(대) 미지급금(삼성카드)	1,500,000원
	또는 자본금			
[5] 9월 16일	(차) 현금	9,000,000원	(대) 차량운반구	10,000,000원
	감가상각누계액(209)	2,000,000원	유형자산처분이익	1,000,000원
[6] 9월 30일	(차) 보통예금	10,000,000원	(대) 장기차입금(우리은행)	10,000,000원
[7] 10월 2일	(차) 상품	2,200,000원	(대) 외상매입금(포스코상사)	2,000,000원
			현금	200,000원
[8] 10월29일	(차) 선급금(효은상사)	1,000,000원	(대) 보통예금	1,000,000원

[문제 5] 일반전표입력 오류수정 (6점)

[1] 10월 5일
- 수정 전 : (차) 수선비(판) 1,300,000원 (대) 현금 1,300,000원
- 수정 후 : (차) 건물 13,000,000원 (대) 현금 13,000,000원
　또는 출금전표　건물　13,000,000원

[2] 10월 13일
- 수정 전 : (차) 복리후생비(판) 400,000원 (대) 미지급금(삼성카드) 400,000원
- 수정 후 : (차) 접대비(기업업무추진비)(판) 400,000원 (대) 미지급금(삼성카드) 400,000원

[문제 6] 결산정리분개 (12월 31일 일반전표에 입력) (12점)

[1] (차) 미수수익 1,500,000원 (대) 이자수익 1,500,000원
[2] (차) 선급비용 120,000원 (대) 보험료(판) 120,000원

[3] (차) 단기매매증권　　　　　　　　100,000원　　　(대) 단기매매증권평가이익　　　100,000원
　　• 단기매매증권평가이익 : (기말공정가치 1,600원 - 취득원가 1,500원)×1,000주 = 100,000원
[4] (차) 대손상각비　　　　　　　　　563,500원　　　(대) 대손충당금(외상매출금)　　323,500원
　　　　　　　　　　　　　　　　　　　　　　　　　　　대손충당금(받을어음)　　　240,000원
　　• 외상매출금 : 322,350,000원×1% - 2,900,000원 = 323,500원
　　• 받을어음 : 28,300,000원×1% - 43,000원 = 240,000원

[문제 7] 장부를 조회하여 [이론문제 답안작성]란에 입력 (10점)

[1] 3건 또는 4건
　　• [계정별원장]>기간 : 03월 01일~03월 31일>계정과목 : 108.외상매출금 조회>차변 건수 확인
　　• 또는 [계정별원장]>기간 : 03월 01일~03월 31일>계정과목 : 108.외상매출금 조회>차변 건수 확인
　　　　　　　　　　　　　　　　　　　　>계정과목 : 110.받을어음 조회>차변 건수 확인
[2] 5,200,000원
　　• [거래처원장]>기간 : 01월 01일~06월 30일>계정과목 : 131.선급금
　　　　　　　　　>거래처 : 1010.자담상사>잔액 확인
[3] 23,400,000원　　= 5월 입금액 44,000,000원 - 2월 출금액 20,600,000원
　　• [총계정원장]>기간 : 01월 01일~06월 30일>계정과목 : 101.현금 조회
　　• 월별 입금액 및 월별 출금액 확인 : 입금액 5월 44,000,000원 - 출금액 2월 20,600,000원

제112회 기출 답안 (2024. 2)

이론시험

01	②	02	③	03	①	04	①	05	④
06	②	07	③	08	④	09	①	10	③
11	①	12	②	13	③	14	④	15	②

01. ② 손익계산서의 총비용과 총수익을 비교하여 당기순손익을 구하는 방법은 손익법이며, 재산법은 기초자본과 기말자본을 비교하여 당기순이익을 계산하는 방법이다.
02. ③ 210,000원　= 기초 외상매입금 60,000원 + 당기 외상매입액 300,000원 - 매입환출 30,000원
　　　　　　　　　- 기말 외상매입금 120,000원

외상매입금			
매입환출	30,000원	기초액	60,000원
지급액	210,000원	외상매입액	300,000원
기말액	120,000원		
	360,000원		360,000원

03. ① 이자비용은 영업외비용에 속한다.
04. ① 유형자산의 처분은 결산 수정분개의 대상 항목이 아니다.
05. ④ 본사 건물 임차보증금은 유형자산에 속하지 않는 기타비유동자산이다.
06. ② 당좌자산
　　• 유동성이 높은 순서는 당좌자산>재고자산>유형자산>기타비유동자산 순이다.

07. ③ 300,000원
    = 처분가액 1,900,000원 − 장부가액 1,600,000원
    • 처분가액 : 매도금액 2,000,000원 − 매각 수수료 100,000원 = 1,900,000원
08. ④ 선급금은 당좌자산이다.
09. ① 매출채권(외상매출금, 받을어음)에 대해서 대손충당금 설정이 가능하다.
    • 지급어음, 미지급금, 선수금은 모두 부채 항목이다.
10. ③ 200,000원
    = 순매출액 800,000원 − 매출원가 600,000원
    • 손익계정의 매입은 매출원가를 의미하며, 매출은 순매출액을 의미한다.
11. ① 재무제표는 재무상태표, 손익계산서, 현금흐름표, 자본변동표로 구성되며, 주석을 포함한다.
12. ② 500,000원
    = 자산 1,100,000원 − 부채 600,000원
    • 자산 : 현금 100,000원 + 상품 1,000,000원 = 1,100,000원
    • 부채 : 선수금 300,000원 + 외상매입금 200,000원 + 단기차입금 100,000원 = 600,000원
13. ③ 자본적 지출액은 취득원가에 가산되며 감가상각을 통해 비용으로 처리된다.
14. ④ (차) 보통예금(자산의 증가) 300,000원   (대) 이자수익(수익의 발생) 300,000원
15. ② 전기이월 잔액이 대변에 표시되는 계정은 부채 또는 자본이다. 보기 항목 중 미지급금(부채)만이 적합하다.
    미수금, 선급금, 외상매출금은 모두 자산계정이다.

실무시험

[문제 1] 사업자 등록증 수정 및 입력 (6점)
[기초정보관리]>[회사등록]> • 사업자등록번호 : 350-52-35647 → 305-52-36547
              • 사업장주소 : 부산광역시 해운대구 중동 777 → 대전광역시 중구 대전천서로 7(옥계동)
              • 종목 : 신발 의류 잡화 → 문구 및 잡화

[문제 2] 전기분 손익계산서 수정 (6점)
• 401.상품매출>227,000,000원 → 237,000,000원
• 812.여비교통비 → 0811.복리후생비
• 970.유형자산처분손실 12,000,000원 추가 입력

[문제 3] 거래처별 초기이월 및 거래처등록 (6점)
[1] [거래처별초기이월]> • 받을어음 : 아진상사 2,000,000원 → 5,000,000원
             • 외상매입금 : 대영상사 15,000,000원 → 20,000,000원
             • 예수금 : 대전세무서 300,000원 추가 입력

[2] [기초정보관리]>[거래처등록]>[신용카드] 탭> • 거래처코드 : 99603
                      • 거래처명 : BC카드
                      • 유형 : 2.매입
                      • 카드번호 : 1234-5678-1001-2348
                      • 카드종류 : 3.사업용카드

[문제 4] 일반전표입력 (24점)

[1] 08월 09일 (차) 선급금(㈜모닝) 200,000원 (대) 현금 200,000원
　　　　　　또는 출금전표 선급금(㈜모닝) 200,000원

[2] 08월 20일 (차) 차량운반구 7,300,000원 (대) 미지급금(삼성카드) 7,000,000원
　　　　　　　　　　　　　　　　　　　　　　　　보통예금 300,000원

[3] 09월 25일 (차) 급여(판) 3,700,000원 (대) 예수금 512,760원
　　　　　　　　　　　　　　　　　　　　　　　　보통예금 3,187,240원

[4] 10월 02일 (차) 기업업무추진비(판) 2,000,000원 (대) 미지급금(삼성카드) 3,000,000원
　　　　　　　복리후생비(판) 1,000,000원 (또는 미지급비용)

[5] 11월 17일 (차) 당좌예금 12,000,000원 (대) 상품매출 35,000,000원
　　　　　　　받을어음(㈜새로운) 23,000,000원

[6] 12월 01일 (차) 건　　　물 15,000,000원 (대) 보통예금 15,000,000원

[7] 12월 27일 (차) 수수료비용(판) 300,000원 (대) 현　　　금 300,000원
　　　　　　또는 출금전표 수수료비용(판) 300,000원

[8] 12월 29일 (차) 현　　　금 30,000원 (대) 현금과부족 30,000원
　　　　　　또는 입금전표 현금과부족 30,000원

[문제 5] 일반전표입력 오류수정 (6점)

[1] 07월 10일
　　• 수정 전 : (차) 보통예금 200,000원 (대) 외상매출금(하진상사) 200,000원
　　• 수정 후 : (차) 보통예금 200,000원 (대) 선수금(하진상사) 200,000원

[2] 11월 25일
　　• 수정 전 : (차) 세금과공과 200,000원원 (대) 현금 200,000원
　　• 수정 후 : (차) 인출금(또는자본금) 200,000원 (대) 현금 200,000원
　　　　　또는 출금전표 인출금(또는자본금) 200,000원

[문제 6] 결산정리분개 (12월 31일 일반전표에 입력) (12점)

[1] (차) 임차료(판) 500,000원 (대) 미지급비용 500,000원
[2] (차) 미수수익 300,000원 (대) 이자수익 300,000원
[3] (차) 보통예금 800,000원 (대) 단기차입금(기업은행) 800,000원
[4] (차) 감가상각비 5,500,000원 (대) 감가상각누계액(비품) 5,500,000원
　　• 2023년 12월 31일 : 55,000,000원×0.1 = 5,500,000원

[문제 7] 장부를 조회하여 [이론문제 답안작성]란에 입력 (10점)

[1] [3점] 2월
　　• [현금출납장]>기간 : 2023년 1월 1일~2023년 5월 31일>1월　8,364,140원
　　　　　　　　　　　2월　36,298,400원　　　3월　7,005,730원
　　　　　　　　　　　4월　7,248,400원　　　5월　14,449,010원

[2] [3점] 12,000,000원
　　• [일(월)계표]>[월계표] 탭>조회기간 : 2023년 01월~2023년 06월 조회
　　　　>6.판매비및일반관리비>급여 차변 현금액

[3] [4점] 5,000,000원
- [계정별원장]>[계정별] 탭>기간 : 2023년 6월 1일~2023년 6월 30일>계정과목 : 0110.받을어음 조회

제113회 기출 답안 (2024. 4)

이론시험

01	④	02	①	03	②	04	③	05	②
06	①	07	②	08	④	09	③	10	①
11	②	12	④	13	①	14	③	15	④

01. ④ (차) 통신비   50,000원(비용의 발생)   (대) 보통예금   50,000원(자산의 감소)
02. ① 대변에 잔액이 남는 계정은 부채계정, 자본계정, 수익계정이다.
03. ② 기말상품재고액이 과대계상이므로 매출원가는 과소 계상된다.
    - 매출원가 = 기초상품재고액 + 당기상품순매입액 – 기말상품재고액
    - 기말상품재고액은 차기이월 상품이므로 재고자산은 과대계상 된다.
    - 매출원가가 과소계상이면 매출총이익(매출액 – 매출원가)은 과대계상 된다.
    - 매출총이익이 과대이므로 당기순이익도 과대계상된다.
04. ③ 단기대여금은 유동자산 중 당좌자산에 해당한다.
    - 유동성배열법에 의하여 재무상태표를 작성할 경우, 유동성이 높은 자산부터 나열하므로 비유동자산인 영업권(무형자산), 장기대여금(투자자산), 건물(유형자산)은 유동자산(당좌자산)인 단기대여금보다 아래에 나타난다.
05. ② 유형자산 중 토지와 건설중인자산을 제외한 모든 유형자산은 감가상각을 해야 한다.
06. ① 1,000,000원
    = 자산 1,400,000원 – 부채 400,000원
    - 자산 : 현금300,000원 + 대여금100,000원 + 선급금200,000원 + 재고자산800,000원 = 1,400,000원
    - 부채 : 매입채무 100,000원 + 사채 300,000원 = 400,000원

    재무상태표

    | 현   금 | 300,000 | 매 입 채 무 | 100,000 |
    | 대 여 금 | 100,000 | 사   채 | 300,000 |
    | 선 급 금 | 200,000 | 자 본 금 | 1,000,000 |
    | 재 고 자 산 | 800,000 | | |
    | | 1,400,000 | | 1,400,000 |

07. ② 일정 시점의 기업이 보유하고 있는 자산, 부채, 자본에 대한 정보를 제공하는 재무보고서는 재무상태표이다. 보기 중 매출원가, 이자비용, 급여는 일정 기간 동안의 기업 경영 성과에 대한 정보를 제공하는 손익계산서를 구성하는 계정과목이다.
08. ④ 우표는 비용에 해당하며, 통신비 계정으로 처리한다.
09. ③ 10,000원
    = 기말 매출채권 1,000,000원 × 1%
    - 기말 매출채권 : 기초 매출채권 500,000원 + 당기 매출액 2,000,000원 – 당기 회수액 1,500,000원
    = 1,000,000원
10. ① 100,000원
    = 선수금 70,000원 + 선수수익 30,000원
    - 선수금과 선수수익이 부채계정에 해당하고 그 외 계정은 자산계정에 해당한다.

11. ② 거래 발생 → 분개 → 전기 → 수정 전 시산표 작성 → 결산 정리 분개 → 수정 후 시산표 작성
    → 각종 장부 마감 → 결산보고서 작성
12. ④ 매입부대비용은 재고자산 취득원가에 가산하는 계정으로 차감하는 계정이 아니다.
13. ① 보험료는 판매비와관리비로 영업외비용에 해당하지 않는다.
14. ③ 후입선출법에 대한 설명이다.
15. ④ 1,040,000원
    = 토지 1,000,000원 + 취득세 40,000원
    • 무상으로 취득한 자산의 취득가액은 공정가치로 하며, 취득 과정에서 발생한 취득세, 수수료 등은 취득원가에 가산한다.

실무시험

[문제 1] 사업자 등록증 수정 및 입력 (6점)
[회사등록] > • 대표자명 : 최연제→정성찬 수정
            • 종목 : 스포츠 용품→문구 및 잡화 수정
            • 개업연월일 : 2018-07-14→2018-04-08 수정

[문제 2] 전기분 손익계산서 수정 (6점)
• 급여 10,000,000원 → 20,000,000원으로 수정
• 임차료 2,100,000원 → 2,300,000원으로 수정
• 통신비 400,000원 → 운반비 400,000원으로 수정

[문제 3] 적요등록 및 거래처별 초기이월 등록 (6점)
[1] [계정과목및적요등록] > 146.상품 > 현금적요 > • 적요No : 3   • 적요 : 수출용 상품 매입
[2] [거래처별 초기이월] > • 외상매입금 > 동오상사 10,000,000원 추가 입력
                      • 지급어음 > 디오상사 3,000,000원 → 3,500,000원으로 수정
                                 • 망도상사 3,000,000원 추가 입력

[문제 4] 일반전표입력 (24점)
[1] 08월 10일 (차) 현금   2,400,000원   (대) 외상매출금(수민상회) 2,400,000원
            또는 입금전표 외상매출금(수민상회)   2,400,000원

[2] 08월 25일 (차) 기업업무추진비(판)   200,000원   (대) 현금   200,000원
            또는 출금전표 기업업무추진비(판)   200,000원

[3] 09월 02일 (차) 예수금   100,000원   (대) 보통예금   220,000원
                 복리후생비(판)   120,000원

[4] 09월 20일 (차) 세금과공과(판)   500,000원   (대) 현금   500,000원
            출금전표 세금과공과(판)   500,000원

[5] 09월 25일 (차) 지급어음(가은상사)   3,500,000원   (대) 보통예금   3,500,000원

[6] 10월 05일 (차) 현금   4,000,000원   (대) 상품매출   10,000,000원
                 외상매출금(한능협)   6,000,000원

[7] 10월 20일 (차) 수도광열비(판)   30,000원   (대) 미지급금(삼성카드)   130,000원
                 소모품비(판)   100,000원   (또는 미지급비용)

[8] 11월 10일 (차) 선납세금 15,400원 (대) 이자수익 100,000원
               보통예금 84,600원

[문제 5] 일반전표입력 오류수정 (6점)

[1] 08월 06일
- 수정 전 : (차) 미지급금(신한카드) 6,000,000원 (대) 보통예금 6,000,000원
- 수정 후 : (차) 미지급금(하나카드) 6,000,000원 (대) 보통예금 6,000,000원

[2] 10월 25일
- 수정 전 : (차) 급   여 4,200,000원 (대) 보통예금 4,200,000원
- 수정 후 : (차) 급   여 4,200,000원 (대) 예수금 635,010원
                                              보통예금 3,564,990원

[문제 6] 결산정리분개 (12월 31일 일반전표에 입력) (12점)

[1] (차) 임차료(판) 18,000,000원 (대) 선급비용 18,000,000원
- 24,000,000원 × 9/12 = 18,000,000원

[2] (차) 외상매출금(미국BRIZ사) 2,000,000원 (대) 외화환산이익 2,000,000원
- 외화환산이익 : (1,100원×$20,000) − 20,000,000원 = 2,000,000원

[3] (차) 세금과공과(판) 15,000원 (대) 현금과부족 15,000원

[4] (결차) 상품매출원가 129,100,000원 (결대) 상품 129,100,000원
- 매출원가 : 기초상품재고액 4,000,000원 + 당기상품매입액 129,600,000원
  − 기말상품재고액 4,500,000원 = 129,100,000원

[문제 7] 장부를 조회하여 [이론문제 답안작성]란에 입력 (10점)

[1] [3점] 4,060,000원
- [거래처원장] > 기간 : 2024년 1월 1일~2024년 6월 30일
  > 계정과목 : 0251.외상매입금
  > 거래처 : 00120.어룡상사 차변 합계

[2] [3점] 4,984,300원
- [총계정원장] > [월별] 탭
  > 기간 : 2024년 01월 01일~2024년 06월 30일
  > 계정과목 : 0811.복리후생비(판) 차변 합계

[3] [4점] 86,188,000원
   = 유동자산 280,188,000원 − 유동부채 194,000,000원
- [재무상태표] > 기간 : 2024년 06월 조회

제114회 기출 답안 (2024. 6)

이론시험

01	③	02	②	03	②	04	④	05	④
06	④	07	③	08	①	09	④	10	②
11	④	12	③	13	①	14	④	15	④

01. ③ 부채의 감소는 차변, 수익의 증가는 대변에 기록한다.
02. ② 잡이익
    - 01월 30일 : (차) 현금　　　　　　　　100,000원　　(대) 현금과부족　　　　100,000원
    - 07월 01일 : (차) 현금과부족　　　　　70,000원　　(대) 이자수익　　　　　70,000원
    - 12월 31일 : (차) 현금과부족　　　　　30,000원　　(대) 잡이익　　　　　　30,000원
03. ② 화재나 사고로 손실이 발생한 경우 영업외비용 항목인 재해손실 계정으로 처리한다.
    - 급여(①), 임차료(③), 복리후생비(④)는 모두 판매비와관리비 항목에 해당한다.
04. ④ 600,000원
    　　= 당기 회수액 600,000원 + 기말잔액 300,000원 + 에누리액 100,000원 − 기초잔액 400,000원

    외상매출금

기 초 잔 액	400,000원	당 기 회 수 액	600,000원
당 기 발 생 액	600,000원	에 누 리 액	100,000원
		기 말 잔 액	300,000원

05. ④ 후입선출법의 특징을 설명한 자료들이다.
06. ④ 10,000,000원
    　　= 처분가액 12,000,000원 − 유형자산처분이익 7,000,000원 + 감가상각누계액 5,000,000원
    - 유형자산분이익 : 처분가액 12,000,000원 − (취득가액 10,000,000원 − 감가상각누계액 5,000,000원)
    　　= 7,000,000원
07. ③ 1,800,000원
    　　= 기초자본 1,300,000원 + 당기총수익 2,000,000원 − 당기총비용 1,500,000원
08. ① 손익을 이연하기 위한 계정과목은 선급비용과 선수수익이 있다.
09. ④ 비품은 유형자산에 해당한다.
10. ② (가) 선수수익, (나) 예수금
11. ④ 이자비용 발생에 해당하며 영업외비용으로 인식한다.
12. ③ 현금이 증가하고 외상매출금이 감소하는 분개로서 매출대금을 판매 즉시 수령하지 않고 외상으로 처리한 후, 현금을 수령한 시점에 발생한 분개이다.
13. ① 시산표는 결산을 확정하기 전에 분개장으로부터 총계정원장의 각 계정으로 정확하게 전기되었는지를 확인하기 위해서 대차평균의 원리를 이용하여 작성하는 집계표이다.
14. ④ 600,000원
    　　= 창고 보관 재고액 500,000원 + 위탁 재고자산 100,000원
    - 수탁자에게 보내고 판매 후 남은 적송품도 회사의 재고자산이며, 위수탁판매 수수료는 판매관리비에 해당한다.
15. ④ 1,100,000원
    　　= 매출액 2,000,000원 − 매출원가 900,000원
    - 매출원가 : 200,000원 + 1,000,000원 − 300,000원 = 900,000원
    - 매출총이익 : 2,000,000원 − 900,000원 = 1,100,000원
    - 판매사원에 대한 급여는 판매관리비로 분류한다.

실무시험

[문제 1] 사업자 등록증 수정 및 입력 (6점)

[회사등록] > • 대표자명 정정 : 안병남 → 이두일
 • 개업연월일 수정 : 2016년 10월 05일 → 2014년 01월 24일
 • 관할세무서 수정 : 508.안동 → 305.대전

[문제 2] 전기분 재무상태표 수정 (6점)

 • 받을어음 : 69,300,000원 → 65,000,000원으로 수정
 • 감가상각누계액(209) : 11,750,000원 → 10,750,000원으로 수정
 • 장기차입금 116,350,000원 추가 입력

[문제 3] 거래처등록 및 거래처별 초기이월 록 (6점)

[1] [거래처등록]>[금융기관] 탭> • 코드 : 98100
 • 거래처명 : 케이뱅크 적금
 • 유형 : 3.정기적금
 • 계좌번호 : 1234-5678-1234
 • 계좌개설은행 : 089.케이뱅크
 • 계좌개설일 : 2024-07-01
[2] [거래처별초기이월]>외상매출금> • 태양마트 : 15,000,000원 → 34,000,000원으로 수정
  단기차입금> • 은산상사 : 35,000,000원 → 20,000,000원으로 수정
 • 종로상사 5,000,000원 삭제 → 일류상사 3,000,000원 추가

[문제 4] 일반전표입력 (24점)

[1]	07월 03일	(차)	단기차입금(대전상사)	8,000,000원	(대)	당좌예금	8,000,000원
[2]	07월 10일	(차)	여비교통비(판)	50,000원	(대)	현금	50,000원
		또는	출금전표 여비교통비(판)	50,000원			
[3]	08월 05일	(차)	대손충당금(109)	900,000원	(대)	외상매출금(능곡)	5,000,000원
			대손상각비	4,100,000원			
[4]	08월 13일	(차)	토지	1,000,000원	(대)	현금	1,000,000원
		또는	출금전표 토지	1,000,000원			
[5]	09월 25일	(차)	임차료(판)	750,000원	(대)	보통예금	800,000원
			건물관리비(판)	50,000원			
[6]	10월 24일	(차)	잡급(판)	100,000원	(대)	현금	100,000원
		또는	출금전표 잡급(판)	100,000원			
[7]	11월 15일	(차)	선급금(아린)	4,500,000원	(대)	당좌예금	4,500,000원
[8]	11월 23일	(차)	차량운반구	20,000,000원	(대)	미지급금(국민)	20,000,000원

[문제 5] 일반전표입력 오류수정 (6점)

[1] 08월 16일
- 수정 전 : (차) 임차료(판) 1,000,000원 (대) 보통예금 1,000,000원
- 수정 후 : (차) 임차보증금(경의상사) 1,000,000원 (대) 보통예금 1,000,000원

[2] 09월 30일
- 수정 전 : (차) 토지 300,000원 (대) 보통예금 300,000원
- 수정 후 : (차) 세금과공과(판) 300,000원 (대) 보통예금 300,000원

[문제 6] 결산정리분개 (12월 31일 일반전표에 입력) (12점)

[1] (차) 이자비용 360,000원 (대) 미지급비용 360,000원
[2] (차) 외상매입금(㈜디자인가구) 500,000원 (대) 가지급금 500,000원
[3] (차) 소모품비(판) 400,000원 (대) 소모품 400,000원
[4] (차) 대손상각비(판) 4,431,400원 (대) 대손충당금(109) 3,081,400원
                                              대손충당금(111) 1,350,000원

- 대손충당금(109) : 외상매출금 154,070,000원×2%−0원=3,081,400원
- 대손충당금(111) : 받을어음 100,000,000원×2%−650,000원=1,350,000원

[문제 7] 장부를 조회하여 [이론문제 답안작성]란에 입력 (10점)

[1] [3점] 130,000,000원
- [재무상태표]>기간 : 2024년 04월>계정과목 : 252.지급어음 금액 확인

[2] [3점] 60,000,000원
- [일계표]>기간 : 5월1일~5월31일>계정과목 : 108.외상매출금 대변 조회

[3] [4점] 5월, 300,000원
- [총계정원장]>기간 : 1월1일~6월30일>계정과목 : 복리후생비(811)>월별 차변 금액 확인

제115회 기출 답안 (2024. 8)

이론시험

01	③	02	②	03	④	04	①	05	④
06	④	07	④	08	②	09	④	10	①
11	①	12	③	13	①	14	④	15	②

01. ③ 100,000원
- 현금및현금성자산
  - 통화(주화, 지폐), 통화대용증권(자기앞수표 등)
  - 요구불예금(당좌예금, 보통예금 등)
  - 취득 당시 만기가 3개월 이내에 도래하는 금융상품
- 당좌개설보증금은 사용이 제한된 예금으로서 단기투자자산이다.

02. ② 거래 발생 → 분개 → 전기 → 수정 전 시산표 작성 → 결산 정리 분개 → 수정 후 시산표 작성 → 각종 장부 마감 → 결산보고서 작성

03. ④
- 매출총이익 : 매출액 260,000원 – 상품매출원가 120,000원 = 140,000원
- 손익 계정의 자본금 80,000원은 당기순이익이다.

04. ① 미지급금, 미지급비용 모두 부채에 해당한다.

05. ④ 자산, 부채, 자본 항목에 속하는 계정과목은 차기이월로 마감한다.

06. ④ 보유 중에 발생한 수선유지비는 당기 비용인 수선비로 처리한다.
- 유형자산의 취득원가를 구성하는 항목은 다음과 같다.
  (1) 설치장소 준비를 위한 지출
  (2) 외부 운송 및 취급비
  (3) 설치비
  (4) 설계와 관련하여 전문가에게 지급하는 수수료
  (5) 유형자산의 취득과 관련하여 국·공채 등을 불가피하게 매입하는 경우 당해 채권의 매입금액과 일반기업회계기준에 따라 평가한 현재가치와의 차액
  (6) 자본화대상인 차입원가
  (7) 취득세, 등록세 등 유형자산의 취득과 직접 관련된 제세공과금
  (8) 해당 유형자산의 경제적 사용이 종료된 후에 원상회복을 위하여 그 자산을 제거, 해체하거나 또는 부지를 복원하는 데 소요될 것으로 추정되는 원가가 충당부채의 인식요건을 충족하는 경우 그 지출의 현재가치(이하 '복구원가'라 한다.)
  (9) 유형자산이 정상적으로 작동되는지 여부를 시험하는 과정에서 발생하는 원가. 단, 시험과정에서 생산된 재화
  (예 : 장비의 시험과정에서 생산된 시제품)의 순매각금액(매각금액에서 매각부대원가를 뺀 금액)은 당해 원가에서 차감한다.

07. ④ 다, 라
- 이자비용과 유형자산처분손실은 영업외비용에 해당한다.

08. ② 자산 항목의 잔액은 차변에 기록하고, 부채 항목의 잔액은 대변에 기록한다. 선급금은 자산 항목이므로 차변에 기록되는 것이 올바르다.

09. ④ 연수합계법
- [일반기업회계기준 문단 7.12] 통상적으로 상호 교환될 수 없는 재고항목이나 특정 프로젝트별로 생산되는 제품 또는 서비스의 원가는 개별법을 사용하여 결정한다.
- [일반기업회계기준 문단 7.13] 문단 7.12가 적용되지 않는 재고자산의 단위원가는 선입선출법이나 가중평균법 또는 후입선출법을 사용하여 결정한다.

10. ① 상품 판매에 대한 의무의 이행 없이 계약금을 먼저 받은 것은 부채에 해당한다.

11. ① (가) 재무상태표, (나) 손익계산서에 대한 설명이다.

12. ③ 건설중인자산은 원칙적으로 감가상각을 하지 않는다.

13. ① 42,000원 = 당기 상품매입액 50,000원 – 매입할인 8,000원

14. ④ 460,000원 = 기초자본 300,000원 + 당기순이익 160,000원

15. ② 소득세는 영업외비용에 해당하지 않는다.

실무시험

[문제 1] 사업자 등록증 수정 및 입력 (6점)
[회사등록]>[기본사항] 탭> • 업태 수정입력 : 제조 → 도소매
　　　　　　　　　　　　• 종목 수정입력 : 금속제품 → 신발
　　　　　　　　　　　　• 개업연월일 : 2015년 9월 23일 → 2010년 9월 23일

[문제 2] 전기분 손익계산서 수정 (6점)
　　　　• 매출원가>당기상품매입액 : 180,000,000원 → 190,000,000원으로 수정
　　　　• 판매비와관리비>수수료비용 : 2,000,000원 → 2,700,000원으로 수정
　　　　• 영업외비용>잡손실 : 300,000원 추가 입력

[문제 3] 적요등록 및 거래처별 초기이월 등록 (6점)
[1] • [계정과목및적요등록] >판매비및일반관리비 >803.상여금 >현금적요 No.2 : 명절 특별 상여금 지급
[2] • [거래처별초기이월] >108.외상매출금> • 폴로전자 : 4,200,000원 → 15,800,000원으로 수정
　　　　　　　　　　　　　　　　　　　　• 예진상회 : 2,200,000원 → 13,000,000원으로 수정
　　　　　　　　　　　　>252.지급어음> • 주언상사 : 3,400,000원 추가 입력

[문제 4] 일반전표입력 (24점)

[1] 07월 29일 (차) 수선비(판)　　　　　　150,000원　　(대) 미지급금(국민카드)　150,000원
　　　　　　　　　　　　　　　　　　　　　　　　　　　　　　(또는 미지급비용)

[2] 08월 18일 (차) 이자비용　　　　　　　900,000원　　(대) 보통예금　　　　　　900,000원

[3] 08월 31일 (차) 외상매입금(넥사)　　3,000,000원　　(대) 현　　금　　　　　3,000,000원
　　　　　　　　또는 출금전표 외상매입금(넥사상사) 3,000,000원

[4] 09월 20일 (차) 기부금　　　　　　　　500,000원　　(대) 현　　금　　　　　　500,000원
　　　　　　　　또는 출금전표 기부금 500,000원

[5] 10월 15일 (차) 임차보증금(동작)　　10,000,000원　　(대) 보통예금　　　　10,000,000원

[6] 11월 04일 (차) 감가상각누계액(207) 10,000,000원　　(대) 기계장치　　　　20,000,000원
　　　　　　　　　　보통예금　　　　　　10,000,000원

[7] 12월 01일 (차) 차량운반구　　　　　32,100,000원　　(대) 보통예금　　　　32,100,000원

[8] 12월 10일 (차) 기업업무추진비(판)　　100,000원　　(대) 현　　금　　　　　　100,000원
　　　　　　　　또는 출금전표 기업업무추진비(판) 100,000원

[문제 5] 일반전표입력 오류수정 (6점)

[1] 10월 25일
　　• 수정 전 : (차) 건물　　　　　　　5,000,000원　　(대) 현금　　　　　　5,000,000원
　　• 수정 후 : (차) 수선비(판)　　　　5,000,000원　　(대) 현금　　　　　　5,000,000원
　　　　　　　또는 출금전표 수선비(판) 5,000,000원

[2] 11월 10일
　　• 수정 전 : (차) 장기차입금(신한)　1,000,000원　　(대) 보통예금　　　　1,000,000원
　　• 수정 후 : (차) 이자비용　　　　　1,000,000원　　(대) 보통예금　　　　1,000,000원

[문제 6] 결산정리분개 (12월 31일 일반전표에 입력) (12점)

[1] (차) 미수수익 300,000원 (대) 임대료 300,000원
[2] (차) 단기매매증권평가손실 200,000원 (대) 단기매매증권 200,000원
• 단기매매증권평가손실 : (6,000원−4,000원)×100주=200,000원
[3] (차) 선급비용 450,000원 (대) 보험료(판) 450,000원
• 선급비용 : 600,000원×9개월/12개월=450,000원
[4] (차) 감가상각비(판) 1,100,000원 (대) 감가상각누계액(209) 600,000원
　　　　　　　　　　　　　　　　　　　　　　　감가상각누계액(213) 500,000원

[문제 7] 장부를 조회하여 [이론문제 답안작성]란에 입력 (10점)

[1] [3점] 247,210,500원
• [재무상태표]>기간 : 6월>당좌자산 잔액 확인
• 상품은 재고자산이므로 포함하지 아니한다.
[2] [3점] 1,650,000원
• [총계정원장]>기간 : 1월 1일~6월 30일>계정과목 : 광고선전비(833) 조회
[3] [4점] ① 10,500,000원, ② 500,000원
• [거래처별계정과목별원장] >기간 : 1월 1일~6월 30일
　　　　　　　　　　　　　　>계정과목 : 전체조회(101~999)
　　　　　　　　　　　　　　>거래처 : 유화산업(00111)
　　　　　　　　　　　　　　>계정과목별 잔액 확인
또는
• [거래처원장] >[총괄잔액] 탭 >기간 : 1월 1일~6월 30일
　　　　　　　　　　　　　　　>계정과목 : 전체조회(101~999)
　　　　　　　　　　　　　　　>거래처 : 유화산업(00111)
　　　　　　　　　　　　　　　>계정과목별 잔액 확인

제116회　기출 답안 (2024. 10)

이론시험

01	②	02	①	03	②	04	②	05	②
06	②	07	①	08	③	09	④	10	①
11	③	12	①	13	①	14	③	15	①

01. ② 혼합거래는 같은 변에 재무상태표의 계정과 손익계산서의 계정이 동시에 발생한다. 대변에 자산의 감소와 수익의 발생이 동시에 나타나는 거래이므로 혼합거래에 해당한다.
02. ① 정률법, 생산량비례법, 정액법은 유형자산의 감가상각방법이다.
03. ② 결산 재무상태표에서는 미결산항목인 가수금, 가지급금, 현금과부족, 인출금을 다른 계정과목으로 처리한다.
04. ② 처분이익 3,000,000원
• 취득가액 10,000,000원−감가상각누계액 8,000,000원=장부가액 2,000,000원
• 처분가액 5,000,000원−장부가액 2,000,000원=처분이익 3,000,000원

05. ② 160,000원
- 기초자본금 200,000원 + 당기순이익 − 인출금 50,000원 + 추가 출자금 40,000원 = 기말자본금 350,000원
  ∴ 당기순이익 = 160,000원
06. ② 토지 구입 시 발생한 취득세는 토지의 취득원가에 포함시키고, 급여 지급 시 발생한 소득세 원천징수액은 예수금으로 처리한다.
07. ① 이자비용은 영업외비용에 해당한다.
08. ③ 제품과 상품
- 재고자산이란 정상적인 영업 과정에서 판매를 위하여 보유하는 상품과 제품 등이다.
09. ④ 파손된 유리의 대체, 자동차 엔진오일의 교체는 수익적 지출에 해당한다.
10. ① (차) 외상매입금 4,000,000원 (대) 보통예금 4,000,000원으로 회계처리 한다.
11. ③ 선급비용
- 선급비용은 당좌자산에 해당한다.
- 예수금, 미지급비용, 선수금은 유동부채에 해당한다.
12. ① 회계처리를 안 했을 때의 영향은 수익의 과소계상과 자산의 과소계상이다.
13. ① 290,000원
- 순매출액은 총매출액에서 매출환입 및 에누리, 할인을 차감한 금액이다. 매출할 때 발생한 부대비용은 별도의 계정으로 처리한다.
14. ③ 미지급비용에 대한 설명이다.
15. ① 1,200,000원
- 정기예금은 단기금융상품으로 분류되며, 단기매매증권은 단기투자증권으로 분류된다.

실무시험

[문제 1] 사업자 등록증 수정 및 입력 (6점)
[회사등록]>[기본사항] 탭> • 사업자등록번호 : 628-26-01132 → 628-26-01035
 • 종목 : 컴퓨터 부품 → 유아용 의류
 • 사업장관할세무서 : 212.강동 → 120.삼성

[문제 2] 전기분 손익계산서 수정 (6점)
- 상품매출 : 656,000,000원 → 665,000,000원으로 수정
- 기업업무추진비 : 8,100,000원 → 8,300,000원으로 수정
- 임차료 : 12,000,000원 추가 입력

[문제 3] 거래처 등록 및 거래처별 초기이월 등록 (6점)
[1] • [기초정보관리]>거래처등록>일반거래처>코드 : 00308 표 자료보며 해당 칸에 입력
[2] • [거래처별초기이월]>외상매출금> • 온컴상사 → 스마일상사로 거래처명 수정
    (※ 또는 온컴상사를 삭제하고 스마일상사 20,000,000원 추가)
    >미수금> • 슈프림상사 : 1,000,000원 → 10,000,000원으로 금액 수정
    >단기차입금> • 다온상사 : 23,000,000원 추가 입력

[문제 4] 일반전표입력 (24점)

[1] 07월 25일 (차) 복리후생비(판) 300,000원 (대) 현금 300,000원
또는 (출금) 복리후생비(판) 300,000원

[2] 08월 04일 (차) 상품 4,000,000원 (대) 당좌예금 800,000원
지급어음(영동상사) 3,200,000원

[3] 08월 25일 (차) 보통예금 300,000원 (대) 선수금(하나상사) 300,000원

[4] 10월 01일 (차) 보통예금 50,000,000원 (대) 장기차입금(기업은행) 50,000,000원

[5] 10월 31일 (차) 급여(판) 2,717,000원 (대) 예수금 309,500원
보통예금 2,407,500원

[6] 11월 13일 (차) 보통예금 1,900,000원 (대) 받을어음(가나상사) 2,000,000원
매출채권처분손실 100,000원

[7] 11월 22일 (차) 상품 4,150,000원 (대) 외상매입금(한올상사) 4,000,000원
현금 150,000원

[8] 12월 15일 (차) 교육훈련비(판) 1,000,000원 (대) 보통예금 500,000원
미지급금(우리컨설팅) 500,000원
(또는 미지급비용(우리컨설팅))

[문제 5] 일반전표입력 오류수정 (6점)

[1] 08월 22일
- 수정 전 : (차) 보통예금 4,000,000원 (대) 선수금(만중상사) 4,000,000원
- 수정 후 : (차) 보통예금 4,000,000원 (대) 대손충당금(109) 4,000,000원

[2] 09월 15일
- 수정 전 : (차) 광고선전비(판) 130,000원 (대) 보통예금 130,000원
- 수정 후 : (차) 기업업무추진비(판) 130,000원 (대) 보통예금 130,000원

[문제 6] 결산정리분개 (12월 31일 일반전표에 입력) (12점)

[1] (차) 수도광열비(판) 1,000,000원 (대) 미지급비용(미지급금) 1,000,000원
[2] (차) 수선비(판) 30,000원 (대) 현금과부족 30,000원
[3] (차) 이자비용 1,000,000원 (대) 미지급비용 1,000,000원
 • 100,000,000원×12%÷12개월=1,000,000원
[4] (결차) 상품매출원가 180,950,000원 (결대) 상품 180,950,000원

[문제 7] 장부를 조회하여 [이론문제 답안작성]란에 입력 (10점)

[1] [3점] 2월, 1,520,000원
 • 총계정원장>기간 : 1월 1일~ 6월 30일>계정과목 : 813.기업업무추진비 조회
[2] [3점] 27,000,000원
 • [손익계산서]>기간 : 2024년 05월>계정과목 : 801.급여
[3] [4점] 다주상사, 46,300,000원
 • [거래처원장]>기간 : 1월 1일~ 6월 30일>계정과목 : 108.외상매출금

제117회 기출 답안 (2024. 12)

이론시험

01	①	02	④	03	④	04	②	05	②
06	③	07	③	08	④	09	④	10	②
11	②	12	②	13	③	14	②	15	③

01. ① 총계정원장의 마감은 결산 본절차에 속한다.
02. ④ 수선비(비용)로 처리해야 할 내용의 회계처리를 건물(자산)로 처리하였으므로 수익에는 영향이 없다. 비용의 과소계상, 자산의 과대계상, 당기순이익의 과대계상이 재무상태표와 손익계산서에 미치는 영향이다.
03. ④ 당좌차월은 유동부채에 속한다.
04. ② 외환차손은 영업외비용에 해당한다.
05. ② 법인세비용차감전순이익 = 영업이익 + 영업외수익 – 영업외비용
06. ③ 15,000원
    - 취득원가 : 매입원가 10,000원 + 재고수입 시 발생한 통관 비용 5,000원 = 15,000원
07. ③ 180,000원
    - 기말자본금 : 기초자본금 150,000원 + 당기순이익 30,000원 = 180,000원
08. ④ 70,000원
    - 매입채무 : 외상매입금 10,000원 + 지급어음 60,000원 = 70,000원
09. ④ 대손충당금은 채권의 차감계정, 감가상각누계액은 유형자산의 차감계정으로 기록되며, 미지급금, 선수금, 퇴직급여충당부채는 개별부채로 인식된다.
10. ② 광고선전비
    - 잡이익은 영업외수익, 이자비용, 기부금은 영업외비용에 해당한다.
11. ② 미지급비용은 재무상태표를 구성하는 계정과목이다.
    - 일정 기간 동안 기업의 경영성과에 대한 정보를 제공하는 재무보고서는 손익계산서이다.
12. ② 1,550,000원
    - 취득원가 : 취득세 50,000원 + 유형자산 매입대금 1,500,000원
    - 재산세는 보유기간 중 발생하는 지출로서 즉시 비용 처리하고, 사용 중에 발생된 수익적 지출은 당기 비용 처리한다.
13. ③ 무형자산에 대한 설명이다.
14. ② 잡손실
    - 결산일에 현금의 시재액과 장부가액의 차이가 발견된 경우 현금과부족을 사용할 수 없으며 잡손실 또는 잡이익으로 처리한다. 현금과부족으로 처리할 경우 항상 현금시재액을 기준으로 장부가액을 먼저 조정한 후 발생 시점에 따라 반대 변의 계정과목을 결정한다.
15. ③ 재무상태표 작성 시 유동성 배열에 따라 현금→상품→투자부동산→기계장치→산업재산권 순으로 나열한다.

실무시험

[문제 1] 사업자 등록증 수정 및 입력 (6점)

[회사등록] > [기본사항] 탭 > • 업태 : 제조 → 도소매
- 종목 : 사무기기 → 신발
- 사업장관할세무서 : 128.고양 → 141.파주

[문제 2] 전기분 재무상태표 수정 (6점)
- 보통예금 : 2,300,000원 → 23,000,000원으로 수정
- 받을어음에 대한 대손충당금 : 520,000원 추가 입력
- 단기차입금 : 48,000,000원 추가 입력

[문제 3] 적요 및 거래처별 초기이월 등록 (6점)
[1] [계정과목및적요등록] > 판매비및일반관리비 > 기업업무추진비(판) > 대체적요 No.5 : 거래처 현물접대
[2] [거래처별초기이월] > 외상매출금 > ・ 코코무역 10,000,000원 → 15,300,000원으로 금액 수정
　　　　　　　　　　　　> 외상매출금 > ・ 호호상사 7,200,000원 추가입력
　　　　　　　　　　　　> 외상매입금 > ・ 나비장식 12,800,000원 추가입력

[문제 4] 일반전표입력 (24점)

[1] 07월 23일　(차)　인출금(또는 자본금)　　5,000,000원　　(대)　현금　　　　　　5,000,000원
　　　　　　　또는 출금전표 인출금 또는 자본금 5,000,000원

[2] 08월 16일　(차)　현금　　　　　　　　　2,000,000원　　(대)　상품매출　　　　6,000,000원
　　　　　　　　　　외상매출금(백호상사)　　4,000,000원

[3] 08월 27일　(차)　운반비(판)　　　　　　　　30,000원　　(대)　현금　　　　　　　30,000원
　　　　　　　또는 출금전표 운반비(판) 30,000원

[4] 09월 18일　(차)　여비교통비(판)　　　　　420,000원　　(대)　가지급금(이미도)　300,000원
　　　　　　　　　　　　　　　　　　　　　　　　　　　　　　　현금　　　　　　　120,000원

[5] 10월 16일　(차)　외상매입금(한세상사)　　5,000,000원　　(대)　보통예금　　　　5,001,000원
　　　　　　　　　　수수료비용(판)　　　　　　　1,000원

[6] 11월 11일　(차)　대손충당금(109)　　　　200,000원　　(대)　외상매출금(시원)　200,000원

[7] 12월 05일　(차)　장기차입금(하나은행)　　800,000원　　(대)　보통예금　　　　1,000,000원
　　　　　　　　　　이자비용　　　　　　　　200,000원

[8] 12월 23일　(차)　비　　　　　품　　　　3,000,000원　　(대)　미지급금(국민)　3,000,000원

[문제 5] 일반전표입력 오류수정 (6점)

[1] 08월 20일
　　・ 수정 전 : (차)　보통예금　　　　5,000,000원　　(대)　외상매출금(한세상사) 5,000,000원
　　・ 수정 후 : (차)　보통예금　　　　5,000,000원　　(대)　선수금(한세상사)　　5,000,000원

[2] 11월 05일
　　・ 수정 전 : (차)　보통예금　　　20,000,000원　　(대)　단기차입금(부산은행) 20,000,000원
　　・ 수정 후 : (차)　보통예금　　　20,000,000원　　(대)　장기차입금(부산은행) 20,000,000원

[문제 6] 결산정리분개 (12월 31일 일반전표에 입력) (12점)

[1] (차) 급여(판)(또는 잡급)　　1,500,000원　　(대) 미지급비용　　　　　1,500,000원
[2] (차) 외상매입금(대구상사)　　　500,000원　　(대) 가지급금　　　　　　　500,000원
[3] (차) 미수수익　　　　　　　3,270,000원　　(대) 이자수익　　　　　　3,270,000원
[4] (차) 감가상각비　　　　　　　450,000원　　(대) 감가상각누계액(213)　　450,000원
　　・ 감가상각비 : (5,000,000원 − 500,000원)/10 = 450,000원

[문제 7] 장부를 조회하여 [이론문제 답안작성]란에 입력 (10점)

[1] [3점] 1,650,000원
- [총계정원장] > [월별] 탭 > 기간 : 2024년 1월 1일~2024년 6월 30일
  > 계정과목 : 951.이자비용 차변 합계

[2] [3점] 2,600,000원
- [거래처원장] > 기간 : 24년 1월 1일~6월 30일
  > 계정과목 : 131.선급금 > 거래처 : 1010.성지상사 > 잔액 확인

[3] [4점] 302,091,000원
- [기말 재무상태표] > 기간 : 2024년 6월 30일
  > 계정과목 : 유동자산의 비교(471,251,000원 - 169,160,000원)
  > 계정과목별 잔액 확인

저자약력

이상엽

약력
청주사범대학 상업교육과 졸업
(전) 석정여고 상업 및 진로교사

저서
전산회계실무(나눔에이엔티)
수능회계원리(나눔에이엔티)
ANT 전산회계1급(나눔에이엔티)
진로포트폴리오 모음집(나눔에이엔티)

ANT 전산회계2급 (2025)

초판 발행 | 2009년 12월 1일
17판 인쇄 | 2025년 1월 20일

저　　자 | 이상엽
발 행 인 | 이윤근

발 행 처 | 나눔에이엔티(www.nanumant.com)
주　　소 | 서울시 성북구 보문로35길 39
전　　화 | 02-924-6545
팩　　스 | 02-924-6548
등　　록 | 제307-2009-58호

I S B N | 978-89-6891-433-1 (13320)
정　　가 | **18,000원**

나눔에이엔티는 정확하고 신속한 지식과 정보를 독자분들께 제공하고자 최선의 노력을 다하고 있습니다. 그럼에도 불구하고 모든 경우에 완벽성을 갖출 수 없기에 본 서의 수록내용은 특정사안에 대한 구체적인 의견제시가 될 수 없으며, 적용결과에 대하여 당사가 책임지지 않으니 필요한 경우 전문가와 상담하시기 바랍니다.

이 책은 저작권법에 의해 보호를 받는 저작물이므로 당사의 서면허락 없이는 어떠한 형태로도 무단 전재와 복제를 금합니다.

※ 파본은 구입하신 서점이나 출판사에서 교환해 드립니다.